sacro / santo

(nuova serie)

28

Sofia Boesch Gajano

Un'agiografia per la storia

viella

Prima edizione: settembre 2020
ISBN 978-88-3313-463-5

viella
libreria editrice
via delle Alpi, 32
I-00198 ROMA
tel. 06 84 17 758
fax 06 85 35 39 60
www.viella.it

Indice

Un lungo percorso tra fonti e storiografia 9

1. Il santo nella visione storiografica di Gregorio di Tours 31
2. Il culto dei santi: filologia, antropologia e storia 71
3. Dislivelli culturali e mediazioni ecclesiastiche: i *Dialogi* di Gregorio Magno 93
4. Uso e abuso del miracolo nella cultura altomedioevale 111
5. Miracoli: dalla storiografia alla storia 125
6. La certificazione del miracolo nel medioevo: fonti e problemi 143
7. Lo spazio mediterraneo e la storia della santità 161
8. Gli spazi della santità 183
9. L'agiografia 201
10. Dai leggendari medievali agli *Acta Sanctorum*: forme di trasmissione e nuove funzioni dell'agiografia 239
11. Esemplarità e santità 267

Indice dei nomi 307

Alla memoria di Jacques Le Goff
con affetto e gratitudine

Abbreviazioni

AASS	*Acta Sanctorum*
BHL	*Bibliotheca Hagiographica Latina antiquae et mediae aetatis*
CCCM	*Corpus Christianorum, continuatio mediaevalis*
CCSL	*Corpus Christianorum, Series Latina*
MGH	*Monumenta Germaniae Historica* AA: *Auctores Antiquissimi* SS*: Scriptores* SS. rer. Germ.*: Sriptores rerum Germanicarum* SS. rer. Lang.*: Scriptores rerum Langobardicarum* SS. rer. Mer.*: Scriptores rerum Merovingicarum*
PL	*Patrologiae cursus completus, series latina*
SC	*Sources Chrétiennes*

Un lungo percorso tra fonti e storiografia

La mia predilezione per le fonti agiografiche come testimonianze per la storia della società, delle istituzioni, della cultura ha radici antiche, che nel tempo si sono irrobustite e ramificate. Ora in tarda età ho provato il desiderio di proporre una selezione dei miei saggi rappresentativa del mio percorso di ricerca. Ma un impulso decisivo al progetto autobiografico è venuto dal desiderio di rendere omaggio a Jacques Le Goff: per ricordare la sua amicizia, il suo interesse umano e scientifico per le mie ricerche, la gentilezza con cui mi accolse ai suoi seminari, gli incontri, nei quali spaziava fra letture, riflessioni storiografiche, commenti politici, e infine per l'intervista che accettò di rilasciarmi nel corso dalla mia ultima visita pochi mesi prima della sua morte.[1] Motiverò più diffusamente il senso della dedica allo storico e amico a conclusione di questa introduzione.

1. *Storia e agiografia: da un incidente a una scelta*

A seguito della mia assidua frequentazione delle sue appassionate lezioni sulla storia della Chiesa, Raffaello Morghen[2] mi propose una tesi su Giovanni Gualberto, fondatore della congregazione benedettina vallombrosana, che all'impegno per la riforma monastica aveva unito la lotta contro il clero simoniaco e concubinario, con la partecipazione diretta dei

1. L'intervista prendeva le mosse dal suo saggio *À la recherche du temps sacré. Jacques de Voragine et la Légende dorée*, Saint-Amand-Montrond 2011.

2. Cfr. S. Boesch Gajano, *Raffaello Morghen e la storiografia del XX secolo*, in *Raffaello Morghen e la storiografia del Novecento*, a cura di L. Gatto e E. Plebani, Roma 2005, pp. 109-128.

monaci ai moti patarinici di Milano e di Firenze. Il mio intento originario era volto alla ricostruzione delle origini e dello sviluppo della congregazione, prestando attenzione ai rapporti con le famiglie aristocratiche del contado fiorentino e all'incremento patrimoniale dei singoli monasteri: così, durante il perfezionamento alla Normale di Pisa tra il 1959 e il 1960, sotto la supervisione di Arsenio Frugoni, svolsi sistematiche indagini nel fondo *Conventi Soppressi* dell'Archivio di Stato di Firenze. Sui Vallombrosani lavorava anche Giovanni Miccoli, quasi mio coetaneo, ma che aveva un profilo già consolidato di studioso: all'inizio non me ne preoccupai – per inesperienza o per paura? –, tanto da trovarmi impreparata di fronte alla pubblicazione del suo *Pietro Igneo*,[3] che mi sembrò di colpo vanificare quanto avevo fatto fino ad allora.

La crisi fu in realtà un "detonatore". Mettendo a frutto l'insegnamento di Arsenio Frugoni, maestro nell'analizzare le fonti "in controluce" (come si diceva con ammirazione e un po' di ironia tra i giovani che frequentavano l'Istituto Storico per il Medioevo, fra i quali l'indimenticabile amica Lalla Bertolini), decisi di privilegiare il ricco dossier agiografico relativo a Giovanni Gualberto, riorientando il mio percorso di ricerca nel saggio *Storia e tradizione vallombrosane*:[4] qui, a partire dalla morte di Giovanni Gualberto, ho seguito la costruzione della sua memoria, dalla riforma monastica all'attività per la riforma della Chiesa, alla luce delle diverse fasi della storia del Papato, dell'Impero, delle trasformazioni politiche e sociali, prima fra tutte lo sviluppo delle realtà cittadine. Conservo un ricordo nettissimo del momento in cui avviai la stesura del saggio con la frase «nel 1073 moriva Giovanni Gualberto». Il cambiamento di prospettiva mi aiutò a rielaborare la stesura, condotta durante il soggiorno di studio a Monaco di Baviera presso i *Monumenta Germaniae Historica*, dove teneva i suoi seminari Herbert Grundmann. Al mio ritorno a Roma il saggio fu oggetto di lettura e commento da parte di Ovidio Capitani, che ricordo con particolare gratitudine. Considero infatti questo saggio la pietra fondante della mia scelta storiografica. E fu poi determinante in sede concorsuale per l'apprezzamento di Chiara Frugoni.

L'interesse per la storia della santità si trova in molteplici testimonianze minori, ma per me importanti: la recensione del 1967 al volu-

3. G. Miccoli, *Pietro Igneo. Studi sull'età gregoriana*, Roma 1960.

4. *Storia e tradizione vallombrosane*, in «Bullettino dell'Istituto Storico Italiano per il Medio Evo e Archivio Muratoriano», 76 (1964), pp. 99-215, ripubblicato in *Vallombrosa. Memorie agiografiche e culto delle reliquie*, a cura di A. Degl'Innocenti, Roma 2012, pp. 15-115.

me *Volk, Herrscher una Heilige im Reich der Merovinger* di Frantisek Graus, lo studioso cecoslovacco che aveva avuto il coraggio di affermare il valore delle fonti agiografiche, generalmente trascurate quando non screditate, per la ricostruzione di un periodo storico, povero di altre testimonianze, ma decisivo per l'affermazione del feudalesimo;[5] il contributo sul santo nella visione storiografica di Gregorio di Tours,[6] e nel 1972 il saggio dedicato alla *Bibliotheca Sanctorum*,[7] ricevuta in omaggio da Filippo Caraffa, con il quale sono rimasta in contatto per il tramite di Domenico di Sora: una ricerca che è all'origine del mio interesse per il rapporto fra esperienze religiose e luoghi sacri.[8] Del 1979 l'impegnativo confronto con l'imponente ricerca di Victor Saxer sul culto di Maria Maddalena.[9]

L'interesse per la storia della storiografia agiografica rimane una costante negli anni successivi, ma si riflette in particolare nell'antologia del 1976 *Agiografia altomedievale*,[10] "commissionatami" da Ovidio Capitani per il Mulino nella fortunata collana di readings, raccolte di saggi su temi di rilevante interesse storiografico, destinati alla ricerca, alla didattica e più generalmente a un pubblico colto. Si trattava di un grande riconoscimento, a cui cercai di far fronte con un grande impegno sia nella scelta dei testi sia nell'impostazione storiografica e metodologica sia nella bibliografia. Si è trattato di un'esperienza fondamentale: ho infatti potuto approfondire la grande tradizione della Société des Bollandistes, rappresentata nel volume dal saggio sulle coordinate agiografiche di Hippolyte Delehaye, e che in seguito conobbi "incarnata" in Baudouin de Gaiffier e successivamente in Robert Godding, cui mi legano amicizia e stima profonde; in quell'occasione ho anche avviato l'approfondimento dei successivi sviluppi della storiografia, da cui sono emerse le potenzialità interdisciplinari dell'agio-

5. *Recensione* a F. Graus, *Volk. Herrscher und Heiliger im Reich der Merowinger. Studien zur Hagiographie der merowinger Zeit*, Praha 1965, in «Studi Medievali», 3ª serie, VIII/2 (1967), pp. 901-909.

6. In questo volume alle pp. 31-70.

7. *La "Bibliotheca Sanctorum". Problemi di agiografia medievale*, in «Rivista di storia della Chiesa in Italia», 26 (1972), pp. 139-153.

8. *Santità di vita e sacralità dei luoghi. Aspetti della tradizione agiografica di Domenico di Sora*, in *Scritti in onore di Filippo Caraffa*, Anagni 1986 (Biblioteca di "Latium", 2), pp. 187-204.

9. *Il culto di Maria Maddalena nell'Occidente medievale. Problemi di metodo e di scienza agiografica*, in «Rivista di storia e letteratura religiosa», 15 (1979), pp. 436-444.

10. *Agiografia altomedievale*, Bologna 1978.

grafia. La delimitazione cronologica presente nel titolo voleva segnalare la necessità di evitare «una certa atemporalità e uno sradicamento da contesti politico-sociali ben definiti», pur «nella piena consapevolezza di quanto molti problemi agiografici superino l'ambito cronologico preso in considerazione proiettandosi fino ai nostri giorni e fuori dalle nostre culture». Quanto alla scelta dei saggi avevo cercato di seguire contemporaneamente due criteri:

> presentare alcuni dei contributi storiograficamente più rilevanti – recenti e anche meno recenti –, rappresentativi di scuole, metodi, interessi diversi, e insieme mostrare a livello di esemplificazione, ma senza nessuna pretesa di completezza, alcuni tra i molti aspetti del culto dei santi inteso come problema storico, cercando di porre in evidenza la grande ricchezza di temi e problemi che la parola "agiografia" sottintende, al di là di ogni discorso di etimologia o di definizione.

Fra questi la funzione del santo nella società tardo-romana e alto-medievale, il valore storico della produzione letteraria, analizzata nelle sue componenti strutturali e nel suo rapporto con la cultura folklorica, la dialettica fra culto spontaneo e culto riconosciuto.[11]

La valorizzazione dell'agiografia come fonte per la storia trovò successive conferme e ulteriori sviluppi, fra i quali l'intervento al XVe Congrès International des Sciences Historiques di Budapest del 1980,[12] cui avevo partecipato per il gentile invito di Paolo Brezzi, e il saggio *Il culto dei santi: filologia, antropologia e storia* pubblicato nel 1982.[13] Nell'approccio ai rapporti fra cultura egemonica e cultura delle classi subalterne, avverto oggi, con piacere, una *vis* ideologica, maturata in una stagione, aperta dalle riflessioni di Gramsci, illuminata da grandi personalità come Ernesto De Martino e Carlo Ginzburg,[14] , sostenuta da

11. *Introduzione*, ivi, pp. 7-9; cit. da p. 7.

12. *La litterature hagiographique comme source de l'histoire ethnique, sociale et économique de l'Occident européen entre antiquité et Moyen Age*, in *XVe Congrès International des Sciences Historiques, Budapest, Rapports*, II, *Section Chronologique*, Budapest 1980, pp. 177-181.

13. In questo volume alle pp. 71-91.

14. A testimonianza della sua centralità storiografica cfr. *Streghe, sciamani e visionari. In margine a Storia notturna di Carlo Ginzburg*, a cura di C. Presezzi, Roma 2019. Nella Postfazione al *Il formaggio e i vermi. Il cosmo di un mugnaio del '500*, Milano 2019, pp. 211-218, lo storico ha ribadito che negare lo scarto, e lo scontro, tra culture «porta a banalizzare le testimonianze».

un persistente interesse della storiografia internazionale, ancora recentemente ravvivatosi.[15]

Questa *vis* ha sostenuto il mio interesse storico-agiografico, che si è nel tempo alimentato con incontri individuali e collettivi. In particolare nel 1979 il rapporto dell'agiografia con la cultura e la società era stato al centro del convegno di Parigi *Hagiographie, cultures et sociétés, IVᵉ-XIIᵉ siècles*, promosso da Evelyne Patlagean e Pierre Riché: una tappa miliare per la vasta gamma di temi, letterari, storici, antropologici. Quel convegno, nel quale presentai un frammento della ricerca in corso sui *Dialogi*,[16] costituì un'esperienza importante per le molte suggestioni tematiche e metodologiche e per i molti incontri da cui scaturirono collaborazioni e amicizie profonde.

Ai margini di quel convegno parigino con Lucia Sebastiani avviammo una riflessione che così abbiamo ricordato:

> Partendo da ambiti di ricerca molto diversificati e da periodi storici molto lontani, una di noi con interessi per la produzione agiografica altomedievale, l'altra con esperienza di studi politico-ecclesiastici in età moderna, ci trovammo concordi nel rilevare quanto l'agiografia, ormai largamente utilizzata – a volte anche per la sua schematicità – per l'individuazione di aspetti rilevanti delle società medievali, acquistasse con altre fonti significati nuovi; ci sembrò quindi che la ricerca agiografica, che con questo convegno di Parigi segnava una tappa di grandissimo rilievo sia per le tematiche che per le proposte metodologiche, dovesse necessariamente sempre più integrarsi con altre dimensioni della ricerca storica. Avvertimmo inoltre che la storia delle istituzioni ecclesiastiche in epoca moderna, limitata a fonti coeve e spesso omogenee rischiava di dare peso eccessivo nella vicenda religiosa a momenti particolari legati all'iniziativa delle gerarchie ecclesiastiche e laiche, mentre maggiore attenzione doveva essere prestata non solo alle dinamiche sociali, ma anche alle tradizioni cultuali e devozionali, alle stratificazioni e alla compresenza di vecchi e nuovi santi: proprio le metodologie elaborate dalla lunga tradizione della scienza agiografica medievale, si potevano rivelare indispensabili in ambiti cronologici molto più estesi.[17]

15. Cfr. O. Niccoli, *Cultura popolare: un relitto abbandonato?*, in «Studi Storici», 4 (2015), pp. 997-1010.

16. *Demoni e miracoli nei «Dialogi» di Gregorio Magno*, in *Hagiographie, cultures et societés (IVᵉ-XIIᵉ siècle)*, Actes du Colloque organisé à Nanterre et à Paris (2-5 mai 1979), Paris 1981. pp. 263-280.

17. *Introduzione*, in *Culto dei santi, istituzioni e classi sociali in età preindustriale*, a cura di S. Boesch Gajano e L. Sebastiani, Roma-L'Aquila 1984, pp. 7-8.

Da quelle riflessioni nacque il seminario romano *Culto dei santi, istituzioni e classi sociali in età preindustriale*, che si proponeva l'incontro fra competenze diverse, "agiografi", storici dal tardo antico all'età contemporanea, storici dell'arte, della letteratura, delle istituzioni, con la messa in campo di una pluralità di fonti, per fare emergere le connessioni fra esperienze religiose e contesti storici, fra i diversi aspetti del culto, dalla promozione istituzionale alla fruizione, dalla liturgia alle diverse forme della devozione. La finalità era quella di "liberare" definitivamente il culto dei santi «dal magma della religiosità popolare e insieme da un'ottica puramente folklorica o da quella storia della mentalità che fatalmente finisce per riproporre interpretazioni omogeneizzanti», per proporlo come «osservatorio privilegiato dei rapporti sociali all'interno di una comunità».[18] Una sorta di manifesto programmatico. La folta partecipazione di studiosi ci rese felici e soprattutto ci permise di rafforzare legami di ricerca e di amicizia indistruttibili: con Odile Redon, Evelyne Patlagean, André Vauchez.

Fu l'inizio di una serie di incontri, favoriti dalla costituzione dell'Associazione italiana per lo studio della santità, dei culti e dell'agiografia (AISSCA), che aveva lo scopo di promuovere una rete di relazioni fra studiosi giovani e meno giovani, interni ed esterni all'Università, tutti coinvolti in studi agiografici, aperti a rapporti diacronici e multidisciplinari. Si è trattato di un'esperienza collettiva fondamentale, che ha promosso le relazioni scientifiche, sostenute da amicizie profonde. Fra i promotori ricordo Francesco Scorza Barcellona, poi presidente dell'AISSCA, con cui si è stabilita fin dalle origini una proficua collaborazione al fine del "reclutamento" di giovani studiosi con il dottorato di ricerca; l'indimenticabile Gennaro Luongo, che in seguito ha dato tanto impulso alle attività del Centro Europeo di Studi Agiografici (CESA) di Rieti, coordinando le settimane di studi agiografici; e Roberto Rusconi, promotore di progetti e iniziative, impegnato, in particolare, nella direzione della rivista «Sanctorum». Gli amici e le amiche da ricordare sono tanti e tante: mi limito a citare Tommaso Caliò, Umberto Longo, Raimondo Michetti che ho sentito sempre partecipi sul piano intellettuale e organizzativo del mio impegno per l'affermazione degli studi agiografici.

18. Ivi, p. 9.

2. *I* Dialogi *di Gregorio Magno: un pozzo senza fondo*

Intanto, dalla fine degli anni Settanta, avevo individuato un terreno privilegiato di ricerca nei *Dialogi* di Gregorio Magno. Dall'esperienza vallombrosana avevo tratto infatti la consapevolezza di come solo la conoscenza della tradizione potesse permettere di valorizzare le novità presenti nelle scritture agiografiche, testimoni di nuove esperienze e nuove esigenze religiose. E nessun testo ha avuto un influsso così pervasivo sulla letteratura agiografica quanto i *Dialogi*.

L'importanza dell'opera era emersa da un percorso nella folta produzione martirologica tardoantica e altomedievale, all'interno di una ricerca collettiva coordinata da Gustavo Vinay: geniale interprete della cultura medievale, anche se guida troppo esigente per quelli che erano allora, per motivi familiari, i miei tempi di lavoro. I *Gesta martyrum* hanno costituito un parametro essenziale per valutare la novità della proposta agiografica dei *Dialogi*. «Le passioni romane del V e VI secolo rappresentano un fatto di grande rilievo sotto il profilo religioso – come testimonianza di un fiorente culto dei martiri attestato del resto da molte altre fonti –, ma anche culturale e letterario, destinate poi a una immensa fortuna» nel corso di tutto il medioevo.[19] Hippolyte Delehaye li aveva considerati un gruppo di testi omogeneo per il quadro storico, lo stile, il procedimento della composizione, la concezione religiosa: scritte da agiografi che, fuori da ogni controllo dell'autorità ecclesiastica, erano liberi di supplire alla più completa assenza di atti autentici, costretti all'esattezza solo per quei dati su cui si poteva esercitare il controllo del pubblico, la festa liturgica e il dato topografico: le "coordinate agiografiche".

Non un'elaborazione dell'immaginazione popolare, una sorta di codificazione delle tradizioni diffuse tra la folla dei fedeli a riguardo dei santuari della periferia di Roma, secondo il bollandista, ma piuttosto un insieme di composizioni di carattere libresco, prive di eleganza e di stile, ignorate o accolte con diffidenza dalla gerarchia e apprezzate per l'arditezza dell'invenzione presso i ceti popolari, eppure destinate a causa del progressivo abbassamento del livello culturale a essere considerati testi storici e introdotti nella liturgia e nei martirologi.[20]

19. *La proposta agiografica dei «Dialogi» di Gregorio Magno*, in «Studi medievali», 3ª serie, XXI/2 (1980), pp. 623-664, cit. da p. 656.
20. Ivi, pp. 656-657.

Ma, fatte queste riserve, il Delehaye riconosceva che

> si ces récits ne sont pas historiques par ce qu'ils racontent, ils appartiennent à l'histoire par l'influence qu'ils ont exercée. Ils ont édifié des nombreuses générations et entretenu la dévotion d'illustres martyres [...]. En même temps qu'ils sont les témoins d'un culte très vivace, ils ont été les agents d'une propagande singulièrement active, qui a amené aux tombeaux des martyres des milliers des pèlerins.[21]

La domanda che mi ero rivolta era questa: in presenza di un diffuso culto dei martiri qual'era la nuova santità di cui il pontefice voleva conservare memoria? Mi impegnai allora ad analizzare nei *Dialogi* il rapporto fra *narratio* e *expositio*, cioè tra racconto e commento teologico e morale; l'identità e la tipologia dei personaggi, il rapporto tra santità di vita e potere taumaturgico, esercitato dai santi in vita e dopo la morte attraverso le reliquie; e ancora l'orizzonte geografico dell'opera; i dislivelli culturali e la mediazione operata dall'autore.[22] Delle ricerche scaturite da questo percorso, rifluite poi nella monografia *Gregorio Magno* ho scelto di ripubblicare qui solo il saggio *Dislivelli culturali e mediazioni ecclesiastiche nei Dialogi di Gregorio Magno,* edito nel numero monografico di Quaderni Storici dedicato a *Religioni delle classi popolari,* a cura di Carlo Ginzburg, perché contiene già l'essenziale della mia interpretazione dei *Dialogi,* con il pieno recupero dell'opera agiografica ai fini della storia della società nelle sue stratificazioni sociali e culturali, nel contesto della riflessione sulla cultura delle classi subalterne.[23]

Il mio interesse per Gregorio Magno non è venuto meno, anzi si è ampliato dall'opera agiografica al profilo politico e culturale del pontefice su sollecitazione di Girolamo Arnaldi, fino alla biografia redatta per l'*Enciclopedia dei papi*,[24] poi ampliata nella monografia *Gregorio Magno. Alle origini del medioevo*, dove è confluita anche l'interpretazione dei *Dialogi,* come osservatorio privilegiato dell'intero pontificato. Infine, ultimo prodotto gregoriano, il saggio *Gregorio Magno agiografo* pubblicato nel vol. V di *Hagiographies* del 2017, che ho dedicato ad Arnaldi,

21. H. Delehaye, *Étude sur le legendier romain. Les saints de novembre et décembre*, Bruxelles 1938 (Subsidia Hagiographica, 23), p. 189.

22. Per i riferimenti bibliografici rinvio al mio volume *Gregorio Magno. Alle origini del medioevo*, Roma 2004 (Sacro/Santo n.s., 8), nel quale le ricerche sono confluite.

23. In questo volume alle pp. 93-110.

24. *Gregorio I*, in *Enciclopedia dei Papi*, I, Roma 2000, pp. 546-574.

in segno di riconoscenza per avermi per così dire "affidato" un grande personaggio.[25] Con l'individuazione di un'attenzione agiografica diffusa nelle opere del pontefice e l'analisi della struttura dell'opera, il suo stile, il rapporto fra oralità e scrittura, il profilo dei santi, della tipologia e dei beneficiari dei miracoli – fra i quali ben si individuano gruppi etnici e sociali che rimangono estranei alla dimensione spirituale in cui l'autore inserisce il racconto agiografico – spero di avere sottratto definitivamente l'opera alla dimensione popolare a cui era stata inchiodata, proponendola come il capolavoro del genio pastorale del grande pontefice.

I *Dialogi* di Gregorio Magno sono stati un "pozzo senza fondo" a cui attingere temi e problemi.

3. *Esperienze religiose e segni della santità*

Gregorio Magno mi ha indicato in primo luogo il rapporto inscindibile, ma ambivalente, fra percorso esistenziale di perfezione – nella varietà delle scelte individuali e istituzionali – e le manifestazioni, che permettono alla comunità di riferimento del personaggio – comunità monastica o ecclesiastica o comunità di fedeli – di riconoscere i "segni" della santità, in primo luogo il potere taumaturgico.

Da qui ha preso le mosse un filone di ricerca sulla tipologia e le funzioni del miracolo,[26] che si è imposto alla mia attenzione non solo nei suoi rapporti con la santità di vita, ma anche nella sua "autonomia", svincolato cioè da un'esperienza spirituale: un'autonomia che rendeva di difficile discernimento la sua origine, divina o diabolica: è la riflessione contenuta nel saggio del 1991 *Uso e abuso del miracolo nella cultura altomedievale*.[27] La riflessione è proseguita in una lunga diacronia e in un ampio orizzonte storico-religioso: da qui il seminario, promosso insieme a Marilena Modi-

25. *Gregorio Magno agiografo*, in *Hagiographies*, VII, a cura di M. Goullet, Turnhout 2017, pp. 11-94.

26. Ricordo in particolare *La tipologia dei miracoli nell'agiografia altomedievale. Qualche riflessione*, in «Schede Medievali», 5 (luglio-dicembre 1983) = *Aspetti dell'agiografia nell'alto medioevo*, Palermo 1983, pp. 303-312; *Verità e pubblicità: i racconti di miracoli nel libro XXII del* De Civitate Dei, in *Il* De Civitate Dei. *L'opera, le interpretazioni, l'influsso*, a cura di E. Cavalcanti, Roma- Freiburg-Wien 1996, pp. 367-388.

27. In questo volume alle pp. 111-124.

ca, *Miracoli. Dai segni alla storia*, i cui atti furono pubblicati nel 1999.[28] Prendendo le mosse da *I re taumaturghi* di Marc Bloch, indiscussa pietra miliare del percorso storiografico di legittimazione del miracolo come oggetto di ricerca storica, proponevamo il miracolo come il risultato di una costruzione, dall'esperienza individuale e privata a quella collettiva e pubblica fino alla sanzione ecclesiastica e teologica. Nel saggio finale, *Dalla storiografia alla storia*, osservavo come la "costruzione" possa non seguire un percorso univoco: ciò che viene scartato come dubbio dal punto di vista medico e teologico, può rimanere saldamente ancorato alla dimensione soprannaturale per il malato guarito e per il suo entourage.[29] Le forme del riconoscimento dell'evento come miracolo con le contraddizioni fra riconoscimento spontaneo e riconoscimento ufficiale sono state oggetto di mie ulteriori riflessioni[30] fino al saggio del 2004 *La certificazione del miracolo nel medioevo: fonti e problemi*,[31] e alla scherzosa "divagazione" sulla lunga vita degli stereotipi a proposito dei "miracoli" attribuiti a Silvio Berlusconi.[32] Oggi, in presenza di approfondite monografie scientifiche su casi famosi.[33] si può constatare come si sia dissolta finalmente ogni timidezza storiografica nei confronti del miracolo.

Il potere dei santi si trasmette ai loro resti mortali: a partire dalle origini della scienza agiografica, con l'attenzione riservata alla storia delle reliquie di ciascun santo negli *Acta Sanctorum*, una lunga tradizione storiografica ha messo in rilievo la loro funzione come fondamento delle isti-

28. *Miracoli. Dai segni alla storia*, a cura di S. Boesch Gajano e M. Modica, Roma 2000 (Sacro/Santo n.s., 1).

29. In questo volume alle pp. 125-142.

30. *Expériences, témoignages, récits. Le miracle entre l'Antiquité tardive et le haut Moyen Age*, in *Miracle et karama. Hagiographies médiévales comparées*, 2, a cura di D. Aigle, Turnhout 2000 (Bibliothèque de l'École des Hautes Études, Section des Sciences religieuses, 109), pp. 51-66; *Guarigioni di fede. Testimonianze, certificazioni e riconoscimento ecclesiastico del miracolo*, in *Salute e Salvezza. L'elaborazione religiosa della malattia e della guarigione*, a cura di M. Borsari, pp. 105-131; *Reconnaître un saint dans l'Occident médiéval*, in *Saint et sainteté dans le christianisme et l'islam. Le regard des sciences de l'homme*, a cura di N. Amri e D. Grill (Collection l'Atelier méditerranéen), s.d. (ma 2008), pp. 107-119.

31. In questo volume alle pp. 143-159.

32. *Proposta di analisi morfologica del miracolo attribuito a Silvio Berlusconi*, in «Medifax», 13 (1994), pp. 28-29, nuova redazione *Miracle et miracles. Réflexions sur le phénomène Berlusconi*, in «Terrain», 24 (1995), pp. 103-106.

33. Merita particolare attenzione: P. De Ceglia, *Il segreto di San Gennaro. Storia naturale di un miracolo napoletano*, Torino 2016.

tuzioni monastiche ed ecclesiastiche, simbolo di identità religiose e sociali, strumento di potere.[34] A partire dall'età tardo antica le reliquie sono state anche lo strumento della costruzione di una nuova geografia cristiana, segnando le trasformazioni territoriali e politiche dell'Occidente, gli stanziamenti di nuovi popoli nelle terre dell'Impero romano, la costruzione dei nuovi regni, le formazioni di nuove entità cittadine, regionali e nazionali: nel saggio Loca sanctorum: *la geografia sacra fra tarda antichità e alto medioevo* del 2012, rendendo omaggio al famoso saggio di Delehaye,[35] analizzo le fonti agiografiche per la ricostruzione dei mutamenti geopolitici, e nel saggio *Lo spazio mediterraneo e la storia della santità* del 2017[36] insisto sull'apporto dell'agiografia alla storia geopolitica. Il mio interesse per la geografia sacra si è successivamente dilatato a G*li spazi del meraviglioso nell'alto medioevo latino*, del 2016: il titolo del convegno, oltre a quello del mio saggio, ben testimonia l'influsso di lunga durata degli orizzonti aperti da Jacques Le Goff alla medievistica.

Dall'antico rapporto agiografia-geografia, innestato nei *Dialogi*[37] si è aperto un ulteriore diverticolo. Era stato Michel de Certeau già nel 1968 a osservare la maggiore precisione riservata dagli agiografi ai riferimenti geografici rispetto a quelli temporali,[38] e nello stesso anno Evelyne Patlagean aveva individuato nell'agiografia bizantina la centralità del rapporto fra città e deserto.[39] Due momenti fondativi della lunga tradizione della storiografia francese sul tema dello spazio. Da allora si è per me precisato l'interesse per quello che ho definito "lo spazio della santità", nella con-

34. In una sterminata bibliografia mi limito a citare la riflessione collettiva *Les reliques. Objets, cultes, symboles*, Actes du Colloque International de l'Université du Littoral-Côte d'Opale (Boulogne-sur-Mer, 4-6 septembre 1997), a cura di E. Bozoky e A.-M. Helvétius, Turnhout 1999, pp. 255-269.

35. H. Delehaye, Loca sanctorum, in «Analecta Bollandiana», 48 (1930), pp. 5-64.

36. In questo volume alle pp. 161-181.

37. Si veda in particolare il mio saggio *Agiografia e geografia nei Dialoghi di Gregorio Magno*, in *Storia della Sicilia e tradizione agiografica nella tarda antichità*, Atti del Convegno di studi, Catania, 20-22 maggio 1986, a cura di S. Pricoco, Soveria Mannelli s.d., ma 1988, pp. 209-220.

38. M. de Certeau, *Hagiographie*, in *Encyclopaedia Universalis*, VIII, Paris 1968, pp. 207-209, ripubblicato in Id. *L'écriture de l'histoire*, Paris 1975, pp. 274-288, trad. it. *La scrittura della storia*, Roma 1977, pp. 298-300.

39. E. Patlagean, *À Byzance. Ancienne hagiographie et histoire sociale*, in «Annales», 23/1 (1968), pp. 106-126, trad. it. in *Agiografia altomedeivale*, pp. 191-213, e nella raccolta di saggi dell'autrice *Santità e potere a Bisanzio*, Milano 1997, pp. 21-46.

vinzione che la ricerca della perfezione spirituale si iscriva in un contesto geofisico naturale, destinato a essere rimodellato dalla presenza del santo: dopo la riflessione collettiva *Luoghi sacri e spazi della santità*,[40] ho proposto un percorso nelle fonti in *Gli spazi della santità*.[41] Oltre alle ricerche personali l'interesse per il rapporto fra esperienze religiose, culti e storia del territorio aveva dato luogo ad alcune riflessioni collettive: il convegno Santi e culti del Lazio, promosso dalla Società Romana di Storia Patria[42] e la ricerca sui Santi Patroni del Lazio, promossa dalla Regione Lazio e coordinata dalla Società Romana di Storia Patria[43] e dalla Presidente Letizia Pani Ermini, di cui conservo un grato ricordo per la fattiva collaborazione e la gentile ospitalità nella sua bella casa di Trastevere. Questo interesse si è sviluppato nell'attività del Centro Europeo di Studi Agiografici, con sede a Rieti, sostenuta dalla competenza e dall'impegno di Tersilio Leggio: attività che ha permesso, in collaborazione con Umberto Longo e un'équipe di informatici della Sapienza, di sviluppare la ricerca, finanziata da André Vauchez, vincitore del premio Balzan, *Esperienze religiose, luoghi sacri e culti nella Sabina e nel Reatino*, ed elaborare l'Atlante storico-religioso della Sabina e del Reatino. Iniziative scientifiche, come quella sull'eremitismo,[44] rinsaldate da rapporti di amicizia, penso in particolare a Odile Redon e André Vauchez, hanno contribuito a rendere centrale questo tema, come ben testimonia la monografia che ho dedicato a Chelidonia, un'eremita vissuta fra XI e XII secolo in una grotta sui Monti Simbruini nel Lazio e venerata nel monastero di Subiaco.[45]

Il saggio presentato a Spoleto, intitolato *L'agiografia*,[46] riassume le linee di fondo del mio approccio: attenzione alla dimensione storico-memoriale della produzione agiografica, piuttosto che al suo ancoraggio alla costruzione di "modelli di santità", "mobilità" dei testi, oggetto di frequen-

40. *Luoghi sacri e spazi della santità*, a cura di S. Boesch Gajano e L. Scaraffia, Torino 1990 (Sacro/Santo, 1).

41. In questo volume alle pp. 183-199.

42. *Santi e culti del Lazio. Istituzioni, società, devozioni*, a cura di S. Boesch Gajano e E. Petrucci, Roma, Società Romana di Storia Patria, 2000 (Miscellanea della Società Romana di Storia Patria, 41).

43. I 5 voll. sono usciti fra il 2003 e il 2011.

44. *Ermites de France et d'Italie (XIe-XVe siècle)*, a cura di A. Vauchez, Rome 2003 (Collection de l'École française de Rome, 313); *Le choix de la solitude. Parcours érémitiques dans les pays d'Occident* = «Médiévales», 28 (printemps 1995), a cura di O.Redon.

45. *Chelidonia. Storia di un'eremita medievale,* Roma 2010 (Sacro/Santo n.s., 16).

46. In questo volume alle pp. 201-237.

ti riscritture, che impongono la problematizzazione dell'edizione critica, la "labilità dei confini" tra generi letterari, il rapporto tra oralità e scrittura. Fonti per la storia dunque e non solo per la storia della santità, come testimonia il saggio *La strutturazione della cristianità medievale*.[47] Il filo conduttore di questa impostazione si può individuare nella dialettica fra persistenze e innovazioni nella lunga storia della santità considerata nei suoi rapporti con le trasformazioni sociali, politiche, istituzionali.

Questo mi ha portato a prestare attenzione alle forme di trasmissione del testo agiografico, un filone storiografico aperto da G. Philippart,[48] in cui mi sono impegnata già nel saggio del 1985 *Dai leggendari altomedievali agli* Acta Sanctorum,[49] poi in *Le metamorfosi del racconto* del 1990,[50] e ancora nelle riflessioni collettive: *Le raccolte di vite di santi dal XIII al XVIII secolo* e *Europa Sacra*,[51] nella voce *Leggendari* per il *Dizionario di Omiletica*,[52] e infine nel 2007 nel saggio *Dalle raccolte di vite di santi agli Acta Sanctorum* del 2007.[53] Le raccolte di vite di santi hanno ormai definitivamente acquistato l'identità di "prodotti d'autore" con valore di testimoni per la storia religiosa, politica e istituzionale.[54]

47. *La strutturazione della cristianità occidentale*, in *Storia della santità nel cristianesimo occidentale*, Roma 2005 (Sacro/Santo n.s., 9), pp. 91-156.

48. Cit. G. Philippart, *Les légendiers latins et autres manuscrits hagiographiques*, Turnhout 1977 (Typologie des sources du Moyen Age Occidental, 24-25). Sui meriti dello studioso, cfr. S. Boesch Gajano, *Omaggio a Guy Philippart*, in «Sanctorum», 3 (2006), pp. 193-195; Ead., *Hagiographies. La grande mappa della letteratura agiografica europea e la sfida storiografica di Guy Philippart*, in «Sanctorum», 8-9 (2011-2012), pp. 253-264.

49. In questo volume alle pp. 239-265.

50. *Le metamorfosi del racconto*, in *Lo spazio letterario di Roma antica*, a cura di G. Cavallo, P. Fedeli, A. Giardina, III, *La ricezione del testo*, Roma 1990, pp. 217-243.

51. *Le raccolte di vite di santi dal XIII al XVIII secolo. Strutture, messaggi, fruizioni*, a cura di S. Boesch Gajano, Fasano 1990 (Collana del Dipartimento di studi storici dal medioevo all'età contemporanea, 5); *Europa sacra. Raccolte di vite di santi e identità politiche fra medioevo e età moderna*, a cura di S. Boesch Gajano e R. Michetti, Roma 2002.

52. *Leggendari*, in *Dizionario di omiletica*, a cura di M. Sodi e A. M. Triacca, Torino-Bergamo 1998, pp. 761-764.

53. *Dalle raccolte di vite di santi agli* Acta Sanctorum. *Persistenze e trasformazioni nella scrittura agiografica tra Umanesimo e controriforma*, in *De Rosweyde aux Acta Sanctorum. La recherche hagiographique des Bollandistes à travers quatre siècles*, Actes du Colloque International de Bruxelles (5 octobre 2007), a cura di R. Godding, B. Joassart, X. Lequeux, F. De Vriendt, Bruxelles 2009, pp. 5-34.

54. Esemplare la ricerca di V. Hazebrouck-Souche, *Spiritualité, sainteté et patriotisme. Glorification du Brabant dans l'oeuvre hagiographique de Jean Gielemans*, Turnhout 2007.

La predilezione per l'altomedioevo non ha impedito, come si vede, molti sconfinamenti cronologici, alcuni indispensabili nel percorso della ricerca, altri casuali. Casuale è stato ad esempio il mio incontro con Caterina da Siena: era stato Eugenio Dupré Theseider, che, al mio ritorno dalla Germania agli inizi degli anni Sessanta, senza arte né parte, mi aveva proposto di aiutarlo nei lavori preparatori per l'edizione delle lettere, lavori che potrei definire manuali, come la battitura a macchina dei testi o la schedatura del *Dialogo*, ma che furono utilissimi per la conoscenza della santa senese. Da qui è proseguita con Caterina una frequentazione sporadica, ma intensa: in occasione del convegno senese del 1981, al quale con Odile Redon presentammo un'analisi della *Legenda maior* di Raimondo da Capua;[55] poi ho rivisitato la sua biografia,[56] e infine ho scritto un saggio storiografico.[57]

Caterina da Siena mi ha spalancato la porta della storia delle donne spingendomi a riflessioni in una più ampia diacronia e in un più ampio contesto sociale e culturale. Ma per questo ampliamento dell'orizzonte cronologico e tematico sono debitrice a due amici. Devo a Giovanni Filoramo l'invito a scrivere *La santità* per l'editore Laterza,[58] il saggio *Donne e religione. Saperi e poteri*,[59] il coinvolgimento nella *Storia della direzione spirituale*.[60] Roberto Rusconi, compagno di molte avventure scientifiche e editoriali – dopo l'AISSCA, la collana Sacro/Santo e la lunga e faticosa ricerca sui santuari –, mi ha coinvolto nel *Grande Atlante* del Cristianesimo, cui ho contribuito con il saggio *Esemplarità e santità*,[61] dove propongo un

55. *La* Legenda Maior *di Raimondo da Capua, costruzione di una santa*, in Atti del simposio internazionale cateriniano-bernardiniano (Siena, 17-20 aprile 1980), a cura di D. Maffei e P. Nardi, Siena 1982, pp. 15-35.

56. *Caterina Benincasa: una profezia nella storia*, in *Storia di Siena*, I. *Dalle origini alla fine della Repubblica*, a cura di R. Barzanti, G. Catoni, M. De Gregorio, Siena 1995, pp. 253-266.

57. *Caterina nella storiografia*, in Virgo digna coelo. *Caterina e la sua eredità*, a cura di A. Bartolomei Romagnoli, L. Cinelli, P. Piatti, Città del Vaticano 2013, pp. 47-66.

58. *La santità*, Bari-Roma 1999.

59. *Donne e religioni: saperi e poteri*, in *Le religioni e il mondo moderno*, a cura di G. Filoramo, IV, *Nuove tematiche e prospettive*, Torino 2009, pp. 269-294, il saggio faceva seguito al convegno *Donne tra saperi e poteri nella storia delle religioni*, a cura di S. Boesch Gajano e E. Pace, Brescia 2007.

60. *Storia della direzione spirituale, II, L'età medievale*, a cura di S. Boesch Gajano, Brescia 2010 e *Introduzione*, pp. 5-42.

61. In questo volume alle pp. 267-306.

percorso storico che dalle esperienze vissute nel contesto cristiano, sconfina nelle forme di eccezionalità esterne non solo alla Chiesa cattolica, ma all'universo religioso, riconoscendo le frequenti e profonde interferenze.

4. *E infine le* res sacrae

Dagli anni Novanta del secolo scorso la ricerca sui santuari cristiani d'Italia, progettata e coordinata da André Vauchez, ha sollecitato ricerche e riflessioni tematiche, metodologiche e storiografiche, riproponendo nuovi e antichi temi. Fra questi lo spazio, inteso in una duplice dimensione: esterna, nella quale il santuario acquisisce il ruolo di osservatorio privilegiato per i rapporti con le comunità circostanti, per la definizione o il superamento di confini territoriali, per le forme della devozione; e interna, che analizza la collocazione dell'oggetto "primario" della devozione, fondante l'identità del santuario, in un contesto, gerarchicamente ordinato, ricco di molti altri oggetti sacri. In questo contesto scientifico temi già familiari come il culto delle reliquie e le forme di sacralizzazione dello spazio si sono imposti con nuove sollecitazioni. In particolare è riemerso il problema del rapporto tra reliquie, immagini e eucarestia.

Teologia, liturgia, devozioni, hanno contribuito a determinare nel corso dei secoli identità e funzioni delle diverse *res sacrae.* Ma l'interesse principale sta nel cogliere gli intrecci, la complementarità, la varietà della fruizione religiosa e sociale. L'impostazione teologica ha avuto una netta prevalenza negli studi relativi all'eucarestia fino a quando è emerso un più generale interesse storico-culturale per merito di Henri de Lubac, la cui opera costituisce un insuperato punto di riferimento per la storia dell'eucaristia come fondamento dell'ecclesiologia cristiana.[62] Per quanto riguarda il medioevo l'attenzione si è poi concentrata su alcuni momenti di particolare rilievo storico, come l'età carolingia, con le fondamentali ricerche di Marta Cristiani,[63] e il secolo XI con la controversia che ebbe per protagonisti Berengario di Tours e Lanfranco di Bec, al centro degli studi

62. H. de Lubac, *Corpus Mysticum. L'Eucharistie et l'Eglise au Moyen Age*, 2ª ed., Paris 1949.

63. I suoi saggi sono stati raccolti nel volume, M. Cristiani, *Tempo rituale e tempo storico. Comunione cristiana e sacrificio. Le controversie eucaristiche nell'alto medioevo*, Spoleto 1997.

di Ovidio Capitani,[64] fino al *Corpus Christi* di Miri Rubin, che ha seguito la storia della devozione eucaristica dalle origini, nel contesto beghinale della diocesi di Liegi, ai suoi sviluppi europei testimoniati dall'iconografia, dalla liturgia, dalle prediche, dalle processioni,[65] cui è seguita la ricerca collettiva diretta da Nicole Bériou, *Pratiques de l'Eucharistie dans les Eglises d'Orient et d'Occident (Antiquitè et Moyen Age),* di cui propongo una sintesi tratta dall'Introduzione: «l'importance qu'il convient de donner aux pratiques est à la mesure de celle qui revient, dans le moment fondateur de l'institution, à l'action, à la parole performative et à l'expérience vécue, au regard de la parole d'enseignement», così che le pratiche diventano per lo storico come «le point de référence nécessaire et primordial de toute enquête portant sur la diffusion du message religieux relatif à l'eucharistie, et sur sa réception dans le temps».[66] Rispetto ai ritardi della storiografia nell'affrontare il tema del l'eucaristia, reliquie e immagini hanno goduto di un'attenzione incomparabilmente maggiore fino dalle origini dell'agiografia scientifica nel secolo XVI, per poi beneficiare di un imponente exploit di studi a partire dagli ultimi decenni del secolo scorso.

Il mio interesse per le *res sacrae*, intese come espressione del sentimento religioso e come strumento della devozione, si è allora precisato in una ricerca, che intreccia la storia dei loro rapporti e delle loro diverse funzioni e fruizioni. La celebrazione eucaristica è rigorosamente riservata al corpo sacerdotale, che emargina precocemente i fedeli laici, relegati, fuori dall'area del presbiterio, alla "contemplazione passiva", secondo l'espressione del De Blaauw;[67] reliquie e immagini, presenti in luoghi privati e pubblici, possono essere fruite in forme personalizzate anche dai semplici fedeli, mostrando un potere taumaturgico sempre attivo o sempre pronto a riattivarsi in presenza delle necessità della vita dei fedeli. Seguendo gli intrecci della storia delle *res sacrae* spero di far emergere un panorama più variegato delle credenze e delle pratiche religiose delle società medievali.

64. O. Capitani, *Studi per Berengario di Tours*, Lecce 1966.

65. M. Rubin, *Corpus Christi. The Eucharist in Late Medieval Culture*, Cambridge 1991.

66. *Pratiques de l'eucharistie dans les Églises d'Orient et d'Occident (Antiquité et Moyen Âge)*, I, *L'institution*; II, *Les receptions*, a cura di N. Bériou, B. Caseau et D. Rigaux, Paris 2009 (Collection des Études Augustiniennes, Série Moyen Âge et Temps Modernes, 45-46); cit. da N. Bériou, *Introduction*, ivi, I, pp. 36-37.

67. S. De Blaauw, *Cultus et decor*, Città del Vaticano 1992.

È all'inizio di questa nuova ricerca che è riaffiorato un antico ricordo, da cui è nato il desiderio di ripercorrere il mio rapporto con Jacques Le Goff.

5. *Jacques Le Goff nei miei ricordi*

L'interesse per una ricerca comparata fra le due *res sacrae* ha radici in un lontano passato: la primissima sollecitazione mi era venuta dalla lettura di un saggio scritto da Jacques Le Goff insieme a J. P. Valery Patin, sul *De miraculis* di Pietro il Venerabile, abate di Cluny. Veniva qui riferito il racconto relativo a un *rusticus* che aveva conservato l'ostia consacrata per porla nel suo alveare al fine di una maggiore produzione di miele.[68] Il ricordo di questa testimonianza è rimasto nella mia memoria come un piccolo seme.

Ma i motivi di gratitudine verso lo storico si sono moltiplicati. A Jacques Le Goff sono infatti legati molti momenti del mio percorso di ricerca. Non mi fa onore la perplessità con cui lessi la prima volta *La civiltà dell'Occidente medievale*,[69] perplessità che oggi mi appare come la reazione a una "moda", che mi sembrava lontana dai miei interessi culturali e politico-ideologici. Mi accorsi presto dell'errore e rivalutai l'opera come innovativo "monumento" della medievistica, fino a che negli ultimi anni di insegnamento la valorizzai anche a livello didattico, proponendone agli studenti la lettura in sostituzione all'odiato manuale, nella convinzione che forse avrebbero saputo meno la storia *événementielle* – come mi aveva fatto notare un collega perplesso della mia scelta –, ma avrebbero certamente capito di più il medioevo. A testimonianza del nostro dialogo, e dell'auspicabile dialogo fra culture storiografiche, gli regalai il volume di Emilio Sereni *Terra nuova e buoi rossi*.[70]

Se per la storiografia le opere di Marc Bloch e di Fernand Braudel rimangono dei classici indiscussi, per Le Goff parlerei di una presenza più

68. J.P. Valery Patin, J. Le Goff, *À propos de la typologie des miracles dans le "liber de miraculis" de Pierre le Vénérable*, in *Pierre Abelard-Pierre le Vénérable. Les courants littéraires et artistiques en Occident au milieu du XIIe siècle*, Paris 1975, pp. 181-187. Per il testo: Petri Cluniacensis abbatis *De miraculis libri duo*, a cura di D. Bouthillier, Turnhout 1988 (CCCM, 83), L. I, pp. 7-8.

69. J. Le Goff, *La civilisation de l'Occident médiéval*, 1ª ed., Paris 1964.

70. E. Sereni, *Terra nuova e buoi rossi e altri saggi per una storia dell'agricoltura europea*, Torino 1981.

pervasiva, in primo luogo per la varietà dei temi trattati e per la qualità intrinseca delle sue ricerche, ma certo anche per effetto dalla sua personalità, caratterizzata dai modi cordiali e coinvolgenti, dal piacere del confronto intellettuale e personale, dall'interesse per i giovani studiosi. Miri Rubin, nell'Introduzione al convegno in onore dello storico francese, ha inserito la sua personalità scientifica nel panorama politico dell'Europa della guerra fredda, mettendo in luce come dalla fine degli anni Settanta la sua opera «achieve wider recognition and familiarity through translations while 1980s brought the preminence of themes related to past and re-nascent European unity, as well as rekingling of contents with Eastern European scholarship».[71] Per quanto riguarda l'Italia, in quello stesso convegno, André Vauchez ha ricostruito la rete dei rapporti con gli storici italiani e ha soprattutto sottolineato il ruolo avuto da importanti case editrici come Einaudi e Laterza nella diffusione della sua fama al di là della ristretta cerchia degli specialisti. Gli esempi si possono moltiplicare. Tra i miei ricordi la "festa" organizzata presso la casa editrice Laterza in occasione della pubblicazione di *Immagini per un Medioevo*, una selezione soggettiva, affidata alla libertà dello sguardo del lettore, che certamente contribuì ad accrescere il ruolo dell'iconografia fra le fonti per la storia.[72] Ulteriore testimonianza di una fama diffusa ben oltre i confini dell'accademia è costituita dalla mostra *Il medioevo europeo di Jacques Le Goff*, organizzata a Parma nel settembre 2003-gennaio 2004, principale ideatrice Daniela Romagnoli, una delle studiose italiane più legate allo storico francese. Organizzai una visita a quella mostra con i miei studenti che ne rimasero entusiasti.

Nel mio percorso di ricerca posso individuare nei confronti del medioevo di Le Goff alcuni debiti più o meno esplicitati. È stata in particolare la raccolta di saggi *Pour un autre Moyen Age* del 1977 – tradotta in italiano nello stesso anno da Einaudi con un titolo limitativo, ma di successo, *Tempo della Chiesa, tempo del mercante* – ad avere il maggiore impatto sulle mie ricerche, dati i miei interessi per la cultura delle classi popolari. Ma ciò che mi colpì fu soprattutto la "riabilitazione" del medioevo. Ricorda infatti Le Goff nella *Prefazione*: se «la storia si fa con i documenti e con le idee, con le fonti e con l'immaginazione», lo storico di fronte all'alternativa scoraggiante fra la storia antica con le sue scarse fonti, e la storia moderna, che lo schiacciava

71. M. Rubin, *Introduction*, in *Work of Jacques Le Goff and the Challenge of Medieval History*, a cura di M. Rubin, Woodbridge 1997, p. VIII.

72. J. Le Goff, *Immagini per un Medioevo*, Roma-Bari 2000.

sotto il peso della documentazione, costringendolo, affermava, a una storia statistica o quantitativa, trovava il medioevo, «l'età che gli umanisti avevano considerato un momento di transizione e di passaggio, un intermezzo scadente, un intervallo della grande storia, un vuoto nel fluire del tempo; a me questo medioevo appariva come il campo di elezione dell'unione necessaria fra l'erudizione e una immaginazione fondata su basi che ne legittimavano lo slancio».[73] Più volte sono poi tornata alla lettura di *Storia e memoria*,[74] in particolare alle pagine dedicate all'"immaginario del tempo" e all'"ordine della memoria". E, senza nascondere qualche diffidenza per la storia della mentalità e la mia propensione a ricercare "le radici storiche" dei fantasiosi racconti agiografici sotto l'influsso di Propp,[75] sono rimasta sempre sensibile al fascino del "meraviglioso". E non sono la sola, pensando al recente convegno su *Aspetti del meraviglioso nelle letterature medievali*.[76]

Fra le tematiche indagate dallo storico la più discussa fu certamente la *Nascita del Purgatorio*,[77] una corposa monografia, che aveva visto alcune anticipazioni, anch'esse molto criticate. Mi impegnai in una lunga recensione, di cui non trovo più traccia e che probabilmente non pubblicai. Ricordo solo di essere rimasta affascinata dal rapporto fra erudizione e immaginazione e fra particolare e generale nella ricostruzione di un grande affresco evocativo di un'intera civiltà. Lo storico francese non mancò poi di sorprendere la comunità degli storici con la biografia di san Luigi.[78] Non fu propriamente una sorpresa perché la monografia aveva avuto una lunga gestazione, inserendosi nel dibattito già aperto dalle «Annales» e ripreso da «Quaderni Storici» sulla liceità storiografica della biografia:[79] l'autore

73. J. Le Goff, *Prefazione*, in Id. *Tempo della chiesa tempo del mercante*, Torino 1977, pp. VII-VIII.

74. Il volume ha avuto molte edizioni con relative traduzioni in italiano fra il 1977 e il 1982, per la casa editrice Einaudi.

75. V. Propp, *Le radici storiche dei racconti di fate*, Torino 1972. L'opera era stata edita in russo nel 1946.

76. *Aspetti del meraviglioso nelle letterature medievali. Medioevo latino, romanzo, germanico e celtico*, a cura di F.E. Consolino, F. Marzella e L. Spetia, Turnhout 2016 (Culture et société médiévales, 29).

77. J. Le Goff, *La naissance du Purgatoire*, Paris 1981 (trad. it. *La nascita del Purgatorio*, Torino 1982).

78. J. Le Goff, *Saint Louis*, Paris 1996.

79. Cfr. in particolare G. Levi, *Les usages de la biographie*, in «Annales E.S.C.»,1989, pp. 1325-1336; e la bibliografia citata dallo stesso Le Goff, *Introduction*, in *Saint Louis*, pp. 26-27.

difendeva la sua scelta, in un serrato confronto storiografico, insistendo sul ruolo "globalizzante" del personaggio, attenuando la contrapposizione fra individuo e società, rivendicando la "storicità" delle *Vite* agiografiche, sottolineando per l'approccio biografico la finalità di produrre "effetti di realtà", insomma di produrre «una ragionevole convinzione di realtà storica». Sono contenta di avere fatto un'appassionata difesa del volume in «La Talpa libri» del «Manifesto» del 27 febbraio 1997, che fu affiancata dall'"ortodossa" messa in guardia dalle "insidie della biografia sulla strada della verità storica" di una firma autorevole come quella di Rossana Rossanda, che criticava apertamente la revisione operata dallo storico nei confronti della storia sociale incarnata dalle «Annales», senza tenere conto del dibattito ormai aperto anche in quella sede. In quella recensione ho sottolineato il fascino esercitato dal personaggio sull'autore, la parola insieme scientifica e evocatrice, la sensibilità per le ambivalenze della realtà, la capacità di intrecciare il grande affresco con il racconto di minuti eventi politici o personali, di legare le vicende di un singolo individuo con quelle di una stirpe e di un'intera epoca, di intersecare i problemi delle istituzioni, dell'economia, della politica con quelli della religione e della cultura. E valorizzavo anche la ricostruzione della memoria del re santo, e infine gli sforzi di penetrare nell'intimo della personalità del re, tornando così ai temi cari allo storico: lo spazio, politico e religioso, il tempo, quotidiano, liturgico, storico, i simboli, la committenza culturale, le parole, i gesti.

Questo breve percorso fra i miei ricordi conferma quanti siano i motivi di gratitudine verso Jacques Le Goff.

***

Ho definito Roberto Rusconi "compagno di molte avventure scientifiche e editoriali": ora, nel licenziare questo volume, voglio ringraziarlo per i suoi preziosi consigli e il suo costante sostegno.

Cecilia Palombelli ha partecipato con competenza e amicizia al progetto in tutte le sue fasi, confermando il senso della nostra lunga collaborazione: per questo le esprimo la mia gratitudine.

Un ringraziamento vivissimo rivolgo a Carla Frova, che con la sua amicizia e la sua competenza mi ha aiutato a superare dubbi e incertezze.

Francesca Capece ha svolto il complicato lavoro redazionale con cura e intelligenza: la ringrazio vivamente.

L'immagine di copertina, scelta per il particolare dello scaffale di libri, porta il segno dell'amicizia lunga più di ottant'anni con Germana Tizzani Gasbarri, che mi ha fatto conoscere Castiglione Olona.

Nota ai testi

I saggi raccolti in questo volume sono apparsi:

1. *Il santo nella visione storiografica di Gregorio di Tours*, in *Gregorio di Tours*, Atti del XII Convegno storico internazionale dell'Accademia Tudertina (Todi, 1971), Todi 1975, pp. 29-91.
2. *Il culto dei santi: filologia, antropologia e storia*, in «Studi storici», 1 (1982), pp. 119-136.
3. *Dislivelli culturali e mediazioni ecclesiastiche: i* Dialogi *di Gregorio Magno*, in *Gregorio Magno. alle origini del Medioevo*, Roma 2000, pp. 253-269; I ed. in «Quaderni storici», 41 (1979), *Religioni delle classi popolari*, a cura di C. Ginzburg, pp. 398-415.
4. *Uso e abuso del miracolo nella cultura altomedioevale*, in *Les fonctions des saints dans le monde occidental (IIIe-XIIIe siècle)*, Rome 1991 (Collection de l'École française de Rome, 149), pp. 109-122.
5. *Miracoli: dalla storiografia alla storia*, in *Miracoli. Dai segni alla storia*, a cura di S. Boesch Gajano e M. Modica, Roma 2000.
6. *La certificazione del miracolo nel medioevo: fonti e problemi*, in *Notai, miracoli e culto dei santi. Pubblicità e autenticazione del sacro tra XII e XV secolo*, Atti del Seminario Internazionale (Roma, 5-7 dicembre 2002), Milano 2004 (Studi Storici sul Notariato Italiano, XII), pp. 31-53.
7. *Lo spazio mediterraneo e la storia della santità*, in *Ein Meer und seine Heiligen. Hagiographie im mittelalterlichen Mediterraneum*, a cura di N. Jaspert, Ch.A. Neumann, M. di Branco, Paderborn 2018 (Mittelmeerstudien, 18), pp. 33-50.
8. *Gli spazi della santità*, in *Diventare Santo. Itinerari e riconoscimenti della santità tra libri, documenti e immagini*, a cura di G. Morello, A.M. Piazzoni, P. Vian, Città del Vaticano-Cagliari 1998, pp. 17-23.
9. *L'agiografia*, in *Morfologie sociali e culturali in Europa fra Antichità e Medioevo*, Spoleto 1998 (Settimane di studio del Centro italiano di studi sull'alto medioevo, XLV), pp. 797-849.
10. *Dai leggendari medioevali agli* Acta Sanctorum*: forme di trasmissione e nuove funzioni dell'agiografia*, in «Rivista di storia e letteratura religiosa», 21 (1985), pp. 219-244.
11 *Esemplarità e santità*, in *Il Cristianesimo: Grande Atlante*, a cura di G. Alberigo, G. Ruggieri, R. Rusconi, II, *Ordinamenti, gerarchie, pratiche*, a cura di G. Alberigo, Torino 2006, pp. 774-786.

Sono stati inseriti alcuni aggiornamenti in nota fra parentesi quadre.

1. Il santo nella visione storiografica di Gregorio di Tours

Il santo dell'età merovingia è uno dei campi più studiati dell'agiografia altomedioevale, oggetto di una serie di analisi, e di interpretazioni, storiograficamente molto differenziate: penso soprattutto – per rimanere ai più significativi – al Marignan[1] e al Bernoulli,[2] al Graus[3] e al Prinz.[4] Particolarmente attraverso gli studi di questi ultimi, i principali problemi relativi ai santi merovingi, largamente estensibili ad altri ambienti – rapporto con gli eroi germanici, connotazioni etniche e sociali, caratteristiche religiose (vescovo, monaco, recluso), incidenza politica, importanza dello schema letterario delle Vite – sono stati tutti messi a fuoco e in qualche caso direi risolti.[5] In questo ambito di interessi e di ricerche le opere di Gregorio di

1. A. Marignan, *Études sur la civilisation française*, II, *Le culte des saints sous les Mérovingiens*, Paris 1899.

2. C.A. Bernoulli, *Die Heiligen der Merowinger*, Tübingen 1900.

3. F. Graus, *Volk, Herrscher und Heiliger im Reich der Merowinger. Studien zur Hagiographie der Merowingerzeit*, Praha 1965; oltre a questo lavoro complessivo va ricordato dello stesso autore il bel saggio *Die Gewalt bei den Anfängen des Feudalismus und die «Gefangenenbefreiungen» der merowingischen Hagiographie*, in «Jahrbuch für Wirtschaftgeschichte», 1961, pp. 61-153.

4. F. Prinz, *Frühes Mönchtum im Frankenreich. Kultur und Gesellschaft in Gallien, den Rheinlanden und Bayern am Beispiel der monastischen Entwicklung (4. bis 8. Jahrhundert)*, München-Wien 1965; e dello stesso *Heiligenkult und Adelsherrschaft im Spiegel merowingischer Hagiographie*, in «Historische Zeitschrift», CCIV (1967), pp. 529-544.

5. Lo studio di maggior rilievo, più ricco, più sensibile ai molteplici aspetti dell'agiografia, mi pare rimanga quello del Graus, *Volk*; ne ho delineato gli elementi più significativi in una recensione in «Studi Medievali», VIII (1967), pp. 901-909. Nel volume del Graus un utile paragrafo su «Die Entwicklung der Hagiographie», a cui rimando per l'ulteriore bibliografia. Utile, anche se privo di sostanziali novità, il panorama storiografico di S. Clasen, *Das Heiligkeitsideal im Wandel der Zeiten. Ein Literaturbericht über Heiligenleben des Altertums und des Mittelalters*, in «Wissenschaft und Weisheit», XXIII (1970), pp. 46-64 e 132-164 (sopr. pp. 132-137).

Tours sono state ampiamente analizzate e utilizzate: difficile infatti trovare una più ampia e compatta fonte per la storia dei santi venerati in una zona geograficamente e cronologicamente circoscritta.[6]

Vorrei allora precisare che, come del resto chiarisce il titolo della relazione che sono stata lieta di accettare nella formulazione propostami, il problema che qui mi pongo è in parte diverso: dando in un certo senso per scontata la tipologia del santo in Gregorio di Tours, o meglio utilizzandola quando tornerà opportuna a chiarire il discorso, manterrò la mia analisi interna a Gregorio, nel senso di cercare di capire che cosa rappresenti per lui il santo, quale funzione assolva nel suo mondo religioso, morale e politico, che cosa si esprima nel santo e nel racconto agiografico. Devo anche precisare che spazio maggiore nella mia analisi avranno i *Libri Historiarum*, perché è qui che emerge nel modo più evidente il problema della massiccia, ma variamente dosata presenza dei santi e della loro funzione nell'ambito della visione storiografica di Gregorio: l'opera storica del vescovo di Tours rappresenta in un certo senso la cartina di tornasole a cui vanno commisurati gli schemi mentali, religiosi e morali presenti nelle altre opere.[7]

6. Tra gli studiosi che hanno adoperato Gregorio per problemi particolari vorrei citare: E.W. Kemp, *Canonisation and Authority in the Western Church*, London 1948, pp. 24-35; e H. Günther, *Psychologie de la légende. Introduction à une hagiographie scientifique*, Paris 1954, che da Gregorio, come da una serie di altri agiografi, prende spunti ed esempi per lo studio del santo in una prospettiva di storia delle religioni, di motivi perpetuamente rinnovantesi, a dimostrazione della costante metafisica dell'uomo.

7. Non intendo con questo contrapporre l'opera "maggiore", grande opera di storia, alle opere "minori", monotona ripetizione di miracoli e topoi letterari, che mi sembra anzi uno dei maggiori errori della storiografia gregoriana: implicita svalutazione nel taglio stesso del lavoro di G. Monod, *Études critiques sur les sources de l'histoire mérovingienne*, Paris 1872, che pur non trascurando di trattare di tutte le opere di Gregorio, riserva ogni discorso interpretativo all'*Historia Francorum*; e così pure nel breve profilo del W. Wattenbach, W. Levinson, *Deutschlands Geschichtsquellen im Mittelalter; Vorzeit und Karolinger*, Weimar 1952, pp. 99-107; esplicita in opere come quella di M. Bonnet, *Le latin de Grégoire de Tours*, Paris 1890 (ripr. anastatica Hildesheim 1968), che parlando dell'*Historia* rileva come la «variété des matières que Grégoire a su faire servir a son dessein, lui donne l'occasion de déployer les ressources de son style et de son vocabulaire plus qu'il ne l'a fait dans les récits monotones des miracles» (p. 8); e addirittura drastica in G. Vinay, *San Gregorio di Tours*, Carmagnola 1939 («Nei *Libri miraculorum* Gregorio è un uomo dimezzato che vale solo in funzione dell'uomo intero dell'opera maggiore, un arido archivista di fronte ad un fantastico e originale creatore», p. 5). La giusta esigenza di interpretazione unitaria sentita da J.M. Wallace Hadrill, *The work of Gregory of Tours in the light of modern research*, in «Transactions of the Royal Historical Society», 5ª s., I (1951), pp. 25-45 (ripubbl. in *The long-haired kings and other studies in frankish history*, London 1962, pp. 49-70) si

Tre elementi mi sembrano caratterizzare la produzione agiografica di Gregorio: l'attualità degli episodi narrati, cioè un'attenzione sempre ricondotta al presente, mai antiquaria, un racconto che o si fa «presente» o non interessa; secondo, l'episodicità, cioè il disinteresse per un racconto organico e interpretativo dei fatti; terzo, l'assenza di uno scopo di edificazione, nel senso di presentazione di un modello di vita e di esempi di virtù, nella maggior parte delle opere o la sua sostanziale subordinazione al racconto di singoli miracoli nella più pastorale e «biografica» il *De vita patrum*.

Nel prologo del *Liber in gloria martyrum*, l'antidoto contro la cultura pagana è costituito dai miracoli dei santi: temendo di essere irretito nelle «fallaces... fabulae» e nella «philosophorum inimica Deo sapientia», Gregorio vuole «aliqua de sanctorum miraculis quae actenus latuerunt, pandere».[8] E ancora, dopo la lunga enumerazione delle «tentazioni» della cultura pagana a cui vuole sfuggire, così riassume il suo intento: «sed ista omnia tamquam super harenam locata et cito ruitura conspiciens, ad divina et evangelica potius miracula revertamur».[9] E sono questi miracoli a costituire davvero l'antitesi, non le citazioni bibliche che seguono, che, pur volendo introdurre un discorso su Cristo, rimangono in realtà nient'altro che citazioni;[10] ma l'interesse di Gregorio non solo non è teologico, ma

traduce però di fatto al minimo comune denominatore del profondo cattolicesimo di Gregorio, e quindi in una accentuazione dello scopo pastorale delle opere agiografiche e della concezione provvidenzialistica mutuata da Agostino tramite Orosio: su questo tornerò più avanti. Il problema particolare di Gregorio di Tours si inserisce in quello della necessaria distinzione tra agiografia e storiografia; necessaria perché ogni genere letterario ha la sua tradizione e le sue leggi, ma fuorviante quando si tratta di capire un autore nel suo complesso; come per Gregorio di Tours, ad esempio anche per Gregorio Magno ci si preclude la possibilità di capire i *Dialoghi*, definendoli, o meglio liquidandoli come opera agiografica, distinta dalle altre. Articolate, ma non convincenti le motivazioni di B. Lacroix, *L'historien au Moyen Âge* (Conférence Albert-Le-Grand, 1966), Montreal-Paris 1971, soprattutto pp. 44-45. Ha completamente eluso il problema B. de Gaiffier, *Hagiographie et historiographie. Quelques aspects du problème*, in *La storiografia altomedievale* (Settimane di Studio del Centro Italiano dì Studi sull'Alto Medioevo, XVII), Spoleto 1970, pp. 139-166, il cui interesse è quello «d'interroger les productions hagiographiques pour voir dans quelle mesure elles sont susceptibles de fournir des données valables pour reconstruire le passé».

8. Tutte le opere minori di Gregorio di Tours (*Liber in gloria martyrum*, *Liber in gloria confessorum*, *Liber de vita patrum*, *Miracula S. Iuliani*, *Miracula S. Martini*) sono edite in Gregorii episcopi Turonensis *Miracula et opera minora*, a cura di B. Krusch, in Monumenta Germaniae Historica, SS rer. Mer., I, 2, Hannoverae 1885. L'*Historia Francorum* è edita nel vol. I, 1.

9. Ivi, p. 38.

10. *Ibidem*.

non è neppure di storia o di storia della salvezza: Cristo dà inizio alla serie dei martiri di cui si celebrano i miracoli e subito ci appare evidente che il racconto di una storia della vita di Cristo è alieno a Gregorio, che infatti concentra in un ablativo assoluto l'avvenimento storico per eccellenza, la nascita;[11] l'«et reliqua» che conclude il racconto dei magi che vanno ad adorarlo, ci fa capire quanto questa sia una breve introduzione utile solo a creare il quadro per poi passare al «fatto» che davvero lo interessa: «Est autem in Bethlem puteus magnus, de qua Maria gloriosa aquam fertur hausisse»; ma, ancora, il «puteus» lo interessa non perché Maria vi ha attinto l'acqua, ma perché «saepius aspicientibus miraculum inlustre monstratur id est stella ibi mundis corde, quae apparuit magis, ostenditur». Quello che colpisce è proprio come da un lontano passato, dal fatto centrale della storia cristiana, dal Verbo che si fa carne, Gregorio enuclei immediatamente un fatto particolare che ha valore non in quanto passato, ma in quanto presente, fino ad asserire che «nonnullos vidi, qui eam adserebant se vidisse» e ancora, con maggiore precisione, riferendosi alla testimonianza del suo diacono.[12] Il racconto torna a Gesù Cristo, ma la sua vita è così sintetizzata: «Dominus igitur noster Jesus Christus in adsumpta carne de virgine multa populis miracula est dignatus ostendere»;[13] e seguono brevemente riassunti i miracoli principali, poi la morte e la resurrezione; ancora la morte di Maria.[14] Di qui si passa al ritrovamento della croce: perché questa scelta? perché «Huius reliquias et merito et fide Helenae comparanda regina Radegundis expetiit ac devote in monasterium Pictaviensim, quod suo studio constituit, collocavit».[15] Molti miracoli poi fece e molti ne racconta Gregorio, entrando subito personalmente in causa per testimoniare quelli che ha udito narrare e quello di cui è stato lui stesso spettatore, avvenuto anzi, dice, appositamente «ad incredulitatem meam arguendam».[16] I miracoli seguono tutti un ordine non storico-cronologico, apparentemente casuale, legato invece con l'interesse continuamente esplicitato di Gregorio, con il

11. *Ibidem*: «Nato ergo Domino nostro Iesu Christo secundum carnem in Bethlem oppido in diebus Herodis regis iuxta fidem evangelicam, Magi ab Oriente venerunt Hierusolymis, dicentes: "Ubi est qui natus est rex Iudeorum? Vidimus enim stellam eius in oriente et venimus adorare eum" et reliqua».

12. *Ibidem*.

13. *Ibidem*.

14. *Ibidem*.

15. Ivi, pp. 39-40.

16. Ivi, p. 40.

suo presente cronologico e spaziale, il suo tempo e la Gallia.[17] L'attualità del miracolo è la costante che giustifica i singoli racconti, ma nello stesso tempo ne impedisce ogni unità, perché lo scrittore non è interessato a una dimostrazione, non scrive con un fine, ma è precisamente, direi personalmente legato, a ogni singolo miracolo, ognuno dei quali ha quindi importanza per sé, non mai come strumento di meditazione storico-teologica.

Il caso di santo Stefano esemplifica ancor meglio questi aspetti dell'agiografia di Gregorio: la sua storia è brevemente riassunta, un semplice preambolo, con un rinvio a una «historia», che forse si suppone conosciuta, ma soprattutto che non interessa.[18] Stefano non è un personaggio, non è un esempio di come si muore per Cristo, non ha funzione di santo: le protagoniste sono le sue reliquie, in quanto capaci di fare miracoli, e i suoi miracoli sono quelli compiuti in Gallia, sotto gli occhi di Gregorio o di suoi conoscenti.[19]

L'ultimo miracolo del *Liber in gloria martyrum* narra di un prete di Poitiers, Pannichio, che si difende dalle insidie del demonio facendo il segno della croce su un bicchiere di vino che stava per bere:[20] da questo

17. I casi più significativi di questa riconduzione a interessi presenti sono a p. 43 (miracolo nella costruzione della basilica in onore della Vergine a Costantinopoli, ricordo della festa liturgica, poi «Nam in oratorio Marciacensis domus Arverni territurii eius reliquiae contenentur. Adveniente vero hac festivitate, ego ad celebrandas vigilias eum accessi...»); pp. 45-46 (miracolo della Vergine nel monastero di Gerusalemme, poi «Huius beatae Virginis reliquias cum sanctorum apostolorum vel beati Martini quadam vice super me in cruce aurea positas exhibebam...»); pp. 45-46 («Iohannes vero baptista astu Herodis per Herodiaden, uxorem fratris, in carcere conligatur». E subito «Tunc temporis a Galliis matrona quaedam Hierusolymis abierat...», riportando l'ampolla col sangue del Battista che venne deposta nella città di S. Vaast. E poi altri miracoli relativi alla Gallia); pp. 48-49 (miracoli della Palestina: il fiume Giordano e gli alberi che producono lana presso Gerico; «Sed et hodieque tales exhibent lanas, ex quibus nos a quibusdam delatas vidimus et admirati sumus vel candorem vel subtilitatem earum», commenta Gregorio. E il cap. successivo comincia: «Nam vidi ante hoc tempus hominem Iohannem nomine, qui a Galliis leprosus abierat...»); p. 56 (parlando dell'apostolo Andrea, passa a ricordare i miracoli compiuti dalle sue reliquie, e in particolare quelli relativi alle reliquie conservate in una basilica della Burgundia, al tempo del re dei Franchi Clodomere).

18. Ivi, p. 58: «Stephanus autem primus vel diaconus ecclesie sanctae vel martyr apud Hierusolymam, sicut sacra apostolorum narrat historia, pro nomine sancto Christi, quem a dextris virtutis spiritali contemplatione cernebat, lapidibus est obrutus, pro persecutoribus ipsam supplicans maiestatem».

19. Dopo il passo citato alla nota precedente si dice infatti: p. 58: «Denique erat oratorium apud urbem Turonicam...»; e poi ancora un miracolo a Bourges e a Bordeaux (pp. 58-59).

20. Ivi, p. 111.

racconto, non da un esempio di vita o di virtù, da un martire o da un santo, prende avvio il discorso pastorale che ribadisce la funzione strumentale di un atto rituale.[21] A conclusione dell'opera troviamo anche affermata la speranza nella funzione intercessoria dei santi presso Dio.[22] Ma è appunto il discorso conclusivo: nel procedere dei racconti, quei santi martiri, modelli di virtù, che i fedeli devono pregare perché intercedano per loro in Paradiso, non ci sono stati.

La prefazione del *Liber de virtutibus Sancti Iuliani* sembra presentare un personaggio degno di essere paragonato ai grandi dell'Antico Testamento, agli apostoli, ai martiri,[23] ma la brevità della *Vita* – il raffronto con la *passio* non ci aiuta perché non si sa se sia quella che Gregorio dice di avere riassunto –[24] e il rapido passaggio ai miracoli,[25] primo fra tutti il ritrovamento del corpo e via via gli altri, tutti legati alla Gallia e a un luogo molto vicino e caro a Gregorio, ci riportano subito a una ben diversa dimensione agiografica, a una realtà, anche qui costituita da tanti episodi, solo marginalmente utilizzati a fini pastorali,[26] privi di un nesso interpretativo che non sia quello della provata *virtus* delle reliquie di san Giuliano.

21. Il commento è infatti questo: «Ergo et tu si viriliter et non tepide signum vel fronti vel pectori salutare superponas, tunc resistendo vitiis martyr habeberis, quia et ipsi martyres ea quae vicerunt non suis viribus, sed Dei haec auxiliis per signaculum crucis gloriosissime peregerunt, in quibus, ut saepe diximus, ipse Dominus et dimicat et triumphat» (*ibidem*).

22. *Ibidem.*

23. *Liber de virtutibus sancti Iuliani,* a cura di B. Krusch, MGH, SS. rer. Mer., p. 113.

24. *Passio S. Iuliani,* in AASS *Aug.*, VI, Antverpiae 1743, p. 173. L'ipotesi sembra però da escludere perché non solo Gregorio è più breve, ma non mantiene nulla del linguaggio né di alcuni punti qualificanti della narrazione: rimane il rapporto con Ferreolo, che lo invita a lasciare Vienne dove infuria la persecuzione; ma la morte viene collocata dalla *passio* in Auvergne, mentre Gregorio parla specificatamente di Brioude e diverso è il racconto della sepoltura, anche se tutti e due gli autori parlano dei vecchi che, dopo avere seppellito il corpo, ritrovarono forze giovanili.

25. Mi sembra importante la stretta connessione che Gregorio stabilisce tra il martirio e la sistemazione delle reliquie: «At illi eductam vibranti dextera frameam, deciso capite, in tribus ut ita dicam, partibus gloriosus dividitur martyr. Nam caput Viennae defertur, artus Brivatae reconduntur; felix anima Christo conditore suscipitur. Senes quoque qui sacrosanctum corpus mancipaverant sepolturae, ita redintegrati sunt, ut in senectute summa positi tamquam iuvenes haberentur. Caput quoque eius Ferreolus martyr accepit, conpletoque certamine, tam illius membra quam istius caput in unius tumuli receptaculo collocantur. Quod ne cuiquam fortassis videatur incredibilis esse narratio, quae audivi gesta fideliter prodam» (ivi, p. 114).

26. Si veda ad esempio il commento al miracolo di un infermo guarito dalla polvere del sepolcro sciolta nell'acqua, ivi, p. 132.

San Martino è stato un grande vescovo; molti grandi scrittori hanno trattato della sua vita e delle sue opere, ma Gregorio se ne disinteressa;[27] è una delle tante dimostrazioni della sua straordinaria consapevolezza culturale: consapevolezza cioè della propria originalità, sia per l'oggetto della narrazione che per lo strumento linguistico e stilistico.[28] Sono le «virtutes» presenti che interessano Gregorio, sono queste il segno della grandezza del santo; sono i miracoli presenti a testimoniare la verità di quelli passati.[29] E questi miracoli sono, direi, casuali: la preghiera presso il sepolcro precede generalmente la guarigione, ma non è legata casualmente ad essa. Se nella prefazione al Libro III Gregorio sottolinea l'importanza della disposizione

27. *Liber I de virtutibus sancti Martini*, MGH, SS. rer. Mer., p. 135: «Ego vero fidem ingerens libri illius, qui de eius vita ab anterioribus est scriptus, praesentes virtutes, de quanto ad memoriam recolo, memoriae posterum, Domino iubente mandabo».

28. L'incitamento a scrivere, a superare la paura di non reggere al confronto con Sulpicio Severo, Paolino, Fortunato gli viene, come è noto, dalla madre, in bocca alla quale Gregorio pone queste parole: «Et nescis, quia nobiscum propter intellegentiam populorum magis, sicut tu loqui potens es, habetur praeclarum? Itaque ne dubites et haec agere non desistas quia crimen tibi erit, si ea tacueris» (p. 136). A questa motivazione propriamente culturale seguono quelle religiose: Dio può parlare anche per sua bocca, dato che ha compiuto tanti miracoli; anzi, aggiunge, proprio per mezzo di un uomo incolto, dato che di incolti e non di filosofi si è voluto servire per distruggere la vanità della sapienza mondana. Al di là delle frequenti professioni di «rusticitas» (la più dettagliata è quella del Prologo al *Liber in gloria confessorum*, MGH, SS. rer. Mer., pp. 297-298), anzi direi attraverso queste, si avverte nitidissima la coscienza culturale di Gregorio, addirittura, come ho detto, la consapevolezza della sua originalità: egli vuole scrivere proprio ciò che gli altri non hanno scritto, e ritiene di avere – ed ha – lo strumento più idoneo per farlo. Mi pare importante che questa consapevolezza si trovi così chiaramente manifestata in un'opera agiografica, e non solo nel passo famosissimo del cap. 31 del libro X dell'*Historia Francorum*: è una prova in più della profonda unità dei suoi scritti. Sullo stile di Gregorio le pagine più belle sono quelle di E. Auerbach, *Mimesis. Il realismo nella letteratura occidentale*, Torino 1956, I, pp. 87 ss.; e Id., *Lingua letteraria e pubblico nella tarda antichità e nel Medio Evo,* Milano 1960, pp. 98-105.

29. Così dice infatti nella prefazione al *Liber I de virtutibus S. Martini*, p. 135: «Miracula, quae dominus Deus noster per beatum Martinum antistitem suum in corpore positum operari dignatum est, cotidie ad conroborandam fidem credentium confirmare dignatur. Ille nunc exornans virtutibus eius tumulum, qui in eo operatus est, cum esset in mundo; et ille praebet per eum beneficia christianis, qui misit tunc praesolem gentibus perituris. Nemo ergo de anteactis virtutibus dubitet, cum praesentium signorum cernit munera dispensari, cum videat clodos eregi, caecos inluminari, daemones effugari et alia quaeque morborum genera, ipsum medificante, curari. Ergo vero fidem ingerens libri illius, qui de eius vita ab anterioribus est scriptus, praesentes virtutes, de quantum ad memoriam recolo, memoriae in posterum, Domino iubente, mandabo».

d'animo,[30] in quella al Libro IV di nuovo l'accento batte primariamente sulla *virtus* del sepolcro: la sua potenza si esplica visibilmente nella guarigione delle malattie fisiche; solo per analogia si evince la stessa salutare efficacia su quelle morali[31]. Ma nel racconto non ci sono necessariamente buoni premiati o malvagi puniti, solo uomini, donne, bambini guariti: la *virtus* agisce comunque imprevedibilmente, direi irrazionalmente: questo ci dice la serie inesauribile dei miracoli narrati; ognuno incentrato su un caso, ognuno racchiuso in sé. A questa episodicità, a questa casualità è affidato il senso e direi il fascino dell'agiografia di Gregorio. Le «morali» che accompagnano nel *Liber in gloria confessorum* alcuni miracoli[32] non servono a smentire questa impressione. Tanti santi, tanti sepolcri, tante guarigioni, tutti ugualmente, vivamente presenti a Gregorio, ma senza sviluppo nel racconto che si incentra di nuovo ogni volta intorno a quel miracolo del santo o del suo sepolcro, alla gente che vi sta intorno. Al di là di questo non c'è una storia: ci può essere il nome di un re, un personaggio famoso, ci sono continui riferimenti cronologici e geografici, ma sono sempre solo la premessa, fuori del racconto.[33]

All'edificazione e alla biografia ci riporta il *Liber de vita patrum*: vite di santi, raccolte probabilmente da Gregorio in tarda età,[34] ognuna con un suo preambolo, ciascun preambolo con le sue considerazioni religiose e

30. Ivi, p. 182: «...ad eius beatum tumulum humilietur animus, et oratio sublimetur. Si defluant lacrimae, et conpunctio vera succedat, si ab imo corde mittantur suspiria et pectora facinorosa tundentur, invenit ploratus laetitiam, culpa veniam, dolor pectoris pervenit ad medellum...».

31. Ivi, p. 199: «Nam cum saepe videamus virtutum insignia prodere de tumulis beatorum, non immerito commovemur debita eis honoris reverentiam inpendere, a quibus non desistimus infirmitatum remedia agitare. Quorum precibus et ipsam peccaminum remissionem non dubitamus adipisci et non modo hanc mereri, verum ab infernalibus suppliciis eorum interventu saivari. Confidernus enim, quod, sicut hic morborum genera resecant, illic saevas tormentorum poenas avertant, et, sicut, hic mitigant febres corporeas, illinc restingant aeternas, et, quomodo hic luridae leprae ulcera sordentia mundant, illic delictorum maculas mederi suo interventu obteneant, ac, sicut inc mortuorum cadavera ad vitam resuscitant, illic peccato sepultos, ex Acharonticis stagnis, manu iniecta erutos, vitae aeternae restituant».

32. *Liber in gloria confessorum*, si veda ad esempio p. 335.

33. Ivi, si vedano ad esempio pp. 339, 350, 354.

34. Si veda la prefazione del Krusch all'ed. dei MGH, SS. rer. Mer., pp. 4-5; e soprattutto le osservazioni circa la composizione e la cronologia del Monod, *Études critiques*, pp. 43-44 e di V.F. Buchner, *Merovingica*, Diss. Amsterdam 1913, pp. 40 ss. Questo autore e ancor più il Bonnet, *Le latin de Grégoire de Tours*, p. 9, tendono ad accentuare lo stacco tra questa e le altre opere agiografiche.

pastorali. La diversità di soggetto dalle altre opere agiografiche è sentita da Gregorio ed espressa nel prologo a tutta l'opera:

> Statueram quidem illa tantum scribere, quae ad sepulchra beatissimorum martyrum confessorumque divinitus gesta sunt, sed, quoniam quaedam de his nuper repperi, quos beatae conversationis meritum evexit ad caelum, quorumque vitae tramitem certis relationibus cognitum eclesiam aedificare putavi, dicere aliqua ex illis oportunitate cogente non differo, quia sanctorum vita non modo eorum pandit propositum, verum etiam auditorum animos incitat ad profectum.[35]

Ma nel «quaedam de his» si può già trovare la spia di quanto poco queste vite siano delle biografie, quanto poco Gregorio concentri l'interesse intorno a ogni personaggio, quanto ogni idea di completezza di dati, di svolgimento seguito di notizie sia estraneo all'andamento del racconto. Fino al caso – caso limite, si dirà, ma non per questo meno importante – di sant'Illidio, la cui vita l'autore concentra tutta nel miracolo della liberazione dal demonio della figlia dell'imperatore, un imperatore neppure nominato, a riprova dell'irrilevanza dello sfondo storico di fronte all'atto del santo,[36] per poi passare ai miracoli dopo morto, perché questi, teorizza Gregorio chiaramente come non mai, sono ancora più importanti di quelli compiuti da vivo, sui quali Cristo stesso ha gettato l'ombra del dubbio.[37] La vita del santo è in funzione dei suoi miracoli; ma la santità si convalida soprattutto attraverso la *virtus* che emana dal sepolcro. Se questa motivazione è teorizzata per un santo di cui lo scrittore aveva poche notizie, lo stacco tra il preambolo esortativo-pastorale e l'interesse concentrato su singoli fatti, che non esplicitano affatto l'intento morale-edificatorio, appare una caratteristica comune alla maggior parte delle *Vitae Patrum*:[38] per questo non rimane impresso il personaggio Friardo,

35. *De vita patrum*, p. 212.

36. Ivi, p. 219.

37. Ivi, pp. 219 s.: «Et forsitan, ut plerumque murmurare homines soliti sunt, quispiam garrulatur, dicens: "non potest hic habere inter sanctos pro unius tantum operatione miraculi". Nam si perpenditur illud quod Dominus ait in evangelio: Multi, inquit, dicunt mihi in illa die: "Domine, Domine, nonne in nomine tuo daemonia eiecimus virtutesque multas fecimus?" Et respondebo eis, dicens, quia non novi vos (Matth. 7,22-23), profecto intellegit, quia magis proficit ad laudem virtus egressa de tumulo, quam ea quae quisquam vivens gessit in mundo; quia illa labem habere potuerunt per assidua mundanae occupationis impedimenta, haec vero omnem labem ad liquidum caruerunt».

38. Si vedano ad esempio i prologhi generici di san Quinziano (pp. 223 s.) e di san Porziano (p. 227), di san Patroclo (p. 252), di san Caluppane (p. 259), di sant'Emiliano (pp.0

quanto il suo bastone confitto nella terra da cui prese vita una pianta;[39] e il recluso Caluppane è colui che non ha paura dei serpenti e vince i due draghi emanazione del demonio;[40] e l'eremita Emiliano è colui che rende mansueto il cinghiale, convertendo insieme il giovane Bracchione.[41]

Le osservazioni fin qui fatte – anche se troppo rapide e schematiche e certamente non esaurienti tutti i problemi della agiografia gregoriana – mi sono sembrate necessarie non solo per il raffronto con l'agiografia quale apparirà nei *Libri Historiarum*, ma anche per il modo in cui Gregorio è stato situato nella tradizione agiografica: penso in particolare al rapporto stabilito con Agostino dal Delehaye,[42] e a quello con Sulpicio Severo sottolineato dal Bernoulli.[43] Sant'Agostino ha il problema di attestare la parità dei miracoli a lui contemporanei con quelli della Sacra Scrittura, e insieme dar loro notorietà: a questa duplice esigenza corrisponde la narrazione dei miracoli di santo Stefano. Un problema pastorale dunque, perché ha come sfondo la diffidenza di molti fedeli, ma soprattutto teologico, come provano le considerazioni sul significato del miracolo, passato e presente, sempre e solo da ricondursi alla fede in Cristo.[44] Ora il Delehaye, secondo

261 s.), di san Senoch (pp. 270 s.), di san Venanzio (p. 274), di san Nicezio (pp. 277 s.), di Urso e Leobazio (pp. 283 s.), della beata Monegonda (p. 286), e ancora quello brevissimo di San Leobardo (p. 291). Mi pare anzi che in questa mancanza di legame intrinseco tra il singolo prologo e la vita che segue, si abbia la riprova di una rielaborazione più tarda dell'opera nel suo complesso: i prologhi andrebbero studiati non tanto singolarmente, in rapporto alle singole vite, quanto in relazione l'uno all'altro, perché mi sembra che Gregorio colga il pretesto per sviluppare alcune considerazioni teologico-pastorali sul culto dei santi, che sono il *pendant* delle considerazioni teologico-morali presenti nei *Libri Historiarum*, e che come quelle non si legano sostanzialmente al racconto dei fatti e dei miracoli che davvero lo interessa.

39. *Liber Vitae Patrum*, pp. 257 ss.

40. Ivi, pp. 259 ss.

41. Ivi, pp. 262 ss.

42. H. Delehaye, *Les recueils antiques des miracles des saints*, in «Analecta Bollandiana», XLIII (1925), pp. 5-85, 305-325; è uno studio sull'origine e la tradizione dei primi *Libelli Miraculorum,* relativi a un solo santo e a un medesimo centro di culto, sia in Oriente che in Occidente: per l'Occidente rappresentanti unici, ma eccezionali, sant'Agostino con i miracoli di santo Stefano e Gregorio di Tours con quelli di san Giuliano e san Martino. Per sant'Agostino si veda anche dello stesso autore, *Les premiers* libelli miraculorum, in «Analecta Bollandiana», XXIX (1910), pp. 427-434; qualche cenno anche in V. Monachino, *La cura pastorale a Milano, Cartagine e Roma nel sec. IV*, Romae 1947 (Analecta Gregoriana, 41), pp. 204-206.

43. Bernoulli, *Die Heiligen der Merowinger*, pp. 88-121.

44. *De civitate Dei*, l. XXII, cap. 8-9 (CCSL, 48) Turnholti 1955, pp. 815-828; per i miracoli di santo Stefano si vedano anche i sermoni 320-324, PL 38, coll. 1442-1447.

l'ottica del suo interesse tutto rivolto a cogliere la sincerità e veridicità degli autori, distingue in modo radicale i *libelli miraculorum* occidentali da quelli orientali[45] e quindi, pur rendendosi conto della difficoltà di stabilire un parallelo tra Agostino e Gregorio di Tours, finisce per accomunarli nello sforzo di esattezza documentaria e perfino nelle stesse preoccupazioni religiose, anziché sottolineare la estrema lontananza tra la meditazione teologica sul miracolo di sant'Agostino e l'interesse al «fatto» contingente che è caratteristica di Gregorio.[46] Le stesse affermazioni del vescovo di Tours sulla certezza di quanto afferma non sono tanto manifestazione di scrupoli storici e di preoccupazioni pastorali quanto espressione di un interesse volto solo, come si è visto, a ciò che è vivo e presente nella realtà più immediata.

Se Agostino rappresenta il problema dell'approccio teologico al miracolo e al culto dei santi, Sulpicio Severo ci pone quello della biografia,

Sulla concezione del miracolo in Agostino si veda P. De Vooght, *La notion philosophique du miracle chez Saint Augustin. Dans le «De Trinitate» et le «De Genesi ad litteram»*, in «Recherches de Théologie ancienne et médiévale», X (1938), pp. 317-343; e Id., *La theologie du miracle selon Saint Augustin*, ivi, XI (1939), pp. 197-222; lo stesso autore in *Les miracles dans la vie de Saint Augustin*, ivi, pp 5-16, mette in luce la diversità di atteggiamento nei confronti del miracolo tra la prima e la seconda parte della vita di Agostino. Su questo e in genere sul senso del miracolo torna anche P. Courcelle, *Recherches sur les Confessions de Saint Augustin*, Paris 1950, pp. 141-148. Qualche cenno in J.A. Harden, *The concept of miracle from Augustine to modern Apologetics*, in «Theological Studies», XV (1954), pp. 229-257; e in É. Dhanis, *Qu'est-ce qu'un miracle*, in «Gregorianum», XL (1959), pp. 201-241. Sulla distinzione tra miracolo e prodigio, e sulla esistenza di miracoli anche pagani in Agostino si vedano anche nn. 90 e 111.

45. La distinzione tra Oriente e Occidente è resa necessaria, precisa il Delehaye in *Les recueils antiques*, non tanto dalla diversità della lingua quanto dallo spirito che informa le raccolte: lì accumularsi senza freni né limiti di miracoli strani, indulgenza degli agiografi ai gusti grossolani del pubblico, fino a delineare la figura di un santo taumaturgo che non è che una caricatura (p. 65); qui, pur nei limiti posti dall'epoca, sforzo di obbiettività, scrupolo di sincerità, viva preoccupazione religiosa (p. 325).

46. Non manca un'analisi dei tipi di miracoli, malattie, modi di guarigione, né una forte polemica contro M. Hébert, *Documents fournis à la préhistoire par St. Grégoire de Tours,* in «Revue des études anciennes», 18/2 (1916), pp. 123-141 (che aveva sostenuto la materialità della *virtus* in Gregorio), in difesa della sostanza religiosa del miracolo, che non sarebbe mai concepita come effetto magico, né sarebbe mai indipendente dalla preghiera e dalle disposizioni morali (p. 322). Ma se sul punto specifico della materialità ha probabilmente ragione, le preoccupazioni religiose gli precludono la comprensione di quanto c'è di positivo nello Hébert per l'interpretazione di Gregorio, l'affiorare soprattutto di credenze non cristiane.

non solo come schema letterario, ma come interesse al santo in tutti gli avvenimenti della sua vita, nelle sue opere, nei suoi miracoli, con un desiderio di completezza cui non basta la *Vita Martini*, ma che richiede anche i *Dialoghi*.[47] Una impostazione che è estranea, come si è visto, agli interessi di Gregorio: e allora quelle preoccupazioni storico-cronologiche colte per Gregorio dal Bernoulli proprio per quanto riguarda san Martino, mi sembrano un elemento secondario, quasi deviante per la comprensione delle peculiarità di Gregorio nei confronti della tradizione.[48] Se già la *Vita Martini* rappresenta uno stacco nei confronti della biografia classica,[49] con Gregorio è saltato l'interesse biografico al santo; se Sulpicio concepisce la sua come opera di spiritualità per i colti, in Gregorio il pubblico si è allargato e abbassato di livello; se Sulpicio aveva ancora una dimensione «imperiale» politica e geografica, una concezione universalistica che si preoccupava che la fama di Martino fosse diffusa tutta intorno al Mediterraneo,[50] in Gregorio ogni interesse si concentra in Gallia, ogni suo racconto è in funzione di quella realtà più ristretta.

Di santi, della loro *virtus* dei loro miracoli, è intessuta l'*Historia Francorum,* ma, come ho già detto, con una dosatura quantitativamente e qualitativamente varia che richiede un'analisi puntuale.[51]

47. *Vita Martini*, a cura di J. Fontaine, Paris 1967 (SC, 133-134-135), I, p. 252; *Dialogi*, PL 20, coll. 198-202; e ancora questo desiderio di completezza si esprime nelle lettere a Eusebio e a Bassula (in appendice all'ed. della *Vita Martini*, pp. 320 e 336).

48. Bernoulli, *Die Heiligen der Merowinger*, pp. 88-121. Al Bernoulli va il merito di avere delineato lo sviluppo della letteratura agiografica e in questo di avere tentato di cogliere le peculiarità del vescovo di Tours (le sue opere appartengono insieme a quelle di Venanzio Fortunato, alla sezione «Die Forschung», distinta da quella «Die Memorie», cui appartengono Sulpicio Severo, Eugippo, Cesario di Arles ecc., fino a Gregorio Magno); ma da un lato ribadisce le preoccupazioni pastorali e religiose, legandole all'interpretazione religiosa dei *Libri Historiarum*, dall'altro sottolinea soprattutto gli interessi storico-cronologici di Gregorio, infine spezza il discorso con uno studio analitico sui singoli santi, eludendo un approfondimento globale che l'impianto dell'opera avrebbe fatto desiderare.

49. Si vedano le osservazioni del Fontaine, pref. all'ed. cit., pp. 42-45. C'è in Sulpicio Severo la consapevole sostituzione di uno biografia cristiana a quella pagana (*Vita Martini*, p. 250). Si veda anche A. Momigliano, *L'età del trapasso fra storiografia antica e storiografia medioevale*, in *La Storiografia altomedievale*, I, p. 105.

50. Si vedano soprattutto i *Dialogi*, coll. 198-200.

51. Da tenere presente che la composizione della *Historia* non è separata cronologicamente dalle altre opere: al di là della possibilità di esatte datazioni (per la composizione

Dedicati i primi capitoli alla storia universale,[52] Gregorio procede con una graduale alternanza di notizie di storia dell'impero e della Gallia; ma l'impero viene via via emarginato, gli imperatori ricordati quasi esclusivamente per le loro persecuzioni e la «storia» si riempie sempre più di notizie di martiri, tra cui vanno gradualmente prevalendo santi martiri e vescovi della Gallia:[53] ma sono sempre «notizie», per lo più brevi, che seguono l'andamento conciso della prima parte del libro: se la vita di Cristo viene

dei *Libri Historiarum* si vedano soprattutto le osservazioni di Vinay, *San Gregorio di Tours*, pp. 58-66, che discute le tesi dei Monod, *Études critiques*, pp. 45-49 e del Bonnet, *Le latin de Grégoire de Tours*, pp. 11-15; per la datazione delle opere agiografiche utile la tabella comparativa del Bonnet, *Le latin de Grégoire de Tours*, p. 12), rimane la certezza che mentre Gregorio scriveva la storia dei Franchi non abbandonava la narrazione dei miracoli dei santi. C'è poi l'altro problema relativo alla composizione dei *Libri Historiarum*, la doppia redazione in cui ci sono pervenuti i primi sei libri (quella più breve tramandata dai manoscritti più antichi, e caratterizzata dall'assenza dei capitoli a carattere ecclesiastico-agiografico) e la questione della priorità. Non è possibile rifare qui il punto della questione (si vedano soprattutto le prefazioni alle edizioni dell'*Historia* nei MGH, sia la prima dello Arndt, sia quella del Krusch), ma basterà ricordare le due tesi contrapposte, quella della aggiunta dei capitoli da parte dello stesso Gregorio che avrebbe rimaneggiato l'opera, sostenuta ad esempio dal Monod (*Études critiques*, p. 46) e ripresa anche recentemente dal Latouche nell'Introduzione alla traduzione francese dell'*Historia*, Paris 1963, p. 12 (l'inserimento di episodi di carattere più locale gli sembra «psychologiquement justifié car on sent dans toute l'oeuvre à mesure qu'on avance vers la fin un souci progressif de s'attacher au choses qu'il a vues et entendues alors qu'au commencement c'est une histoire générale dans le genre de la Chronique d'Orose qu'il projetait d'écrire») e quella opposta del Vinay (*San Gregorio di Tours*, pp. 173-192) che li ritiene deliberatamente eliminati dall'autore in una revisione che corrispondeva finalmente alla sua vera vocazione storiografica, senza confusioni con la agiografia. In linea generale è stata esclusa la possibilità che la redazione breve non sia di Gregorio, in gran parte, mi sembra, sulla base dello scongiuro fatto dall'autore di non modificare in nulla la sua opera (Libro X, cap. 31). L'una e l'altra tesi hanno il torto di considerare quei capitoli appunto come aggiunte, in sostanza come non intrinsecamente necessari all'impianto dell'opera, che è quanto invece mi è apparso chiarissimo proprio cercando di cogliere la funzione del racconto agiografico. È possibile allora che l'ipotesi del Bonnet (*Le latin de Grégoire de Tours*, p. 16) di una copia incompleta dall'archetipo fatta nel VII secolo conservi una sua validità.

52. I primi sedici capitoli vanno da Adamo ed Eva alla nascita di Cristo, sono cioè un compendio di storia sacra tratto dall'Antico Testamento; il 17 serve da raccordo tra la storia ebraica e i «reliqua regna» (p. 16).

53. Nel cap. 18, pp. 16-17 c'è la breve notazione sulla fondazione di Lione che si ricorda fin da ora illustre per il sangue dei martiri; ai martiri di Lione ritorna al cap. 29, pp. 21-22, cui seguono i capp. 30-34 relativi alla Gallia. Le notizie relative agli imperatori sono quasi esclusivamente riferimenti cronologici per quelle di storia religiosa.

riassunta nel modo più significativo ma brevissimo, in poche righe,[54] ancor più concise le notazioni relative a Martino (nascita, arrivo in Gallia, predicazione e miracoli, poi la morte), staccate le une dalle altre.[55] Una serie di fatti, premessa indispensabile all'economia dell'opera,[56] ma non ancora storia, perché non si è ancora fatta attuale, presente alla realtà che interessa Gregorio. Questa marcia di avvicinamento si compie con gli ultimi capitoli e proprio per mezzo del racconto agiografico Gregorio entra decisamente nell'ambito dei suoi interessi, esce dalla fase compilativa per entrare in una precisa dimensione storiografica: il racconto dei Due Amanti, i due sposi vissuti in castità, la virtù dei quali, rimasta ignota durante la loro vita, si manifestò solo quando i loro corpi seppelliti separatamente vennero ritrovati miracolosamente uniti, si trova anche nell'*In gloria confessorum* e Gregorio non manca di ricordarlo,[57] ma non solo non c'è identità testuale per i due brani, come esempio tra i molti dell'originalità di Gregorio anche verso se stesso, ma appunto l'autore ha sentito il bisogno di narrarlo anche

54. Cap. 20, p. 17.

55. Cap. 36, p. 26: «Huius imperii (sc. Constantini) anno undecimo, cum post excessum Diocliciani pax reddita fuisset ecclesiis, beatissimus praesul Martinus apud Sabariam Pannoniae civitatem nascitur parentibus gentilibus, non tamen infimis». Cap. 39, p. 27: «Tunc iam et lumen nostrum exoritur, novisque lampadum radiis Gallia perlustratur, hoc est eo tempore beatissimus Martinus in Gallias praedicare exorsus est, qui Christi Dei filium, per multa miracula verum Deum in populis declarans, gentilium incredulitatem avertit. Hic enim fana distruxit, heresem oppraessit, ecclesias aedificavit et, cum aliis multis vertutibus refulgeret, ad consummandum laudes suae titulum tres mortuos vitae restituit». Cap. 43, p. 28: «Ad hunc Maximum beatus Martinus jam episcopus venit». Cap. 48, p. 32: «Arcadi vero et Honori secundo imperii anno sanctus Martinus Turonorum episcopus plenus virtutibus et sanctitate, praebens infirmis multa beneficia octuaginsimo et primo aetatis suae anno, episcopatum autem vicissimo sexto, apud Condatinsem diocisis suae vicum excedens a saeculo, filiciter migravit ad Christum». Segue il breve cenno ai canti che si udirono alla sua morte, con un rinvio al *Liber de virtutibus S. Martini*, e poi la narrazione della contesa per il suo corpo: su questa torno tra poco. La precisione cronologica che il Bernoulli, come si è detto, considera elemento estremamente significativo per l'approccio di Gregorio all'agiografia, mi pare si spieghi con l'andamento di questo primo libro; direi invece che colpisce lo scarso rilievo che Martino ha nella «storia», come del resto è per Cristo stesso.

56. Proprio la dosatura delle notizie impedisce di ritenere questo primo libro una specie di scotto che Gregorio paga al concetto di storia universale, che doveva necessariamente cominciare dall'inizio del mondo: si tratta invece di una indispensabile preparazione per arrivare a quei «gesta praesentia» (p. 1), che Gregorio presenta nella prefazione a tutta l'opera come oggetto della sua opera di scrittore. Si veda anche il saggio di M. Oldoni, *Gregorio di Tours e i «Libri Historiarum»*, in «Studi Medievali», 3ª serie, XIII (1972), pp. 563-700.

57. *Liber I de virtutibus S. Martini*, cap. 57, pp. 30s.

qui e non accennarvi con un semplice rinvio, perché è la storia di Clermont che è in ballo, è la sua storia, il suo presente: il racconto agiografico gli serve ad attualizzare la storia.

Un rinvio al Libro I *de virtutibus S. Martini*,[58] basta invece a ricordare il miracolo dei canti che molti udirono in cielo al momento della morte di san Martino, ricordata concisamente all'inizio del cap. 48, l'ultimo del I libro: la morte di Martino, così come la sua vita, non hanno interesse di per sé – da ricordare il discorso già fatto sull'assenza di interesse biografico; Martino non è utilizzato né come modello di vita, o esempio di virtù e neppure come personaggio con un rilievo storico-teologico, momento di una storia della salvezza. Martino non entra in quanto santo uomo nei *Libri Historiarum*, ma in quanto corpo santo, fondamento e garanzia della chiesa di Tours, fonte inesauribile di quella *virtus*, che è la costante certezza di Gregorio, un elemento ineliminabile del suo presente: per questo acquista interesse per Gregorio e valore storico nell'economia dei *Libri* la contesa per il corpo del santo tra Poitiers e Tours, la prima che lo rivendicava come suo monaco e abate, per avere meno goduto durante la sua vita delle sue benedizioni e dei suoi miracoli; la seconda che ribatteva che proprio a Poitiers aveva compiuto più miracoli ed era giusto che la città cui Dio lo aveva dato come vescovo ne godesse dopo la morte: «Sed Deus omnipotens noluit urbem Toronicam a proprio frustrari patrono».[59] Il legame tra il corpo di Martino e Tours, questo sì è un momento della storia di Gregorio, importante come saranno il regno e la conversione di Clodoveo.[60]

I capitoli agiografici non sono insomma un diversivo al racconto, ma l'ultima fase del progressivo attualizzarsi della visione storiografica di Gregorio: non con funzione apologetica o di spiegazione provvidenziale

58. *Historia*, cap. 48, p. 32.

59. Ivi, p. 33. Sul rapporto di patrocinio tra Martino e Tours si veda A.M. Orselli, *L'idea e il culto del santo patrono cittadino nella letteratura latina cristiana*, Bologna 1965, pp. 120-124.

60. Su Tours si chiude il libro I, su Tours si riapre il II: sulla presenza e potenza sempre operante di Martino, su cui non può non fondarsi il vescovato e l'opera dei successori, è infatti incentrato il cap. II, pp. 37 s., dedicato a Brizio, suo successore: figura molto umanamente delineata, come quella di un dubbioso, quasi uno scettico, con tanti difetti, superbo, vano, colpevole però soprattutto di non avere avuto fede in Martino, di averlo chiamato «delerum et amentem»; per questo sottoposto a molte tribolazioni, ma lo stesso designato da Martino a suo successore: è possibile avanzare l'ipotesi di un voluto parallelismo con Pietro che rinnegò Cristo?

dei progressi del cristianesimo in Gallia, ma come parte essenziale di una realtà storica.

«Mixte confuseque tam virtutes sanctorum quam strages gentium memoramus», dice Gregorio nell'Introduzione al libro II:[61] se un senso ha la giustificazione che segue con il richiamo a esempi illustri (Bibbia, Eusebio, Severo, Girolamo, Orosio), esso sta nella consapevolezza di avere invece operato in modo del tutto originale; proprio perché non si tratta affatto di alternanza, casuale quasi, ma di interazione e compenetrazione di due elementi, messi lucidamente in evidenza da Gregorio. La concatenazione di notizie politiche e religiose e poi l'alternanza di capitoli religioso-ecclesiastici e politici, dedicati alla prima storia dei Franchi, non ha infatti una spiegazione cronologica, ma logica, servendo a dare il senso di due realtà – attività di santi vescovi, costruzione di chiese, culto delle reliquie da un lato, stanziamento dei Franchi, origine dei loro re, loro paganesimo dall'altro – che troveranno la loro unità nei capitoli dedicati a Clodoveo.

E anzi proprio nel narrare alcune delle «virtutes sanctorum» Gregorio manifesta le sue precipue qualità di scrittore, la sua capacità di cogliere la realtà umana nella sua concretezza particolare, nella sua individualità: come la fanciulla uccisa dagli ariani incarna la dolorosa realtà della Spagna sotto i Vandali,[62] così il dramma della Gallia minacciata dagli Unni è espresso attraverso S. Aravazio, vescovo di Tongeren, che prega Dio che allontani i nemici, ma sentendo che questo non gli sarebbe stato concesso, va a Roma dove dallo stesso Pietro apprende che Dio aveva stabilito l'invasione degli Unni, ma che a lui sarebbe stato concesso non vederne gli orrori.[63] Nell'*In Gloria confessorum* Gregorio narrerà il miracolo al suo sepolcro:[64] qui, come per Martino, non si tratta solo di non ripetersi, ma di scelta consapevole ai fini della sua visione storiografica: non il racconto in

61. Ivi, p. 36. E prosegue: «Non enim inrationabiliter accipi puto, si filicem beatorum vitam inter miserorum memoremus excidia, cum idem non facilitas scripturis, sed temporum series praestitit». Il commento del Vinay (*San Gregorio di Tours*, p. 69), aiuta a comprendere l'importanza del passo circa i criteri seguiti nell'ordinamento della materia: «Egli (Gregorio) nega dunque l'irrazionalità di un ordinamento esclusivamente annalistico, ma il fatto stesso di negarla dimostra che l'ha confusamente avvertita… lo scrupolo (cronologico) tende ad essere superato da una più intelligente concatenazione».

62. II, 2, pp. 39-40.

63. II, 5, pp. 45-57.

64. Cap. 71, p. 340.

funzione del santo, ma il santo in funzione del racconto della tragedia della Gallia al momento dell'invasione degli Unni.

Attila attacca Orléans: l'ansia crescente nel momento è espressa nello stringersi dei cittadini intorno al vescovo Ammiano, nella sua preghiera a Dio, nel suo invito a guardare dalle mura, nella speranza più volte delusa, ma sempre per suo merito rinnovantesi, fino alla salvezza: «Viderunt a longe quasi nebolam de terra consurgere»: è Ezio, inviato da Dio.[65] E l'angoscia della moglie di questi trova nei santi Pietro e Paolo ascolto, anzi partecipazione affettuosa.[66] Santo Stefano ottiene che l'oratorio con le sue reliquie si salvi dall'incendio che distrugge Metz,[67] ma il racconto non è in funzione della *virtus* delle reliquie, ma piuttosto per accentuare il senso della ineluttabilità della catastrofe: Pietro e Paolo rassicurano Stefano sulla sorte del suo oratorio, ma rivelano insieme la loro impotenza a ottenere da Dio la salvezza della città, perché «dominicae sanctionis super eam sententia iam processit». Non una spiegazione, piuttosto l'accettazione del dramma. Il santo può fare miracoli e può non farli; può rivelare la volontà di Dio, ma può semplicemente subire l'angoscia del presente.

Due realtà, quella franca e pagana e quella gallo-romana e cristiana che trovano, dicevo, la loro unità storiografica in Clodoveo:[68] già fin dall'inizio tutto Clodoveo con la sua grandezza militare, la sua spregiudicatezza politica, la sua violenza, la sua rudimentale giustizia e la sua fede, gli albori, almeno, di quella che possiamo chiamare la sua fede; nel desiderio di restituire al vescovo il vaso rubato a Soissons, si coglie infatti la reverenza,

65. II, 7, p. 48.
66. Ivi, pp. 49 s.
67. II, 6, pp. 47 s.
68. La prima presentazione di Clodoveo è nel cap. 12 del libro II, quando si annuncia la sua nascita, frutto dell'amore di Childerico e Basina, e Gregorio lo definisce «hic fuit magnus et pugnatur egregius». Ma più che la presentazione stessa di Clodoveo, è il racconto dell'amore dei suoi genitori che dà rilievo a questa nascita, e soprattutto la figura di quella Basina, che abbandonato il marito re dei Turingi, si reca da Childerico e gli dice «Novi, inquid, utilitatem tuam, quod sis valde strinuus, ideoque veni, ut habitem tecum. Nam noveris si in transmarinis partibus aliquem cognovissem utiliorem tibi, expetissem utique cohabitationem eius». Sulla tradizione di Clodoveo nell'epopea germanica e i rapporti con Gregorio si vedano P. Rajna, *Le origini dell'epopea francese*, 2ª ed., Firenze 1956, pp. 25-38, e G. Kurth, *Histoire poétique des Mérovingiens*, Paris 1893, pp. 20 ss. e Id., *Études franques*, Paris-Bruxelles 1919, pp. 207 ss., che insiste sulla consistenza delle fonti orali di Gregorio; la sua tesi è discussa e sostanzialmente rifiutata dal Vinay, *San Gregorio di Tours*, pp. 228-235.

il timore di fronte a qualcosa di sacro; la vendetta su colui che si era opposto a che il vaso venisse sottratto alla consueta divisione del bottino si compie, nelle parole di Clodoveo, non per l'offesa subita dalla sua dignità regale, ma per l'oggetto stesso e spaccherà la testa con la scure a colui che nello stesso modo aveva colpito il vaso.[69]

La fede non scaturisce in Clodoveo dalle lunghe e noiose prediche della santa moglie Clotilde, né il battesimo dalla predicazione di Remigio. «Regina vero non cessabat praedicare, ut Deum verum cognosceret et idola neglegerit. Sed nullo modo ad haec credenda poterat commoveri, donec tandem aliquando bellum contro Alamannos commoveretur, in quo conpulsus est confiteri necessitate, quod prius voluntate negaverat»:[70] l'atto di fede è ricondotto tutto e solo a Clodoveo. Chiamato da Clotilde, Remigio appare a cose fatte, affiancandosi a Clodoveo, come Silvestro a Costantino;[71] ma anche nel battesimo risalta solo la grandezza del re franco

69. II, 27, pp. 72 s.

70. II, 30, p. 75. Alla conversione sono dedicati i capp. 29-31. Per la data del battesimo, problema che si lega a quello cronologico generale delle tappe della conquista franca, e l'esame delle fonti, compreso Gregorio, conviene tenere presente G. Tessier, *La conversion de Clovis et la christianisatjon des Francs*, in *La conversione al cristianesimo nell'Europa dell'Alto Medioevo*, Spoleto 1967 (Settimane di studio del Centro Italiano di studi sull'Alto Medioevo, XIV), pp. 149-189, che dà anche ampio spazio alla discussione delle principali tesi al riguardo: molto caute, ma sostanzialmente convincenti le sue conclusioni che collocano il battesimo il 25 dicembre di un anno intorno al 500, tra il 496 al più presto e il 506 al più tardi, e accettano sostanzialmente la successione degli avvenimenti quale è presentata da Gregorio. La sua giusta rassegnazione di fronte a un problema di fatto insolubile mi pare dovrebbe soprattutto comportare una diversa impostazione del problema della attendibilità (o non attendibilità) di Gregorio come fonte che è il leit-motiv di tanta parte della storiografia dedicata a questo autore, riproposta anche recentemente da F.L. Ganshof, sia in *Een Historicus uit de VIe eeuw. Gregorius van Tours*, Brussel 1966 (con riassunto in francese: *Un historien du VIe siècle. Grégoire de Tours*), che nei brevi cenni dedicati a Gregorio in *L'Historiographie dans la monarchie franque sous les Mérovingiens et les Carolingiens. Monarchie franque unitaire et Francie Occidentale*, in *La storiografia altomedievale*, pp. 632-637; impostazione che impedisce una valutazione complessiva più articolata dell'*Historia.* Ottima esposizione di tutti i problemi politici, militari, cronologici del regno di Clodoveo in L. Musset, *Les Invasions. Les vagues germaniques*, Paris 1969 (Nouvelle Clio, 12), pp. 117-130 e soprattutto pp. 300-303.

71. Remigio è chiaramente introdotto come figura di secondo piano: II, 31, p. 76: «Tunc regina arcessire clam sanctum Remedium Remensis urbis episcopum iubet, deprecans, ut regi verbum salutis insinuaret...». Non sono le sue parole a vincere neppure le ultime resistenze di Clodoveo al battesimo (vedi nota seg.), avvenuto il quale (durante la cerimonia Gregorio gli fa pronunciare le famose parole: «Mitis depone colla, Sigamber; adora quod incendisti, incende

che sa vincere la paura della reazione del suo popolo ancora pagano e sarà ricompensato da Dio con la sua spontanea conversione.[72] Che non tanto alla sua fede, quanto alla sua forza d'animo vada l'interesse e l'ammirazione dello scrittore, è confermato anche dalla presentazione dei rapporti tra il re burgundo Gundobado e il vescovo di Vienne Avito, coppia la cui simmetria con quella Clodoveo-Remigio serve solo a mettere in evidenza, attraverso la meschinità del rivale, la grandezza di Clodoveo. Gundobado non riesce a superare le esitazioni e le paure a convertirsi e quello che Avito gli rimprovera non è tanto la mancanza di fede, quanto di dignità, di consapevolezza della forza che gli viene dall'essere il capo: «Tu enim es capud populi, non populus capud tuum. Si enim ad bellum proficisceris, tu praecedis catervas ostium et ille quo abieris subsequuntur».[73]

I santi sono parte della realtà storica di Clodoveo, la cui fede fa tutt'uno con la sua grandezza politica e militare:[74] la *virtus* di Martino volge natu-

quod adorasti», p. 77), Gregorio sentirà il bisogno di dare qualche breve notizia «biografica»: «Erat autem sanctus Remigius episcopus egregiae scientiae et rethoricis adprimum inbutus studiis, sed et sanctitate ita praelatus, ut Silvestri virtutebus equaretur. Est enim nunc liber vitae eius, qui eum narrat mortuum suscitasse» (p. 77). Ancora un caso di un semplice rinvio a una *Vita* conosciuta (ma anche qui non sappiamo se si tratti della redazione della *Vita Remedii* a noi giunta, attribuita a Venanzio Fortunato, ed. B. Krusch, MGH, AA, IV, 2, Berolini 1895, pp. 64-67) e un sostanziale distacco dalla fonte utilizzata.

72. Il passo suona così: Remigio comincia «ei insinuare, ut Deum verum, factorem caeli ac terrae crederit, idola neglegerit, quae neque sibi neque aliis prodesse possunt. At ille ait: "Libenter te, sanctissime pater, audiebam; sed restat unum, quod populus, qui me sequitur, non patitur relinquere deus suos; sed vado et loquor eis iuxta verbum tuum". Conveniens autem cum suis, priusquam ille loqueretur, praecurrente potentia Dei, omnes populus pariter adclamavit: "Mortalis deus abigimus, pie rex, et Deum, quem Remegius praedicat immortalem sequi parati sumus!"» (pp. 76-77).

73. II, 34, pp. 61-62. Dice anche Avito a Gundobado: «Tu vero cum sis rex et ad nullo adpraehendi formidas, seditionem paviscis populi, ne Creatorem omnium in publico fateâris... Metuens enim populum, o rex, ignorans, quia satius est, ut populus sequatur fidem tuam, quam tu infirmitate faveas populari».

74. Per l'interpretazione di Clodoveo ci si trova di fronte a due tesi antitetiche, che mi sembra vadano entrambe rifiutate: l'una rappresentata soprattutto da L. Halphen, *Grégoire de Tours, historien de Clovis*, in *Mélanges d'Histoire du Moyen Age offerts à Monsieur Ferdinand Lot par ses amis et ses élèves*, Paris 1925, pp. 235-244, e Id., *À travers l'histoire du Moyen Âge*, Paris 1950, pp. 31-38, il quale ritiene che per Gregorio Clodoveo sia quasi un santo e che tutta la biografia del re franco sia opera di edificazione (questo naturalmente comporta una svalutazione del racconto di Gregorio da un punto di vista storico e nasce da una interpretazione delle più radicali dello storico dei Franchi come di chi vuole «servir avant tout les intérêts de la religion chrétienne»); l'altra da Vinay, *San Gregorio di Tours*,

ralmente a suo favore e non meno quella di sant'Ilario di Poitiers, dalla cui basilica il re vide uscire una sfera di fuoco «scilicet ut... lumine beati confessoris adiutus Haelarii, liberius hereticas acies contra quas saepe idem sacerdos pro fide conflixerat debellaret».[75]

Fino a Clodoveo, verrebbe fatto di dire, tutto torna: c'è un filo storiografico, la storia sembra intelligibile: egli segna un momento mitico, ma insieme realissimo, perché in lui Gregorio ha concentrato e fuso tutti i suoi più profondi modi di sentire. L'interpretazione mitica e psicoanalitica di Clodoveo proposta da G. Vinay nella sua relazione a questo convegno, mi sembra possa acquisire, dopo il fascino della suggestione, una precisa consistenza storiografica.[76]

pp. 107-111 e 242-244, che nel considerare Clodoveo il «microcosmo storiografico» (p. 107) di Gregorio, vede in tutta la sua presentazione la prova della scarsa importanza del fattore religioso per Gregorio che «non vede in Clodoveo che il rude barbaro, rappresentante una umanità dominata da pochi istinti elementari»; «il cristianesimo resta quindi un accompagnamento in sordina, un incerto commento alle imprese del solo protagonista» (p. 110) (Clodoveo sarebbe il frutto di una rappresentazione di eroe germanico, cui si è giustapposta la visione cristiana; sulla nuova, recente interpretazione dello stesso Vinay, torno tra poco nel testo); J.M. Wallace Hadrill, *Gregory of Tours and Bede; their views on the personal qualities of kings*, in *Frühmittelalterliche Studien*, II (1968), pp. 31-44, riprende la tesi dell'Halphen, pur con una consapevolezza storiografica che smussa apparentemente una certa radicalità. L'una e l'altra mi sembrano inaccettabili perché fanno violenza a Gregorio, comportano una sua spaccatura insanabile, e ancor più perché nascono entrambe da una visione astorica del fatto cristiano, che dovrebbe sempre e comunque corrispondere a un certo livello di moralità e di riflessione teologica; è la stessa posizione che porta, ad esempio, Vinay a dire che le prediche di Clotilde mettono in luce la povertà spirituale del re (p. 108). Mi pare invece, come credo di avere chiarito prima, che la situazione sia inversa: Gregorio ha ben presente quanto siano inutili le prediche di Clotilde, inutili non solo per Clodoveo, ma per lo stesso Gregorio, che, se si vuole, partecipa di quella stessa «insensibilità». Ma è poi davvero tale o non rappresenta piuttosto un momento particolare di vuoto «culturale» e di possibilità quindi di espressione di un diverso modo di essere e di concepire la vita? Il problema di Gregorio si lega cioè necessariamente a quello della civiltà merovingia nei suoi aspetti barbarici, pagani, non cristiani, quale emerge dalle ricerche di E. Salin, *La civilisation mérovingienne*, Paris 1954-58, e rinvia al rapporto tra cultura ecclesiastica, mentalità e tradizioni popolari: si veda su questo J. Le Goff, *Culture cléricale et traditions folkloriques dans la civilisation mérovingienne,* in «Annales», 22/4 (1967), pp. 780-791.

75. II, 37, pp. 85-86. Per timore di Martino il re proibisce di toccare qualsiasi cosa gli appartenga nella regione, e dice: «Et ubi erit spes victuriae, si beato Martino offendimus?». Nello stesso capitolo è inserito anche il miracolo dell'abate Massenzio di Poitiers, che fa irrigidire il braccio del soldato che voleva ucciderlo, guarendolo poi con l'olio santo.

76. Posso affidarmi solo al ricordo: e pertanto mi scuso di eventuali imprecisioni o fraintendimenti [per l'interpretazione di Vinay vedi *Altomedioevo latino. Conversazioni e no*, Napoli 1978, pp. 37-63].

Ma Clodoveo muore: e nel racconto serrato delle lotte tra i suoi figli c'è poco spazio per i santi morti e vivi: le reliquie di san Giuliano non impediscono lo scempio della sua basilica in cui culminano le violenze compiute dalle truppe di Teodorico in Auvergne, su cui è incentrata tutta la tensione narrativa;[77] né Avito, abate a Orléans, riesce a impedire a Clodomere l'assassinio di Sigismondo;[78] Radegonda è solo nominata per il ritiro in monastero;[79] Gregorio, vescovo di Langres, è solo un punto di riferimento nell'episodio del nipote Attalo,[80] o un pretesto per la descrizione di Digione.[81] Il libro III rappresenta la caduta di un mito: delle due realtà, politica ed ecclesiastica, che erano servite a Gregorio a preparare i capitoli relativi a Clodoveo e che nella storia di Clodoveo avevano trovato spontaneamente la loro fusione, rimane qui in sostanza solo la prima, perché sono le discordie, le guerre, l'angoscia per la divisione del regno, che occupano la sua attenzione.[82]

Quando la realtà religioso-agiografica torna ad avere una sua più cospicua presenza, è in una diversa dimensione. A precisarla aiuta, mi sembra, la riflessione di Gregorio verso la fine del libro IV: siamo nel

77. III, 12, pp. 108. Alla fine la *virtus* del santo avrà una funzione meramente punitiva. Lo stesso schema nell'episodio di Sigivaldo che ha violato i beni della basilica del santo (III, 16, pp. 116-117).

78. III, 6, p. 102. Così si esprime Avito: «Si... respiciens Deum, emendaveris consilium tuum, ut hos homines interfici non patiaris, erit Deus tecum, et abiens victuriam obtenibis; si vero eos occideris, tu ipse in manibus inimicorum traditus, simili sorte peribis; fietque tibi uxorique et filiis tuis, quod feceris Sigimundo et coniugi et liberis eius». Clodomere oppone delle considerazioni puramente politico-militari; in sostanza il discorso di Avito ha solo la funzione di predire la sua tragica sorte. Sulle lotte tra i successori di Clodoveo e il distacco tra le imprese di quest'ultimo e le loro quale appare in Gregorio, si veda Vinay, *San Gregorio di Tours*, pp. 112-116.

79. III, 7, p. 105.

80. III, 15, pp. 112-116.

81. III, 19, pp. 120-121: «Erat enim tunc et beatus Gregorius apud urbem Lingonicam magnus Dei sacerdus, signis et virtutibus clarus. Sed quia huius pontificis meminimus, gratum arbitratus sum, ut situm loci Divionensis, in quo maxime erat assiduus, huic inseram lectione...».

82. Si potranno ancora ricordare due episodi significativi della *virtus* dei santi: il pianto sul sepolcro di san Martino di Clotilde disperata per l'imminente battaglia tra Childeberto e Teodeberto da un lato e Clotario dall'altro, suscita l'intervento di Dio con una tempesta che distrugge gli accampamenti (III, 28, pp. 124-125; probabilmente l'episodio si riferisce all'anno 534); la tunica di san Vincenzo è un elemento centrale del racconto dell'assedio di Saragozza del 541 da parte di Childeberto e il timore della sua *virtus* riesce ad allontanare gli assedianti. «Tamen, aggiunge Gregorio, acquisitam maximam Hispaniae partem, cum magniis spoliis in Galliis redierunt» (III, 29, pp. 125-126).

573, Gontrano ha radunato a Parigi i vescovi del regno «ut inter utrusque qui veritas adherit edicerent», ma «ut bellum civili in maiori pernicitati crescerit, eos audire peccatis facentibus distulerunt». E il seguito è tutto un crescendo di distruzioni e stragi compiute da Chilperico a Tours, Poitiers, Limoges, Cahors, contro chiese, monasteri, preti, che culmina con il «fuitque tempore illo peior in ecclesiis gemitus quam tempore persecutionis Dioclitiani».[83] Gregorio non può allora non richiamare alla mente il tempo felice dei «parentes eorum»; «illi post predicationem sacerdotum de fanis ad ecclesias sunt conversi; isti cotidie de ecclesiis praedas detrahunt. Illi sacerdotes domini ex toto corde venerati sunt et audierunt; isti non solum non audiunt, sed etiam persecuuntur. Illi monasteria et ecclesia ditaverunt; isti eas minuunt ac subvertunt».[84]

Questa frattura ha una precisa risonanza storiografica avvertibile proprio nella collocazione delle notizie agiografiche: il santo tende infatti a essere inserito in quelli che chiamerei medaglioni agiografici, racconti cioè che tendono a essere conchiusi in se stessi. Questi medaglioni possono avere una funzione di sottolineatura, attraverso l'esempio del passato, della corruzione del presente;[85] oppure quella di pausa edificante, parentesi di pace e serenità. Figure perfette di vescovi e abati o quella del giovane mo-

83. IV, 47, pp. 183-184. Anche per questo libro si vedano le osservazioni di Vinay, *San Gregorio di Tours*, pp. 116-122, che ne vede la «nervatura principale» nell'opera di Sigiberto, cui fanno da contorno Cramno e Mummolo; va però tenuto presente che il taglio del suo discorso è eccessivamente in funzione dei personaggi, di cui vengono osservati, spesso moralisticamente, vizi e virtù; mentre c'è una coralità che sostanzia ben di più la narrazione.

84. IV, 48, p. 184. E ad esemplificazione della diversità dei tempi antichi da quelli moderni Gregorio introduce l'episodio dei dissacratori del monastero di Latta, crudelmente puniti dalla *virtus* delle reliquie di san Martino ivi conservate: la funzione del racconto è quella di sottolineare la violenza degli uomini e dei tempi; nel tragico corso delle vicende la *virtus* rivela una scarsa incidenza, anzi la sua incapacità a difendere il monastero.

85. Così il cap. 5 del libro IV, dedicato a san Gallo, vescovo di Clermont, zio di Gregorio, in cui si narra il miracolo della liberazione dalla peste della regione, predetta da un angelo al santo, insieme alla sua morte che doveva avvenire di lì a 8 anni; morte strettamente legata all'avvento di Catone e alla contesa con Cautino per il vescovato, per cui risulta evidente l'intento di Gregorio di contrapporre la bontà del vescovo «trepidus» per il suo popolo, che con accorate preghiere ne ottiene da Dio la salvezza, e l'avidità di Catone che «omnem rem ecclesiae, tamquam si iam esset episcopus, in sua redegit potestate, ordinatores removet, ministros respuit, cuncta per se ordinat» (pp. 138-139). Questo è vero anche per san Nicezio, vescovo di Lione (IV, 36, pp. 168-169), di cui si narra l'elezione a vescovo (552), di cui si loda la santità, carità, castità; quindi la morte e un cenno ai miracoli che avvengono sul suo sepolcro, passando poi oltre nel tempo a narrare i suoi interventi contro l'indegno successore Prisco.

naco che ottiene da Dio che la pioggia non bagni il grano, fanno uscire ad esempio dall'incubo dei disastri naturali e della descrizione della peste.[86] Ma questi santi paradigmatici non rappresentano tanto il momento positivo della storia, quanto una realtà che nella storia non trova una sua funzione, e che tanto meno riesce a dare un senso, una spiegazione alla realtà drammatica della Gallia che è oggetto e sostanza della narrazione. Così, se la *virtus* delle reliquie non cessa mai di essere presente nel corso dei *Libri Historiarum,* non riusciamo però a cogliere un senso uniforme di questa presenza: la *virtus* può punire i malvagi o negare loro la guarigione, può difendere i buoni e la loro proprietà, può più spesso solo sottolineare la violenza degli uomini e dei tempi,[87] di fronte a cui giungerà anche a manifestarsi

86. Mi riferisco ai capp. 32-37 del libro IV (il capitolo 31 è tutto occupato dai disastri naturali e dalla peste: su di esso tornerò), in cui compaiono le figure di Giuliano, abate di Randan, del suo successore Sinniulfo, di un giovane monaco non nominato che, dopo avere ottenuto da Dio con le sue preghiere il miracolo, viene punito e costretto al digiuno dall'abate perché non si insuperbisca, poi Avito e la sua elezione a vescovo di Clermont, san Nicezio di Lione, di cui si è parlato, e san Friardo.

87. San Martino rifiuta la guarigione a Leone consigliere di Cramno, che aveva osato disprezzare sia lui che San Marziale (IV, 16, pp. 147-148); la sua «ultio» colpisce il crudele carceriere Austrapio rifugiatosi nella basilica per sfuggire alle persecuzioni di Cramno (IV, 18, pp. 150-151); e la stessa punisce i colpevoli dissacratori del monastero di Latta (IV, 48, vedi nota 84). E ancora: per timore della *virtus* di san Martino Clotario desiste dall'imporre tasse ai beni ecclesiastici (IV, 2, p. 136), ma nel racconto appare chiaro che chi veramente si oppone al re è il vescovo Ingiurioso, con il suo atteggiamento virile, che sa duramente replicare al re, predicendogli, se non verrà ascoltato, la perdita del regno; e direi addirittura forzata appare l'attribuzione a Martino («Sed nec hoc sine beati Martini fuisse vertutem ambigitur ut hi sine bello pacificarentur; nam in ipsa die, qua hi pacem fecerunt, tres paralitici ad beati basilicam sunt directi.») del merito dell'accordo tra Sigiberto, Cramno e Gontrano del 574: il modo in cui Gregorio conduce il racconto non si presta infatti a una simile interpretazione, perché tutto giocato sul calcolo politico e militare e infine sulla volontà del re Sigiberto, che sa imporsi a coloro che «murmuraverunt cur se a certamine subtraxisset»; Sigiberto «ut erat intrepedus, ascenso equo, ad eos dirigit eosque verbis lenibus demulsit», non esitando subito dopo a ordinare l'uccisione di molti di loro. Quando l'oggetto del suo interesse sono le guarigioni e la *virtus* del santo (*Virt. S. Martini*, II, 5-7, p. 161), cioè quando l'interesse immediato al racconto politico si sarà decantato, Gregorio saprà meglio di ora legare i due elementi e spiegare la funzione dell'intervento di san Martino: che ha collaborato sì alla pace, ma quasi si direbbe per dare gloria a quel «Sigibertus gloriosissimus rex» che «sine conlisione exercitus pacem cum fratribus fecit».

Non mancano poi gli interventi diretti di Dio, ad esempio contro l'accusatore del vescovo Partenio, il conte Palladio che si suicida (IV, 39, pp. 170-171); o per liberare il prete Anastasio, sepolto vivo dal vescovo Cautino, che si vuole impadronire dei suoi beni (IV, 12, pp. 142-143).

impotente:[88] episodi insomma in una realtà che rifiuta di essere sostanzialmente modificata o anche solo spiegata da questi interventi miracolosi.

Quando Chilperico per amore di Fredegonda fa uccidere sua moglie Galsvintha, «Deus magnam virtutem ostendit»: la lampada che ardeva di fronte al sepolcro cade sul pavimento e lo fonde come se fosse molle. «Quod non sine magno miraculo videntibus fuit», commenta Gregorio, ma non riesce a esplicitare il significato morale e religioso di quel miracolo, in cui pure è impegnato direttamente Dio. Non punizione di malvagi, né premio ai buoni: l'unico significato che il miracolo chiaramente acquista nell'ambito della narrazione è quello di sottolineare il venire alla ribalta di Fredegonda e gettare su di lei l'ombra dell'orrore.[89] Miracolo allora o piuttosto prodigio? Una ricerca filologica permetterebbe di chiarire quale valore la parola sia andata acquistando nella tradizione latino-cristiana, e precisare meglio quale sia l'uso che ne fa Gregorio;[90] ma quello che si può

88. Si veda più avanti.

89. IV, 28, pp. 160-161: Gregorio passa infatti direttamente alla conclusione: «Rex autem cum eam mortuam deflessit, post paucos dies Fredegundem recepit in matrimonio».

90. In sant'Agostino, ad esempio, mi pare appaia chiara una triplice distinzione: prodigi "naturali" che vanno ricondotti a Dio; miracoli dovuti a divinità pagane; miracoli realizzati nel popolo di Dio; cioè il «miracolo» non ha acquistato ancora un valore esclusivamente cristiano, non indica cioè solo un fatto fuori dell'ordine consueto della natura, dovuto esclusivamente a Dio. I passi più espliciti in questo senso mi sembra siano *De civitate Dei*, X, 16: «Illa quippe miracula deorum gentilium quae commendat historia (non ea dico, quae intervallis temporum occultis ipsius mundi causis, verum tamen sub divina providentia constitutis et ordinatis monstrosa contingunt... sed ea dico, quae vi ac potestate corum [sc. daemonum] fieri satis evidenter apparet...), haec ergo atque alia huius modi nequaquam illis, quae in populo Dei facta legimus, virtute ac magnitudine conferenda sunt ecc.»; X, 18 e soprattutto XXI, 6: «Addimus enim ad istam lucernam inextinguibilem (la lucerna del tempio di Venere) et humanarum et magicarum, id est per homines daemoniacarum artium et ipsorum per se ipsos daemonum multa miracula, quae si negare voluerimus, eidem ipsi cui credimus sacrarum litterarum adversabimur veritati.»; e una definizione del miracolo in *De utilitate credendi liber*, Corpus Scriptorum Ecclesiasticorum Latinorum, 25, p. 43: «miraculum voco quicquid arduum aut insolitum supra spem vel facultatem mirantis apparet... sed rursus haec in duo dividuntur: quaedam enim sunt, quae solam faciunt admirationem, quaedam vero magnam etiam gratiam benivolentiamque conciliant.»). Anche in Tertulliano (*Ad Nationes*, II, 1, 7, CCSL, 1, Turnhout 1954, p. 41) «exempla, prodigia, miracula» sono attribuiti alle divinità pagane. In Orosio il termine mi sembra abbia maggiormente conservato il valore etimologico di cosa mirabile (Corpus Scriptorum Ecclesiasticorum Latinorum, 5, *Adversus paganos*, IV, 4; IV, 8; IV, 20); anche se non manca naturalmente il miracolo in senso cristiano (ivi, VII, 6, p. 448; VII, 36; VII, 39, p. 547). In Gregorio di Tours nessuna distinzione teorica, naturalmente; solo una certa uniformità terminologica: prodigi,

senz'altro sottolineare è l'analogia di significato sul piano storiografico tra questo evento – miracolo nel senso che noi diamo alla parola solo in quanto Gregorio lo presenta come manifestazione della *virtus* di Dio – e quei prodigi che nella *Historia* sono andati acquistando un rilievo sempre maggiore.[91]

Un'eclissi di sole, messa da Gregorio in relazione all'uccisione di tanti innocenti da parte dei Vandali ariani,[92] un terremoto segnalato senza commento per l'anno 469:[93] rari fenomeni che passano inosservati. Ma l'incendio della basilica di S. Martino e una terribile invasione di locuste preludono alla tragicità dello scontro imminente tra Clotario e Cramno.[94] Insoliti frutti sugli alberi, movimento irregolare di stelle sono interpretati da Gregorio come «signa» premonitori della morte di Teodevaldo.[95] Una serie di calamità naturali e prodigi – l'immane disastro del Rodano del 563, vari «soles», eclissi, siccità, l'uccello che spegne i ceri nella chiesa di Clermont – precedono nello stesso capitolo lo scoppio della peste del 571.[96] Una folgore annuncia la morte di Sigiberto.[97]

quelli diciamo naturali (e su questi torneremo con una serie di esempi), miracoli, quelli "soprannaturali" da ricondursi a Dio e ai suoi santi; per gli pseudo-santi e pseudoprofeti parla invece di «signa» (anche per questi si veda più avanti). Ma se il termine sembra avere subito una maggiore caratterizzazione in senso cristiano, proprio dall'esempio citato nel testo, e dai molti altri su come si esplica la *virtus* delle reliquie, ci si accorge di come esso si sostanzi di una realtà ben più complessa. Si vedano anche nn. 44 e 111.

91. Mi sorprendo di trovare questo e altri spunti contenuti nella relazione da me letta a Todi nel saggio di M. Oldoni, *Gregorio di Tours e i «Libri Historiarum»*, che non fa riferimento al convegno di Todi, cui partecipava, e a quanto in quell'ambito fu detto e discusso.

92. II, 3, p. 45.

93. II, 19, p. 65.

94. IV, 20, pp. 152-153.

95. IV, 9, p. 141; sono dell'anno 554.

96. IV, 31, pp. 163-166: due cose vanno sottolineate di questo capitolo: l'accostamento di episodi avvenuti in tempi anche relativamente lontani, che ripropone il discorso sull'ordinamento non annalistico, ma più profondamente storiografico dello scrittore (vedi sopra n. 61); e il tentativo di dare in alcuni casi una spiegazione scientifica dei fenomeni: l'inondazione è infatti provocata da una frana: «Quod dubium non est, quia, ut dicimus, Rhodanus in locis illis inter angustias montium defluit, nec habuit in latere, cum fuit exclusus, quo se deverteret» (p. 164); e i sintomi della peste sono minutamente analizzati. Ma proprio la connessione profonda stabilita da Gregorio con altri prodigi che non si spiegano, o che egli non sa spiegare, danno il senso di come Gregorio viva questi fenomeni drammaticamente, come calamità cui neppure la conoscenza delle cause può portare rimedio: su questo tornerò anche in seguito.

97. IV, 51, p. 187.

Non a caso la narrazione dei prodigi si intensifica nei libri V e VI, i libri di Chilperico, segnati dall'orrore delle guerre civili, come ricorda drammaticamente Gregorio nella prefazione al libro V,[98] e conclusi dall'invettiva contro Chilperico ormai morto:[99] i libri – è utile ricordarlo – da cui comincia la testimonianza diretta di Gregorio. Ma non il loro semplice aumento numerico interessa, quanto il rilievo che assumono nella narrazione: perché anche quando Gregorio non li commenta, non cerca di spiegarli, non sono mai solo un "fatto", un "evento", una "notizia". Il terremoto che nel 577 colpisce il villaggio di Chinon presso Tours tra il terrore della popolazione, e la peste che segue, sono inseriti nel capitolo in cui si parla della morte dei figli di Gontrano, avvenuta poi anch'essa dopo – e non è connessione casuale – l'uccisione da parte del re dei due figli del suocero Magnacario.[100] Nello stesso anno "signa", «id est viginti radii a parte aquilonis» sono visti a Parigi dove si trovava Gregorio: forse annunciavano la morte di Meroveo.[101] Tra la morte di Sansone, figlio di Chilperico, in cui si manifesta la disumanità della madre,[102] e la venuta di Gontrano Bosone a Tours per compiere l'atto sacrilego di strappare le figlie dalla basilica,[103] si colloca un «magnum prodigium», avvenuto mentre Gregorio stesso celebrava la festa di S. Martino: stelle brillano in mezzo e intorno alla luna, e intorno ad essa un circolo, che in genere significa pioggia; ma, aggiunge, se questo significa pioggia, quanto alle stelle «quae haec figuraverint ignoramus»; poi eclissi di luna, tuoni fortissimi e quegli «splendores» intorno al sole chiamati comunemente «soles», un maremoto e molti altri «signa».[104] Il ricordo del passo in cui aveva già parlato dei «soles», quel tragico capitolo 31 del libro IV, e l'esplicitata impossibilità a capire il significato di certi prodigi gettano su questo susseguirsi di eventi eccezionali l'ombra dell'angoscia.

Nel 580 sull'Auvergne si abbatte il diluvio: i fiumi straripano uccidendo il bestiame, distruggendo le culture, abbattendo le case. Dopo il diluvio gli alberi rifioriscono, pur essendo settembre; a Tours una folgore e un tuono il cui boato si ode a 50 miglia di distanza. Un terremoto sconvolge

98. V, pp. 193-194.
99. VI, 46, pp. 319-321.
100. V, 17, pp. 214-216.
101. V, 18, pp. 223-224.
102. V, 22, pp. 229-230.
103. V, 24, p. 230.
104. V, 23, p. 230

Bordeaux, si estende, dai Pirenei si distaccano immensi massi, travolgendo uomini e bestiame. Incendi distruggono le città «forsitan iussione divina». A Chartres dal pane spezzato esce sangue. Bourges è colpita dalla grandine.[105] «Sed haec prodigia gravissima lues est subsecuta. Nam et discordantibus reges et iterum bellum civile parantibus desentericus morbus paene Gallias totas praeoccupavit».[106] Non può sfuggire l'importanza del passo. Intanto i termini: Gregorio definisce tutti i terribili eventi narrati come «prodigia»; possono essere semplici catastrofi naturali, terremoti, grandine, folgori, o eventi drammatici, ma umani, come gli incendi, sono tutti accomunati sotto il segno di un evento «straordinario», espressione di un sovrannaturale irrazionale. Perché anche gli incendi si accendono «forsitan iussione divina»: rimane un margine di incertezza alla loro riconducibilità a Dio e quindi a una loro interpretazione religiosa. *Prodigia - lues - bellum civile*: questo invece è un rapporto stabilito senza incertezze; i prodigi preludono alla pestilenza, la pestilenza si lega alla discordia dei re e alla guerra; non si tratta di successione o contemporaneità cronologica, ma di un legame confusamente percepito, senza possibilità di dominarlo, tra i «prodigia» e il dramma della storia, causato dalla malvagità degli uomini. E ai suoi personaggi, ai responsabili delle sventure della Gallia, Gregorio torna dopo la descrizione dell'agghiacciante malattia e un breve abbandono al dolore per la morte di tanti bambini a lui cari. Chilperico si ammala, i suoi figli muoiono, Fredegonda non regge al dolore, pensa a una maledizione, cerca rimedio alle crudeltà del passato, costringendo il re a bruciare i registri delle imposte.[107]

Ma le tragedie non danno requie:[108] il dramma anzi si accentua fino a culminare in una delle espressioni più violente della disperazione umana

105. V, 33, pp. 237.238.

106. V, 34, pp. 238-239. Mi sembra che il senso di questo «nam» confermi quanto dice Auerbach, *Mimesis*, I, pp. 91-92, sul significato causale che ancora Gregorio gli attribuisce, anche se lo usa in modo confuso e impreciso.

107. V, 34, pp. 239-240. È il passo famoso, discusso per la sopravvivenza delle strutture politico-amministrative romane: sul problema si può vedere E. Ewig, *Das Fortleben römischer Institutionen in Gallien und Germanien*, in *X Congresso internazionale di Scienze Storiche*, Relazioni, VI, Firenze 1955, pp. 561-598.

108. Chilperico ordina di fare prigionieri i messi inviati da Miro, re di Galizia (580); in quel tempo, prosegue Gregorio, apparentemente senza spiegare il passaggio, a Poitiers un lupo entrò in città e fu poi ucciso; alcuni dissero di avere visto il cielo infuocato; la Loira si gonfiò; il vento abbatté boschi e case; i galli cantarono all'inizio della notte; non mancò l'eclissi e l'apparizione di una stella cometa; infine un'epidemia. Dopo un anno,

che si trovi in Gregorio, in quegli uomini che, dopo la grandine, le tempeste, la siccità, che hanno rovinato viti e messi, adirati contro Dio, fanno entrare il bestiame nei campi per distruggere totalmente le piante, «noxias sibi immixcentes miseri praeces atque dicentes: "Numquam in his vineis palmis nascatur in sempiternum"».[109]

Che cosa rimane qui della razionalità che sembra guidare il suo interesse per i fatti naturali quale si manifesta nel *De cursu stellarum?* In quest'opera prima la descrizione dei sette miracoli del mondo, quelli che «licet quaepiam iussione Dei, quaepiam autem adiventionem humana constructa sint, ab hominibus tamen constat esse fundata, ideoque et quaedam deruerunt, quaedam autem ruinae sunt proxima»; poi quelli che Dio

> proprio opere in hoc mundo vel per dies singulos renovat, vel post transacto anni curriculum repraesentat, quae et in locupletatione ostenduntur muneris, ut est commotio oceani et fructus terrae; alia vero in ostensione proferuntur virtutis, ut est sol, luna, stellae, Phinix; et quaedam ex his peccatores arguunt et ignem infernalem figurant, ut est Ethna, fons Gratianopolitanus. Haec sunt enim miracula, quae nulla aetate seniscunt, nullo occasu occidunt, nulla labe minuuntur, nisi cum Dominus mundus dissolvi praeceperit.[110]

E Gregorio si sforza di cogliere nei movimenti delle stelle quell'ordine che non si consuma e durerà fino alla fine del mondo: per la stella cometa, precisa «non omni tempore, sed maxime aut in obitu regis aut in excidio

conclude Gregorio, di nuovo senza apparente passaggio logico, i legati furono rimandati in patria (V, 41, p. 248). Nel 582 piogge, tuoni, fioritura fuori stagione, stella cometa a Soissons, il cielo come incendiato, nella regione di Parigi il sangue cade da una nuvola, presso Senlis una casa viene trovata macchiata di sangue, poi epidemie varie con pustole e tumori (VI, 14, pp. 283-284). Sempre nel 582 eclissi di luna, sangue dal pane spezzato, crollo delle mura a Soissons, terremoto a Angers, lupi a Bordeaux, cielo infuocato, incendi (VI, 21, p. 289). Nel 583 altri prodigi: a Tours un globo di fuoco percorre il cielo illuminandolo a giorno, inondazione nel territorio di Parigi (VI, 25, pp. 292-293). Più avanti la notizia del 584 che le locuste hanno devastato la Spagna; la pestilenza imperversa soprattutto nella zona di Narbona, raggi splendenti nella notte, un chiarore quasi come se fosse l'alba a settentrione (VI, 33, p. 304). Una folgore annuncia la morte di un altro figlio di Chilperico (VI, 34, pp. 304-305). Sempre nel 584 le locuste dalla Spagna si diffondono in altre regioni e molti prodigi appaiono in Gallia, rose fioriscono a gennaio, un gran cerchio intorno al sole, di vari colori, quasi un arcobaleno, e poi grandine tempeste, siccità (VI, 44, p. 316).

109. VI, 44, pp. 316-317.

110. *De cursu stellarum ratio, qualiter ad officium adimplendum debeat observari*, a cura di B. Krusch, MGH, SS. rer. Mer., I, 2, p. 410.

apparet regionis», e ne definisce la «ratio», secondo quanto è provato dalla pestilenza dell'Auvergne del 571, o dalla morte del re Sigiberto del 574.[111]

Gregorio non vuole «futura praevedere o perscrutare»; non una previsione, dunque, ma la certezza di avvenimenti futuri. Prodigi, quelli di cui parla in quest'opera, dovuti a Dio e razionalmente comprensibili. Nei *Libri Historiarum* ci sono sì «signa» comprensibili, ma molti rimangono oscuri: prodigi per cui Gregorio non trova spiegazione per sé prima che per gli altri, che gli appaiono come una oscura manifestazione soprannaturale, forse una maledizione, forse più ancora il segno stesso – in un inspiegabile legame di causa ed effetto – della tragicità dei tempi.[112]

111. Ivi, p. 419-420: «Haec stella comitis vocatur a plerisque peritis. Non omni tempore, sed maxime aut in obitu regis aut in excidio apparet regionis. Qualiter ergo intellegatur, haec est ratio. Cum capud crinitum deadimate apparuerit fulgorans, regalem adnuntiat letum; si autem gladium ferens, rutilans cum negrore sparserit comas, patriae monstrat excidium. Sic enim et ante pestilentia Arvernae regionis apparuit, pendens per annum integrum super regionem illam. Nam et priusquam Sigibertus rex obierit, crinita multis apparuit».

112. Viene di nuovo immediato il paragone con la chiarezza con cui sant'Agostino riusciva a dare un senso, a farsi una ragione, anche dei fenomeni considerati contro l'ordine naturale; ai «ratiocinatores» che vogliono che di ogni cosa venga data «rationem», rispondeva: «nos non posse confitemur, eo quod istis et his similibus Dei miris operibus infirma mortalium ratiocinatio vinceretur; fixam tamen apud nos esse rationem, non sine ratione Omnipotentem facere, unde animus humanus infirmus rationem non potest reddere; et in multis quidem rebus incertum nobis esse quid velit, illud tamen esse certissimum, nihil eorum illi esse inpossibile, quaecumque voluerit» (*De Civitate Dei*, XXI, 5, p. 766). Poco più avanti ribadisce lo stesso concetto, aggiungendo un'interessante distinzione terminologica: portento chiama Varrone una stella che cambia colore, grandezza, corso, perché è contro natura: «portentum ergo fit non contra naturam, sed contra quam est nota natura [...]. Monstra sane dicta perhibent a monstrando, quod aliquid significando demonstrent, et ostenta ab ostendendo et portenta a portendendo id est praeostendendo, et prodigia, quod porro dicant, id est futura praedicant...». E conclude: «Nobis tamen ista, quae velut contra naturam fiunt et contra naturam fieri dicuntur... et monstra, ostenta, portenta, prodigia nuncupantur, hoc monstrare debent, hoc ostendere vel praeostendere, hoc praedicere, quod facturus sit Deus, quae de corporibus hominum se praenuntiavit esse facturum, nulla impediente difficultate, nulla praescribente lege naturae» (XXI, 8, pp. 773 s.). In Gregorio sotto la parola «prodigia» si intendono cose molteplici, "naturali" e "contro natura", e solo per alcune e in qualche caso trova una «ratio». Legati, come in Gregorio, alle vicende politiche i prodigi in Paolo Orosio, *Historiarum adversum paganos libri*, VII, ed. C. Zangemeister, Corpus Scriptorum Ecclesiasticorum Latinorum, V, Vindobonae 1882 (si vedano: II, 12; III, 3 e 5; IV, 13, 15, 21; V, 4, 12, 15, 18; VI, 20), ma sia quantitativamente che narrativamente privi di quella drammaticità che hanno in Gregorio e quasi sempre visti come una punizione in più per i Romani già afflitti da guerre e sconfitte, solo uno interpretato come presagio della nascita di Cristo (VI, 20). Si vedano anche nn. 44 e 90.

L'infittirsi nel libro V delle profezie trova il suo significato proprio in questo contesto: è una disperata ricerca di qualcuno che rassicuri della incertezza del futuro; i buoni interpelleranno i libri sacri, i malvagi le profetesse, soprattutto, ma anche i libri sacri e i santi. Errata la profezia della donna sulla morte di Chilperico e l'ascesa al trono di Meroveo;[113] questi non le crede e ricorre a san Martino, ponendo sul suo sepolcro i libri sacri sì da poter conoscere il futuro, la sorte del regno; ma è «in his responsibus confusus» e piange disperato sulla tomba del santo.[114] Un episodio che simboleggia il significato della ricerca delle profezie in Gregorio. Perché ogni tentativo di cogliere un filo, di vedere un esplicarsi chiaro della volontà di Dio, di trovare una «ratio» mi pare vano: Dio dà i veri presagi, non le profetesse, dice Gregorio, quando Gontrano Bosone gli riferisce la profezia.[115] Ma Martino, interpellato da Chilperico, non risponderà[116] e questi distruggerà poco dopo con il suo esercito la regione di Tours, senza risparmiare i possessi del santo.[117] Anche i presagi appaiono utilizzati da Gregorio solo per sottolineare la debolezza e l'angoscia degli uomini di fronte all'incertezza del presente.

Tra l'infittirsi di prodigi, le catastrofi naturali, le guerre, gli scontri, interventi miracolosi di Dio, opere e miracoli di santi riaprono continuamente il discorso agiografico.[118] Ma proprio qui si può esemplificare quello

113. V, 14, p. 210. Anche Gregorio ricorre ai libri sacri in funzione profetica al momento dei suoi difficili rapporti con Leudaste (V, 49, pp. 259-260).

114. Ivi, p. 212.

115. Ivi, p. 210, dice Gregorio: «Cuius ego inridens stultitiam, dixi: "A Deo haec poscenda sunt; nam credi non debent quae diabolus repromittit. Ille autem ab initio mendax est et in veritate numquam stetit". Illo quoque cum confusione discedente, valde inridebam hominem, qui tali credi putabat. Denique quadam nocte vigilias in basilica sancti antestitis caelebratas, cum lectulo decubans obdormissem, vidi angelum per aera volantem. Cumque super sanctam basilicam praeteriret, voce magna ait: "Heu heu! Percussit Deus Chilpericum et omnes filios eius, nec superavit de his qui processerunt ex lumbis eius qui regat regnum illius in aeternum". Erant ei eodem tempore de diversis uxoribus filii quattuor, excepto filiabus. Cum autem haec in posterum inpleta fuissent, tunc a liquido cognovi falsa esse quae promiserant arioli».

116. Ivi, p. 211.

117. Ivi, p. 213.

118. Se non può narrare i molti miracoli avvenuti all'inizio del regno di Childeberto, dopo la morte di Sigiberto, alla tomba di san Martino, per i quali rimanda ai *Libri Miraculorum,* ne vuole però ricordare uno relativo a Leonaste, arcidiacono di Bourges, esempio del peccato che commettono coloro che, dopo avere avuto la guarigione per grazia, la cer-

che ho chiamato medaglione: di Ospizio recluso presso Nizza, Gregorio parla all'anno 581, ricordando però solo ora la sua predizione della venuta dei Longobardi del 574, e il suo invito alle popolazioni e ai monaci a mettersi in salvo; una predizione ripresa dunque fuori della narrazione, in un contesto che chiamerei più "biografico" per mettere in luce la sua santità, narrata insomma insieme al miracolo che irrigidisce la mano dell'uccisore, la guarigione di un sordomuto, di un cieco, di un indemoniato, o la miracolosa liberazione al momento della morte dalle catene che gli avevano martoriato tutta la vita le carni.[119] Ma Ospizio non è né Aravazio, né Ammiano: il santo era lì la realtà stessa della storia, qui è un episodio.

Anche la predizione di Salvio sulla sciagura incombente sui figli di Chilperico che conclude il libro V è cronologicamente "fuori posto': Gregorio si scusa della dimenticanza, ma non ritiene «sacrilegum» parlarne ora.[120] La dimenticanza non è casuale: la predizione serve a concludere il libro iniziato con l'invettiva contro le guerre civili; e ha anche un altro significato: la maledizione che si abbatte su Chilperico, con le tragiche vicende della sua famiglia, è giocata nel corso del racconto su un altro piano: l'«evaginatum irae divinae gladium super domum hanc dependentem», che san Salvio vede, conclude, riassume, se si vuole, il senso del libro; ma

cano tramite cure umane (V, 6, p. 203). Poi la *virtus* di Martino agisce attraverso la santità di Vinnoch (V, 21, p. 229), facendo da contrappeso alla malvagità dei vescovi Salonio e Sagittario (V, 20). E ancora il santo, il cui sepolcro è al centro della narrazione dei rapporti tra Gregorio e Leudaste (V, 48-49, pp. 257 s.), interverrà con san Medardo a liberare il povero Modesto che aveva preso coraggiosamente le difese di Gregorio (V, 49, p. 260). Molte le figure di santi vescovi: dopo la peste, i disastri, le morti dei capitoli centrali del libro V appare il santo vescovo Maurilio di Cahors (V, 42, pp. 248-249); poi c'è Agricola, vescovo di Chalon-sur-Saône (V, 45, pp. 254-256), e Dalmazio, vescovo di Rodez (V, 46, pp. 256-257), la cui santità si manifesta con la morte che si abbatte su chi aveva osato calunniarlo; e Ferreolo, vescovo di Uzès (VI, 7, pp. 276-277), ed Eparchio recluso (VI, 8, pp. 277-278). Poi ancora i racconti edificanti relativi al monastero di Santa Radegonda, la morte esemplare e miracolosa di Disciola, la cui anima è portata in cielo dall'arcangelo Michele, e il pentimento della monaca che, dopo avere accettato le tentazioni del diavolo, si fa chiudere in una cella, dove ancora vive (VI, 29, pp. 295-297). Eterio, vescovo di Lisieux ferma la mano omicida, rivolta contro di lui, di un sacerdote corrotto e malvagio, che pure aveva salvato da morte: legato Eterio al buon re Gontrano, così come i suoi persecutori al malvagio Chilperico (VI, 36, pp. 306-308). Infine Lupenzio, abate di S. Privato, vittima di Brunechilde, il cui capo troncato fu ripescato da un'aquila nel fiume (VI, 37, pp. 308-309).

119. VI, 6, pp. 272-276. Gregorio asserisce di avere udito tutto ciò dalla voce del vescovo Austradio che lo aveva sepolto.

120. V, 50, p. 263.

il dramma di quegli anni Gregorio non lo ha visto attraverso gli occhi o le profezie di S. Salvio ma attraverso i prodigi, i disastri naturali, le lotte, le ribellioni degli uomini contro Dio, il dolore di Fredegonda.

Se san Salvio, o meglio la sua profezia, risulta emarginata nel racconto, ben altro rilievo e significato ha il racconto della sua morte (584), narrata ad apertura del libro VII.[121] San Salvio ha unito in sé tutte le virtù: è stato monaco, poi vescovo, vero «pastor bonus»; ma non è solo questo: è un santo che ha visto l'aldilà, ne ha per un attimo goduto, lo ha raccontato. Gregorio si giustifica «licet sit studium historiarum prosequi quam priorum librorum ordo reliquid, tamen prius aliqua de beati Salvii obitu exposcit loqui devotio»; ma la celebrazione di un santo ha un preciso senso all'inizio del libro in cui si fa avanti Gontrano, in cui pare abbia inizio una nuova era di giustizia, in cui le tensioni si allentano, in cui persino i prodigi – del resto molto meno numerosi – non creano un clima di paurosa attesa,[122] in cui piena efficacia manifestano le reliquie dei santi.[123] Ma il libro che, iniziato con san Salvio e la descrizione dell'aldilà, aveva visto con il progressivo affermarsi di Gontrano, un avvio alla pace,[124] si incupisce: c'è un'indovina, che sapendo scoprire gli autori dei furti, accumulava oro e argento, tanto che il popolo credeva che fosse in lei «aliquid divinum»; il vescovo Agerico di Verdun vede invece in lei il diavolo e tenta di esorcizzarla ungendole la fronte con l'olio santo, ma senza esito; la donna si rifugia da Fredegonda.[125] L'anno 585 è funestato da una tremenda carestia, di cui approfittano i mercanti per affamare il popolo.[126] E l'odio tra Sicario e Cramnesindo infuria a Tours.[127]

121. VII, 1, pp. 323-327.

122. Essi si trovano descritti solo nel cap. VII, 11, p. 333, e sono considerati «signa» premonitori della morte di Gundovaldo.

123. Le reliquie di san Martino al primo posto: proteggono dal fuoco l'altare del santo a Mareuil (VII, 12, p. 333), puniscono coloro che si erano impadroniti del bestiame di san Martino (VII, 21, p. 340), colpiscono Eberulfo e Claudio che avevano per motivi diversi oltraggiato il santo (VII, 21, p. 341; VII, 29, pp. 346-349); e ancora la sua *virtus* agisce contro il conte Ollone che aveva osato violare la basilica e gli uomini postisi sotto la sua protezione (VII, 42, p. 346). Grande importanza hanno anche le reliquie di san Sergio (VII, 31, pp. 350-351), e di san Vincenzo (VII, 35, p. 356).

124. Si veda Vinay, *San Gregorio di Tours*, pp. 130 ss.

125. VII, 44, pp. 364-365.

126. VII, 45, p. 365.

127. VII, 47, pp. 366.368; la narrazione delle lotte continua a IX, 19, pp. 432-434. Sull'episodio si vedano le pagine di Auerbach, *Mimesis,* pp. 87-106.

Presto al trionfo di Gontrano[128] segue l'inizio della sua sconfitta: una sconfitta oggettiva per l'incapacità di condurre a termine le imprese militari, ma soprattutto una sconfitta soggettiva, per la visione storico-politica di Gregorio. Il cap. 30 del libro VIII è un punto nodale per il mio problema, alla stessa stregua dei capitoli su Clodoveo. Di ritorno dalla tragica campagna del 585 «magna Gunthcramno regi amaritudo cordi obsedit».[129] Riuniti vescovi e duchi, espose loro le sue riflessioni: non è possibile ottenere la vittoria perché non si seguono più «ea quae patres nostri secuti sunt». Essi edificavano chiese, ponevano ogni speranza in Dio, veneravano i martiri, onoravano i sacerdoti; «nos vero non solum Deum non metuemus verum etiam sacra eius vastamus, ministros interficimus, ipsa quoque sanctorum pignora in ridiculo discerpimus ac vastamus. Non potest enim obtineri victuria ubi talia perpetrantur». Ma il discorso è meccanico, le conseguenze che trae il re sono norme punitive: obbedienza agli ordini, rispetto della giustizia, pena la vita. E non sono azioni, solo norme giuridiche e i duchi, ben poco intimoriti, possono facilmente scaricare a loro volta la colpa: il popolo non teme il re, non rispetta né conti né duchi. Il discorso di Gontrano non ha seguito[130] e non poteva averne: Gregorio ha espresso in questo discorso, malgrado la professione di fede e la volontà di giustizia messa in bocca a Gontrano, il suo giudizio limitativo sul re, incapace di un'energica azione politica; ma ha insieme chiarito un punto centrale della sua visione storiografica. Non c'è in Gontrano la fede quale l'aveva presentata in Clodoveo, in un tutto unico con la sua grandezza politica e militare. La meccanica credenza che alla fede in Dio e alla venerazione dei santi si accompagni la vittoria fallisce: vorrei dire che in Clodoveo la vittoria aveva creato la fede, a Gontrano la fede non dà la vittoria. Il re Gontrano diventerà addirittura un taumaturgo: a Marsiglia infuria la peste e il re «acsi bonus sacerdos» riunisce il popolo in chiesa, impone il digiuno, istituisce le rogazioni; tanto era ritenuto «sacerdos domini» che si narrava che la sua veste avesse guarito un bambino.[131] Ma, si potrà dire con Vinay,

128. Nel l. VIII, 1-4, pp. 370-374, l'apoteosi di Gontrano (585), con la sua entrata trionfale a Orléans.

129. VIII, 30, pp. 393-396; si tratta della tragica campagna in Settimania.

130. L'argomento si interrompe sulle parole di Gontrano: «Si quis sequitur iustitiam, vivat; si quis legem mandatumque nostrum respuit, iam pereat, ne nus diutius hoc blasphemeum prosequatur» (p. 396), cui segue immediatamente nello stesso capitolo la notizia della campagna bellica di Reccaredo nel Tolosano.

131. IX, 21, pp. 441-442.

che per primo ha messo in evidenza nel modo più illuminante il significato di questo passo per l'interpretazione dei *Libri Historiarum* e la concezione politica e storiografica di Gregorio, che se «Gontrano è sempre più il "rex bonus" che finirà addirittura con l'operare miracoli, la simpatia dello storico per lui va progressivamente scemando».[132] Per il nostro problema se ne evince nel modo più chiaro che la santità del re ha un rilievo personale, individuale, può servire a compiere singoli miracoli, ma non ha rilievo sul piano di quella storia che Gregorio vive e racconta.

Come Gontrano, altri santi continuano a compiere miracoli: Verano vescovo di Cavaillon[133], e ancora sempre Martino che accompagna Gregorio nelle sue azioni.[134] Ma la sicurezza che sembra dargli la potenza del santo nel racconto del monaco Vulfilaico[135] appare poco dopo sopraffatta dalla paura che egli confessa di avere avuto in seguito ai prodigi manifestatisi in quell'anno 585: «quod signum magnum nobis ingessit metum. Operiebamus enim super nos aliquam plagam de caelo trasmitti».[136] È esplicitamente, forse come mai finora, l'angoscia del futuro. E altri abbondanti prodigi nello stesso anno, piogge, maremoti, incendi.[137] E due tragici eventi chiaramente collegati alla ripresa dell'attività di Fredegonda. Il primo è l'incendio di Parigi drammaticamente profetizzato da una donna: se san Germano salva i prigionieri e san Martino il suo oratorio e le case circostanti, il loro intervento è insufficiente, la loro protezione parziale e quella Parigi di cui dicevano

> quasi consecratam fuisse antiquitus, ut non ibi incendium praevaleret, non serpens non gliris apparuisset. Nuper autem cum cuniculum pontis emundaretur et coenum de quo repletum fuerat auferretur, serpentem gliremque aereum reperierunt. Quibus ablatis et glires ibi deinceps extra numerum et serpentes apparuerunt et postea incendia perferre coepit.[138]

132. Vinay, *San Gregorio di Tours*, pp. 136-141. Solo sulle "qualità" del re si sofferma il Wallace Hadrill, *Gregory of Tours*, pp. 35-36, dandone quindi un'interpretazione insufficiente («All in all, Gregory depicts Guntram as he knew him, his good personal qualities being also good kingly qualities. Certainly he lacked the catholic heroism of Clovis, but on the other hand Gregory endowed him with character. Guntramn was no hero, but he comes as near as any of Gregory's kings to his idea of a good king in action»).

133. IX, 4, p. 416.

134. VIII, 6, pp. 374-375.

135. VIII, 15-16, pp. 380-384. I capitoli più che al santo monaco, alla sua vita di penitenza, sono infatti dedicati alla narrazione da parte dello stesso Vulfilaico dei miracoli del santo di Tours.

136. VIII, 17, p. 384.

137. VIII, 23-24-25, pp. 389-390.

138. VIII, 33, pp. 401-403.

Poi, quasi proseguendo nel discorso delle tragedie incombenti, una vittoria del diavolo: «et quia princeps tenebrarum mille habet artes nocendi, quid de reclausis ac Deo devotis nuper gestum fuerit pandam». Il diavolo ha la meglio su Vinnoch, che, non resistendo alla tentazione di bere il vino portato dai devoti, impazzisce; e un altro recluso impazzì, il giovane Anatolio di Bordeaux, e persino san Martino non ebbe un'efficacia duratura.[139] Il «princeps tenebrarum» che non si è mai sentito nella *Historia* come una forza potente, che non è quasi mai apparso come il nemico dei santi, che ben più devono lottare contro la concreta malvagità degli uomini, trova qui una precisa rilevanza storica, proprio nella vittoria su quei penitenti al limite della santità.[140]

Dopo i santi sconfitti dal diavolo, compaiono gli pseudo-santi: nel 587 a Tours un uomo di nome Desiderio asserisce di poter fare molti «signa» e arriverà a dirsi «iuniorem beati Martini» e a paragonarsi agli apostoli. In assenza di Gregorio dalla città, molti credono in lui e accorrono per essere guariti; ma egli non solo operava «errore nigromantici ingenii», ma era un delinquente che per guarire gli storpi li faceva tirare, sì che alcuni morirono per i tormenti. Ma il fatto che sia un imbroglione non toglie nulla alle preoccupazioni di Gregorio, e tutto il suo racconto è carico di tensione per ciò che quest'uomo, che solo dal demonio può essere ispirato, rappresenta.[141] Anche sette anni prima vi era stato un caso analogo: un impostore che da Tours si era recato a Parigi, attorniato da una folla di fedeli. Diceva di possedere reliquie di san Vincenzo e di san Felice, ma alla cattura gli vennero trovati addosso un sacchetto di radici,

139. VIII, 34, pp. 403-404.

140. Santa Radegonda, oggetto finora di brevi notizie, sembra acquistare ora una funzione nel racconto, ma non è un personaggio, è solo la pietra di paragone per sottolineare il tragico presente del suo monastero (IX, 39, pp. 460 ss.). Anche l'inserimento di lettere dirette alla santa o da lei scritte ha questa stessa funzione: un passato, l'età dell'oro del monastero, che ora non riesce neppure più a costituire un esempio, ma solo un riferimento; le norme contenute nelle lettere non sono più applicabili, il disordine si trascina lungamente (X, 15, 16, 20, 22). Altro rilievo ha la giovinetta violentata dal duca Amalo che trovò la forza di ucciderlo nel sonno e la simpatia di Gregorio la trasforma quasi in una santa: «Deo praestante, cognovimus, quod puellae castitas non est a dereptore saevo nullatinus violata» (IX, 27, pp. 445-446).

141. IX, 6, pp. 417-418. Dice Gregorio: «Nec mirum, si hic similem se dicat apostolis, cum ille auctor nequitiae, a quo ista procedunt, Christum se esse in fine saeculi fateatur». E come poteva conoscere i pensieri di quelli che parlavano male di lui «nisi nuntiantibus daemoniis»?

denti di talpa, ossi di topo.[142] Vale la pena di sottolineare la connotazione sociale di questi pseudo-santi: il disprezzo di Gregorio attribuisce loro umiltà di nascita, volgarità, oscenità nel parlare, in una perfetta antitesi con la dignità dei vescovi della Gallia.[143] E come se non bastasse, anche la loro connotazione politica è equivoca, perché uno di essi è legato a Chilperico.[144] Figure importantissime dunque per cogliere le caratteristiche del santo in Gregorio,[145] ma non meno per il problema specifico che mi sono proposta, la funzione del santo quale si delinea nei *Libri Historiarum:* il collegamento tra i due episodi avvenuti a distanza di anni non è dovuto a semplice affinità di argomento; solo ora anche di quell'avvenimento lontano lo storico intuisce il significato, ne subisce l'angoscia.

Il capitolo si conclude con questa riflessione: «Multi enim sunt, qui has seductiones exercentes, populum rusticum in errore ponere non desistunt, de quibus, ut opinor, et Dominus in Evangelio ait, consurgere in novissimis temporibus pseudochristus et pseudoprophetas, qui, dantes signa et prodigia, etiam electos in errore inducant».[146]

E lo pseudocristo apparirà ben presto, nel 591, nell'ultimo dei *Libri Historiarum.* Per cogliere il significato dell'episodio è indispensabile vederne da vicino il contesto. Pioggia, grandine, fioritura fuori tempo, allagamenti nel 589 chiudono il libro IX. Con l'inondazione di Roma del 590 e la peste si apre il X: una immane tragedia in cui si inserisce la figura di papa Gregorio; ma la peste non cessa.[147] Riappare Fredegonda;[148] poi ancora gli strascichi della questione del monastero di Poitiers,[149] e omi-

142. Ivi, pp. 418-419. Sul valore delle parti del corpo di animali come oggetti fatati si veda V.J. Propp, *Le radici storiche dei racconti di fate*, Torino 1972, pp. 306-308.

143. Si veda ad esempio la descrizione dell'incontro con Ragnemodo, vescovo di Parigi: «Erat enim ei et sermo rusticus et ipsius linguae latitudo turpis atque obscoena; sed nec de eo sermo rationabilis procedebat. Qui usque Pariseus accessit. His enim diebus rogationes publicae celebrabantur, quae ante sanctum dominicae ascensiones agi solent. Factum est autem, ut, procedente Ragnemodo pontifice cum populo suo et loca sancta circumeunte, ut et hic cum cruce sua adveniens inusitato populis exhibens indumento, adiunctis publicanis ac rusticis mulieribus, et iste chorum suum faceret, et quasi cum sua multitudine loca sancta circuire temptat...» (p. 418). Sul problema si veda Graus, *Volk*, pp. 229-223.

144. IX, 6, p. 418.

145. Vedi quanto si è detto all'inizio.

146. IX, 6, p. 420.

147. X, 1, pp. 477-481.

148. X, 9, p. 491-492; 11, p. 495; 18, p. 509; 27, pp. 519-520.

149. X, 15-17, pp. 501-509; 20, p. 513.

cidi, furti, scelleratezze.[150] I prodigi e i disastri naturali riprendono: globi di fuoco percorrono il cielo e illuminano la notte; terremoto, eclissi di sole, piogge, tuoni, diluvio, peste.[151] E riprendono l'anno dopo, nel 591; nel mezzo il miracolo dell'uomo salvato per la sua carità dalla distruzione di Antiochia, narrato dal vescovo Simone, venuto a Tours.[152] «At in Galliis – inizia il capitolo successivo – Masiliensem provintiam morbus saepe nominatus invasit». Carestia a Angers, Nântes, Le Mans. Gregorio commenta con il passo di Matteo 24, 7-8: «Initia sunt enim haec dolorum iuxta illud quod Dominus ait in evangelio: erunt pestilentiae et fames et teraemotus per loca et exurgent pseudochristi et pseudoprophetae et dabunt signa et prodigia in coelo, ita ut electos in errore mittant»:[153] infatti un uomo di Bourges, divenuto folle, cominciò a girare vestito di pelli, pregando «quasi relegiosus»; «ad quem inludendum pars adversa divinandi ei tribuit facultatem». Divenne allora anche più audace non esitando a proclamarsi Cristo, portando con sé, come una sorella, una donna che faceva chiamare Maria. Il suo successo è enorme, una moltitudine di fedeli lo attornia, più di tremila persone, non solo «rustici» ignoranti, ma anche sacerdoti. Guarisce gli infermi, viene ricompensato con oro e argento e vesti che dà ai poveri, «quo facilius seduceret», dice Gregorio; predice il futuro: «quibusdam morbus, quibusdam damna provenire denuntiabat, paucis salutem futuram». Comincia anche a rubare, sempre per dare ai poveri. Vescovi e città sono minacciati: ancora una contrapposizione delle più precise tra questo sovvertitore dell'ordine religioso e sociale, che scuote le convenzioni mandando uomini nudi saltanti e danzanti ad annunciare il suo arrivo a Velay e il vescovo e gli abitanti che si difendono e si serviranno di «viros strenuos» come messi, che per prenderlo non esiteranno a ricorrere all'inganno. Il Cristo, o meglio, dice Gregorio, l'anticristo, è preso e ucciso. I seguaci si disperdono, ma la fede in lui, opera del diavolo, resiste e molti continuano a credere a lui come a Cristo e alla donna come a Maria. E questo non fu il solo esempio a quei tempi in Gallia.

Malgrado le considerazioni escatologiche, che, come si è visto, aprono il racconto, il contesto in cui si collocano, il riferimento iniziale alla

150. Si vedano soprattutto i capp. X, 3, pp. 483-486 (esercito di Childeberto decimato in Italia); X, 21, pp. 513-514 (furti e omicidi del figlio di Vaddone).

151. X, 23, pp. 514-515.

152. X, 24, pp. 516-517.

153. X, 25, pp. 517-519.

peste con la carica di angoscia tutta riversata nella storia e ancor più la preoccupazione pastorale che Gregorio rivela a conclusione del capitolo nel tentativo di convertire i seguaci,[154] danno una dimensione tutta e solo storica a questi pseudo santi e pseudo-cristi. Non la fine dei tempi è vicina e preoccupa Gregorio, ma è il presente che incombe. Ben presto Gregorio porrà fine alla sua opera. I *Libri Historiarum* dal punto di vista politico si concludono con il capitolo 28; il capitolo 29, dedicato a sant'Aridio sembrerebbe a sé stante, come il 31, relativo ai vescovi di Tours, se non ce ne fosse uno brevissimo, il 30, a rendere più complessa l'interpretazione. Il capitolo di Aridio è una vera e propria operetta agiografica: la giovinezza, i rapporti col santo vescovo Nicezio, la colomba che vola sul suo capo, le preghiere e i digiuni, la costruzione di chiese, il culto delle reliquie, la guarigione degli infermi; dalla verga piantata in terra sgorga una sorgente, la nuvola si divide perché l'acqua non lo bagni. Ma soprattutto colpisce l'accorrere di tutti i santi intorno a lui, come è nell'urlo della donna invasata: «Currite cives, exilite populi, exite obviam martiribus confessoribusque, qui ad excessum beati Aredii conveniunt», e sono Giuliano, Privato, Martino, Marziale, Saturnino, Dionigi e altri.[155] Ma con Aridio e con ciò che egli chiaramente simboleggia, cioè la riaffermata potenza dei santi, Gregorio non ritrova il senso della storia: con i miracoli e la santità di Ari-

154. Si conclude infatti il capitolo con queste parole: «Sed et per totas Gallias emerserunt plerique, qui per has praestigias adiungentes sibi mulierculas quasdam, quae debacchantes sanctos eos confiterentur, magnus se in populis praeferebant; ex quibus nos plerosque vidimus, quos obiurgantes revocare ab errore nisi sumus» (p. 517). Devo a un colloquio con Gustavo Vinay il suggerimento dell'importanza di questo impegno pastorale, manifestato da Gregorio, ai fini della valutazione di tutto il passo e della posizione del vescovo di Tours nei confronti dell'escatologia. Nel suo volume, p. 144, Vinay, commentando il passo sui prodigi parla di «umana, non teologica escatologia di Gregorio». Sono meno d'accordo invece sulla interpretazione del libro X, come momento di «profonda delusione dello storico che si era accinto a tramandare ai posteri i fatti del suo tempo, innamorato delle grandi passioni umane, delle audacie di Clodoveo, e si ritrovava ora di fronte al rinnovato dominio dell'impulso, della incoerenza, della meschinità», che lo porterebbe a lasciare «il tormentoso mondo della storia, per ridiventare quello che era stato in tempi ormai lontani, il cattolico dalla ferma fede ortodossa, il discepolo di S. Nicezio [...]. Lo storico, vinto dalla meschinità dei tempi, si riassorbe nel vescovo che ritrova la calma e un rifugio di pace tra le salde mura di S. Martino». Non è delusione, è angoscia per la tragicità dei tempi, è tragica constatazione del dramma, ma la consolazione non gli viene dal suo essere vescovo: i miracoli sono un accompagnamento costante, una componente ineliminabile della sua visione del mondo e della storia, ma in essi non ritrova un senso del mondo e della storia.

155. X, 29, pp. 522-525.

dio non si concludono *i Libri Historiarum*, la peste imperversa di nuovo e le rogazioni servono solo a mitigarne la violenza; molti sono colpiti dal fulmine perché lavoravano la domenica; poi siccità, pioggia, inondazioni. Una serie di calamità naturali cui non c'è rimedio.

Non è casuale che proprio nei libri IX e X, nei quali si consuma la incapacità di Gregorio di dare una funzione positiva al santo nella sua storia dei Franchi, vi sia ben due volte una definizione teorica di questo: santi sono quelli che fanno miracoli;[156] i sepolcri dei santi hanno il potere di guarire i ciechi, gli zoppi, e i lebbrosi.[157] È una certezza che non ha bisogno di ulteriori spiegazioni: siamo lontani non solo dalle riflessioni di sant'Agostino, su cui mi sono già soffermata, ma anche dalle preoccupazioni teorico-pastorali del contemporaneo Gregorio Magno che nei *Dialogi* tiene a sottolineare come il miracolo sia solo il «signum» esterno di una realtà spirituale interiore, che «vita et non signa querenda sunt», che le virtù dell'umiltà, della pazienza, sono maggiori di qualunque miracolo,[158] che non accetta mai il miracolo come dato di fatto, ma deve spiegarlo, giustificarlo, renderlo religiosamente credibile.[159]

Ma sono proprio queste definizioni di Gregorio a farci ritrovare il senso delle sue storie di santi, e insieme cogliere l'unità profonda tra opere agiografiche e *Libri Historiarum*: i santi, le loro reliquie, i loro miracoli, sono

156. Nel racconto della conversione di Reccaredo (IX, 15, p. 429) il confronto tra gli ariani e gli ortodossi è tutto giocato sui santi, e sui miracoli che essi compiono. Dice, ad esempio, Reccaredo ai vescovi ariani: «Cur inter vos et sacerdotes illus, qui se catholicus dicunt, iugiter scandalum propagatur et, cum illi per fidem suam signa multa ostendant, vos nihil tale agere potestis?». Ciò che lo convince alla conversione è proprio l'impotenza degli ariani a compiere miracoli.

157. Questa definizione la pronuncia Gregorio stesso nel corso della discussione sulla resurrezione (X, 13, pp. 496-500). Dice Gregorio: «Iudicatus est enim, ut ad supplicium aeternum perveniat, quia non crededit unigenitum Filium Dei, tamen resurrecturus in corpore, ut ipsum supplicium, in quo peccavit in corpore, patiatur. Nec enim potest iudicium fieri, nisi prius resurgant mortui, quia, sicut illos, qui defuncti sunt sancti, caelum, ut credimus, retinet, – decorum sepulchris saepius virtus illa procedit, ut de his caeci inluminentur, clodi gressum recipiant, lyprosi mundentur et alia sanitatum beneficia, infirmis petentibus tribuantur – ita credimus et peccatoris in illo infernali carcere usque ad iudicium retineri».

158. Gregorii Magni, *Dialogi*, a cura di U. Moricca, Roma 1924 (Fonti per la storia d'Italia, 57), si vedano sopr. le pp. 69-70; 182-183.

159. Ivi, pp. 130 ss., 189 s., 193 s., 200 ss., 216-217, 239 [vedi S. Boesch Gajano, *Gregorio Magno alle origini del Medioevo*, Roma 2004, (Sacro/Santo n.s., 8); Ead., *Gregorio Magno agiografo*].

elemento costante della storia, ma con quello stesso carattere episodico, con quella stessa mancanza di interpretazione unitaria, che mi è sembrato di osservare nei *Libri Miraculorum,* perché qui come là manca a Gregorio quella visione coerente del mondo, della storia, della religione, che una certa storiografia ha sempre dato per scontata, prendendola come modulo di approccio e di giudizio dell'autore. Ma è per questo che il vescovo di Tours rappresenta il momento forse più significativo del passaggio dall'antichità al medioevo: in questo l'interpretazione di Auerbach mantiene una immutata validità. Testimone e interprete della realtà nuova che si è creata dopo l'insediamento dei Germani in territorio romano non ancora composta in un ordinamento politico, economico, sociale, a spiegare la quale non servono gli schemi culturali, mentali, religiosi del passato, il suo giudizio politico è sempre legato alla contingenza dei fatti, anzi alle simpatie e antipatie personali, il giudizio morale sulla magnanimità o la crudeltà, sul coraggio o la vigliaccheria, sulle guerre e gli omicidi, sfugge ai canoni di una "dottrina cristiana" astorica; e ancora la consapevolezza "religiosa" del vescovo e del prestigio socio-economico che ne è il supporto si accoppia a una religiosità in cui si esprimono bisogni primordiali di sicurezza.

2. Il culto dei santi: filologia, antropologia e storia

Il culto dei santi nei suoi aspetti più diversi – dal modello di santità all'ex *voto* – tema di scontro teologico e poi storiografico a partire dalla Riforma, oggetto esclusivo di ricerca di una delle più antiche e illustri scuole storiografiche cattoliche, la Société des Bollandistes,[1] è diventato dagli anni Sessanta uno dei terreni privilegiati della medievistica; e dalla medievistica l'interesse non ha mancato di investire l'età moderna e contemporanea.[2] Si deve aggiungere che costituisce uno dei campi utilizzati dagli storici per il dibattito intorno al "popolare" (cultura, religione, religiosità ecc.).[3] Scopo di queste pagine è presentare qualche "nodo" del

1. Per le origini della scienza agiografica e in particolare per i Bollandisti cfr. la mia *Introduzione*, in *Agiografia altomedioevale,* Bologna 1976, pp. 9-19; e M. van Uytfanghe, *Les avatars contemporains de l'«hagiologie»,* in «Francia», 5 (1977), pp. 639-671. Per il dibattito teologico e la prassi pastorale in Italia nella prima età moderna cfr. A. Prosperi, *Intellettuali e Chiesa all'inizio dell'età moderna*, in *Storia d'Italia Einaudi*, *Annali*, 4, *Intellettuali e potere*, a cura di C. Vivanti, Torino 1981, pp. 173 ss. Per alcuni aspetti della polemica protestanti-cattolici cfr.: R. Schenda, *Die protestantisch-katholische Legendenpolemik im 16. Jh.*, in «Archiv für Kulturgeschichte», 52 (1970), pp. 28-48.

2. Per le principali linee storiografiche e per la bibliografia fino al 1975 rinvio a *Agiografia altomedioevale*, indicazioni bibliografiche alle pp. 261-300. Riferimenti bibliografici ai contributi per l'età medioevale e moderna nelle note seguenti. Per l'Ottocento vorrei segnalare i due contributi di Ph. Boutry, *Les saints des catacombes. Itinéraires français d'une piété ultramontaine (1800-1881)*, in «Mélanges de l'Ecole française de Rome, Moyen Age-Temps modernes», 91 (1979), pp. 875-930; e *Un sanctuaire et son saint au XIXe siècle. Jean-Marie-Baptiste Vianney, curé d'Ars*, in «Annales E.S.C.», 35 (1980), pp. 353-379.

3. Basta ricordare il posto che il culto dei santi ha nei volumi miscellanei dedicati alla religione e cultura popolari negli ultimi anni. Ricorderò i principali: *Foi populaire, foi savante*, Paris 1976; *Le christianisme populaire. Le dossier de l'histoire,* a cura di B. Plongeron, R. Pannet, Paris 1976; *La religion populaire. Approches historiques*, a cura di

problema, attraverso alcuni momenti della più recente storiografia relativa al medioevo, non senza qualche sconfinamento in età moderna.

Tra gli oggetti principali della ricerca agiografica le fonti letterarie: oggetto precipuo anzi, malgrado le diffidenze storico-teologiche, dell'imponente impresa bollandista,[4] vite, passioni, raccolte di miracoli hanno recuperato, sia pure faticosamente, piena dignità di fonte storica. Tappa fondamentale di questo processo la ricerca sull'età merovingia di F. Graus, che, interessato alle origini del feudalesimo, si era trovato di fronte a una massiccia produzione agiografica in secoli per lo più "silenziosi" e aveva dunque dovuto affrontare il genere letterario in quanto tale, ponendosi i problemi connessi con la sua utilizzazione storica. Questo esempio costituisce da solo una spiegazione del perché dal medioevo – e in particolare dall'altomedioevo – siano partite ricerche che hanno poi assunto un valore metodologico e storiografico più generale.[5] Tutto centrato sul rapporto produzione agiografica-società,

B. Plongeron, Paris 1976; *La religion populaire en Languedoc du XIIIe siècle à la moitié du XIVe siècle*, Toulouse 1976 (Cahiers de Fanjeaux, 11); *Ethnosociologie des religions populaires*, in «Archives de sciences sociales des religions», 43/1 (janvier-mars 1977); *Religion populaire*, in «Le monde alpin et rhodanien», 1-4 (1977); *Religione e religiosità popolare*, in «Ricerche di storia sociale e religiosa», 11 (1977); *Religioni delle classi popolari*, a cura di C. Ginzburg, in «Quaderni storici», 41 (1979); *La culture populaire au Moyen Age*, a cura di P. Boglioni, Montréal 1979; *Mélanges de mythologie française*, offerts au Président-Fondateur Henri Dontenville de la Société de Mythologie Française, Paris 1980; *La religion populaire. Aspects du christianisme populaire à travers l'histoire*, a cura di Y.-M. Hilaire, Université de Lille, III, 1981; *Strumenti per ricerche sulla religione delle classi popolari*, I, *Problemi di impostazione e di metodo. Il caso di Fossano*, a cura di F. Bolgiani, s.l. 1981. Utile messa a punto con ricca bibliografia: V. Lanternari, *Religione popolare. Prospettiva storico-antropologica*, in *Religione e cultura* = «Civiltà delle macchine», XXVII/4-6 (1979), pp. 131-140. Per le implicazioni politico-culturali dell'interesse al «popolare» dagli anni Sessanta cfr. C. Ginzburg, introduzione a P. Burke, *Cultura popolare nell'Europa moderna*, Milano 1980, pp. I-XV.

4. Per le opere (edizioni di fonti, repertori, cataloghi di manoscritti, riviste, collane di studi) della Società dei Bollandisti, ancora oggi in piena attività scientifica, cfr. *Agiografia altomedioevale*, pp. 261-263; per le critiche in particolare di H. Delehaye, alla parte letteraria del dossier agiografico, cfr. introduzione, ivi, pp. 15-18.

5. F. Graus, *Volk, Herrscher und Heiliger im Reich der Merowinger. Studien zur Hagiographie der Merowingerzeit*, Praha 1965. Si veda anche la successiva messa a punto storiografico-metodologica: *Hagiographische Schriften als Quellen der «profanen» Geschichte*, in *Fonti medioevali e problematica storiografica*, Roma 1976, pp. 375-396. Tra gli altri suoi lavori ricordo: *Sozialgeschichtliche Aspekte der Hagiographie der Merowinger-und Karolingerzeit*, in *Mönchtum, Episkopat und Adel zur Gründungszeit des Klosters Reichenau*, in «Vorträge und Forschungen», 20 (1974), pp. 131-176; *Der Heilige als Schlachtenhelfer - Zur Nationalisierung einer Wundererzählung in der mittelalterlichen*

il colloquio organizzato da E. Patlagean e P. Riché presso il Centre de Recherches sur l'Antiquité Tardive et le Haut Moyen Age dell'Università di Paris X-Nanterre (*Hagiographie, Cultures et Sociétés, IVe-XIIe siècles*)[6], che per l'impostazione metodologica e la ricchezza dei contenuti costituisce un sicuro punto di riferimento storiografico. Non casualmente proprio questo convegno, che partiva dall'esigenza di un profondo radicamento dell'agiografia nella storia, ha dedicato la prima sezione a problemi filologici, indicando la trasmissione delle narrazioni agiografiche come oggetto specifico della ricerca storica.[7] Tema che, ormai acquisito per altri generi letterari, fornisce nuovi approcci in questo settore, spesso ancorato a un problema di "antichità" e "veridicità" del testo. F. Dolbeau, sulla scorta del volume del Philippart,[8] oltre a indicare tipologie e metodi di ricerca, ha insistito sull'importanza dello studio dei leggendari, e dunque dei modi in cui concretamente ci sono stati trasmessi i testi agiografici, più spesso studiati solo nella loro individualità. La diversa finalità di ogni raccolta permette di cogliere l'evoluzione dell'agiografia da libro di lettura e di uso liturgico a «livre de combat» (si pensi alla predicazione), gettando luce nuova sul ruolo socio-culturale delle leggende, sul senso critico dei compilatori, sulla produzione del libro in generale.[9] Attraverso lo studio della diffusione di una singola leggenda, P. Petitmengin ha mostrato come il testo debba essere inserito in uno spazio «pluridimensionale», quello dei traduttori, dei "recensori", dei copisti. «All'immagine di un albero genealogico, lo stemma dei filologi, si deve piuttosto preferire quella di una popolazione che si evolve e si specifica, alcuni caratteri rimanendo stabili, altri affievolendosi, altri ancora apparendo per

Chronistik, in *Festschrift für Helmut Beumann*, a cura di K.-U Jäschke e R. Wenskus, Sigmaringen 1977, pp. 330-348; e *La sanctification du souverain dans l'Europe centrale des Xe et XIe siècles*, in *Hagiographie, Cultures et sociétés, IVe-XVIIe siècles*, Actes du Colloque organisé à Nanterre et à Paris (2-5 mai 1979), Paris 1981, pp. 559-572.

6. Ivi; cfr. anche J. Fontaine, *Thèmes et méthodes de la recherche hagiographique en 1979*, in «Studi medievali», 3a serie, 20 (1979), pp. 933-945.

7. La I parte (*La trasmission des récits hagiographiques*) contiene, oltre ai saggi ricordati nel testo (Dolbeau e Petitmengin): M.C. Diaz y Diaz, *Passionnaires, légendiers et compilations hagiographiques dans le Haut Moyen Age espagnol*, pp. 49-60; M. van Esbroeck, *La diffusion orientale de la légende des saints Cosme et Damien*, pp. 61-77; P. Tombeur, *Littérature hagiographique et informatique*, pp. 79-88; J. van der Straeten, *La «Bibliotheca hagiographica latina» et son prochain supplément*, pp. 89-92.

8. G. Philippart, *Les légendiers latins et autres manuscrits hagiographiques*, Turnhout 1977 (Typologie des sources du Moyen Age occidental, 24-25).

9. F. Dolbeau, *Notes sur l'organisation interne des légendiers latins*, in *Hagiographie*, pp. 11-31.

mutazione». Viene così sconvolto il rapporto originale-varianti, le quali ultime da «prove portate alla ricostituzione dell'originale» diventano «la trama stessa del racconto agiografico».[10]

L'indagine filologico-testuale porta per questa via alla possibilità di utilizzare proprio la omogeneità, la monotonia, la stereotipicità della produzione agiografica in funzione storica.

> Si sa che una delle caratteristiche proprie ai testi agiografici è la loro schematizzazione molto accentuata. Ma proprio di qui nasce il loro valore affatto eccezionale. La loro formalizzazione in stereotipi fa sì che ogni cambiamento dell'elemento del contenuto o la sua assenza sia grandemente significativo. Questo rende possibile sottoporre il contenuto a una analisi quantitativa di cui la storia sociale e la storia della cultura non potrebbero fare a meno.

Queste osservazioni conclusive della relazione di R. Michalowski[11] si possono considerare il rovesciamento definitivo di quel giudizio negativo o anche solo limitativo della letteratura agiografica, che ha, come ho già detto, origini antiche e illustri e ricorrenti riprese; e aprono la via a nuove riflessioni sulla sua utilizzazione storica.[12] Per questo aspetto le raccolte di miracoli sono state oggetto di una vera e propria "riabilitazione" sia dal punto di vista dei contenuti,[13] che da quello della struttura: le osservazioni di M. Heinzelmann sulla precisione dei riferimenti cronologici, i criteri di scelta, la "attualità" delle raccolte di miracoli di Gregorio di Tours vanno certo molto al di là, per la valenza metodologica, dell'oggetto specifico della sua analisi, proponendo di fatto un nuovo approccio alla letteratura agiografica, e soprattutto al miracolo.[14]

10. P. Petitmengin, *La diffusion de la «Pénitence de Pélagie»: résultats d'une recherche collective*, ivi, pp. 33-47 (cit. p. 42). I suoi punti di riferimento metodologici sono: J.G. Griffith, *A Taxonomic Study of the Manuscript Tradition of Juvenal*, in «Museum Helveticum», 25 (1968), pp. 101-138, e i contributi dello stesso Griffith, di P. Galloway e di F. Berghaus in *La pratique des ordinateurs dans la critique des textes*, Paris 1980.

11. R. Michalowski, *Le don d'amitié dans la société carolingienne et les «Translationes sanctorum»*, in *Hagiographie*, pp. 399-416 (cit. p. 413).

12. Qualche cenno in S. Boesch Gajano, *La littérature hagiographique comme source de l'histoire ethnique, sociale et économique de l'Occident européen entre Antiquité et Moyen Age*, in XVe Congrès International des Sciences Historiques, *Rapports*, II, *Section chronologique*, Bucarest 1980, pp. 177-181.

13. Si veda ad esempio, M. Rouche, *Miracles, maladies et psychologie de la foi à l'époque carolingienne en France*, in *Hagiographie*, pp. 319-337.

14. M. Heinzelmann, *Une source de base de la littérature hagiographique latine: le recueil de miracles*, ivi, pp. 235-259. Cfr. Id., *Translationsberichte und andere Quellen*

Il miracolo appare, attraverso numerose relazioni,[15] sempre più un punto nodale, di difficile interpretazione, ma proprio per questo essenziale alla comprensione del medioevo tutto, il punto in cui si congiungono e si scontrano riflessione teologica e credenze magiche, affermazione della Chiesa istituzionale e bisogni delle classi subalterne, interessi politici e presunte sopravvivenze pagane.[16] L. Cracco Ruggini ha centrato la sua attenzione cronologicamente su un periodo che le consente di seguire il miracolo superando la frattura paganesimo-cristianesimo, tematicamente soprattutto sulla funzione. Toccando più marginalmente la concettualizzazione e lasciando decisamente *a latere* la dimensione psicoantropologica, ha insistito sulla finalizzazione del miracolo, in particolare sulla forma più immediata che si esprime nella gestione diretta e intenzionale del meraviglioso nella prassi politica. Una finalizzazione evidente per il mondo pagano, non meno che per quello cristiano, dove si ha «quel capolavoro di psicologia politica» che fu il ritrovamento nel 386 delle reliquie dei martiri dioclezianei Gervasio e Protasio da parte di sant'Ambrogio, al tempo della lotta antiariana e dello scontro con la corte milanese; e ancora *l'inventio* dei corpi dei martiri Vitale e Agricola dove «i miracoli funzionarono come argomenti apologetici di rincalzo nella battaglia tra Chiesa e forze politiche pagane».[17] Proprio nel passaggio tra mondo antico e medioevo la puntuale ricostruzione di V. Saxer[18] ha dimostrato la difficoltà di Agostino a recepire

des Reliquienkultes, Turnhout 1979 (Typologie des sources du Moyen Age occidental, 33). Sulla dimensione storica delle raccolte di miracoli: P.-A. Sigal, *Histoire et hagiographie: les* miracula *aux XI*^e^ *et XII*^e^ *siècle*, in *L'Historiographie en Occident du V*^e^ *au XV*^e^ *siècle* = «Annales de Bretagne et des Pays de l'Ouest», 87/2 (1980), pp. 237-257.

15. La III parte è dedicata a *Miracles et typologie de la sainteté,* ma riferimenti al tema sono presenti in ogni sezione.

16. Mi permetto di rinviare alla bibliografia raccolta sul tema in *Agiografia altomedioevale*, pp. 285-289; tra i lavori successivi: P.-A. Sigal, *Un aspect du culte des saints: le chatiment divin aux XI*^e^ *et XII*^e^ *siècles d'après la littérature hagiographique du Midi de la France*, in *La religion populaire en Languedoc*, pp. 39-59; Id., *Histoire et hagiographie,* alla nota 14; e quelli ricordati più avanti (in particolare: Vauchez e O. Redon, J. Gélis).

17. L. Cracco Ruggini, *Il miracolo nella cultura del tardo impero: concetto e funzione*, in *Hagiographie*, pp. 161-204 (citt. pp. 165-166); cfr. Ead., *Potere e carismi in età imperiale*, in «Studi Storici», 3 (1979), pp. 585-607.

18. V. Saxer, *Reliques, miracles et récits de miracles au temps et dans l'oeuvre de Saint Augustin,* in *Hagiographie*, pp. 261-262: l'autore ha qui fornito solo il riassunto del volume apparso nel frattempo: *Morts, martyrs, reliques en Afrique chrétienne aux premiers siècles. Les témoignages de Tertullien, Cyprien et Augustin à la lumière de l'archéologie africaine*, Paris 1980 (vedi «Studi Storici», 3 [1981], pp. 688-690).

nella sua riflessione filosofica e teologica il miracolo, inteso come interruzione di un ordine naturale, e insieme l'importanza dell'attività pastorale che lo costringe a fare i conti con una massiccia realtà cultuale intorno alle reliquie di santo Stefano. Ma la preoccupazione di giustificare teologicamente il miracolo non si interrompe con la fine dell'età antica, della cultura classica e dei suoi schemi filosofici e mentali, di cui Agostino è ancora partecipe, ma prosegue per tutto l'altomedioevo con alcuni momenti di riflessione particolarmente significativi, messi in luce da M. van Uytfanghe:[19] il miracolo è rimasto più «problematico» di quanto generalmente non si pensi, e i grandi temi della controversia biblica e patristica hanno trovato echi espliciti o impliciti anche nell'agiografia, che non metteva in causa la possibilità del miracolo, ma la veridicità di segni e prodigi, la loro frequenza e soprattutto il loro valore religioso e il loro ruolo nella concezione cristiana della santità.[20]

> Per dare all'agiografia il suo posto nell'insieme della cultura bizantina, bisogna uscire dalle regole del genere e abbandonare la convinzione troppo frettolosamente acquisita che attraverso il modello del santo e la logica del miracolo si raggiunga il vero livello di un cristianesimo vissuto, popolare, costante nelle sue forme e incontestato nei suoi principi [...].

Per questo G. Dagron prova una via nuova, cercando tutto ciò che in un'epoca determinata «fa concorrenza e limita l'agiografia», e affronta il posto del santo e del miracolo in un particolare genere letterario culminato nell'epoca post-giustinianea, caratterizzato dalla mescolanza di discorso teologico e morale. Affrontando in particolare alcuni temi (medicina e guarigione, predizione e profezia, causalità naturale e intervento divino), gli autori «cercano molto consapevolmente di limitare il ruolo del santo, la definizione del miracolo, la validità del genere agiografico». Niente di "antireligioso" in tutto questo, ma una limitazione del miracoloso in nome

19. M. van Uytfanghe, *La controverse biblique et patristique autour du miracle et ses répercussions sur l'hagiographie dans l'Antiquité tardive et le Haut Moyen Age latin*, in *Hagiographie*, pp. 205-233.

20. Per Gregorio Magno, la cui riflessione è fondamentale per tutto il medioevo, cfr. P. Boglioni, *Miracle et merveilleux religieux chez Grégoire le Grand: théories et thèmes*, in *Epopées, légendes et miracles* = «Cahiers d'études médiévales», I, Montréal-Paris 1974, pp. 11-102; S. Boesch Gajano, *La proposta agiografica dei Dialogi di Gregorio Magno*, in «Studi medievali», 3ª serie, 21/2 (1980), pp. 623-664 (ma 636-649), cui rinvio per la bibliografia precedente.

di una teoria sviluppata in dettaglio che è appunto quella basata sul concetto di "cause" e di "qualità" naturali. Ma non c'è solo "limitazione", c'è anche "concorrenza": miracoli, segni e profezie non sono solo appannaggio di santi, e ancora – e qui sta il maggiore interesse – c'è il vasto campo della prescienza naturale, tecnica: «quella degli animali, ad esempio, che avvertono i cambiamenti del tempo, dell'uomo di buon senso che prevede le stagioni, del medico, del navigatore o del politico, i quali ragionano per congetture». E soprattutto c'è «l'homme de savoir», «iniziato senza essere religioso, che ha potere sulla natura (talismani), che opera delle trasmutazioni (alchimia) o ha una conoscenza "scientifica" dell'avvenire (astrologia), senza tuttavia porsi fuori dal cristianesimo». Ben si spiega allora che proprio nel momento in cui si amplia il repertorio del meraviglioso "laico", più di un'opera cerchi di giustificare l'attività dei santi (soprattutto dopo la morte) contro l'opinione degli scettici.[21] Niente vale meglio a riprova di questa preoccupazione della raccolta dei miracoli di Ciro e Giovanni di Sofronio, oggetto di una relazione di P. Maraval: racconti finalizzati a una vera e propria *paideusis*, i cui tratti fondamentali sono appunto in polemica con dubbi di ogni tipo, da quelli storici a quelli scientifici, la difesa del potere miracoloso dei due santi, la richiesta di una fede assoluta, senza reticenze da parte dei pellegrini.[22]

L'interesse della discussione intorno al miracolo e alle "alternative" al santo travalica l'ambito cronologico oggetto del colloquio di Nanterre e costituisce uno dei filoni più interessanti della storia del culto: la magia, le pratiche religiose, la medicina come scienza si pongono in diverso modo, come rivali, ma anche come complementari e persino come integrabili, in un intreccio, il cui studio permetterebbe di cogliere nel modo migliore le diverse funzioni che il culto dei santi può assumere in tempi, società, classi diverse. Passaggio dalla terapia antica alla taumaturgia cristiana, studiato in modo esemplare nelle sue articolazioni scientifiche, religiose e antropologiche da A. Rousselle,[23] repressione o sussunzione della cultura

21. G. Dagron, *Le saint, le savant, l'astrologue: études de thèmes hagiographiques à travers quelques recueils de «Questions et réponses» des Ve-VIIe siècles*, in *Hagiographie*, pp. 143-156 (citt. pp. 144, 148). Al Dagron si deve anche l'edizione di *Vie et miracles de Sainte Thècle*, Bruxelles 1978 (Subsidia hagiographica, 62).

22. P. Maraval, *Fonction pédagogique de la littérature hagiographique d'un lieu de pèlerinage: l'exemple des miracles de Cyr et Jean*, in *Hagiographie*, pp. 383-397.

23. A. Rousselle, *Du sanctuaire au thaumaturge: la guérison en Gaule au IVe siècle*, in «Annales E.S.C.», 31 (1976), pp. 1085-1107.

folklorica nel primo medioevo,[24] scontro con persistenti pratiche magiche in età carolingia,[25] tentativi di fusione nella medicina monastica,[26] ma anche persistente opposizione alla medicina nel secondo medioevo e nell'età moderna,[27] fino ai rapporti complessi tra pratica religiosa, pratica magico-terapeutica, scienza tra Seicento e Settecento, attestati dalle ricerche di De Martino.[28] Ma complessivamente gli studi su questi temi sono ancora pochi: la via non può che essere quella di analisi puntuali di testi e contesti, contro ogni tentativo di frettolose generalizzazioni.

Oltre al problema del "miracolo" il colloquio di Nanterre ha impostato il problema dei "miracoli", cioè quello della loro varietà tipologica.

«La distribuzione dei miracoli nelle diverse Vite di una collezione e il loro ordine all'interno di una stessa Vita, obbediscono a una regola semplice e definiscono un senso che è necessario decifrare per capire il significato dell'opera intera»: è quanto ha fatto B. Flusin per le *Vite* scritte da Cirillo di

24. J. Le Goff, *Cultura clericale e tradizioni folkloriche nella civiltà merovingia*, in *Tempo della Chiesa e tempo del mercante*, Torino 1977, pp. 193-207; Id., *Cultura ecclesiastica e cultura folklorica nel Medioevo: san Marcello di Parigi e il drago*, ivi, pp. 209-255.

25. Si veda ad esempio, P. Riché, *Croyances et pratiques religieuses populaires pendant le Haut Moyen Age*, in *Le christianisme populaire*, pp. 78-104; più in generale per il medioevo F. Cardini, *Magia, stregoneria, superstizioni nell'Occidente medievale*, Firenze 1979 (Strumenti 96/Storia), con bibliografia.

26. Cfr. la bibliografia di J. Agrimi, C. Crisciani, *Malato, medico e medicina nel Medioevo*, Torino 1980 (Storia della Scienza, 9); per lo studio delle malattie attraverso le fonti agiografiche, oltre la relazione di M. Rouche, già citata alla nota 13, importanti i lavori di P.-A. Sigal, che da tempo persegue questo interesse: *Comment on concevait et on traitait la paralysie en Occident dans le Haut Moyen-Âge (V^e^-XIIe siècle)*, in «Revue d'Histoire des sciences», 24 (1971), pp. 193-211; *Pauvreté et charité aux XIe et XIIe siècles d'après quelques textes hagiographiques*, in *Études sur l'histoire de la pauvreté*, a cura di M. Mollat, Paris 1974, pp. 141-162; *Maladie, pèlerinage et guérison au XIIe siècle. Les miracles de Saint Gibrien à Reims*, in «Annales E.S.C.», 24 (1969), pp. 1522-1539; *Un aspect du culte des saints*, citato alla nota 16. E soprattutto il seminario di O. Redon e J. Gélis, su cui torno più avanti.

27. Per la malattia e la medicina cfr. M.S. Mazzi, *Salute e società nel Medioevo*, Firenze 1978 (Strumenti 95/Storia) con bibliografia; e Cardini, *Magia, stregoneria, superstizioni*, p. 122 (indicazioni bibliografiche). Per la medicina popolare qualche cenno in P. Camporesi, *Cultura popolare e cultura d'élite fra Medioevo ed età moderna*, in *Intellettuali e potere*, pp. 88 ss. Un *topos* frequentissimo nelle fonti agiografiche, ma ancora da studiare nella sua tradizione, e in specifici contesti, quello del santo che guarisce là dove il medico ha fallito. Ma ancora sulla rivalità: O. Redon e J. Gélis.

28. E. De Martino, *La terra del rimorso. Contributo a una storia religiosa del Sud*, Milano 1976[3].

Scitopoli nelle quali ritrova un ordine gerarchico del miracolo corrispondente al progresso spirituale e insieme alla carriera nelle istituzioni monastiche dei biografati. Suo merito anche l'avere proposto un criterio tipologico distinguendo i miracoli non secondo la materia del miracolo stesso, ma secondo il beneficiario (miracoli transitivi e riflessivi).[29] Se sussiste il dubbio che tipologie generali rischino di non aderire o peggio di forzare la specificità di ogni opera, va sottolineato l'interesse di una proposta come quella del Derouet, centrata sulla distinzione tra miracoli naturali e miracoli spirituali, che, elaborata per le fonti merovinge, può trovare conferme e più ampi campi di utilizzazione.[30]

La ricostruzione della tipologia dei miracoli tramite una griglia complessiva – natura del miracolo, beneficiario, testimoni del "fatto", fonti orali del racconto scritto – può diventare uno dei mezzi più sicuri per approfondire l'analisi storica in due direzioni: la proposta religioso-agiografica nelle sue variazioni cronologiche, e il pubblico, inteso in senso lato come fruitori delle rappresentazioni della santità e dei culti connessi. Se il primo tema è ovviamente quello più studiato,[31] il secondo è stato oggetto, anche in questo

29. B. Flusin, *Miracle et hiérarchie*, in *Hagiographie*, pp. 299-317 (cit. p. 299).

30. J.-L. Derouet, *Les possibilités d'interprétation sémiologique des textes hagiographiques*, in «Revue d'histoire de l'Eglise de France», 62 (1976), pp. 153-162. Cfr. anche S. Boesch Gajano, *«Narratio» e «expositio» nei Dialogi di Gregorio Magno*, in «Bollettino dell'Istituto storico italiano per il Medioevo e Archivio muratoriano», 88 (1979), pp. 1-33 (ma 10-19).

31. Oltre le relazioni già ricordate cfr.: M. Sot, *Arguments hagiographiques et historiographiques dans les «Gesta episcoporum»*, in *Hagiographie*, pp. 95-104; J. Le Goff, *«Vita» e «Pre-exemplum» dans le 2e livre des «Dialogues» de Grégoire le Grand*, ivi, pp. 105-120; G. Cracco, *Ascesa e ruolo dei «Viri Dei» nell'Italia di Gregorio Magno*, ivi, pp. 283-297; D.A. Bullough, *Hagiography as Patriotism: Alcuin's «York Poem» and the Early Northumbrian «Vitae Sanctorum»*, ivi, pp. 339-359; Cl. Carozzi, *Le roi et la liturgie chez Helgaud de Fleury*, ivi, pp. 417-432 (da ricordare dello stesso autore *La Vie du roi Robert par Helgaud de Fleury: historiographie et hagiographie*, in *L'historiographie en Occident*, pp. 219-235; e ancora per l'approccio particolare a una biografia religiosa: *L'estamen de Sainte Douceline*, in «Provence Historique», 23 [1973], pp. 270-279; *Une béguine joachimite: Douceline soeur d'Hugues de Digne*, in *Franciscains d'Oc. Les Spirituels ca. 1280-1324*, Toulouse 1975 [Cahiers de Fanjeaux, 10], pp. 169-201); Cl. Leonardi, *L'agiografia romana nel secolo IX*, ivi, pp. 471-490; I. Božilov, *L'hagiographie bulgare et l'hagiographie byzantine: unité et divergence*, pp. 535-557. Impostato in questo senso anche il convegno organizzato dall'Accademia Nazionale dei Lincei: *Agiografia nell'Occidente cristiano*, Roma 1980; e così anche i contributi agiografici di *Faire croire. Modalités de la diffusion et de la réception des messages religieux du XIIe au XVe siècle*, Rome 1981 (Collection de l'École française de Rome, 51): G. Barone, *Les*

incontro, di minore attenzione. P. Maraval è l'unico a porsi esplicitamente il problema del pubblico del suo testo, ma se ha analizzato in modo completamente convincente il messaggio colto (contenuti del discorso teologico – fede in Cristo e culto dei santi, perversioni della fede, astrologia, eresia, sopravvivenze pagane – e morale – malattia e peccato, povertà e ricchezza), le conclusioni relative al rapporto autore-pubblico lasciano alcuni margini di incertezza: quanto l'autore abbassi il suo livello culturale in funzione del pubblico, quanto invece i due livelli coincidano, se ci siano anche spinte dal basso all'alto e quanto possa diversificarsi il livello sociale, religioso e culturale del pubblico.[32] Le relazioni di A. Gieysztor, attento a cogliere attraverso i patrocini e l'onomastica le connotazioni sociali del culto dei santi legato alla diffusione del cristianesimo in Polonia,[33] e di R. Michalowski, che ha offerto una originale interpretazione del valore della reliquia, usata come dono, quale mezzo di relazione tra le classi elevate della società carolingia,[34] confermano invece come si possano sempre meglio sottrarre questi fenomeni a una generica dimensione popolare e coglierne il valore per lo studio della società nelle sue diversificazioni di classe, e nel suo sviluppo storico.[35]

Le questioni di fondo del problema appaiono allora quelle ben individuate da E. Patlagean nella introduzione orale al colloquio di Nanterre: se sia lecito distinguere nella produzione agiografica tra alta cultura e cultura popolare o se la dicotomia sia la nostra e non quella degli uomini del medioevo e ancora se l'agiografia stia piuttosto dalla parte della storia

épitomés dominicains de la Vie de saint Wenceslas, pp. 167-187; F. Sorelli, *La production hagiographique du dominicain Tommaso Caffarini: exemples de sainteté, sens et visées d'une propagande*, pp. 189-200.

32. Cfr. nota 22.

33. A. Gieysztor, *Saints d'implantation, saints de souche dans les pays évangélisés de l'Europe du Centre Est*, in *Hagiographie*, pp. 573-584; va anche ricordato qui Id., *La mythologie slave, le modèle trifonctionnel et la culture populaire*, in *La Pologne au XVe Congrès International des Sciences Historiques à Bucarest. Études sur l'histoire de la culture de l'Europe Centrale-Orientale*, a cura di S. Bylina, Wroclaw-Warszawa 1980, pp. 11-24.

34. Cfr. nota 11.

35. Sul tema delle reliquie, oltre alla bibliografia in *Agiografia altomedioevale*, pp. 281-285, vanno ricordati due studi d'insieme: l'uno è a carattere giuridico, N. Herrmann-Mascard, *Les reliques des saints. Formation coutumière d'un droit*, Paris 1975 (Société d'histoire du droit, Collection d'histoire institutionnelle et sociale, 6); l'altro si colloca piuttosto sul versante della storia della mentalità medievale, P.J. Geary, *Furta sacra. Thefts of Relics in the Central Middle Ages*, Princeton 1978 (con ampia bibliografia); Id., *L'humiliation des saints*, in «Annales E.S.C.», 34 (1979), pp. 27-42.

o dell'antropologia.[36] La mia opinione è che si debbano distinguere due principali filoni presenti nella storiografia contemporanea: l'uno più interessato al rapporto tra santità e storia politica e istituzionale e l'altro più inserito in una dimensione antropologica; distinzione questa che non esclude naturalmente connessioni e convergenze.

Per il mondo bizantino le ben note ricerche di P. Brown hanno segnato una svolta nell'individuazione del significato delle origini dell'*Holy Man,* e della sua funzione religiosa e più complessivamente sociale, in particolare nei suoi rapporti con le comunità di villaggio.[37] E. Patlagean, dopo il suo saggio famoso e pionieristico sulle possibilità di recupero alla storia sociale delle fonti agiografiche e la sua ricerca complessiva sulla società bizantina tra IV e VII secolo, in cui tali fonti hanno una presenza significativa,[38] è tornata recentemente sul tema santità e potere: «i poteri del santo e anche la loro articolazione alle forme del potere sociale e politico, nella prospettiva di una ricerca sui rapporti tra società, potere e letteratura giustificativa di quest'ultimo nella storia di Bisanzio tra IX e XI secolo». Questo approccio l'ha indotta a stabilire un confronto tra agiografia e storiografia che le consente di individuare una unicità del potere in un periodo quale quello considerato «in cui la teoria e la simbologia dei poteri compiono la loro secolare maturazione».[39]

Per il mondo occidentale credo che ormai ogni discorso su santità e istituzioni debba partire dall'opera fondamentale – per mole e struttura – di A. Vauchez,[40] il tentativo più rigoroso da parte della storiografia cattolica di

36. Cito sulla base di appunti presi allora e mi scuso di eventuali imprecisioni.

37. Ricordo in particolare di P. Brown, *The Rise and Function of the Holy Man in Late Antiquity*, in «The Journal of Roman Studies», 61 (1971), pp. 80-101; e *Eastern and Western Christendom in Late Antiquity: a Parting of the Ways*, in «Studies in Church History», 13 (1976), pp. 1-24. Ho appena potuto prendere visione del volume di P. Brown, *The Cult of the Saints*, Chicago 1981 [trad. it. *Il culto dei santi. L'origine e la diffusione di una nuova religiosità*, Torino 1983].

38. E. Patlagean, *À Byzance: ancienne hagiographie byzantine et histoire sociale*, in «Annales E.S.C.», 23 (1968), pp. 106-126; (trad. it. in *Agiografia altomedioevale*, pp. 191-213); Ead., *L'histoire de la femme déguisée en moine et l'évolution de la sainteté féminine à Byzance*, in «Studi medievali», 3ª serie, 17 (1976), pp. 597-623; *Pauvreté économique et pauvreté sociale à Byzance 4e-7e siècle*, Paris-La Haye 1977.

39. E. Patlagean, *Sainteté et pouvoir*, in *The Byzantine Saint: University of Birmingham Fourteenth Spring Symposium of Byzantine Studies*, a cura di S. Hackel, London 1981, pp. 88-105 (citt. pp. 88, 105).

40. A. Vauchez, *La sainteté en Occident aux derniers siècles du Moyen Âge d'après les procès de canonisation et les documents hagiographiques*, Rome 1981 [2ª ed. aggiornata

storicizzazione della santità e dei suoi modelli: una risposta, certo implicita, alle "tentazioni" teologiche di Claudio Leonardi, che si pone sempre più con decisione, e con risultati per certi versi affascinanti, sulla via che egli ritiene l'unica per fare storia, porsi nell'ottica della storia della salvezza.[41]

Perché un culto si sviluppi due le condizioni necessarie: «l'adesione della vox populi e l'approvazione del clero». Se mancava la prima anche la causa migliore non aveva corso; ma viceversa una devozione, anche se suscitava l'entusiasmo delle folle, non durava senza strutture e senza radicamento in un'istituzione ecclesiastica; si tratta dunque per Vauchez di «seguire il cammino che conduce dalla percezione elementare della santità alle elaborazioni teologiche più sottili», un cammino colto nel suo sviluppo storico, il cui esito sarà il progressivo allontanamento della Chiesa dalle esigenze religiose dei fedeli, e in sostanza, dunque, il rifiuto «della santità vissuta e riconosciuta dai semplici».[42] Dei due estremi della catena della santità individuati dal Vauchez (la *vox populi* e il controllo gerarchico) il secondo si può dire che emerga in tutte le sue connotazioni, con una ricchezza di informazione e di analisi eccezionale condotta su fonti fin qui poco utilizzate, i processi di canonizzazione; il primo rimane invece in molti casi più indistinto: individuabile talvolta in un generico "laicato" che assume anche in alcuni casi una connotazione più popolare, come appunto nella conclu-

1988; trad. it. *La santità nel Medioevo*, Bologna 1989], per il piano generale e le principali linee interpretative dell'opera rinvio alla mia scheda in «Studi storici», 23/1 (1982), pp. 229-232. Di Vauchez la voce *Santità,* in *Enciclopedia Einaudi*, XII, Torino 1981, pp. 441-453.

41. Leonardi dice con la massima chiarezza che il suo interesse è quello di «individuare i modelli agiografici, nel loro sorgere e nel loro evolversi, a partire dal loro contenuto teologico, ma per comprenderne più profondamente il valore storico [...]. Ma volere isolare teologicamente il valore storico dell'agiografia [...] significa ritenere che il culto dei santi, se può fare riferimento ai "desideri universali dell'uomo", alle sue profonde esigenze psicologiche [...] è anche e soprattutto l'espressione di un cammino della Chiesa cristiana, quella parte di umanità che accetta l'idea per cui [...] una persona-Dio-Padre guida e svolge un disegno sulla storia mediante la persona Dio-Figlio [...] e la persona Dio-Spirito [...] L'agiografia narra vite di uomini che hanno accolto in sé la duplice missione Figlio Spirito per il reditus al Padre» (*I modelli dell'agiografia latina dall'epoca antica al Medioevo*, in *Passaggio dal mondo antico al Medioevo da Teodosio a San Gregorio Magno*), Roma 1980 (Atti dei convegni Lincei, 45), pp. 435-476 (cit. p. 435). Anche nella relazione citata alla nota 31 ripete che il modello presentato nel testo agiografico è «lo specchio emblematico delle condizioni religiose e dei desideri di perfezione di un tempo storico cristiano» e ciò che lo interessa è appunto «il linguaggio della perfezione cristiana» (pp. 471-472). Rinvio alle note 2 e 3 (*Hagiographie*, p. 485) per la citazione degli altri lavori di Leonardi, cui va ora aggiunto: *Gerolamo Savonarola: santità e profezia*, in *Agiografia dell'Occidente cristiano*, pp. 57-77.

42. Vauchez, *La sainteté en Occident*, le citt. da pp. 166, 167, 629.

sione del volume dove si contrappone la Chiesa gerarchica ai "semplici". Il rapporto santi-società emerge con particolare ricchezza di articolazioni nelle pagine relative al mondo comunale italiano, dove si coglie l'emergere di una santità legata all'ambiente cittadino e alla sua connotazione laica, mercantile, artigianale, con caratteri in gran parte nuovi. Proprio la connotazione laica e spesso spontanea del culto provoca l'immediato intervento ecclesiastico: in questo ambiente saranno gli Ordini Mendicanti che non solo promuoveranno il culto dei "loro" santi, anch'essi peraltro espressione di nuove realtà socio-economiche, ma sussumeranno e riplasmeranno quelle forme di santità non inserite quanto alla loro origine in forme religiose istituzionalizzate.[43] In molti casi si riesce poi a cogliere qualcosa che va al di là del semplice legame società-modello di santità: la puntuale connessione tra sviluppo di un culto e gruppo di pressione, sia esso politico, familiare, corporativo. Vale la pena di ricordare il culto di santa Zita († 1278) a Lucca, promosso da una delle grandi dinastie del patriziato lucchese, i Fatinelli – la famiglia presso la quale la santa aveva servito come domestica –, una devozione che permette a Vauchez il paragone con quei culti dinastici cui dedica molta attenzione in altre parti del volume.[44]

Queste pagine di Vauchez si collegano – e ne confermano la validità di prospettive – a quelle ricerche che hanno individuato nel culto dei santi un approccio dei più interessanti per la storia politica, sociale e istituzionale delle città italiane a partire dall'altomedioevo – il riferimento è qui a A. Orselli –[45] e poi nel momento della fioritura comunale: e per questo vanno ricordate le ricerche di P. Golinelli e A. Benvenuti.[46]

43. Ivi, in particolare pp. 215 ss.

44. Ivi, in particolare pp. 209 ss.

45. A.M. Orselli, *L'idea e il culto del santo patrono cittadino nella letteratura latina cristiana*, Bologna 1965; Ead., *Spirito cittadino e temi politico-culturali nel culto di S. Petronio*, in *La coscienza cittadina nei comuni italiani del Duecento*, Todi 1972, pp. 285-343; Ead., *La città altomedioevale e il suo santo patrono: (ancora una volta) il campione pavese*, in «Rivista di storia della Chiesa in Italia», 32 (1978), pp. 1-69; Ead., *Aspetti di vita religiosa della città medievale italiana tra dimensione ecclesiastica e «cristianesimo civico»*, in «Annali dell'Istituto storico italo-germanico in Trento», 7 (1981), pp. 220-235 [vedi anche Ead., *Tempo, città e simbolo fra tardoantico e alto medioevo*, Ravenna 1984, *L'immaginario religioso nella città medievale*, Ravenna 1986].

46. Di P. Golinelli ricordo *Culto dei santi e vita cittadina a Reggio Emilia (secoli IX-XII)*, Modena 1980 (vedi la mia scheda in «Studi storici», 23/1 (1982), pp. 232-234), cui rinvio sia per altri suoi lavori sia per la ricca bibliografia sull'argomento. A. Benvenuti si può considerare la maggiore esperta di santità femminile di area toscana in età comunale. Ricordo in particolare il suo bel saggio su *Umiliana dei Cerchi. Nascita di un culto nella*

Nell'impatto tra spinte dal "basso" e controllo dall'"alto", troviamo in posizione centrale anche in Vauchez il miracolo. Un primo dato quantitativo: la progressiva riduzione della sua importanza nei processi di canonizzazione a favore degli aspetti biografici, della vita santa, delle virtù, dei doni spirituali. C'è poi l'elemento qualitativo: le osservazioni dei cardinali alle inchieste promosse a livello locale mettono in luce non "scetticismo" da parte della gerarchia, ma un atteggiamento influenzato precisamente dal loro ruolo ecclesiastico e sociale: «essi non credevano che ai "loro" miracoli, cioè a quelli compiuti da membri del gruppo cui appartenevano (ordine religioso, comunità ecclesiastica ecc.) o da personaggi nei quali si riconoscevano».[47]

Modello di santità, gruppi di pressione, funzione sociale del culto, sono ancora al centro dell'interesse di J.-M, Sallmann,[48] esempio di quella

Firenze del Dugento, in «Studi francescani», 77 (1980), pp. 87-117; e *Santità femminile nel territorio fiorentino e lucchese: considerazioni intorno al caso di Verdiana da Castelfiorentino*, in *Religiosità e società in Valdelsa nel Basso Medioevo*, Atti del convegno di S. Vivaldo (29 settembre 1979), Castelfiorentino 1980, pp. 113-144 [Ead., *«In castro penitentiae». Santità e società femminile nell'Italia medievale*, Roma 1990 (Italia Sacra, 45)]. Si veda anche il panorama d'insieme di A.I. Galletti, *I Francescani e il culto dei santi nell'Italia centrale*, in *Francescanesimo e vita religiosa dei laici nel '200*, Assisi 1981, pp. 313-363. Come è evidente tralascio deliberatamente tutta la storiografia relativa a san Francesco, che ha una dimensione che non coincide con l'ottica agiografica qui utilizzata. Vorrei fare solo poche eccezioni, ricordando: R. Manselli, *Agiografia francescana tra interpretazione teologica e religiosità popolare*, in *Agiografia dell'Occidente cristiano*, pp. 45-56; Id., *Nos qui cum eo fuimus*, Roma 1980; e ancora la messa a punto più recente della questione delle fonti francescane di E. Pasztor, *Le fonti biografiche di S. Francesco*, relazione presentata al convegno *Francesco d'Assisi nella storia* (Roma, Seraphicum, 29 settembre-2 ottobre 1981) [edito in *Francesco d'Assisi nella storia. Secoli XIII-XV*, Roma 1983, pp. 9-20]. Per la storiografia agiografica italiana, cfr. la rassegna di S. Spanò Martinelli, *Le ricerche agiografiche oggi in Italia: qualche riflessione in margine ad una recente pubblicazione*, in «Rivista di storia della Chiesa in Italia», 33 (1979), pp. 154-164.

47. Vauchez, *La sainteté en Occident*; in particolare pp. 559 ss.

48. In ordine cronologico: S. Gruzinski, J.-M. Sallmann, *Une source d'ethnohistoire: les Vies de «venerables» dans l'Italie méridionale et le Mexique baroques*, in «Mélanges de l'École française de Rome, Moyen Age-Temps Modernes», 88 (1976), pp. 789-822; J.-M. Sallmann, *Il santo e le rappresentazioni della santità. Problemi di metodo*, in *Religioni delle classi popolari*, pp. 584-602; Id., *Image et fonction du saint dans la région de Naples à la fin du XVIIe et au début du XVIIIe siècle*, in «Mélanges de l'École française de Rome, Moyen Age-Temps Modernes», 91 (1979), pp. 827-874; Id., *Les pouvoirs du corps du saint: représentation et utilisation (Naples XVIe-XVIIIe)*, relazione presentata al seminario organizzato presso l'École française de Rome nel maggio 1980 su *L'acquisition des*

convergenza, cui accennavo, di dimensione politica, sociale, istituzionale e dimensione antropologica e che dunque per il suo valore metodologico, pur fuoriuscendo dall'ambito medievale, non può essere qui ignorato. Le sue fonti sono ancora prevalentemente i processi di canonizzazione, relativi all'Italia meridionale e di età moderna, di epoca posteriore cioè a quelle riforme della fine del XVI e inizi del XVII secolo che hanno determinato una cristallizzazione più compiuta del modello e un distacco sempre più marcato tra santità canonizzata, riconosciuta sempre e soltanto da Roma, e la santità dei beati, tollerata, ma lasciata alle iniziative locali. Due i punti caratterizzanti della proposta interpretativa del Sallmann: uno riguarda il santo nella sua individualità biografica, l'altro la sua funzione sociale. Due aspetti naturalmente correlati e interagenti:

> Situare la condotta dell'individuo-santo in rapporto alle norme di comportamento sanzionate dalla società meridionale dell'epoca moderna, esige una doppia operazione: interrogarsi su come queste norme sono assimilate da ogni servo di Dio, e, in senso opposto, sull'immagine che la società si fa di quest'ultimo e che cosa si aspetta da lui.[49]

Il santo deve possedere un certo numero di qualità, ma soprattutto deve rompere con certe regole sociali; quello che dai testimoni viene percepito come manifestazione della santità non sono tanto i progressi spirituali o le virtù eroiche, quanto le manifestazioni più appariscenti di una vita di privazioni e di penitenze. Constatazione che induce il Sallmann – sollecitato dagli studi di etnopsichiatria del Devereux –[50] a individuare alcune analogie – per la verità prudenti – tra santo cristiano e sciamano: i quali

> possono guarire perché essi stessi hanno superato uno stato di crisi di ordine psichico e di ordine organico [...] Quando la credenza è penetrata nelle pieghe più recondite dell'inconscio, e ne emerge per farsi esperienza soggettiva, essa assume la sua finalità ultima, quella di controllare il comportamento degli individui anche e specialmente nei momenti di crisi esistenziale.[51]

pouvoirs charismatiques (cito dal testo dattiloscritto, distribuito nel corso del seminario) [Id., *Naples et ses saints à l'âge baroque (1540-1750)*, Paris 1994, trad. it., *Santità barocca. Modelli di santità, pratiche devozionali e comportamenti religiosi nel Regno di Napoli dal 1540 al 1750*, Lecce 1996].

49. Sallmann, *Il santo*, p. 595.

50. G. Devereux, *Essais d'Ethnopsychiatrie générale*, Paris 1970.

51. Sallmann, *Il santo*, pp. 595 ss. (cit. pp. 599-600).

La suggestione rischia così di trasformarsi in chiave interpretativa del fenomeno nel suo complesso: la santità come gestione individuale e sociale della devianza; una chiave riduttiva rispetto alla ricchezza e varietà del fenomeno e alla complessiva valenza sociale.

Delle funzioni del santo il Sallmann individua in primo luogo il mantenimento dell'equilibrio della comunità quando questa è minacciata nel suo insieme o in uno dei suoi membri: dal dominio sulla natura, alle funzioni di pacificatore, di profeta, di chiaroveggente.[52] Tutto questo è attribuito al santo in quanto inserito in un ordine sociale: la lista di santi e beati per il periodo tra il 1550 e il 1650 gli consente di parlare di un «investimento aristocratico sulla santità» sia attraverso gli ordini tradizionali come i Mendicanti, sia soprattutto attraverso le nuove congregazioni, Gesuiti, Teatini, Chierici Regolari o Pii Operarii, certo risultato del controllo demografico che spinge donne e cadetti a entrare negli ordini religiosi, ma anche «segno di un nuovo comportamento aristocratico provocato dal fatto che l'alta nobiltà viene sradicata dalla provincia e concentrata a Napoli, nel XVI secolo, sotto il controllo dei Viceré». Dunque una "rifeudalizzazione" anche in campo religioso, parallela alla rifeudalizzazione delle strutture economiche e politiche. Questo non esclude la compresenza di una santità borghese da collegare con l'emergere di queste classi alla fine del XVII e nel corso del XVIII secolo. Di qui l'interesse a individuare i gruppi di pressione che sostengono e si scontrano per la canonizzazione dei "loro" candidati.[53]

Sallmann non evita l'interrogativo di fondo: la venerazione di un santo è legata a un fenomeno di religione popolare? Le testimonianze parlano chiaro sull'ambiente in cui i santi vivono e sulle categorie che godono dei loro favori: se durante la vita sono l'aristocrazia, la borghesia commerciale, e quella delle professioni liberali, dunque la vetta della piramide sociale, dopo la morte inizia un'evoluzione: il corpo del santo diventa "di dominio pubblico". L'analisi sulla funzione delle reliquie, collegata alla già ricordata interpretazione del Michalowski per l'altomedioevo, conferma le molte valenze di questo culto e lo sottrae definitivamente a un'indistinta storia della mentalità. I poteri soprannaturali attribuiti al corpo santo, il legame tra il personaggio e la comunità che trae i massimi vantaggi dalla sua efficacia taumaturgica e dal suo prestigio evidenziano come, contrariamente al carattere sovversivo dell'ordine sociale dei poteri carismatici nei

52. Ivi, p. 593.
53. Ivi, pp. 590-591.

movimenti messianici e profetici, nel cattolicesimo dell'epoca moderna la santità non solo non ha una valenza sovversiva, ma al contrario tende al «rafforzamento del prestigio e alla giustificazione del ruolo egemonico delle classi dominanti».[54] Questa interpretazione trova conferma nel quadro d'insieme delineato per l'Italia centrosettentrionale del Cinquecento da A. Prosperi: al momento dell'affievolirsi del culto del patrono, contemporaneo alla crisi dell'ordinamento politico cittadino, i principi «tentarono di avviare nuove devozioni a loro favore», che assunsero necessariamente un carattere dinastico, e cercarono di

> sfruttare il riflesso carismatico di creature miracolose: alcuni intrattennero rapporti con donne pubblicamente note per santità di costumi e doti profetiche, altri ripescarono dalla tradizione familiare quelle figure che meglio potevano assumersi il carico di una santità protettiva e taumaturgica in tempi di guerre e calamità naturali,

figure «cui rivolgere le speranze di patronato dei sudditi».[55]

Dal basso all'alto (Vauchez), dall'alto al basso (Sallmann): non si tratta tanto di scegliere tra le due impostazioni quanto cercare anche altre vie per cogliere meglio interazioni e funzioni. Credo che proprio la scelta del "santo" e in particolare del "santo nuovo" come campo esclusivo di indagine, limiti la prospettiva: solo infatti studiando sostituzioni, compresenze, rivalità, diversità di funzioni si può meglio inserire e spiegare questo fenomeno nella storia della società e della cultura.

Di grande interesse appare, nella presentazione fattane da J.-Cl. Schmitt,[56] la giornata di studio sul «testo agiografico nella cultura popolare» (Parigi, 1979):

> parlando per comodità di cultura popolare, l'intenzione non è di conferire ad essa uno statuto autonomo, che sarebbe pura illusione: il vero problema non è isolare la cultura popolare ma [...] considerare i modi e le forme diverse della tradizione delle leggende agiografiche in relazione con i dislivelli, le funzioni, le strutture della società e dei suoi cambiamenti nella storia. Non c'è una

54. Questa analisi delle reliquie è svolta soprattutto in *Les pouvoirs du corps du saint*.

55. Prosperi, *Intellettuali*, pp. 173-174. Per le sante «vive» importante la ricerca di G. Zarri, *Pietà e profezia alle corti padane. Le pie consigliere dei principi*, in *Il Rinascimento nelle corti padane. Società e cultura*, Bari 1977, pp. 201 ss. [Ead., *Sante vive. Profezie di corte e devozione femminile tra '400 e '500*, Torino 1990 (Sacro/Santo, 3)].

56. *Le Texte hagiographique dans la culture populaire*, Journée d'étude à Paris du 14 décembre 1979, in «Ethnologie française», 10 (1980), pp. 380-384.

cultura popolare identica a se stessa attraverso i secoli, ma uno spostamento costante delle linee di divisione sociale e culturale, una modificazione permanente dei modi di dominazione come dei modi di resistenza o di consenso a questa dominazione.[57]

Ugualmente significativo il voluto allargamento del senso di "testo" agiografico, che abbraccia non solo lo scritto – la cultura folklorica può al limite prescindere completamente nel culto da ogni conoscenza di dati sul santo o contentarsi di indicazioni furtive, contradditorie, mutevoli – ma anche le tradizioni orali, musicali, iconografiche e soprattutto gestuali con una particolare sottolineatura dell'importanza nella cultura popolare del "linguaggio del corpo" (corpo del fedele con le sue sofferenze, i suoi modi di espressione, i suoi desideri, come di quello del santo). Questa proposta che potrà essere meglio valutata quando usciranno gli atti, nasce da una impostazione storiografica che ha già dato interessanti risultati.[58]

Proprio Schmitt, l'autore della migliore messa a punto su religione popolare e cultura folklorica nel medioevo,[59] ha non solo confermato con un'analisi esemplare la relazione indissolubile tra cultura folklorica e cultura dotta in termini di circolarità e di scambio, come pure di rapporto di forze,[60] ma ha anche analizzato lo scontro di classi e culture diverse nella storia di un culto "anomalo" utilizzando con decisione l'approccio antropologico.[61] Si tratta di un *exemplum*, contenuto in una raccolta del domenicano Stefano di Borbone (†1261), desunto dall'esperienza stessa del predicatore-autore: la scoperta di un culto reso alle reliquie di un cane levriero ucciso ingiustamente dai nobili padroni come colpevole della morte del loro bambino, che invece aveva salvato dal morso di un serpente, e pertanto venerato come martire guaritore di

57. Una «curiosità» riferita come esempio delle contraddizioni tra tesi storiografiche e prassi pastorale: colui che per anni fu incaricato di riconoscere i «veri» santi della diocesi di Tolosa e di eliminare quelli non autentici fu proprio il canonico E. Delaruelle, storico «ufficiale» della pietà popolare.

58. [Gli atti sono stati editi in *Les saints et les stars. Le texte hagiographique dans la culture populaire*, a cura di J.-Cl. Schmitt, Parigi 1983].

59. J.-Cl. Schmitt, *Religion populaire et culture folklorique*, in «Annales E.S.C.», 31 (1976), pp. 941-953.

60. J.-Cl. Schmitt, *La parola addomesticata. San Domenico, il gatto e le donne di Fanjeaux*, in *Religioni delle classi popolari*, pp. 416-439. Una conferma di questa circolarità e delle trasformazioni dei miti nella ricerca di M. Bertolotti, *Le ossa e la pelle dei buoi: un mito popolare tra agiografia e stregoneria*, ivi, pp. 470-499.

61. J.-Cl. Schmitt, *Le saint lévrier: Guinefort, guérisseur d'enfants depuis le XIII siècle*, Paris 1979 (Bibliothèque d'ethnologie historique).

bambini. Distrutto il castello "per volontà divina" e ridotta la terra a deserto, abbandonata dagli abitanti, i contadini, udita la storia, cominceranno a venerare il cane come martire, a pregarlo per le proprie infermità e i propri bisogni e in particolare a portare presso la sua tomba i bambini deboli o malati. Di fronte a un testo di questo genere lo Schmitt denuncia giustamente l'insufficienza dei metodi tradizionali – la storia medioevale poco familiarizzata con la tradizione orale; la storia letteraria troppo attaccata ai caratteri formali o estetici della narrazione; la storia religiosa troppo portata a considerare la "religione popolare" come un riflesso deviante e irrazionale della religione delle *élites;* ai folkloristi è mancata spesso la dimensione storica – e rivendica un rinnovamento di problematiche e metodi con il confronto tra storia e antropologia. Dalle molteplici vie di analisi percorse risulta un'ipotesi interpretativa il cui cardine è costituito dalla trasformazione diacronica dello statuto del levriero e dei caratteri del paesaggio. La distruzione del *castrum,* abitazione del *miles*, rappresentante della classe dominante, l'abbandono del luogo abitato o villaggio fortificato, la sua nuova utilizzazione come spazio religioso, visitato dai *rustici*, i dominati, gli consentono di collocare la genesi del culto all'epoca dei mutamenti avvenuti nelle campagne dell'Occidente medievale e della regione di Lione in particolare, e al contemporaneo affermarsi di una cultura folklorica contadina, i cui elementi portanti sono le donne, detentrici del potere medico e rituale e custodi gelose della tradizione orale. Un esempio dunque questo dei più interessanti di decodificazione di un testo colto, non solo per la ricostruzione di un rito gestito dalle classi subalterne, ma per l'individuazione dello scontro sociale e culturale ad esso sotteso e per coglierne il ruolo nelle trasformazioni di lunga durata: malgrado il tentativo di distruzione da parte dell'inquisitore domenicano, la sua persistenza si può constatare fino alla fine del secolo XIX, al momento del grande sviluppo industriale che coinvolge anche le campagne.

Sacralità del luogo, identificazione del corpo santo con il luogo sacro, centralità della tomba come casa del corpo santo e centralità del corpo malato che a contatto con il corpo del santo troverà la guarigione, il miracolo come incontro fisico tra due persone, sono al centro di una ricerca che Odile Redon e Jacques Gélis hanno condotto in un seminario all'Université di Paris VIII.[62] Ma nella diacronia, che costituisce certamente l'asse portante di ricerche come queste, si individuano mutamenti e articolazio-

62. Paris, 1981 [Gli atti sono stati editi in *Les miracles miroirs du corps*, a cura di J. Gélis e O. Redon, Paris 1983].

ni significative. Il tema antico dell'innesto miracoloso compiuto dai santi Cosma e Damiano è studiato nelle sue rappresentazioni iconografiche del Quattrocento; la ricerca sui miracoli di san Marziale a Limoges, condotta sulla base di una raccolta del Seicento, propone un confronto tra modi e tipi dall'XI al XVII secolo; l'ambiente artigiano di Parigi e dintorni è studiato per gli ultimi anni del Duecento attraverso i miracoli di san Luigi e nel Settecento attraverso i miracoli dei circoli giansenisti: si percepisce cosi, nel tempo, la relazione della persona malata con le istituzioni mediche ed ecclesiastiche: il corpo dell'uomo e della donna, nella sua angoscia di immobilità e di morte, diventa l'*enjeu* del potere.

Sono gli stessi temi presenti nella ricerca di Jacques Gélis sui santuari «a répit»,[63] quelli cioè "specializzati" nella resurrezione dei bambini appena nati, riportati in vita solo per il tempo necessario a ricevere il battesimo per poi essere seppelliti in terra consacrata. Il fenomeno affonda con ogni probabilità le sue origini in credenze ancestrali – l'anima errante, la sepoltura in terra profana e soprattutto il legame tra la vita e la morte – come prova la frequentazione del luogo da parte di donne sterili e di giovani in cerca di marito o di donne incinte per propiziarsi un buon parto: la ricerca della fecondità, del principio vitale come obiettivo comune a queste pratiche è confermato dalla presenza nelle vicinanze dei santuari di un pozzo, una fonte, una grotta. Gélis è attento a descrivere il rito: luogo sacro, trasporto, contatto fisico diretto tra corpo morto e pietra dell'altare, dominato dalla statua della Vergine o di un santo, tempo dell'esposizione, segni della vita, cioè il miracolo, infine la nuova morte definitiva, la sepoltura, gli *ex voto* a testimonianza. Un rito dunque di lunga durata, ma sul quale non manca l'incidenza storicamente determinabile dell'atteggiamento ambiguo della Chiesa, repressivo nella teoria, più tollerante nella prassi, fino a una sorta di adattamento e al progressivo affermarsi di un "populismo religioso" alla metà del secolo XIX in coincidenza con un affievolimento della pratica religiosa in una società in trasformazione, sempre più volta all'urbanizzazione e all'industrializzazione.

I mutamenti delle pratiche religiose in relazione a profonde trasformazioni sociali e politiche sono ormai un oggetto sempre più coltivato e che nel caso di Thompson ha portato a un nuovo modo di fare storia della società.[64] Sarebbe invece fuorviante anzi pericoloso imboccare una

63. J. Gélis, *De la mort à la vie. Les «sanctuaires à répit»*, in «Ethnologie française», XI/3 (1981), pp. 211-224.

64. E.P. Thompson, *Società patrizia cultura plebea*, Torino 1981.

via che torni a privilegiare una identificazione di "popolare" e "religioso" – entrambi appartenenti alla "lunga durata" – e individui nel permanere di pratiche religiose solo il tentativo – talvolta estremo – di certe classi di non farsi espropriare della propria individualità culturale: un modo appunto di condannare queste classi a un'eterna subalternità.[65] Santi, reliquie, santuari, pellegrinaggi, miracoli sono fenomeni influenzati nel breve come nel lungo periodo dai fatti strutturali e dunque dalle dinamiche economiche e sociali, da esigenze politiche ed ecclesiastiche, dai grandi mutamenti culturali. Ha ragione Wirth quando nel suo volume su Lutero osserva:

> Lo choc tra la civiltà industriale e culture tradizionali crea nel mondo recente fenomeni d'acculturazione. Ma sarebbe inappropriato parlare di riforme più o meno acculturanti per definire i rapporti tra Lutero, Zwingli e le popolazioni [...] I contadini non sono una popolazione isolata dal resto del mondo da una profonda foresta e non crediamo che vivano in una «civiltà materiale» e in un «tempo lungo», che li metterebbe al riparo dalle agitazioni degli avvenimenti. Tutto sommato sono soprattutto loro che si agitano. Non esistono dunque che nell'interazione con il resto della società.[66]

65. Sono i pericoli insiti, ad esempio, nella prospettiva di A. Di Nola, *Gli aspetti magico-religiosi di una cultura subalterna italiana*, Torino 1976; e di F. Cardini, *La «cultura folklorica». Alcune considerazioni*, in *Fonte Avellana nella società dei secoli XIII e XIV*, Fonte Avellana 1979, pp. 235-323.

66. J. Wirth, *Luther. Étude d'histoire religieuse*, Genève 1981, p. 38; dello stesso autore va ricordata la bella ricerca: *Sainte Anne est une sorcière*, in «Bibliothèque d'Humanisme et Renaissance», 40 (1978), pp. 449-480.

3. Dislivelli culturali e mediazioni ecclesiastiche: i *Dialogi* di Gregorio Magno

1. Dialogi *e religione popolare*

I *Dialogi* di Gregorio Magno sono rimasti per lungo tempo oggetto di un giudizio fortemente limitativo come raccolta di storie ingenue, indulgente concessione alla mentalità popolare.[1] Ora, se si può dare ormai come definitivamente acquisita la dimensione colta dell'opera, molta incertezza permane quanto al rapporto tra i *Dialogi* e la cosiddetta religione popolare.

Difficoltà e incertezze di interpretazione vanno messe in relazione in primo luogo con l'ambiguità del concetto stesso di religione popolare,[2] e in secondo luogo con la complessità costitutiva del culto dei santi, evidente punto di incontro e scontro tra la religione cristiana e modi di pensare e sentire precristiani e folklorici (basta pensare alle reliquie e ai miracoli), in cui la teologia del soprannaturale cristiano si confronta con credenze religiose legate a modi di vita particolarmente condizionati da uno stretto

1. Cfr. S. Boesch Gajano, *Gregorio Magno. Alle origini del Medioevo*, Roma 2004, parte seconda, *Un testo famoso e una storia controversa*, pp. 151-159.

2. Cfr. J.-Cl. Schmitt, *«Religion populaire» et culture folklorique*, in «Annales E.S.C.», 31 (1976), pp. 941-953; trad. italiana «Religione popolare» e cultura folklorica, in «Ricerche di storia sociale e religiosa», 6, 11 (1977), pp. 9-27; e in particolare per il basso medioevo le precisazioni di A. Vauchez, *Conclusion*, in *La religion populaire en Languedoc du XIII*e *siècle à la moitié du XIV*e *siècle*, Toulouse 1976 (Cahiers de Fanjeaux, 11), pp. 429-444. Per il rapporto tra cultura delle classi egemoni e quella delle classi subalterne nel medioevo rimangono fondamentali i saggi di J. Le Goff, raccolti in Id., *Tempo della Chiesa e tempo del mercante*, Torino 1977. Momento centrale dal punto di vista del metodo C. Ginzburg, *Il formaggio e i vermi*, Torino 1976, e ora Id., *Storia notturna. Una decifrazione del sabba*, Torino 1989.

rapporto con la natura, da bisogni economici, da insicurezza.[3] Di qui la necessità di riverificare di volta in volta nella produzione agiografica i dislivelli culturali e le mediazioni operate dal clero, tenendo ben presenti le diversità tra agiografia maggiore, connessa per committenza, produzione e fruizione con i vertici della cultura ecclesiastica, e agiografia minore, nella cui produzione si possono forse individuare cultura ed esigenze di quel clero che si colloca anche socialmente a livelli intermedi tra l'alta gerarchia e la massa dei fedeli.[4]

Il mio interesse per i *Dialogi* è nato proprio dall'ipotesi che per la sua stessa complessità, per i suoi elementi apparentemente contraddittori, l'opera possa costituire un campo privilegiato di indagine per questi temi. La novità e la specificità della proposta agiografica (caratterizzazione dei santi, concezione e utilizzazione del miracolo, rapporto con il culto dei martiri e con la produzione ad esso legata) e la relazione tra la tipologia dei miracoli e gli argomenti dottrinali rendono evidente la dimensione pastorale dell'opera, la consapevolezza dell'operazione religiosa ed ecclesiastica compiuta, lo sforzo – anche esplicito – di mediazione culturale.[5] Qui mi propongo in primo luogo di individuare i dislivelli sociali e culturali presenti nell'opera (santi, testimoni, pubblico, fruitori dei miracoli, emarginati), cogliendo l'atteggiamento di Gregorio nei confronti di ceti, gruppi etnici e sociali diversi dal suo; in secondo luogo, sulla base di queste analisi, di ipotizzare i destinatari dell'opera stessa. Tutto questo con due finalità: fare uscire dal generico il concetto di "popolare" tanto spesso utilizzato per i *Dialogi*, e capire se e quanto l'opera possa essere considerata fonte per la religione e la cultura delle classi subalterne.

3. Per l'altomedioevo l'opera fondamentale rimane quella di F. Graus, *Volk, Herrscher und Heiliger im Reich der Merowinger. Studien zur Hagiographie der Merowingerzeit*, Praha 1965; per altri lavori rinvio alla bibliografia di *Agiografia altomedioevale*, a cura di S. Boesch Gajano, Bologna 1976, pp. 269 ss. Senza ricordare tutti i lavori etnoantropologici che possono contribuire a mettere in luce quanto dico (in particolare il capolavoro di E. De Martino, *La terra del rimorso. Contributo a una storia religiosa del Sud*, Milano 1976[3]), ricordo due contributi specifici che hanno segnato anche la riflessione storiografica: A. Rossi, *Le feste dei poveri*, Bari 1971[2]; A.M. Di Nola, *Gli aspetti magico-religiosi di una cultura subalterna italiana*, Torino 1976. Mi permetto ora di rinviare a S. Boesch Gajano, *Il culto dei santi*, in questo volume alle pp. 71-91; Ead., *Uso e abuso del miracolo*, in questo volume alle pp. 111-124; Ead., *La santità*, Roma-Bari 1999 (Biblioteca Essenziale Laterza, 20).

4. Si veda anche la mia *Introduzione* a *Agiografia altomedioevale*.

5. Si veda Boesch Gajano, *Gregorio Magno*, parte seconda, capitolo II, *La proposta agiografica*, pp. 187-230 e capitolo III, *Narratio e expositio*, pp. 231-252.

2. *Mediatori e fruitori*

La selezione sociale ed ecclesiastica operata dall'autore è stata precedentemente illustrata. Si può qui richiamare l'importanza della appartenenza dei santi a un ambiente più elevato economicamente, socialmente, culturalmente rispetto a quello della massa dei fedeli.[6]

La mediazione fra il santo e l'autore dell'opera si attua attraverso testimoni, alla cui identità e attendibilità Gregorio presta una costante attenzione. Solo in minima parte i fatti narrati sono infatti conosciuti attraverso un'esperienza diretta: si tratta di alcuni episodi avvenuti a Roma, più in particolare nel suo monastero.[7] Per tutti gli altri, salvo pochissime eccezioni,[8] l'autore cita puntualmente le sue fonti di informazione per togliere, come dice nel prologo,[9] ogni occasione di dubbio ai lettori circa la veridicità della narrazione: si tratta dunque di un mezzo per legittimare quanto narra, anzi lo strumento principale per sussumere il fatto e riproporlo trasformato in un credibile racconto agiografico.

Ricordo rapidamente la tipologia dei testimoni.[10] Tra questi un pontefice;[11] quindici gli episodi per cui si ha la testimonianza di un vescovo.[12] Al mondo ecclesiastico appartengono ancora preti e chierici,[13] ma largamente prevalen-

6. Per un'analisi dettagliata cfr. Boesch Gajano, *Gregorio Magno*, parte seconda, capitolo II, *La proposta agiografica*, pp. 187-230. Cfr. anche A. de Vogüé, *Introduction* a Grégoire le Grand, *Dialogues*, 3 voll., a cura di A. de Vogüé, traduzione di P. Antin, Paris 1978-1980, vol. I, pp. 37 ss. (SC, 251).

7. Per i *Dialogi*, salvo quando diversamente indicato, si fa riferimento a Gregorio Magno, *Dialoghi / Dialogi*, introduzione di B. Calati, traduzione e note delle Suore Benedettine Isola San Giorgio, note e indici a cura di A. Stendardi, Roma 2000 (riproduce il testo latino dei *Dialogues*): III, 33, 7-10; IV, 40, 2-5; IV, 49, 2-7; IV, 57, 8-16.

8. I, 6, 1-2; I, 8, 1-4; III, 32, 1; III, 36, 1; IV, 19, 2-3; IV, 24, 1; IV, 27, 2-3; IV, 58, 1-2. Come si vede, soprattutto nel libro quarto. Per episodi di ambiente romano, cfr. Boesch Gajano, *Gregorio Magno*, parte seconda, capitolo II, 1, *I nuovi santi*, pp. 187-194.

9. I, *Prol.*, 10: «però, per togliere ai lettori ogni motivo di dubbio, mi prefiggo di indicare di volta in volta le fonti cui ho attinto dal vivo gli episodi che narro» («sed ut dubitationis occasionem legentibus subtraham, per singula quae describo, quibus mihi haec auctoribus sint conperta manifesto»).

10. Tutte le categorie di informatori sono passate in rassegna in Boesch Gajano, *Gregorio Magno*, parte seconda, capitolo II, *La proposta agiografica*, note 118-121; si richiameranno comunque qui i riferimenti testuali.

11. III, 16, 1 (Pelagio II).

12. I, 4, 9; I, 5, 1; I, 7, 1; III, 9, 1; III, 10, 1; III, 11, 4; III, 13, 1; III, 32, 3; III, 35, 1; III, 38, 1; IV, 27, 6; IV, 33, 1; IV, 53, 1; IV, 55, 1; IV, 57, 3.

13. I, 9, 1; I, 9, 15; III, 12, 2; III, 15, 1; III, 17, 1; IV, 16, 1; IV, 40, 10; IV, 32, 3.

ti i testimoni di ambiente monastico: tra questi soprattutto abati o preposti,[14] ma anche monaci o *religiosi viri*.[15] Rari i laici e, salvo poche eccezioni,[16] personaggi di grande rilievo sociale e politico:[17] per tutti si danno assicurazioni particolari sulla loro attendibilità.[18]

Si può parlare allora di una indubbia selezione anche per quanto riguarda i testimoni. Pur facendo riferimento a una tradizione diffusa, Gregorio presenta il suo materiale già mediato attraverso persone che non si identificano con il popolo, e che anzi vengono distinte da testimoni generici: nel racconto del miracolo avvenuto a Roma nella chiesa di Sant'Agata, riconsacrata nella fede cattolica con il trasporto di reliquie, si precisa che «dei fatti [...] uno è noto al popolo; gli altri hanno invece come testimoni un sacerdote ed i custodi della chiesa».[19] Due livelli dunque di testimonian-

14. I, 3, 1; I, 3, 5; I, 4, 20; I, 4, 21; I, 10, 20; quattro sono i testimoni per Benedetto citati all'inizio del libro secondo (II, *Prol*., 2), e per tutti Gregorio precisa la qualifica; queste le fonti predilette, direi ufficiali (solo per due episodi ricorre a testimonianze diverse: II, 26; II, 27, 1). E ancora III, 14, 1; III, 22, 1; III, 33, 1; IV, 12, 1; IV, 13, 1; IV, 18, 1; IV, 20, 1; IV, 22, 1; IV, 36, 1.

15. Tra i monaci nominati: III, 14, 1; III, 18, 1; IV, 16, 4; IV, 27, 9-10; IV, 37, 3; IV, 40, 7. *Religiosi viri*, al singolare o al plurale, senza altra precisazione: I, 1, 4; III, 1, 10; III, 5, 1; III, 8, 1; III, 16, 1; III, 23, 1; IV, 10; IV, 23, 1; IV, 59, 2; *quidam nostri* sono citati a I, 5, 1; *seniores nostri* III, *Prol*.; III, 25, 1 e *nostrorum multi* III, 26, 1. Dalla testimonianza di *personae graves et fideles* – che sembrano da identificare con le altre monache (IV, 14, 5) –, ha saputo quanto narra di Galla (IV, 14, 1).

16. IV, 28, 5; IV, 56, 1: si tratta di un gruppo di operai che, lavorando al sepolcro di Teofane, hanno sentito il profumo che ne emanava, e di un gruppo di tintori.

17. Giuliano, *defensor* della Chiesa romana (I, 10, 1, ricordato anche a IV, 31, 1); Aptonio, *inlustris vir* (II, 26); Giovanni, prefetto di Roma (III, 10, 1; IV, 54, 1); Giovanni, tribuno (III, 19, 1).

18. Tra i molti esempi: IV, 32, 1; IV, 37, 5; IV, 37, 7-8; I, 10, 11. Testimonianze più generiche non mancano, ma sono chiamate in causa in genere per chiarire che quanto narra la fonte più qualificata è largamente noto (ad esempio I, 4, 9; III, 9, 2); fa dunque eccezione l'assunzione a testimoni di un gruppo o di una moltitudine non ben definita (ad esempio III, 15, 18; III, 24, 1; III, 31, 1; IV, 36, 7; IV, 42, 1). Inesatte le osservazioni di U. Moricca, *Prefazione* a Gregorius Magnus, *Dialogorum libri quattuor*, Roma 1924 (Fonti per la storia d'Italia, 57), p. XXXII, che parla di esperienza personale di Gregorio e di una non meglio precisata «tradizione orale», accusando anzi l'autore di attingere alla viva voce del popolo, senza preoccuparsi dell'attendibilità delle notizie. Dei testimoni come di «personnages distingués» parla invece de Vogüé, *Introduction* a *Dialogues*, pp. 43-44.

19. III, 30, 1 («aliud populus agnovit, alia autem sacerdos et custodes ecclesiae se audisse, se vidisse testantur»). L'espressione va interpretata anche alla luce del racconto: la prima parte (la fuoriuscita del maligno sotto forma di porco) della miracolosa riconsacrazione sembra essere stata per tutti; non si precisa poi chi udì il suono nella notte, prova che

za, cui si può aggiungere, in questo caso, quella dell'autore, presente alla funzione del primo giorno.

Se i testimoni sono selezionati secondo un criterio di attendibilità e di dignità spirituale e sociale, il miracolo viene presentato come un momento largamente pubblico,[20] pur non mancando miracoli caratterizzati da un rapporto esclusivo – o quasi – tra santo e persona (o cosa) oggetto del miracolo,[21] e altri avvenuti in ambito relativamente ristretto, ad esempio una comunità monastica.[22] Ma questo pubblico è coinvolto nel fatto miracoloso solo in quanto incide sulla vita materiale o è capace di suscitare meraviglia, mentre rimane estraneo alla dimensione morale, dottrinale e spirituale cui Gregorio riconduce continuamente le manifestazioni esterne della santità.

Tra i fruitori, beneficiari o vittime della *virtus*, alcuni gruppi ben definiti: in primo luogo i barbari, Goti e Longobardi, con una breve apparizione dei Franchi,[23] realtà minacciosa contro cui i santi sono spesso chiamati a intervenire. Ma netta la diversità nella presentazione dei due popoli. I Goti sono certo perfidi e crudeli, il loro re Totila è anzi il *rex crudelissimus* per antonomasia, eppure finiscono per essere inseriti e coinvolti spesso fino al ravvedimento in quella stessa realtà religiosa che cercano di distruggere o ridicolizzare. Se in alcuni casi appaiono già spontaneamente curiosi della santità e delle sue manifestazioni,[24] non c'è episodio che non si concluda con la loro devota sottomissione all'uomo che volevano perseguitare,

il diavolo era stato costretto a uscire dalla chiesa; infine, quando pochi giorni dopo una nube avvolge l'altare e un profumo soave si sprigiona nella chiesa i testimoni sembrano di nuovo pochi e un solo custode ritrova accese le luci che aveva spento.

20. Gregorio giustifica ad esempio il miracolo interiore di Paolino di Nola, non per questo meno degno del nome di miracolo (III, 1, 1-8).

21. Ad esempio, I, 2, 5-7; I, 7, 3; III, 15, 11-12; III, 17, 1-5, e le visioni spesso riguardano il solo protagonista: I, 4, 1; III, 38, 2-3; IV, 31, 3; IV, 37, 3-4; IV, 37, 7-13; IV, 49, 2-3 e 6; IV, 54, 2.

22. I, 7, 2, e 5-6; I, 11; la massima parte di quelli del libro secondo; e anche III, 23, 2-4; III, 24, 1-2; IV, 11, 1-3; IV, 11, 4; IV, 14, 1-5; IV, 16, 1-7; IV, 27, 4-5 e 6-8; IV, 57, 8-16. Gli episodi a dimensione più corale sono in maggioranza quelli dei libri primo e terzo; ma anche se i miracoli di Benedetto avvengono all'interno della comunità, la fama è sempre proiettata all'esterno. Non stupisce che sia meno consueta la presenza di massa di un pubblico indifferenziato nei miracoli del libro quarto, miracoli di natura più spirituale che si collegano con gli argomenti dottrinali a carattere più complesso e impegnativo trattati nell'ultimo libro (cfr. Boesch Gajano, *Gregorio Magno*, parte seconda, capitolo III, *Narratio e expositio*, pp. 231-252).

23. I, 2, 4.

24. II, 14, 1-2; III, 5, 1-2 (Totila); I, 9, 14.

schernire o ingannare: i soldati del conte Darida, impossibilitati a passare il fiume dopo avere rubato il cavallo al santo abate Libertino, si pentono della colpa commessa, tornano a restituire il maltolto e sono ricompensati con una facile traversata.[25] I Goti che hanno rapito i due fanciulli sono indotti da un incidente non solo a restituirli, ma anche a riconoscere la santità del vescovo Fortunato, ottenendo in cambio la guarigione.[26] E quelli inviati dal re per mettere alla prova Benedetto e trarlo in inganno, smascherati dal santo, si prosternano a terra e, colpiti dalla sua santità, non osano avvicinarsi a lui.[27] Zalla, vedendo miracolosamente sciolti da Benedetto i lacci del contadino da lui preso e torturato, atterrito di fronte a tanto potere, si prostra a terra e si affida alla preghiera del santo, che lo benedice e lo ammonisce ad abbandonare la sua folle crudeltà.[28] E ancora Totila, violentemente rimproverato da Benedetto per le sue azioni, invitato a desistere dalla sua malvagità, edotto del suo futuro, da quel momento *minus crudelis fuit*.[29] Infine la testimonianza più chiara dell'avvicinamento dei Goti al mondo religioso descritto da Gregorio: quel *gotus quidam pauper spiritu* che, venuto *ad conversationem*, è accolto con gran gioia da Benedetto, che gli dimostrerà ancora particolare benevolenza ritrovando miracolosamente il falcetto caduto nel lago.[30]

I Longobardi appaiono invece completamente estranei al mondo descritto da Gregorio. Il miracolo li spaventa, li allontana, impedisce loro di nuocere, ma non ha, salvo in un caso,[31] un effetto positivo su di loro, non li induce alla moderazione, al pentimento, alla venerazione: spiritualmente insensibili alla santità ne subiscono solo la *virtus* punitiva. Esemplari della diversa connotazione delle due popolazioni gli episodi che hanno per protagonista Cerbonio, vescovo di Populonia. Se la santità del vescovo, riconosciuta persino dalla belva che doveva ucciderlo, induce i Goti e Totila in primo luogo alla reverenza; l'unica funzione del santo nei confronti dei Longobardi è quella di proteggere i suoi chierici dalla loro malvagità.[32]

25. I, 2, 2-3.
26. I, 10, 12-15.
27. II, 14, 1-2.
28. II, 31, 1-3.
29. II, 15, 1-2.
30. II, 6, 1-2.
31. III, 37, 2-3, 10-17.
32. III, 11, 1-3 e 4-6. Il santo vescovo si era raccomandato con i chierici di riprendere subito il mare, dopo avere seppellito il suo corpo, prevedendo appunto l'arrivo dei Longobardi.

Ancora, quando i monaci, rifugiatisi all'arrivo dei barbari presso il sepolcro di Equizio, minacciati di morte, invocano il nome del santo, i Longobardi sono invasi dal demonio, perché non osino più turbare il luogo sacro: non indotti a reverenza, ma solo a terrore.[33] E il vescovo ariano che ha tentato di forzare le porte della chiesa cattolica di Spoleto, rimane colpito da cecità, senza che appaia nel racconto né pentimento, né conversione, ma solo la punizione e l'ammonimento terribile.[34] Non solo ariani, ma anche rozzi pagani, i Longobardi mietono molte vittime tra coloro che rifiutano di mangiare carni immolate o di adorare il diavolo: una presentazione tutta cristianizzata di uno scontro in cui l'estraneità religiosa è solo l'aspetto esteriore di una più profonda estraneità etnica e culturale.[35]

La lontananza nel tempo, la sconfitta, la dissoluzione politico-militare e la progressiva assimilazione degli elementi residui tra le popolazioni italiche può spiegare l'immagine che dei Goti ci offre Gregorio, in cui la stessa crudeltà insistentemente attribuita a Totila si può fare risalire all'odio che il ceto dei grandi proprietari aveva concepito e tramandato nei confronti di chi aveva tentato di minare alla base la loro ricchezza, facendo leva sui servi della gleba. Ma i Longobardi sono una minaccia attuale, incombente, un nemico che si sta stanziando in Italia, rompendo con ben maggiore violenza di quanto non avesse fatto Totila, in quest'ultimo disperato tentativo di sopravvivenza, l'equilibrio sociale, economico e politico dell'Italia:[36] di qui la loro immagine di popolo rozzo e crudele, un popolo la cui venuta può essere utilizzata come segno premonitore della fine dei tempi.[37] L'analisi dei *Dialogi* conferma puntualmente quanto Ottorino Bertolini ha dimostrato in un saggio esemplare attraverso l'analisi dell'epistolario: i Longobardi rappresentano per il pontefice un problema politico, militare, diplomatico, non un problema religioso.[38]

33. I, 4, 21. Si possono ancora ricordare: II, 17, 2; III, 26, 2; IV, 22, 1-2; IV, 23, 1-2; IV, 24, 1.

34. III, 29, 2-4.

35. III, 27 e III, 28, 1.

36. Sulla dominazione gotica e quella longobarda si vedano le belle pagine di G. Tabacco, *La storia politica e sociale*, in *Storia d'Italia Einaudi*, II, *Dalla caduta dell'Impero romano al secolo XVIII*, 1, Torino 1974, pp. 3-427.

37. III, 38, 2-3. Analizzo il passo in relazione all'escatologia di Gregorio in Boesch Gajano, *Gregorio Magno*, parte seconda, capitolo III, *Narratio e expositio*, nota 95 e contesto.

38. O. Bertolini, *I papi e le missioni fino alla metà del secolo VIII*, in *La conversione al cristianesimo nell'Europa dell'alto Medioevo*, Spoleto 1967 (Settimane di studio del Centro italiano di studi sull'alto Medioevo, 14), pp. 329 ss., per i miracoli nei *Dialogi*, pp.

I Longobardi, diversi dal punto di vista etnico, pagani o ariani dal punto di vista religioso, conquistatori dal punto di vista politico, insomma nemici per il romano e cattolico Gregorio, non sono gli unici che, presenti a diverso titolo nella narrazione del miracolo, rimangono estranei alla realtà religiosa dei santi dei *Dialogi*: c'è tutto un mondo subalterno sul piano sociale non meno che religioso e culturale. In alcuni episodi estraneità e rifiuto sono espliciti. Bonifacio di Ferento, un vescovo che attesta il legame tra le alte cariche ecclesiastiche e i ceti benestanti, partecipa a un pranzo presso il *vir nobilis* Fortunato per la festa di san Procolo martire; prima che abbia detto la preghiera «all'improvviso comparve sulla porta di casa un uomo con una scimmia e diede un colpo sui cembali; era uno di quei tali che si procurano da vivere facendo il pagliaccio».[39] Il vescovo, sdegnato, gli concede il cibo, ma insieme gli predice la morte: il poveretto rimarrà vittima della maledizione del santo.[40] Sotto la condanna religiosa, il rifiuto. Due mentalità, due mondi contrapposti: da un lato l'offerta della musica in cambio di un po' di cibo, dall'altro il disprezzo, sottolineato proprio dalla concessione del cibo, e la condanna.[41] Il vescovo ha personalizzato lo scontro, contrapponendo la sua santità alla volgarità del suonatore che ha osato turbarla: la santità cristiana ha un ruolo superiore e intoccabile che si oppone socialmente e culturalmente ad altri ruoli, ad altri modi di vivere e di sentire.

Nello stesso senso va interpretato l'episodio dell'uomo punito con la morte del figlio per avere accolto nella sua casa un viandante che aveva gridato calunnie contro il vescovo Fortunato di Todi, non sapendo che sotto le sue sembianze si celava il diavolo. Il commento – un esempio illuminante dello sforzo di spiegare, di rendere religiosamente credibile ciò che narra – conferma la distanza tra il vescovo e un fedele della sua città, che prestando ascolto a una diceria ha osato dubitare della sua santità.[42] E i

347-348, n. 51; l'autore ha bene individuato anche il carattere e la funzione dei miracoli "longobardi" sia nei *Dialogi*, sia nell'*Ep.* VII, 23, del giugno 597: un longobardo cerca di forzare un reliquiario rimanendo ucciso dal suo stesso coltello. Non evidenzia la diversità tra Goti e Longobardi Dagens, *Saint Grégoire*, pp. 307-309. Si vedano invece le pagine di Vinay, *Alto Medioevo latino*, in particolare pp. 29-30.

39. I, 9, 8 («sicut quidam ludendi arte solent victum quaerere, repente ante ianuam vir cum simia adstitit et cymbala percussit»).

40. Ivi, 8-9.

41. Gregorio commenta, come di consueto, l'episodio, ma dà la sua interpretazione: cfr. Boesch Gajano, *Gregorio Magno*, parte seconda, capitolo II, *La proposta agiografica*, nota 125 e contesto.

42. I, 10, 6.

poveri che chiedono insistentemente denaro a Bonifacio di Ferento hanno un rapporto puramente materiale con il santo. Non è senza significato che la loro insistenza venga definita importuna: se avranno i denari, se sono la causa esterna del miracolo poi compiuto dal vescovo, non trovano alcuna collocazione interna al discorso religioso.[43]

Molti altri esempi di estraneità sostanziale, più spesso di accettazione passiva della *virtus*, riguardano i *rustici*. Il contadino che appoggia sulla tomba di Equizio la sua cassa piena di grano, «del tutto incurante di chi vi fosse sepolto e del rispetto che gli era dovuto»,[44] è fin dall'inizio estraneo, o per ignoranza o per noncuranza, al santo e al suo culto; e rimarrà vittima inconsapevole della *virtus* perché sia nota a tutti la potenza delle reliquie. La donna che appare improvvisamente per chiedere a Libertino la risurrezione del figlio[45] o il contadino che la chiede a Benedetto[46] appaiono coinvolti solo in quanto riconoscono ai santi un potere taumaturgico e chiedono loro un fatto, ottenuto il quale scompaiono, senza trovare posto nel discorso di Gregorio. Il mondo contadino, pur sfondo di tanti episodi, rimane ai margini della realtà religiosa dei santi, in posizione tutta subalterna; quei *rustici* che sono in molti casi il pubblico e talvolta i fruitori dei miracoli permangono nel racconto sostanzialmente estranei alla dimensione spirituale della santità cui il pontefice riconduce continuamente il suo discorso pastorale.

Esemplare dell'atteggiamento di Gregorio l'episodio di Costanzo. La sua fama richiama molti da diverse province e tra questi *quidam rusticus*, il quale, «dal momento che la stoltezza degli uomini misura il merito dall'aspetto, vedendolo così piccolo e senza apparenza alcuna, non riusciva a credere che quell'uomo fosse proprio Costanzo»;[47] ma quello che Gregorio ha definito proprio della «stoltezza degli uomini» viene poi attribuito alla *mens rustica* dell'uomo, che «era incapace di conciliare ciò che aveva sentito dire e ciò che vedeva, e riteneva impossibile che apparisse così insignificante ai suoi occhi colui che la fama gli aveva fatto credere tanto grande».[48] Il *rusticus* è solo strumento per una manifestazione di umiltà del

43. I, 9, 10. Lo stesso si può dire per I, 9, 2-5.

44. I, 4, 20 («nec quantus qualisque vir illic iaceret perpendere ac vereri curavit»).

45. I, 2, 5-6.

46. II, 32, 1-3.

47. I, 5, 4 («sicut stultae mentes hominis meritum ex qualitate corporis metiuntur, cum parvulum atque despectum videns, ipsum hunc coepit omnino non credere»).

48. *Ibidem* («inter hoc quod audierat et videbat quasi facta fuerat quaedam rixa, et aestimabat tam brevem per visionem esse non posse, quem tam ingentem habuerat per opinionem»).

santo, su cui concentra l'attenzione il pontefice, preoccupato più di affermare la superiorità della sua cultura in cui rientra l'umiltà di Costanzo, che di influire su una mentalità diversa se non per via dello stupore.

3. *Tracce di cultura folklorica*

Per completare l'analisi sui dislivelli culturali si può cercare infine di vedere se e in che modo attraverso le pagine dei *Dialogi* affiorano tracce di una cultura folklorica. La religiosità impersonata dai santi entra in un preciso confronto con la magia nell'episodio della donna che, per avere avuto rapporti con il marito la notte prima della festa religiosa, viene invasa dal demonio al momento dell'ingresso in chiesa delle reliquie di san Sebastiano. Il prete tenta un primo intervento, avvolgendola con la sindone dell'altare, ma il diavolo non si placa. Allora i parenti «la affidarono ai maghi nella speranza di farla guarire».[49] La donna è sottoposta a un'immersione nelle acque del fiume e a *diutinae incantationes*. Ma se esce un demonio, ne entra una legione; solo l'intervento del vescovo Fortunato, lo specialista nella cacciata dei demoni, sarà risolutore.[50] La narrazione rivela in primo luogo, come ha osservato Carlo Ginzburg, un'incompatibilità tra la sessualità e il sacro «che viene presentata come cosa ovvia, anteriore a ogni considerazione canonica e teologica».[51] Non si può escludere che dietro il peccato della donna si nasconda un uso, attestato anche secoli dopo, di feste di tipo pagano celebrate alla vigilia di festività cristiane.[52] Quanto alla magia essa appare come il mezzo cui si ricorre immediatamente per difendersi dal male, ma proprio per questo è *perversa ars* e deve dimostrare la sua impotenza, deve cedere di fronte alla santità cristiana.[53] Siamo tentati di legare questa magia a tradizioni folkloriche rurali, soprattutto per i mezzi di cui si serve; ma non si può ignorare che la vittima che vi ricorre sem-

49. I, 10, 4 («ad obtinendum salutis remedium malificiis tradiderunt»).

50. Ivi, 2-5.

51. C. Ginzburg, *Folklore, magia, religione*, in *Storia d'Italia Einaudi*, I, *I caratteri originali*, Torino 1972, p. 605.

52. La riflessione mi è stata suggerita da un'osservazione di P. Riché, *Croyances et pratiques religieuses populaires pendant le Haut Moyen Age*, in *Le christianisme populaire. Le dossier de l'histoire*, a cura di B. Plongeron e R. Pannet, Paris 1976, pp. 78-104; il riferimento del Riché è al concilio di Roma dell'826.

53. Cfr. Ginzburg, *Folklore*, p. 605.

bra appartenere alle classi dominanti. Quello che si può dire con certezza è che nei *Dialogi* è presente anche una magia diversa, una magia colta, di origine greca, di ambiente cittadino romano, rappresentata da Basilio.[54]

Al momento della venuta di Benedetto sul Monte Cassino «c'era un antichissimo tempio in cui, secondo l'inveterata consuetudine dei pagani, la massa ignorante dei contadini rendeva culto ad Apollo».[55] Ma oltre al culto incentrato sull'ara di Apollo, che va ricondotto attraverso il nome della divinità alla religione romana ufficiale, «tutt'intorno crescevano boschi consacrati al culto dei demoni; e ancora in quel tempo una stolta folla di infedeli vi si accalcava per offrire numerosi empi sacrifici».[56] La descrizione non fa pensare, come è stato ipotizzato,[57] al ristabilimento di un culto a Venere, ma piuttosto che un culto pagano fosse andato ruralizzandosi o avesse assunto caratteristiche rurali precedenti la civiltà romana. I *rustici* comunque appaiono gli unici protagonisti di entrambi i culti. Quale l'atteggiamento del santo? Distruzione degli idoli, sovvertimento del tempio, taglio dei boschi, insediamento negli stessi luoghi del culto dei santi cristiani; solo a questo punto, quando i legami materiali, così importanti in ogni cultura folklorica, sono stati rotti, comincia la predicazione.[58]

Ancora nel libro secondo, quello di Benedetto, due episodi – la danza delle sette fanciulle nude[59] e il pianto di Scolastica –[60] già analizzati da Jean Laporte: per il primo, escludendo in modo categorico che si tratti di prosti-

54. I, 4, 4-6. Si potrebbe trattare del Basilio citato in Cassiodorus, *Variae*, a cura di T. Mommsen, Dublin-Zürich 1970 (MGH, AA, XII); 1a ed. Berolini 1894, IV, 22-23. Cfr. anche Moricca, *Prefazione*, nota p. 28. Sulla magia cfr. A.A. Barb, *La sopravvivenza delle arti magiche*, in *Il conflitto tra paganesimo e cristianesimo nel secolo IV*, a cura di A. Momigliano, Torino 1968, pp. 113-137. Per la molteplicità di significati e funzioni del demonio nei *Dialogi* rinvio a Boesch Gajano, *Gregorio Magno*, parte seconda, capitolo V, *Demoni e miracoli*, pp. 271-290.

55. II, 8, 10 («vetustissimum fanum fuit, in quo ex antiquorum more gentilium ab stulto rusticorum populo Apollo colebatur»).

56. *Ibidem* («circumquaque etiam in culto daemonum luci succreverant, in quibus adhuc eodem tempore infidelium insana multitudo sacrificiis sacrilegis insudabat»).

57. Moricca, *Prefazione*, p. 95, n. 1; J. Laporte, *Saint Benoît et le paganisme*, Abbaye Saint-Wandrille 1963 (pro manuscripto), pp. 19 ss., pensa che la statua sepolta, ritrovata dai monaci nel corso della costruzione del monastero, anch'essa «diabolica» nel racconto, fosse Dionysos, dio ctonio, spesso unito nel culto ad Apollo; egli ipotizza che la statua fosse stata seppellita sotto un masso per impedire di nuocere, quando nel 186 furono proibiti i Baccanali.

58. II, 8, 11.

59. II, 8, 4.

60. II, 33, 3.

tute, questi individua piuttosto nel racconto un rito magico, non di ostilità (che avrebbe potuto attirare su Fiorenzo l'accusa di magia), ma di fecondità, ricordando l'importanza del nudo, in particolare di giovani nude, come agente magico. Dunque, un rito di utilità pubblica, consueto tra le popolazioni contadine, che Benedetto non interromperebbe proprio per non scontrarsi con gli abitanti del luogo. Nell'episodio di Scolastica il Laporte coglieva poi il riflesso di un rito di magia simpatica – le lacrime provocano la pioggia – che, subito individuato come tale, spiegherebbe l'indignazione di Benedetto.

Vale la pena di ricordare la successione degli eventi e le spiegazioni di Gregorio: Scolastica, al rifiuto del fratello di rimanere con lei, «pose sulla mensa le mani intrecciando le dita e reclinò il capo su di esse per invocare il Signore onnipotente».[61] Appena sollevato il capo dal tavolo, scoppia un temporale così violento che Benedetto e i suoi monaci non possono più uscire. Interviene a questo punto la spiegazione tecnica del miracolo, che è appunto una spiegazione che avalla il rito magico e le sue leggi, naturalmente cristianizzandolo («aveva sparso sulla mensa un tale fiume di lacrime da volgere in pioggia, con esse, il sereno del cielo»).[62] Gregorio, pur evidenziando in primo luogo la preghiera come agente del miracolo, non trascura il rapporto magico lacrime-pioggia, che suscita il preoccupato «quid est quod fecisti?» del santo.[63]

Cristianizzazione di un rito agrario precedente appare la consuetudine di portare in giro per le campagne, al fine di ottenere la pioggia, il mantello di Eutizio. La puntuale descrizione del rito permette di riallacciarlo senza alcun dubbio alle rogazioni, che rappresentano uno dei mezzi attraverso cui il folklore viene consapevolmente assunto all'interno della cultura ecclesiastica.[64]

Il solitario del Monte Argentario, di cui Gregorio non dice il nome («un uomo di vita santa, il quale conformava perfettamente il suo modo di

61. *Ibidem* («insertis digitis manus super mensam posuit, et caput in manibus omnipotentem Dominum rogatura declinavit»).

62. *Ibidem* («lacrimarum fluvius in mensa fuderat per quas serenitatem aeris ad pluviam traxit»).

63. Laporte, *Saint Benoît*, pp. 26 ss. Esclude l'interpretazione magica del Laporte, de Vogüé, *La rencontre de Benoît et de Scholastique. Essai d'interprétation*, in «Revue d'histoire de la spiritualité», 48 (1972), pp. 257-273; ora in Id., *Saint Benoît. Sa vie et sa Règle. Études choisies*, Bellefontaine 1984 (Vie monastique, 17); trad. it. *L'incontro di Benedetto e di Scolastica*, in «Monastica», 14 (1973), pp. 35-48.

64. III, 15, 18.

agire con l'abito monastico che indossava»),[65] non resiste al pianto della vedova presso il corpo del marito: entrato in chiesa e compiuta la preghiera, raccoglie la polvere dell'altare, mezzo non insolito di guarigione,[66] e recatosi presso il morto prega ancora; infine, tolto con la mano sinistra il velo che copriva il viso, strofina con la destra la faccia del morto con la polvere.[67] Colpisce la protesta della donna all'atto di scoprire il viso del morto, reazione che va probabilmente collegata al valore attribuito al velo come mezzo di separazione dal mondo.[68] Ma più colpisce quell'insolita figura di santo anonimo che poi scompare nel nulla dopo avere raccomandato di non rivelare la sua azione e di attribuirla solo a Gesù Cristo. A me sembra che l'episodio vada visto come esempio di sussunzione di un miracolo di matrice e contesto non cristiano nella religione ufficiale, quasi che un miracolo così importante come la resurrezione di un morto dovesse essere necessariamente attribuito a Dio. Non a caso dunque è utilizzato proprio per precisare il corretto atteggiamento cristiano. Questo miracolo "popolare" è certo grandissimo, ma la sua importanza religiosa va subito ridimensionata alla luce della dottrina: la resurrezione del corpo non è il miracolo più grande, come vorrebbe il diacono Pietro, e il paragone tra Lazzaro, resuscitato nel corpo, e Paolo, resuscitato nell'anima ed esempio, nel resto della sua vita, di perfezione cristiana, è tutto a favore del secondo.[69]

Un'analisi più sistematica potrebbe far emergere altri esempi, ma già questi sembrano confermare le lucide intuizioni di Jacques Le Goff: in primo luogo «ciò che la cultura ecclesiastica ha trovato dinanzi a sé, è più che una cultura pagana di analogo livello e di analoga organizzazione [...] una cultura "primitiva" [...] a colorazione soprattutto contadina nell'insieme degli strati inferiori ruralizzati»,[70] una cultura contadina soggiacente, mai completamente distrutta e assorbita nella religione pagana, il cui emergere è facilitato dalla crisi delle istituzioni statali, dell'economia, della società e della cultura del mondo romano; in secondo luogo,

65. III, 17, 1 («vir [...] venerabilis vitae, qui habitum monachi, quem praetendebat specie, moribus explebat»).

66. Numerosissimi gli esempi nei *libelli miraculorum* di Gregorio di Tours.

67. III, 17, 1-4.

68. A. Van Gennep, *Les rites de passage*, Paris 1909; rist. an. 1969, pp. 240-241.

69. Cfr. Boesch Gajano, *Gregorio Magno*, parte seconda, capitolo II, *La proposta agiografica*, nota 104 e contesto.

70. J. Le Goff, *Cultura ecclesiastica e tradizioni folkloriche nella civiltà merovingia*, in *Agiografia altomedioevale*, p. 219.

l'impossibilità quasi totale di ritrovare tracce consistenti di questa cultura nelle fonti ecclesiastiche a nostra disposizione e quindi la necessità di limitarsi a «tentare di definire l'atteggiamento della cultura ecclesiastica nei confronti della cultura folklorica»;[71] infine i rapporti dei *Dialogi* con tradizioni di tipo primitivo o folklorico sono appunto quelli individuati da Le Goff: in alcuni casi sussunzione, più spesso rifiuto per distruzione, obliterazione, snaturamento.[72]

Se non si può negare che i *Dialogi* offrano piccoli spiragli sulla cultura pagana e folklorica, a me sembra che l'interesse non sia tanto nell'individuare sopravvivenze di altre religioni,[73] quanto di capire come e perché tradizioni di classi subalterne siano presenti nella cultura egemone. La peculiarità e l'importanza dei *Dialogi* sta soprattutto nell'intenzionalità del procedimento: si tratta di un'opera che si è posta con il massimo della consapevolezza lo scopo di raccogliere – vorrei dire di tirare le fila – di tradizioni diffuse in ambienti diversi, anche lontani, in senso geografico e culturale, da quello romano, e di dar loro il crisma della veridicità e dell'ufficialità. In questo sta la genialità di Gregorio: una genialità religiosa, pastorale, culturale, che ha saputo recuperare nella Chiesa ufficiale, interpretandola e insieme utilizzandola per l'ammaestramento morale e la riflessione dottrinale, una realtà religiosa cristiana di nome, ma di fatto spesso sottratta al controllo ecclesiastico ed esposta, soprattutto nelle campagne, alle influenze più diverse. I racconti apparentemente ingenui, le credenze popolari, apparentemente superstiziose vengono integrate, attraverso i *Dialogi*, nella spiritualità di Gregorio: non sotto forma di concessioni più o meno indulgenti, ma come elementi consapevolmente sussunti, mediati e fusi nel discorso pastorale della massima autorità ecclesiastica, che è nello stesso tempo un rappresentante dell'aristocrazia romana e della sua cultura. Ritengo dunque che i *Dialogi* siano anzitutto una grande operazione culturale, religiosa ed ecclesiastica con un preciso fine pastorale. Dicendo questo si apre un altro problema: quello dei destinatari dell'opera.

71. Ivi, p. 220.

72. Ivi, pp. 221-222.

73. Cfr. N.Z. Davis, *Some Tasks and Themes in the Study of Popular Religion* in *The Pursuit of Holiness in Late Medieval and Renaissance Religion* a cura di C. Trinkaus e H.A. Oberman, Leyden 1974 (Papers from the University of Michigan Conference, Studies in Medieval and Reformation Thought, 1974/10), pp. 307-336, e Schmitt, *«Religion populaire»*.

4. *Il pubblico dei* Dialogi

Il rapporto tra i *Dialogi* e la religione popolare non si pone solo attraverso il rapporto autore-fatti narrati, ma anche attraverso quello autore-pubblico, intendendo questo secondo termine non nell'accezione che aveva avuto nell'Antichità,[74] ma in quella di fruitori dell'opera. Gregorio Magno segna una svolta decisiva per la concezione del libro e dei nuovi strumenti di comunicazione, come è stato messo in luce da Armando Petrucci: non rinunciando al suo livello, che è quello di un erede della cultura retorica e scolastica, il pontefice prevede una «cultura funzionale», «patrimonio di quel vasto strato di ecclesiastici che dovevano garantire con mezzi orali, cioè con la predicazione, la diffusione del messaggio cristiano tra i *rudes*». Ai predicatori, come repertorio di *topoi* e come manuale di tecnica oratoria sarebbero appunto destinati i *Dialogi*, *opus populare* per eccellenza.[75]

Ora credo che, come si sono potuti individuare molteplici livelli all'interno dell'opera, si possano ipotizzare molteplici livelli di utilizzazione.[76] Certamente il primo destinatario è il clero di tradizione culturale romana, che il pontefice ritiene di dovere convincere, come forse prima ha convinto se stesso, della veridicità e del significato di quello che narra; esso, possedendo gli stessi strumenti mentali del pontefice, è in grado di recepire l'opera nel suo complesso, in tutti i livelli del discorso. Ma all'interno del

74. Si veda quanto dice E. Auerbach, *Il pubblico occidentale e la sua lingua*, in Id., *Lingua letteraria e pubblico nella tarda antichità latina e nel Medioevo*, Milano 1974, pp. 301 ss.

75. A. Petrucci, *La concezione cristiana del libro fra VI e VII secolo*, in *Libri e lettori nel Medioevo. Guida storica e critica*, a cura di G. Cavallo, Bari 1976, in particolare pp. 17 e 20-23. Per il problema alla fine del mondo antico si veda G. Cavallo, *Libro e pubblico alla fine del mondo antico*, in *Libri editori e pubblico nel mondo antico. Guida storica e critica*, a cura di G. Cavallo, Bari 1977, soprattutto pp. 130-131. Per la cultura orale fra tarda antichità e altomedioevo fondamentale, ora, il lavoro di M. Banniard, *Viva voce. Communication écrite et communication orale du IVe au IXe siècle en Occident latin*, Paris 1992 (Collection des Études Augustiniennes), che offre un'interpretazione più univoca dell'oralità come mezzo di comunicazione e più omogenea del pubblico dei fedeli.

76. Il problema così posto riguarda certamente molte opere agiografiche, anzi forse l'agiografia come genere letterario: si veda l'accenno, per quanto riguarda la *Vita Martini* di Sulpicio Severo, nell'intervento di Jacques Fontaine nella discussione sulla lezione di C. Mohrmann, *Le problème de la continuité de la langue littéraire*, in *Il passaggio dall'Antichità al Medioevo in Occidente*, Spoleto 1962 (Settimane di studio del Centro italiano di studi sull'alto Medioevo, 9), p. 373.

clero, cioè di coloro che saranno in grado di leggere l'opera, va fatta qualche distinzione: i *Dialogi* stessi forniscono del resto un panorama delle diversificazioni dell'ambiente monastico ed ecclesiastico e lo sviluppo tematico dal primo al quarto libro con la varietà di argomenti rende possibile l'ipotesi di forme stratificate di lettura. Il clero dunque poteva utilizzare l'opera in modo vario a seconda della sua stessa cultura, delle sue finalità, dei suoi uditori servendosi della struttura elaborata dall'autore: varietà della santità, varietà dei miracoli e delle virtù, varietà degli argomenti dottrinali e morali, dai più semplici e quotidiani ai più elevati.[77] La tradizione medievale dei *Dialogi* può senza dubbio confermare l'ipotesi delle molteplici possibilità di lettura e utilizzazione.[78]

77. Ripropone per i *Dialogi* un pubblico indifferenziato, quasi che anche i *rudes* fossero fra i possibili lettori di Gregorio, Dagens, *Saint Grégoire*, p. 94: «les *Dialogues* se présentent comme un recueil de récits édifiants, accessibles d'abord au peuple et peut-être même à certains barbares désireux de mieux connaître la religion chrétienne, mais l'on y retrouve sous une forme simplifiée les grands thèmes de la spiritualité grégorienne». Molto più articolato il discorso di de Vogüé, *Introduction* a *Dialogues*, pp. 42-43, che dalla citazione di III, 7, 1 (si riferisce ai *legentibus* esortandoli a non abitare mai con una donna) ritiene che i *Dialogi* siano in primo luogo destinati al clero che pratica la castità (in particolare ai prelati). Ma alcuni avvertimenti sembrano destinati ai nobili (II, 23, 2), per cui conclude: «ces reflexions sur les difficultés particulières de certains états confirment que Grégoire a principalement en vue une élite religieuse et sociale».

78. Per la tradizione medievale in generale: G. Dufner, *Die Dialoge Gregors des Grossen im Wandel der Zeiten und Sprachen*, Padova 1968 (Miscellanea erudita, 19); G. Cracco, *Uomini di Dio e uomini di Chiesa nell'alto medioevo. Per una reinterpretazione dei «Dialogi» di Gregorio Magno*, in «Ricerche di storia sociale e religiosa», n.s., 12 (1977), pp. 169 ss.; de Vogüé, *Introduction* a *Dialogues*, pp. 141 ss. Per il problema specifico che qui interessa vorrei ricordare che i *Dialogi* possono essere recepiti come modello di una concezione della santità tutta risolta nel miracolo, in particolare di miracoli più legati alla natura e alle necessità di protezione (un esempio Audelaus, *De S. Fortunato Presb. diocesis spoletinae in Umbria*, in AASS *Iun.*, I, Antverpiae 1695, pp. 75-76); o per la svalutazione del miracolo nei confronti della santità di vita (Ambrosius Autpertus, *Vita Paldonis, Tatonis et Tasonis vulturnensium auctore Autperto*, a cura di G. Waitz, MGH, SS. rer. Lang., Hannoverae 1878, pp. 546-555, in particolare p. 552; su Ambrogio Autperto cfr. C. Leonardi, *Spiritualità di Ambrogio Autperto*, in «Studi medievali», 9 (1968), 1-131). E c'è poi l'interpretazione di Beda, *Bede's Ecclesiastical History of the English People*, a cura di B. Colgrave e R.A.B. Mynors, Oxford 1969, II, 1, dei *Dialogi* come semplice raccolta di *virtutes sanctorum*, diversa dalle altre opere di Gregorio, distinzione destinata a durare nei secoli; e ancora l'utilizzazione dottrinale dei *Dialogi* in Paterius, *Sancti Paterii Liber de expositione veteris ac novi Testamenti, de diversis libris s. Gregorii Magni concinnatus*, PL 79, coll. 683-1136, e Iulianus Toletanus, *Prognosticorum futuri saeculi libri tres*, in Sancti Iuliani Toletanae sedis episcopi *Opera*, I, a cura di J.N. Hillgarth, B. Bischoff, W. Levison,

Anche tra i fruitori di secondo grado, i fedeli cui si poteva rivolgere il clero nella sua azione pastorale, le diversificazioni sono molto profonde. Quanto Gregorio Magno sia stato consapevole del problema e quale soluzione vi abbia dato, emerge con chiarezza dalla *Regula pastoralis*, opera destinata a essere uno dei fondamenti della pratica pastorale per tutto il medioevo: conseguente e articolata visione della società cristiana, rigidamente distinta in categorie sociali e culturali, a ciascuna delle quali doveva corrispondere un diverso modo di intendere e di praticare il cristianesimo. L'insegnamento non può essere uguale per tutti né nelle forme né nei contenuti, dovendo adattarsi non solo alla psicologia ma anche allo stato sociale di ognuno. Il povero va esortato in modo diverso dal ricco, perché il primo deve essere confortato nella tribolazione, l'altro spinto al timore della superbia: ma può avvenire che la condotta non rispecchi la classe sociale, e il ricco può essere umile e il povero diventare superbo. Allora il predicatore dovrà adattare il discorso a chi ascolta, colpendo la superbia nel povero «in quanto neppure la povertà che gli è stata imposta riesce a piegarlo; e con tanta più dolcezza accarezzi l'umiltà nei ricchi in quanto neppure la ricchezza che inorgoglisce li esalta».[79] Il povero dunque diventa perfino più colpevole del ricco, che ha l'attenuante della sua stessa condizione sociale. Anche i servi vanno esortati in maniera diversa dai padroni:

> i servi, bisogna ammonirli a considerare sempre in se stessi l'umiltà della loro condizione; i padroni, a non dimenticare la propria natura per la quale sono creati uguali ai loro servi. I servi bisogna ammonirli a non disprezzare i loro padroni per non offendere Dio insuperbendo e contraddicendo alla sua disposizione; ma bisogna ammonire anche i padroni che, a loro volta, insuperbiscono contro Dio riguardo al suo dono se non riconoscono uguali a sé, per la comune natura, coloro che, per la loro condizione, tengono sottomessi.[80]

Turnholti 1976 (CCSL, 115), I, 7, p. 22; II, 3, p. 45; II, 8, p. 48; II, 12, p. 51; II, 19, p. 55; II, 25, p. 62; II, 35, p. 73. Non si può parlare di fraintendimenti, come ritiene Cracco, *Uomini di Dio*, pp. 169 ss., che privilegia il miracolo, ritenendo il resto puro nesso didascalico, ma di varietà di tradizioni, utilizzazioni e interpretazioni.

79. Gregorio Magno, *La Regola pastorale*, a cura di M.T. Lovato, Roma 1981 (Testi patristici, 28), d'ora in avanti *Past.* (a questa traduzione si affianca in questo volume il testo latino dell'edizione SC, 381, 382), III, 2 («quanto eam nec illata paupertas inclinat; et tanto lenius humilitatem divitum mulceat, quanto eos nec abundantia quae sublevat, exaltat», SC, 382, p. 270). Cfr. le osservazioni di G. Vinay in Id., *Alto Medioevo latino. Conversazioni e no*, Napoli 1978 (Esperienze, 42), pp. 19 ss.

80. *Past.*, III, 5 («servi scilicet, ut in se semper humilitatem condicionis aspiciant; domini vero, ut naturae suae qua aequaliter sunt cum servis conditi, memoriam non amittant.

Alle diversità sociali vanno aggiunte – sono tenute distinte da Gregorio – le diversità culturali:

> diverso è il modo di ammonire i sapienti di questo mondo e gli incolti. I sapienti, bisogna ammonirli a perdere la scienza di ciò che sanno; gli incolti invece, a desiderare di sapere ciò che non sanno [...]. Per lo più ci vogliono ragionamenti per convertire i primi; per gli altri, molto spesso valgono meglio gli esempi. A quelli, pertanto, giova rimanere vinti nelle loro argomentazioni; per questi invece, in genere è sufficiente che conoscano azioni altrui degne di lode.[81]

Ogni opera conferma, attraverso il rapporto fra ideologia e pratica pastorale, la sensibilità del pontefice nei confronti dei diversi fruitori del suo messaggio.[82]

Servi ammonendi sunt ne Deum despiciant, si ordinationi illius superbiendo contradicunt; domini quoque ammonendi sunt, quia contra Deum de munere eius superbiunt, si eos quos per condicionem tenent subditos, aequales sibi per naturae consortium non agnoscunt», SC, 382, pp. 282-284).

81. *Past.*, III, 6 («aliter admonendi sunt sapientes hujus saeculi, atque aliter hebetes. Sapientes quippe ammonendi sunt, ut amittant scire quae sciunt; hebetes quoque ammonendi sunt, ut appetant scire quae nesciunt [...]. Illos plerumque ratiocinationis argumenta, istos nonnunquam melius exempla convertunt. Illis nimirum prodest, ut in suis allegationibus victi iaceant; istis vero aliquando sufficit ut laudabilia aliorum facta cognoscant», SC, 382, pp. 284-286).

82. Cfr. quanto detto circa la teoria e pratica pastorale del pontefice in Boesch Gajano, *Gregorio Magno*, parte I, capitolo VI, in particolare al paragrafo 3, *Missione, cristianizzazione, conversione*.

4. Uso e abuso del miracolo nella cultura altomedioevale

Le mie riflessioni partono da un testo: una lettera scritta da Agobardo vescovo, Ildigiso prete e Floro diacono di Lione a Bartolomeo vescovo di Narbona probabilmente negli anni 828-829.[1] L'arcivescovo di Lione è personaggio di tale rilievo politico-culturale che non ha bisogno di presentazione. Si può solo ricordare, come premessa a quanto dirò tra poco, il ruolo da lui assunto di controllo e repressione di quelli che egli considerava abusi – taluni favoriti dal potere politico come testimoniano le lettere relative agli ebrei –, deviazioni o resistenze – "sopravvivenze" pagane o folkoriche – rispetto a teorie e prassi religiosamente e ecclesiasticamente ortodosse.[2] All'ampia utilizzazione di alcune sue opere, veri trattati in forma epistolare, come il *De imaginibus sanctorum* e il *De grandine et tonitruis,* fa riscontro una minore attenzione alla lettera ora ricordata.

Agobardo era stato richiesto di un parere sul modo di interpretare («quonam modo accipi debeat») certe «percussiones», che colpivano alcuni al modo degli epilettici o di coloro che il volgo chiama «demoniaci»; e altri sotto forma di ustione («stigmata exustionis»), quasi che in certi punti del corpo avesse bruciato lo zolfo. Tutto ciò avveniva, a quanto aveva sa-

1. Agobardi Lugdunensis, *Opera omnia,* a cura di L. van Acker, Turnhout, 1981 (CCCM, 52), n. 15, pp. 237-243. Rinvio all'*Introduzione* e alla *Bibliografia* (in part. pp. LXVI-LXVII) per l'autore, le sue opere, e la storiografia relativa.

2. Per il rapporto con gli ebrei rinvio alle *Indicazioni bibliografiche,* a cura di S. Boesch Gajano, in *Aspetti e problemi della presenza ebraica nell'Italia centro-settentrionale (secoli XIV-XV)*, pp. 366 ss.; per alcune osservazioni cfr. S. Boesch Gajano, *Identità ebraica e stereotipi cristiani: riflessioni sull'Alto Medioevo,* in *Atti del VI Congresso internazionale dell'Associazione italiana per la storia del giudaismo,* Roma 1988, pp. 45 ss., con ulteriore bibliografia.

puto, in alcune chiese, in particolare della chiesa dove si venera il corpo di un santo, di nome Firmino: la chiesa di S. Firmino di Uzès. Nei luoghi stessi in cui i fenomeni si manifestano, tutti – uomini e donne di ogni età – offrono doni secondo le possibilità di ognuno, oro, argento, bestiame, o altri generi: non spinti da nessuna esortazione, né ammoniti da alcuna motivazione, ma solo perché colti da un terrore irrazionale. Dopo le descrizioni – luogo, evento, reazione, riparazione – le interpretazioni: sulla natura del fenomeno, sul suo significato religioso e morale, sui comportamenti sbagliati e quelli corretti.

In primo luogo il giudizio sulla natura del fenomeno. Non una definizione concettuale, sostenuta da argomentazioni teologiche, ma una forma di spiegazione dedotta dalla tradizione scritturale. Nessuno è tanto stolto infatti da non sapere che Dio flagella gli uomini visibilmente e invisibilmente per educarli e convertirli («ad eruditionem et conversionem»); e fa ciò per mezzo di ogni strumento: uomini, demoni, animali – fino ai più piccoli e vili, serpenti, rane, mosche, ragni, locuste – e ancora «per inanimata» – grandine, fulmini, pioggia, siccità. Il vescovo di Lione, forte della sua autorità ecclesiastica, e ancor più forte del prestigio della cultura, sancisce la soprannaturalità "positiva", l'origine divina del fenomeno, attraverso il suo inserimento nella lunga e abbondantemente esemplificata tradizione biblica.

Se l'origine del fenomeno è divina – prosegue la lettera, passando all'interpretazione morale – lo strumento è il demonio, che, nella sua volontà di nuocere, indirizza la sua azione contro coloro dei quali sa di potere avere ragione, perché sono di poca fede e di debole raziocinio («exigue fidei et vacui pondere rationis »): per questo colpisce e marchia con bruciature «pueros, et puellas, et hebetes». Mentre ogni fedele fornito di ragione, vedendo o udendo tali cose, rivolge il cuore al timore di Dio, costoro accorrono nelle stesse chiese in cui sono stati colpiti e, spinti dal terrore, donano tutto ciò che possono.

Criticata la percezione del fatto e la reazione di terrore, come segni di insipienza, vengono duramente condannate le forme di "riparazione": quelle offerte fatte sconsideratamente («perdito consilio meliore»), e che in quanto tali non rendono onore a Dio e non soccorrono i poveri, ma soddisfano solo la cupidigia e l'avarizia di alcuni. Quale la giusta riparazione? Dare i propri beni ai poveri, correre presso il clero per farsi ungere di olio, secondo il precetto evangelico e apostolico, accompagnando questi atti con digiuni e preghiere. Altra cosa, aggiunge, se si fosse trattato di «signa sanitatum», di guarigioni concesse da Dio per il tramite dei santi, che allora giustamente e fruttuosamente sarebbero stati seguiti dalla visita alle chiesa e dalle offerte fatte «more ecclesiastico et secundum dispositionem patrum»: come è reprensibile, conclude, non distribuire ai poveri ciò che è dei poveri, cosi è infruttuosa una offerta non accompagnata dalla dovuta reverenza alla chiesa.[3]

Dopo questa lunga parafrasi qualche considerazione sugli attori, lo spazio teatrale, il soggetto, la recitazione. Quanto agli attori, una prima divisione netta tra chierici e laici. I primi sono i depositari della tradizione, della cultura, della ortodossia, gli unici autorizzati a definire la natura religiosa dei fenomeni. E tuttavia chierici sono con ogni probabilità anche quegli «avari» che approfittano dei doni offerti per ingenuità e per paura dai fedeli. Testimonianza di dislivelli culturali all'interno del clero e nello specifico spia di difformità di percezione e di prassi, peraltro già sottintesa nella richiesta di parere rivolta al clero lionese. I laici non appaiono socialmente definiti: se i doni in oro e argento richiamerebbero un'idea di ricchezza, l'immagine culturale loro attribuita dal testo richiama per analogia terminologica quella generalmente caratterizzante nella letteratura ecclesiastica le popolazioni rurali. Certa è comunque la loro subalternità culturale. Quanto al "teatro" dell'azione, l'insistenza nel precisare trattarsi di chiese, del luogo sacro per eccellenza, permette di pensare che proprio questo abbia costituito fin dall'origine il motivo di più forte preoccupazione per la gerarchia. Quanto alla "trama", essa sembra godere della stessa credibilità tra gli attori, il pubblico, gli scrittori per quanto attiene alla natura dell'evento, diversificandosi profondamente nelle modalità di "recitazione". Terrore e offerte sono giudicati negativamente come espressione di una cultura antropologicamente diversa e – aspetto anche più grave – autonoma. In particolare il dono riparatore appare oggetto del più netto rimprovero di non conformità alle regole della chiesa.

Un evento considerato soprannaturale, raccontato in un testo non agiografico, ecclesiastico e normativo: un buon osservatorio per i molti problemi posti dal miracolo alla cultura ecclesiastica altomedioevale. Un buon "pretesto" per avviare qui alcune considerazioni, che tento di raccogliere per maggiore ordine di discorso intorno a tre temi: primo, la "ambiguità" del miracolo, in relazione alla definizione, percezione, fruizione, gestione;

3. Citazioni dalle pp. 237, 238, 242, 243 della ed. cit.

secondo, la "autonomia" del miracolo rispetto al discorso agiografico, nel doppio significato, di autonomia rispetto alla scrittura agiografica e rispetto all'oggetto primario del discorso agiografico, la santità, di cui il miracolo può presentarsi come "antecedente" anziché "conseguenza"; terzo, gli "strumenti" del miracolo, cioè i luoghi, gli oggetti, le persone, nei quali o per mezzo dei quali si ritiene che avvenga un evento giudicato fuori del corso naturale degli eventi, una incidenza nella e una modificazione della natura attribuibile solo a un potere soprannaturale: il punto d'impatto, potremmo dire, tra natura e sovranatura.

Il tema della "ambiguità" può essere affrontato attraverso una grande varietà di problemi che vanno dalla teoria alla prassi, dalla definizione concettuale alla fruizione irriflessa, passando attraverso i modi della percezione, in rapporto alla conoscenza e interpretazione della natura e dell'uomo, e attraverso quelli della gestione, in relazione alle modalità religiose e rituali di controllo e intervento sul contesto naturale e sociale. La storia della riflessione cristiana intorno al miracolo consente di seguire le vie e le difficoltà di affermazione di una concezione nuova rispetto a una presenza del meraviglioso che permea il mondo antico, non solo nella sua dimensione religiosa, ma anche politica e culturale;[4] le controversie patristiche, che discutono gli antecedenti biblici e influenzano la tradizione teologica, pastorale e agiografica altomedioevale;[5] le molte critiche "esterne" ravvisabili in una letteratura "altra", specchio insieme deformante e realistico delle manifestazioni della santità cristiana;[6] la evoluzione – quantitativa e qualitativa – del rapporto santità-miracolo, ben individuabile in particolare da quando si avviano procedure di controllo sempre meglio definite;[7] il rapporto tra religione ufficiale e religione popolare, articolantesi in una molteplicità di segmenti che variamente si oppongono, si uniscono, si intrecciano, attraverso snodi cronologici o spaziali talvolta evidenti, altre

4. L. Cracco Ruggini, *Il miracolo nella cultura del Tardo Impero: concetto e funzione*, in *Hagiographie, cultures et sociétés (IVe-XIIe siècles)*, Parigi 1981, pp. 161-204.

5. M. van Uytfanghe, *La controverse biblique et patristique autour du miracle, et ses répercussions sur l'hagiographie du haut Moyen Age latin*, ivi, pp. 205-233.

6. G. Dagron, *Le saint, le savant, l'astrologue: étude de thèmes hagiographiques à travers quelques recueils de «Questions et réponses» des Ve-VIIe siècles*, ivi, p. 143-156.

7. Sul vastissimo problema si veda in primo luogo A. Vauchez, *La sainteté en Occident aux derniers siècles du Moyen Âge d'après les procès de canonisation et les documents hagiographiques*, Rome 1981, 2ª ed. aggiornata 1988; trad. it. *La santità nel Medioevo*, Bologna 1989.

volte più nascosti.[8] Il miracolo è stato ormai sottratto alla dimensione della credulità di un'epoca, quella medioevale, e di una classe, quella popolare – e certo il colpo di grazia in questa direzione è stato assestato da Peter Brown –[9] ed è invece entrato in quella di una costante "problematicità".

Questa non si rivela tanto nello sforzo di definizione concettuale quanto nella preoccupazione di riconoscimento religioso e ecclesiastico, elaborato sulla base della rispondenza a criteri di compatibilità e di funzionalità rispetto agli assetti istituzionali. I miracoli dei santi padri italiani dei secoli V e VI vengono da Gregorio Magno selezionati e riproposti in un contesto insieme narrativo, esegetico, teologico.[10] Vengono saggiamente dosa-

8. La bibliografia ha assunto ormai proporzioni tali che non è possibile pensare ad alcuna forma di completezza. Mi limito a ricordare, oltre alle raccolte di saggi, corredate da indicazioni bibliografiche, *Agiografia altomedievale,* a cura di S. Boesch Gajano, Bologna 1976, e *Saints and their Cults,* a cura di St. Wilson, Cambridge 1983, e alle rassegne di S. Boesch Gajano, *Il culto dei santi: filologia, antropologia e storia*, in «Studi storici», 1 (1982), pp. 119-136; e P. Golinelli, *Agiografia e storia in studi recenti,* in «Società e storia», 19 (1983), pp. 103-120, due volumi dedicati specificamente al miracolo: *Histoire des miracles,* Angers 1983, interessante nella sua forte diacronicità e diversificazione tematica, anche se segnato da una impostazione confessionale; e *Les miracles miroirs des corps,* a cura di H. Gélis e O. Redon, Parigi 1983, anch'esso diacronico, e felicemente innovativo quanto alla scelta del punto di osservazione; e ancora *Culto dei santi, istituzioni e classi sociali in età preindustriale,* a cura di S. Boesch Gajano e L. Sebastiani, Roma-L'Aquila 1984, la monografia di P.-A. Sigal, *L'homme et le miracle dans la France médiévale (XIe-XIIe siècle),* Parigi 1985, e soprattutto lo studio d'insieme di B. Ward, *Miracles and the Medieval Mind. Theory, Record and Event, 1000-1215,* Trowbridge, Wiltshire (2^{a} ed. riv.) 1987, con ampia bibliografia. Pierre Boglioni ha sviluppato una riflessione individuale e collettiva sulla cultura popolare nel medioevo (da ricordare i convegni promossi dall'Institut d'études médiévales de Montréal). Sul tema del miracolo un interessante capitolo in J. Bossy, *Christianity in the West, 1400-1700,* Oxford 1985.

9. P. Brown, *The Cult of the Saints*, Chicago 1981; trad. it. *Il culto dei santi. L'origine e la diffusione di una nuova religiosità*, Torino 1983. Il volume dello storico: *The Body and Society. Men Women and Sexual Renunciation in Early Christianity,* New York 1988, contiene una ampia bibliografia.

10. Mi permetto di rinviare per questa interpretazione ad alcuni dei miei saggi "gregoriani": *La proposta agiografica dei Dialogi di Gregorio Magno,* in «Studi medievali», 3^{a} serie, 21 (1980), pp. 623-664; *«Narratio» e «expositio» nei Dialogi di Gregorio Magno*, in «Bullettino dell'Istituto storico italiano per il Medio Evo e Archivio Muratoriano», 88 (1979), pp. 1-33; *Dislivelli culturali e mediazioni ecclesiastiche nei Dialogi di Gregorio Magno,* in *Religioni delle classi popolari,* a cura di C. Ginzburg = «Quaderni storici», 41 (1979), pp. 398-415, in questo volume alle pp. 93-110. Molti sono gli studi precedenti o sostanzialmente contemporanei che ho citato e discusso in quei lavori, tra cui naturalmente l'edizione curata da A. de Vogüé per le *Sources chrétiennes* con la sua ricca Introduzione.

ti, quantitativamente e qualitativamente, nella letteratura agiografica, da Gregorio di Tours a Giona di Bobbio,[11] e, proseguendo, in quella dell'età ottoniana,[12] e ancora nella produzione legata alla riforma del secolo XI,[13] e poi in quella connessa con la nascita e lo sviluppo degli Ordini mendicanti.[14] Espressione evidente di questa necessità di riconoscimento (oltre ad altri significati come quello di contrastare forme possibili di incredulità) la certificazione del miracolo, attestata frequentemente nel mondo cittadino italiano a partire dal secondo medioevo.[15] Il miracolo come momento in cui si realizza un intervento diretto di Dio nel mondo, un rapporto diretto, senza mediazioni, tra l'umano e il divino, è inevitabilmente un elemento anomalo e tendenzialmente pericoloso rispetto a una chiesa storicamente finalizzata alla interpretazione e mediazione del sacro.

> L'ambigua realtà dell'evento straordinario potrà diventare certezza di fede solo grazie all'oggettività di un "rito" giudiziario a cui la chiesa [...] attribuisce la

Vanno ora ricordati, *Grégoire le Grand*, Actes du Colloque international du Centre National de la Recherche Scientifique (Chantilly, settembre 1982), Parigi 1986 e le due monografie, che propongono una interpretazione complessiva – che non è possibile qui discutere – dell'opera agiografica del pontefice alla luce della sua cultura: J. Petersen, *The Dialogues of Gregory the Great in their Late Antique Cultural Background* e W. D. McCready, *Signs of Sanctity. Miracles in the Thought of Gregory the Great,* entrambi pubblicati a Toronto, presso il Pontifical Institute of Mediaeval Studies, *Studies and Texts,* rispettivamente 69, 1984 e 91, 1989 (entrambi con ampia bibliografia).

11. Cfr. S. Boesch Gajano, *Il santo nella visione storiografica di Gregorio di Tours*, in questo volume alle pp. 31-70; Ead., *La tipologia dei miracoli nell'agiografia altomedioevale. Qualche riflessione,* in *Aspetti dell'agiografia nell'Alto Medioevo* = «Schede medievali», 5 (1983), pp. 303-312. Per Giona cfr. A. de Vogüé, *Introduction* a Jonas de Bobbio, *Vie de Saint Colomban et de ses disciples,* Abbaye de Bellefontaine 1988, pp. 19-90 (bibliografia alle pp. 13-15).

12. Per la agiografia dell'età ottoniana si può fare riferimento (anche per la bibliografia) al volume di P. Corbet, *Les saints ottoniens. Sainteté dynastique, sainteté royale et sainteté féminine autour de l'an Mil,* Sigmaringen 1986.

13. Il volume di P. Golinelli, *«Indiscreta sanctitas». Studi sui rapporti tra culti, poteri e società nei pieno Medioevo*, Roma 1988 (Studi storici, 197-198), costituisce il punto di riferimento per il secolo XI.

14. Cfr. Vauchez, *La sainteté en Occident.* Da ricordare anche la raccolta di saggi dello stesso autore *Les laïcs au Moyen Âge. Pratiques et expériences religieuses,* Parigi 1988 (trad. it. Milano 1989).

15. Numerosi i casi ricordati da A. Vauchez, *La saintété, ad indicem: notaire.* Tra le edizioni si può citare *Il processo per la canonizzazione di S. Nicola da Tolentino,* edizione critica a cura di N. Occhioni, Prefazione di Vauchez, Introduzione di Domenico Gentili, Roma 1984, *ad indicem.*

capacità di conferire realtà di un miracolo ad un evento straordinario qualsiasi, trasformando così un'insolita sospensione delle leggi naturali in una precisa azione divina, esplicatasi in modo irreversibile, in un momento e in un luogo determinati dalla storia degli uomini.[16]

Il contrasto culturale non emerge tanto nella credenza nell'evento miracoloso, quanto nelle forme della percezione, fruizione, gestione. Quei sentimenti di paura, rispetto, speranza, che trovano espressione nel principio del dono, che giustamente il Sigal considera alla base del rapporto fra santo e fedele,[17] sono ben presenti anche nelle reazioni alle "percussiones" di cui ci parla Agobardo; eppure la loro stessa spontaneità richiama un codice culturale diverso, su cui il vescovo interviene, non per contestare la realtà del fatto soprannaturale, che viene anzi inserita nell'universo cristiano, ma per distinguerlo proprio dal normale, corretto rapporto tra santo e fedeli e per proporre una forma diversa e più controllata di riparazione. Le ricerche di Aline Rousselle[18] hanno ben individuato una molteplicità di tradizioni interagenti: così che la cristianizzazione appare come un processo attivo non solo sul versante dei convertitori, ma anche dei convertiti, capaci di giudicare quanto delle loro tradizioni può essere accettato e integrarsi e quanto può costituirsi in cultura parallela. Il mondo rurale non è solo il regno delle tradizioni folkloriche e di una religiosità pagana naturale, che offre una sorta di resistenza passiva alla religione colta, ma anche un luogo di elaborazione di scelte cultuali: illuminante lo "slittamento"[19] – individuato da Andrea Giardina – tra la figura del bandito-eroe della Bacauda e quella del martire cristiano testimoniato dalla *Vita Martini*, destinato a prolungarsi fino al secolo XI. Il dossier agiografico relativo al culto sublacense della romita Chelidonia (fine XI-prima metà XII secolo), permette di constatare quello che definirei un vero contrasto di interessi tra l'isti-

16. L. Odorisio, *La «narrazione miracolosa». I miracoli di santa Rita da Cascia*, in «Dimensioni e problemi della ricerca storica. Rivista del Dipartimento di studi storici dell'Università di Roma "La Sapienza"», 18 (1988), pp. 51-67.

17. Sigal, *L'homme et le miracle*, in part. pp. 79 ss.

18. A. Rousselle, *Deux exemples d'évangélisation à la fin du IVe siècle: Paulin de Nole et Sulpice Sévère*, in *Béziers et le Bitérrois*, Montpellier, 1971, pp. 91-98; e Id., *Paulin de Nole et Sulpice Sévère hagiographes et la culture populaire*, in *Les saints et les stars. Le texte hagiographique dans la culture populaire*, a cura di J.-Cl. Schmitt, Parigi 1983, pp. 27-40.

19. A. Giardina, *Banditi e santi: un aspetto del folklore gallico tra tarda Antichità e Medioevo*, in «Athenaeum», 61 (1983), pp. 374-389.

tuzione monastica e le popolazioni del luogo, sia rurali sia del *castrum* di Subiaco, per quanto riguarda non la santa in se stessa, i suoi miracoli o la *virtus* delle sue reliquie, quanto il dove, il come, il quando venerarla. Uno scontro che vedrà il suo epilogo solo nell'età della Controriforma: il corpo, già una volta trasferito dalla grotta sulla montagna, ma poi ivi ricondotto e rimasto oggetto di una devozione non istituzionalizzata, viene allora definitivamente trasferito nella chiesa di S. Scolastica per ricondurlo a forme di culto ufficiali.[20]

Tra le molte facce della "problematicità" del miracolo anche ciò che ho chiamato "autonomia". Autonomia rispetto alla santità, autonomia rispetto al discorso agiografico.

Un'analisi quantitativa e qualitativa dei miracoli nelle biografie dei santi costituisce forse il migliore rivelatore delle caratteristiche del testo: autore/ambiente di produzione, finalità, pubblico – lettori e/o ascoltatori –, fruitori – diretti e indiretti. La tipologia dei miracoli è stata oggetto di particolare attenzione con la relativa elaborazione di griglie – miracoli riflessivi e transitivi, miracoli pratici o materiali, esornativi o spirituali, e altri – capaci di cogliere, ad esempio, la gerarchia dei miracoli nel suo intreccio con il progresso spirituale del santo; o la funzione del miracolo nella costruzione della santità.[21]

Ciò che caratterizza tuttavia la maggior parte degli studi è l'univocità stabilita nel rapporto fra santità e miracolo. Certo nei testi agiografici continuamente si affaccia la preoccupazione di stabilire o meglio ristabilire la relazione teologicamente corretta: il miracolo, *signum* esterno di una santità spirituale costruita dal santo attraverso la pratica delle virtù. Questa insistenza appare tuttavia già la spia di una realtà del miracolo percepita come più autonoma; quando non sono le stesse narrazioni agiografiche a permettere di cogliere un rapporto assai meno linearmente definito, sempre intrecciato, talvolta addirittura rovesciato. Il miracolo mantiene il suo carattere di *signum*, ma spesso nel senso di "rivelazione" di santità più

20. S. Boesch Gajano, *Monastero, città, campagna. Il culto di s. Chelidonia a Subiaco (sec. XI-XVI)*, in *Culto dei santi*, pp. 229-260 [cfr. Id., *Chelidonia. Storia di un'eremita medievale*, Roma 2010].

21. Ancora da ricordare il saggio di J.-L. Derouet, *Les possibilités d'interprétation sémiologique des textes hagiographiques,* in «Revue d'histoire de l'Église de France», 62 (1976), pp. 153-162, cui molto devo per l'elaborazione di alcune proposte tipologiche: cfr. i saggi già citati, *«Narratio» e «expositio»* e *La tipologia*. Si veda poi il bel contributo di Flusin, *Miracle et hiérarchie,* in *Hagiographie, cultures et sociétés*, pp. 299-317.

che di "manifestazione" di una santità già rivelata. Se nella produzione agiografica altomedioevale la santità si risolve spesso nel fatto miracoloso, vale a dire che il santo non ha altra consistenza biografica e religiosa se non quella di essere operatore di miracoli, il miracolo può presentarsi – narrativamente e concettualmente – come il "primum", l'antecedente rispetto alla santità, non la sua conseguenza: la prima pietra della "fabbrica" di un santo, in quanto rivelatore della *virtus* di un corpo.

Uno sguardo fuori della scrittura agiografica permette di confermare intrecci e rovesciamenti, suggerendo di insistere sulla scia della proposta di Gilbert Dagron nell'uso di fonti "alternative";[22] permette anche di insistere sul tema dell'"autonomia". Nell'*Historia gentis Anglorum* Beda costruisce la santità di Oswald, re di Northumbria: la costruisce, vorrei dire, sul campo, nel senso che quel campo di battaglia è il teatro che lo consacra santo e che è a sua volta consacrato dal suo sangue. Un cavallo, stramazzato a terra, improvvisamente si trascina rotolandosi verso un luogo preciso, dove di scatto si erge guarito: il suo cavaliere capisce così come «aliquid mirae sanctitatis» fosse ivi insito. Il racconto di Beda testimonia una percezione del miracolo indipendente dalla santità, una sacralità che può emanare dalle cose, e che solo una spiegazione religiosa riconduce a posteriori alla presenza di un santo: qui il re morto in quel luogo, il cui sangue ha bagnato quella terra, quel re, di cui lo scrittore costruisce pezzo per pezzo, attraverso una serie di episodi incastonati nella sua cronaca, la santità.[23] Non dissimile la concatenazione narrativa nel racconto del ritrovamento della sacra lancia nei *Gesta Dei per Francos* di Guiberto di Nogent, che del resto, è noto, offre molto materiale per una riflessione sul meraviglioso e la sua percezione.[24]

E se ci volgiamo a un'altra opera storiografica, il *Liber pontificalis* della Chiesa romana – anche se la definizione del genere letterario è in

22. Dagron, *Le saint, le savant, l'astrologue*.

23. Beda, *Historia gentis Anglorum*, III, 9, ed. a cura di B. Colgrave e R.A.B. Mynors, Oxford 1969, p. 144 s. Breve riferimento a Oswald e in una prospettiva diversa da questa qui proposta in S.J. Ridyard, *The Royal Saints of Anglo-Saxon England. A Study of West Saxon and East Anglian Cults*, Cambridge 1988, pp. 92-93, 242-243 (utile bibliografia alle pp. 311-326).

24. Guiberti, *Gesta Dei per Francos,* PL 156, coll. 768, 784, 785. Sulla storia del ritrovamento: S. Runciman, *The Holy Lance found at Antioch,* in «Analecta Bollandiana», 68 (1950), pp. 197-209. Una analisi dell'atteggiamento di Guiberto in Ward, *Miracles and the Medieval Mind, ad indicem.*

questo caso problematica –, con l'occhio attento a cogliere nel succedersi delle notizie biografiche e nella stratificazione compositiva l'evoluzione del modello narrativo e delle finalità politico-ecclesiastiche, non è difficile accorgersi come la agiografizzazione del medaglione passi non tanto attraverso l'enumerazione, l'incremento e la spiritualizzazione delle virtù quanto attraverso la improvvisa apparizione di una *virtus* taumaturgica, legata non direttamente alla persona, quanto alla funzione istituzionale di un pontefice: quel Gregorio II che doveva costituire un punto di riferimento dotato di particolare sacralità nei confronti di due nemici, uno interno – gli iconoclasti – e uno esterno – i musulmani.[25] Solo progressivamente la santità personale diverrà elemento rilevante delle biografie pontificie, trovando un felice momento di equilibrio con il dispiegarsi del meraviglioso in quella di papa Zaccaria.[26]

L'attenzione all'"autonomia" del miracolo nel duplice senso sopra indicato, di autonomia narrativa e autonomia agiografica, sembra consentire un deciso approfondimento del rapporto tra natura e sovranatura nella società medioevale: quello stabilito consapevolmente e strutturato all'interno di una complessiva teologia o più semplicemente accettato, utilizzato, riproposto, in forme scritte; quello corrispondente a modi di sentire riconducibili a parametri socioculturali meno espliciti, ma non per questo inconoscibili. In questa prospettiva il miracolo, lungi dall'apparire una semplice manifestazione del sacro, resa possibile dalla "credulità" di un'intera società, può diventare il migliore rivelatore dei dislivelli o dei rapporti tra i "livelli", per usare il termine caro a Peter Brown.

Rivelatore anche dei conflitti. Basta pensare alla frequenza con cui si manifestano negli scrittori ecclesiastici, in fonti tipologicamente molto varie, preoccupazioni e conseguenti forme di controllo e repressione. Quando si "scoprono", in particolare, forme cultuali assimilate a quelle cristiane, il cui oggetto è stato tuttavia scelto fuori della giurisdizione ecclesiastica: oggetto e forme di devozione autonome, dunque. È il caso del già ricordato culto del martire bandito scoperto, condannato e distrutto da Martino. È il caso del culto reso alla tomba di un bambino, figlio di un *miles*, morto due

25. *Liber pontificalis*, a cura di L. Duchesne, I, Parigi 1955, pp. 396-410, in part. p. 401 e p. 412 per alcune precisazioni storico-cronologiche.

26. Ivi, pp. 426-435 [vedi S. Boesch Gajano, *Agiografia di confine: il Liber pontificalis della Chiesa romana*, in *Hagiologia. Studi per Réginald Grégoire*, a cura di A. Bartolomei Romagnoli, U. Paoli, P. Piatti, Fabriano 2012 (Bibliotheca Montisfani, 31), pp. 375-384].

giorni prima di Pasqua – un tempo sacralizzante: «coepit mortuo illo pro sacra illa in qua obierat die gratuita sanctitas imputari»; sacralizzante forse anche l'età? – da parte di rustici «rerum novarum cupidi»: dalle campagne circostanti vengono portati «oblationes et cerei», «tumba superstruitur, locus ille domo aedificata praecingitur». Solo i *rustici* manifestano questa devozione, nessuno delle classi elevate. Ma l'abate, vedendo le entrate, chiude gli occhi e tollera «infecta miracula».[27] Guiberto di Nogent ci offre lo spettacolo di una realtà fatta di più livelli, di più interessi – non necessariamente contrastanti –, di più intrecci. Ci offre soprattutto attraverso l'espressione della sua deplorazione e della sua condanna una certezza: che la preoccupazione nasce non dalla diversità ma dalla somiglianza. Proprio l'identità cultuale e rituale rende più difficile il controllo e l'intervento volto a ristabilire un corretto rapporto tra santità di vita, segni esterni della santità, culto; e in questo caso, va aggiunto, rende più facili le coperture interessate...

Tutto ciò acquista una maggiore evidenza se passiamo a considerare gli "strumenti" del miracolo: luoghi e oggetti capaci di veicolare la sacralità.

Un esempio ancora da Beda, da quell'*Historia gentis Anglorum*, la cui lettura offre una inesauribile messe di elementi di riflessione – ancora maggiore se la lettura venisse affiancata da quella della sua agiografia. Come il luogo bagnato dal sangue di Oswald è intriso di *virtus* taumaturgica, così le schegge del legno su cui era stato confitto il suo capo sono portatrici di una sacralità insieme materiale – capace di giovare al corpo – e spirituale – capace di giovare all'anima: sono dunque in senso proprio "strumenti", oggetti atti a mediare un potere soprannaturale e a trasferirlo nella realtà umana. «Ti prego, dice il monaco a colui che diffondeva la fama di santità di Oswald, se hai qualche reliquia con te, portamela, se Dio per caso voglia avere pietà di me»; e la risposta viene così formulata: «se crede con convinzione la pietà divina può prolungare la vita per i meriti di un così grande uomo e renderlo degno di entrare nella vita eterna». E il vecchio monaco ammalato riceve cosi l'acqua benedetta e "consacrata" da una scheggia del legno santo.[28] Una scheggia di legno come sacra particola?

Certo questo esempio ripropone il rapporto tra i miracoli e *il* miracolo, l'eucaristia, atto, momento, oggetto, in cui continuamente, quotidianamente il sacro si materializza e rimane permanentemente fruibile.

27. Guiberti, *De pignoribus sanctorum*, PL 156, col. 621.
28. *Historia*, III, 2 (ed. cit., pp. 128 ss.).

> The process of distinction among events called *mira* in this period – il periodo considerato da Benedicta Ward, da cui riprendo la citazione, sono i secoli XI-inizi XIII – is seen particularly clearly in relation to the supernatural events called sacraments. In one sense the sacraments always had been "miracles" par *excellence,* insofar as they were the supreme instances of the regular but mysterious intervention of God in the created order: *quotidiana miracula* [...] The real emphasis on a sacrament as miraculous, however, was to be found in connection with eucharist. Unlike the other sacraments, the eucharist involved the use of bread and wine, natural objects that could be observed and discussed in terms other those of psychology.[29]

La dimensione storico-teologica del problema deve così essere necessariamente correlata alla conoscenza e interpretazione della natura e alla percezione complessiva del sacro in singoli contesti socioculturali.[30]

L'ostia consacrata può diventare dunque uno "strumento". Forse uno "strumento" dotato di particolare sacralità: dunque più efficace. Di qui miracoli detti eucaristici, nel racconto dei quali viene talvolta a sovrapporsi la sacralità "interna" – la prova della transustanziazione, quasi un miracolo "riflessivo", secondo una tipologia che ho già evocato sopra – e la *virtus* attiva, transitiva – variamente e non sempre correttamente usata.[31]

Narra Pier Damiani di una donna tradita dal marito che decide di prendere il corpo del Signore «quasi communicatura», conservandolo tuttavia intatto in bocca: «quod caute reservans, viro suo postmodum non sine quibusdam maleficiis propinaret». Un miracolo impedirà il sacrilegio: metà dell'ostia si trasforma infatti in carne umana, mentre l'altra metà non muta «panis species».[32] Maleficio o uso a fini per così dire quotidiani di un oggetto nella cui sacralità quella donna crede fermamente e a cui probabilmente crede anche il marito? Una fattura o piuttosto un uso improprio?

29. Ward, *Miracles and the Medieval Mind*, p. 13. Alla Ward rinvio per la bibliografia relativa al tema.

30. Per il rapporto miracolo-conoscenze fisiche-scienza medica, oltre alle molte osservazioni di Ward, *Miracles and the Medieval Mind, passim*, utile l'indice delle voci riguardanti la scienza medica in *Il processo di canonizzazione di Nicola da Tolentino*, pp. 667-677; e interessanti le pagine dedicate a questo argomento in E. Brambilla, *La medicina del Settecento: dal monopolio dogmatico alla professione scientifica,* in *Storia d'Italia Einaudi, Annali*, 7, *Malattia e medicina,* a cura di F. Della Peruta, Torino 1984, pp. 81 ss.

31. Numerosi esempi in Ward, *Miracles and the Medieval Mind, passim.*

32. Pier Damiani, *Op. XIII*, PL 145, coll. 571-573.

Un contadino, di scena nel racconto di Pietro il Venerabile, è accusato di avere "abusato" del sacramento eucaristico attraverso arti magiche conservando in bocca la particola, portandola intatta nel suo alveare e soffiandola nell'arnia, perché gli era stato detto che il corpo del Signore avrebbe protetto le sue api – «nulla deinceps moreretur, nulla recederet, nulla deperiret» – e accresciuto la produzione di miele – «de augmento fructus multo amplius quam ante gauderet ». Le api, dimostrando una naturale devozione, mettono in salvo la particola sempre intatta; ma l'uomo «in vindictam sceleris sui» uccide quelle api che aveva voluto proteggere con male arti. A riprova della sua colpa l'ostia, apparsagli in forma di bambino appena nato, svanisce appena toccata da quelle mani indegne.[33]

I miracoli narrati da Pietro il Venerabile confermano la *virtus* degli oggetti santificati dal clero, eucaristia, acqua benedetta, e con questo certamente intendono confermare il potere sacerdotale, intermediario necessario tra l'uomo e Dio, l'unico capace di gestire il sacro e di costruire gli strumenti idonei a distribuirlo e diffonderlo.[34] Intenzione non dissimile può certo essere attribuita anche a Pier Damiani, anche se il dossier è più esile. Ma nell'uso punitivo del primo esempio e in quello protettivo del secondo non si ravvisano elementi di miscredenza: la prova della "presenza reale" appare come elemento "aggiuntivo" – riaffermazione di una ortodossia di fede che non appare messa in discussione – rispetto all'oggetto proprio della condanna: il suo uso "malefico". Si ravvisa invece chiaramente nell'episodio un uso diverso della sacralità e del potere riconosciuti a quello "strumento", che non esclude, anzi può comporsi, con quello ecclesiastico, il quale a sua volta può presentare non poche differenziazioni ed essere talvolta oggetto di intervento disciplinare. Un uso "strumentale" dell'eucaristia sembra implicito nelle proibizioni di portarla fuori dalle chiese.[35]

33. Petri Cluniacensis abbatis, *De miraculis libro duo*, a cura di D. Bouthillier, Turnhout 1988 (CCCM, 83), I, 1, pp. 7-8.

34. J.-P. Valéry Patin et J. Le Goff, *À propos de la typologie de miracles dans le «Liber de miraculis» de Pierre le Vénérable,* in *Pierre Abélard-Pierre le Vénérable. Les courants littéraires et artistiques en Occident au milieu du XIIe siècle,* Parigi 1975, pp. 181-187.

35. Si veda, ad esempio, la proibizione formulata nel IV Concilio Lateranense, XX in G.D. Mansi, *Sacrorum conciliorum. Nova et amplissima collectio*, vol. 21, Venetiis 1776, col. 1077. Esempi sei-settecenteschi di uso "improprio" dell'eucaristia da parte del clero contro gli incendi o i temporali, in P. Guidotti, *Dall'Appennino all'Oltralpe sulle tracce della religiosità popolare*, Bologna 1988, pp. 33-34.

Il controllo sulla fruizione del sacro sembra in questi esempi connesso con una preoccupazione prevalente: quella che potremmo definire della "commistione".[36] Di fronte alla quale netta deve essere la distinzione tra sacralità positiva e correttamente usata e sacralità negativa e maleficamente usata. Il rapporto miracolo-magia torna evidentemente in primo piano. Come torna in primo piano il problema del concetto stesso e della conseguente terminologia relativa al miracolo. Nei confronti del quale mi limito qui solo a esprimere l'esigenza di formulazioni articolate. Moltissime le forme e gradazioni di intensità del miracolo: ma meglio sarebbe dire dell'idea che gli uomini in ogni epoca hanno o si fabbricano della possibilità di ottenere quanto la realtà non offre loro: nelle necessità materiali, nella lotta contro le malattie, per la difesa dai dolori fisici, contro le angosce, contro la paura della morte.[37] Inteso in questo senso il miracolo può davvero essere l'osservatorio privilegiato per una storia della società – e certo non solo di quella altomedioevale. La "negazione" storiografica del miracolo, rigettato in un immaginario privo di ogni consistenza culturale, o la sua elitaria ghettizzazione teologica – ma talvolta strumentalmente apologetica – nella sfera di una mal tollerata credulità "popolare", e naturalmente all'opposto la sua "spiegazione" e valorizzazione come segno dell'intervento di Dio, – dunque la sua astoricizzazione – impoveriscono la storia, sperando forse di renderla meno complessa e inquietante.

36. Ho usato questo termine in altro contesto: cfr. *Identità ebraica e stereotipi cristiani.*

37. Suggerimenti interessanti vengono per le coincidenze, le sovrapposizioni e le ambiguità dell'analisi di alcuni casi particolari: ad esempio dal bel saggio di A. Rousselle, *Du sanctuaire au thaumaturge: la guérison en Gaule au IVe siècle,* in «Annales E.S.C.», 31 (1976), pp. 1085-1107; e dalle recenti ricerche di G.P. Ferzoco, *Historical and Hagiographical Aspects of the Religious World of Peter of Morrone*, in *S. Pietro del Morrone Celestino V nel Medioevo monastico,* L'Aquila 1989, pp. 227-237. Per le "gradazioni" del miracolo importanti spunti di riflessione mi sono venuti dall'articolo di F. Koch, *Il «buon mercato»: utile e religione in una confraternita romana di fine Ottocento,* in «Movimento operaio e socialista», 11 (1988), pp. 21-34.

5. Miracoli: dalla storiografia alla storia

1. *Prodigi e miracoli*

> Per tornare ora alle incertezze della storiografia del Basso Impero – tematiche e formali – è la stessa nozione di verità che viene disturbata. [...] Più in generale è l'intrusione del miracoloso che sconvolge i criteri di verità e verisimiglianza della storiografia classica. Non solo le vite dei santi hanno i loro miracoli. Serie storie pagane, come quella di Ammiano Marcellino, accolgono divinazione e magia a piene mani.[1]

Il giudizio di Arnaldo Momigliano ha pesato e pesa ancora come un macigno. Tanto più in quanto coinvolge di fatto l'interpretazione di un intero periodo storico: quel medioevo la cui fisionomia è stata costruita dalla storiografia nel confronto-scontro con il mondo classico e con l'età moderna.[2] Questo giudizio, se ha la responsabilità di avere sancito con l'autorità del grande storico la completa divaricazione tra narrazione di eventi "miracolosi" e verità storica, ha il grande merito di avere posto con nettezza il nesso tra cultura tardoantica e cultura medievale, permettendo di collegare la presunta "intrusione" del meraviglioso non solo ai caratteri propri della nuova religione cristiana, ma anche al complessivo contesto storico.

L'attenzione alla terminologia presente in molti dizionari è stata volta a precisare concettualmente identità e diversità tra il miracolo – etimologicamente evento o fenomeno che suscita meraviglia, sostanzialmente equivalente a prodigio e portento – e miracolo come manifestazione della

1. A. Momigliano, *L'età del trapasso fra storiografia antica e storiografia medievale (320-550 d. C.)*, in Id., *Quinto contributo alla storia degli studi classici*, I, Roma 1975 (Raccolta di Studi e Testi, 135), pp. 49-71, citazione a p. 62.

2. G. Falco, *La polemica sul medioevo*, Napoli 1977, 1988^2.

divinità, segno della sua volontà e del suo potere.[3] La centralità assunta dal miracolo nel cristianesimo a partire dai Vangeli ha imposto alla storiografia il problema della sua presenza e della sua funzione nelle culture e nelle società in cui il cristianesimo ha le sue radici: la civiltà classica greca e romana e la civiltà ebraica. Se la storiografia relativa al mondo classico ha privilegiato il rapporto tra razionalità e prodigi all'interno delle coordinate fondamentali del pensiero greco, in cui così largo posto ha il mito,[4] gli studi relativi alla tradizione biblica si sono interessati soprattutto al significato degli interventi soprannaturali nella storia del popolo eletto,[5] con una forte tendenza a stabilire una continuità fra miracoli vetero e neotestamentari all'interno della storia della salvezza. Cristo riassume il potere della mediazione con Dio, presente nei profeti, divenendo l'operatore per eccellenza di miracoli: «Costui è Giovanni Battista!, esclama Erode, è resuscitato dai morti e per questo in lui si manifesta la potenza dei miracoli» (Mt 14, 1-2).

Questo ha comportato l'"inglobamento" del miracolo biblico nella tradizione cristiana: non ultima causa della diffidenza mostrata dalla cultura e dalla storiografia ebraica nei confronti del meraviglioso, soprattutto nella sua valenza di "segno" della santità. «Nel giudaismo», osserva Peter Brown,

> le tombe sante e il rabbinato andavano in direzioni distinte [...]. Non che si negasse l'esistenza di tante tombe di santi oppure la loro importanza per le comunità giudaiche, ma i leaders della dottrina e della spiritualità giudaiche non scelsero di appoggiarsi alle tombe, come fecero i vescovi cristiani.[6]

Questa prolungata diffidenza, che conosce poche eccezioni, si va lentamente diradando di fronte all'evidenza storica del fenomeno non solo nell'ebraismo antico, ma anche in quello moderno – soprattutto nell'Europa centrale con il movimento hassidico – e di età contemporanea – nell'Africa settentrionale e poi in Israele –, sotto l'influsso delle pratiche cristiane e di quelle proprie alla cultura islamica.[7]

3. Si veda *Miracoli*, pp. 235-236.
4. Si veda ivi, p. 236. Cfr. l'impostazione proposta in M.C. Giammarco Razzano, *Segni e miracoli. Riflessioni sulla Grecia classica*, in *Miracoli. Dai segni alla storia*, a cura di S. Boesch Gajano e Marilena Modica, Roma 2000, pp. 49-72.
5. Si veda *Miracoli*, pp. 236-237.
6. P. Brown, *Il culto dei santi. L'origine e la diffusione di una nuova religiosità*, Torino 1983, p. 18.
7. Alcune riflessioni e relativi riferimenti bibliografici in S. Boesch Gajano, *La santità*, Roma-Bari 1999, pp. 101-105; 153.

Nella linea della continuità fra storia del popolo ebreo, reinterpretata attraverso un imponente e affascinante sforzo esegetico, e storia cristiana, la storiografia ha prestato particolare attenzione ai secoli in cui il cristianesimo costruisce la propria identità.[8] Terreno privilegiato del confronto culturale, che ha per questo attirato l'attenzione individuale e collettiva degli storici in più di un'occasione[9], è quello del sogno, delle visioni, delle profezie: un terreno nel quale persistentemente si esercitò lo sforzo di una compiuta cristianizzazione, operata attraverso l'attenta e faticosa selezione dei messaggi di origine divina da tutti quelli che vennero interpretati come manifestazioni demoniache.

La svolta rappresentata da Agostino è stata "immortalata" da Peter Brown; i suoi racconti di miracoli

> denunciano lo sforzo con il quale Agostino – un uomo formatosi nella corrente più austeramente immaterialista del pensiero neoplatonico accessibile a una persona colta del suo tempo – era arrivato a concepire l'idea inconcepibile di un futuro integrarsi di carne e di spirito [...]. Miracoli che un tempo erano parsi a Agostino, il contemplativo, scarsamente significativi, quasi luci offuscate dal sole dell'armonioso ordine divino, assumono un calore, uno splendore propri.[10]

Con Agostino si ha l'accettazione definitiva dei miracoli "contemporanei", la loro legittimazione teologica, storica e pastorale:[11] e i miracoli da lui narrati offrono molti elementi di riflessione, su cui torno più avanti.

Prima e dopo Agostino l'atteggiamento della cultura cristiana si diversifica fra repressione distruttrice, sostituzione e sussunzione sincretica: il controllo del soprannaturale è il terreno di confronto e di scontro tra la nuova religione, la religione pagana ufficiale e le tante credenze delle popolazioni romanizzate.[12] A questo problema ha dato una risposta innovativa Aline Rousselle, proponendo una comparazione fra i miracoli attribuiti ai santi cristiani e narrati nelle fonti agiografiche – in particolare

8. Si veda *Miracoli*, pp. 237-238.

9. In particolare, *Sogni, visioni e profezie nell'Antico Cristianesimo* = «Augustinianum», 39 (1989).

10. Brown, *Il culto dei santi*, p. 18.

11. S. Boesch Gajano, *Verità e pubblicità: i racconti di miracoli nel libro XXII del «De Civitate Dei»*, in *Il «De Civitate Dei». L'opera, le interpretazioni, l'influsso*, a cura di E. Cavalcanti, Roma-Freiburg-Wien 1996, pp. 367-388.

12. S. Boesch Gajano, *Pratiche e culture religiose*, in *Storia d'Europa*, III, *Il Medioevo*, a cura di G. Ortalli, Torino 1994, pp. 169-216.

nella *Vita Martini* – con «le système général de guérisons en Gaule, avec la médecine des livres médicaux et les pratiques des sanctuaires». L'analisi delle pratiche medico-religiose dei santuari della Gallia e delle guarigioni in esse operate induce la storica a cogliere continuità e persistenze e insieme a individuare le trasformazioni; nel corso del IV secolo «la création verbale, la désignation de media – hommes, lieux, objets – la réification de paroles dans des formules efficaces, tout cela a été offert aux populations de l'Empire dans un dispositif nouveau qui a induit la nouvelle adresse» nel quale un ruolo essenziale ebbe l'«outillage logique dont disposait la communauté intellectuelle». Questa impostazione permette di uscire dalla contrapposizione fra miracolo pagano e miracolo cristiano, recuperando per entrambi come comune denominatore la verità delle guarigioni.[13]

2. *Il meraviglioso medioevale*

Se la storiografia religiosa tardoantica ha dovuto fare sempre i conti con solidi quadri di riferimento culturali, politici e istituzionali proposti dalle fonti, la storiografia medievistica si è trovata di fronte la realtà imponente di testimonianze caratterizzate dalla cosiddetta "invasione del meraviglioso". E ne è rimasta per lungo tempo sommersa.

La fede autorizza a credere nell'onnipotenza di Dio; e i miracoli sono dunque possibili. I miracoli sono anzi la prova dell'onnipotenza di Dio, il segno più comprensibile della sua esistenza e dunque lo strumento per eccellenza della conversione e della pastorale. Ma l'onnipresenza del miracolo ha finito per suscitare una "reazione di rigetto": di emarginazione dalla storia e dalla storiografia. Sul versante della cultura cattolica esso è stato visto come testimonianza di abbassamento del livello culturale e di fatto come elemento inquinante la purezza della fede, utile tutt'al più in funzione strumentale per la diffusione e la conferma del cristianesimo; sul versante della cultura laica esso è stato riconosciuto come prova dell'irrazionalismo di un'intera epoca e come elemento di "corruzione" per la ricostruzione della verità storica.

Marc Bloch ha rappresentato il momento della rottura: eppure l'influsso esercitato non è stato nel senso dell'accettazione della storicità del

13. A. Rousselle, *Croire et guérir. La foi en Gaule dans l'Antiquité tardive*, Paris 1990, citazioni alle pp. 13 e 255.

miracolo, quanto piuttosto del superamento di una storiografia puramente politica e istituzionale e della affermazione di un nuovo approccio profondamente segnato dai rapporti con le scienze sociali. Bisognava aspettare gli anni Sessanta, come nota Vauchez, con la "vogue" della storia delle mentalità, perché la storiografia francese legittimasse il meraviglioso – più che il miracolo in quanto evento specifico – come parte ineliminabile della realtà storica medioevale:[14] artefice principale di questo inserimento è stato J. Le Goff – le cui opere hanno avuto e continuano ad avere un forte impatto sulla cultura storica accademica e non accademica –, al quale va in particolare il merito, in relazione ai problemi qui considerati, di avere reimpostato il problema della cultura popolare nel medioevo, facendo interagire cultura folklorica e cultura ecclesiastica.[15] Questo tema è stato centrale in una grande stagione storiografica, che ha il suo maggiore protagonista in Carlo Ginzburg.[16]

In un panorama dominato dalle figure di storici così prestigiosi, meritano una menzione almeno due opere "minori". La prima è il saggio del 1954 di P. Rousset,[17] con il suo uso di fonti prevalentemente non agiografiche, la cui analisi porta a una distinzione tipologica fra tre aspetti del meraviglioso feudale: i segni nel cielo (eclissi, comete, cielo rosso ecc.); i prodigi (mostri, demoni, visioni); i miracoli veri e propri, nonché all'individuazione di forme di concatenazione causale tra prodigi e altri eventi di carattere eccezionale, e eventi storici drammatici, come pestilenze e guerre, all'interno di un orizzonte mentale in cui il confine fra mondo naturale e soprannaturale è assai mal definito. La seconda, di impianto più complessivo e di maggiore ambizione interpretativa, è quella di Benedicta Ward, che, dopo la fruttuosa distinzione fra miracolo, testimonianza e evento, che introduce al problema essenziale del rapporto fra "accadimento", racconto e interpretazione, e una interessante analisi di testimonianze diversificate (teologiche, pastorali, devozionali), ripropone il tradizionale "universo

14. A. Vauchez, *Conclusions*, in *Miracles, prodiges et merveilles au Moyen Age*, Paris 1995, pp. 317-318.

15. J. Le Goff, *Il meraviglioso e il quotidiano nell'Occidente medievale*, Roma-Bari 1983, che riassume la sua interpretazione.

16. Cfr. *Religioni delle classi popolari*, a cura di C. Ginzburg = «Quaderni Storici», 41 (1979) [Per le altre opere dello storico si veda *Un lungo percorso tra fonti e storiografia*, in questo volume alle pp. 9-28].

17. P. Rousset, *Les sens du merveilleux à l'époque féodale*, in «Le Moyen Age», 62 (1956), pp. 25-37.

mentale" in cui i miracoli erano «the ordinary life of heaven made manifest in hearthly affairs», e «in which not to have miracles was a cause of surprise, terror and dismay».[18]

Carattere decisamente innovativo – evidente già nel titolo – presenta il volume *Miracles, prodiges e merveilles au Moyen Age*, dal quale emerge un panorama dei diversi possibili approcci al problema, teologico, scientifico, letterario, antropologico, panorama comprendente anche confronti all'interno (cultura bizantina) e all'esterno del mondo cristiano (cultura islamica), e la consapevole ricerca di scansioni cronologiche legate ai diversi contesti sociali e culturali. Il volume non solo propone un'esemplificazione delle forme di rapporto con la realtà naturale e con il mondo invisibile, di elaborazione simbolica, di espressione letteraria e artistica capaci di rispecchiare la varietà delle costruzioni dell'immaginario, ma mostra anche la consapevolezza che miracolo e meraviglioso non sono termini generici per indicare un'altrettanto generica mentalità medioevale, ma elementi di una storia di cui è possibile ricostruire gradualmente lo sviluppo.[19]

Non ultimo dei meriti del volume quello di "intaccare" il nesso fra miracolo e santità.

3. *Miracolo e santità*

Il rapporto tra i due termini, sia pure con una molteplicità di "varianti" e con momenti di più intensa problematicità, può essere considerato infatti una costante nella storia della santità cristiana, tanto che si sarebbe tentati di dire semplificando: senza miracolo non vi è santità, senza santità non vi è miracolo. Ancora oggi, infatti, pur in presenza di progressi della scienza tali da avere imposto un'estrema cautela nell'accettazione della "soprannaturalità" di un evento, la canonizzazione non può avvenire senza che sia riconosciuto al "candidato" almeno un miracolo. Il miracolo si trova nella scomoda posizione di essere insieme "conseguenza" di uno stato di vita, "manifestazione" di perfezione e "prova" del raggiungimento del rapporto con Dio.

18. B. Ward, *Miracles and the Medieval Mind. Theory, Record and Event, 1000-1215*, Aldershot 1987, citazione a p. 216.

19. *Miracles, prodiges et merveilles*.

Il nesso fra santità e miracolo ha avuto come conseguenza un'attenuazione dell'interesse storiografico per l'identità propria dei due termini: la santità ha assunto come necessaria conseguenza la manifestazione miracolosa, il miracolo è stato visto come "appendice" della santità di vita, tale, a seconda delle ottiche storiografiche, da "inquinare" il senso proprio della santità cristiana, che andrebbe sempre riportata alla sua essenza spirituale di cammino verso l'unione con Dio, o, al contrario, "sigillo" posto da Dio alla perfezione raggiunta dal candidato alla santità.

La centralità di questo nesso ha determinato un'attenzione specifica degli studi agiografici al tema del miracolo, che da un interesse prevalente alle testimonianze che completano o integrano la narrazione biografica del santo,[20] si è progressivamente allargata in tre principali direzioni. La prima è la funzione del miracolo nel percorso di santità, considerato nelle sue caratteristiche di percorso "iniziatico" di progressiva acquisizione di "poteri": momenti storiografici fondamentali in questa direzione vanno considerati il saggio di Evelyne Patlagean del 1968,[21] la riflessione di B. Flusin[22] e successivamente tutto l'innovativo complesso di studi sul corpo, e in modo particolare sul corpo nell'esperienza mistica.[23] La seconda direzione è quella del riconoscimento sociale e istituzionale del miracolo, cui ha dato un contributo decisivo la grande opera di André Vauchez,[24] a seguito della quale l'interesse per i processi di canonizzazione ha progressivamente "invaso" l'età moderna e contemporanea.[25] La terza è costituita dall'utilizzazione delle raccolte di miracoli come fonte per la storia della società, sia in senso "positivistico" di repertorio

20. Per l'attenzione della storiografia agiografica alle fonti relative al miracolo basta considerare la serie degli «Analecta Bollandiana». Si veda S. Boesch Gajano, *L'agiografia*, in questo volume alle pp. 201-237.

21. E. Patlagean, *À Byzance. Ancienne hagiographie et histoire sociale*, in «Annales E.S.C.», 23 (1968), pp. 106-126, tr. it. in *Agiografia altomedievale*, a cura di S. Boesch Gajano, Bologna 1976, pp. 191-213.

22. B. Flusin, *Miracle et histoire dans l'œuvre de Cyrille de Scythopolis*, Paris 1983.

23. Il riferimento più importante rimane C.W. Bynum, *Holy Fast and Holy Feast. The Religious Significance of Food to Medieval Women*, Berkeley-Los Angeles-London 1987; si veda inoltre Ead., *The Resurrection of the Body*, in *Western Christianity (200-1336)*, New York 1995.

24. A. Vauchez, *La sainteté en Occident aux derniers siècles du Moyen Âge d'après les procès de canonisation et les documents hagiographiques*, Rome 1981, 2ª ed. aggiornata 1988; trad. it. *La santità nel Medioevo*, Bologna 1989.

25. Rinvio alla bibliografia di Boesch Gajano, *La santità*, pp. 148-150.

di notizie sulla vita quotidiana e sulle pratiche devozionali,[26] sia come strumento di conoscenza delle dinamiche politico-sociali che possono presiedere alla loro raccolta.[27]

Il rapporto miracolo-santità, al centro di un'intera stagione di studi – nella quale ha un posto di rilievo il problema del potere dei santi –[28] non cessa di essere oggetto anche di nuove, proficue rivisitazioni. È il caso de *L'autorité des saints*, dove l'orizzonte si allarga al confronto interreligioso,[29] e del volume di A. Vauchez, *Saints, prophètes et visionnaires*, nel quale viene ricomposto un percorso di ricerca attento meno al fenomeno istituzionale che ai caratteri specifici dell'esperienza religiosa, delle sue manifestazioni "straordinarie", della conseguente visibilità pubblica e dell'impatto sociale e politico.[30] Questi esempi rappresentano una prova ulteriore della necessità di cogliere, nella lunga durata del rapporto fra santità e miracolo, le varianti territoriali e i mutamenti intercorsi a seguito delle trasformazioni della società e della mentalità religiosa in età moderna. La "zona di confine" fra medioevo e età moderna presenta per questo uno straordinario interesse,[31] con il passaggio dalla dimensione individuale a quella sociale messa in luce da John Bossy[32] e all'elaborazione di più rigorosi criteri per il riconoscimento e per il più accentuato controllo di ogni manifestazione soprannaturale.

La Controriforma ha "risposto" alle critiche della Riforma, ponendo il problema della "verità" del miracolo e degli strumenti per provarla. La risposta teologica elaborata dal concilio di Trento fu accompagnata infatti da una riflessione critica, con due versanti principali: quello dell'erudi-

26. I principali riferimenti sono a questo riguardo: P.A. Sigal, *L'homme et le miracle dans la France médiévale (XIe-XIIe siècle)*, Paris 1985; Ch. Krötzl, *Pilger, Mirakel und Alltag. Formen des Verhaltens in Skandinavischen Mittelalter*, Helsinki 1994.

27. Tra gli esempi: J. Dalarun, *La sainte et la cité. Micheline de Pesaro († 1356) tertiaire franciscaine*, Roma 1992 (Collection de l'École française de Rome, 164).

28. Si veda *Miracoli*, pp. 241-243.

29. *L'autorité des saints. Perspectives historiques et socio-anthropologiques en Méditerranée occidentale*, a cura di M. Kerrou, Paris 1998.

30. A. Vauchez, *Saints, prophètes et visionnaires. Le pouvoir surnaturel au Moyen Age*, Paris 1999.

31. G. Zarri, *Le sante vive. Culture e religiosità femminile nella prima età moderna*, Torino 1990 (Sacro/Santo, 2), e *Finzione e santità fra medioevo e età moderna*, a cura di G. Zarri, Torino 1991 (Sacro/Santo, 7).

32. In particolare: J. Bossy, *Dalla comunità all'individuo. Per una storia sociale dei sacramenti in Europa*, con una introduzione di A. Prosperi, Torino 1998.

zione storica e quello della scienza.[33] La storiografia agiografica – prima fra tutte l'impresa dei Bollandisti – pose su nuove basi lo studio della santità e del culto dei santi, fondato sulla certezza delle testimonianze, sottoposte a rigidi criteri di analisi filologica, archeologica, storica. Non che venisse messa in discussione la possibilità del miracolo quale intervento di Dio attraverso i suoi santi, ma i racconti di miracoli – come ogni altra fonte relativa a ogni santo e al suo culto – acquistavano per la prima volta la loro identità di testimonianza storica e letteraria, da sottoporre alle leggi della verifica scientifica. Questo procedimento non investiva soltanto i santi antichi, la cui stessa esistenza storica era sottoposta a indagine risalendo tutti i gradini atti a comprovare o meno l'antichità del loro culto, pena l'espulsione dal calendario della Chiesa universale, ma anche i nuovi santi – intendendo con "novità" sia la contemporaneità dei candidati alla santità sia la nuova attenzione a personaggi del passato degni di essere elevati all'onore degli altari –: il loro riconoscimento poteva avvenire solo attraverso criteri rigidamente stabiliti da una Chiesa, definitivamente consapevole della necessità di controllo e selezione delle forme della vita religiosa e delle manifestazioni cui veniva attribuito un carattere "soprannaturale".

Se la metodologia critica offriva criteri sicuri per l'analisi delle fonti relative ai candidati alla santità, la cultura medico-scientifica doveva offrire parametri certi per il riconoscimento delle manifestazioni del soprannaturale divino e per la loro inequivocabile differenziazione da quelle dovute ai rapporti con il diavolo – mai negate fin dai Vangeli, ma riproposti ora con particolare intensità dalla teologia e dalla pastorale – o ancora a quelle "costruite" ad arte dalla malizia degli uomini e soprattutto delle donne. Questo ordine di problemi è stato centrato da Gabriella Zarri, con un convegno, dove si sono per così dire "coagulati" studi e approcci diversi, confluiti poi nel volume *Finzione e santità*, punto di riferimento metodologico e storiografico fondante un nuovo approccio alla storia della santità e delle manifestazioni "straordinarie" ad essa collegate.[34]

33. Si veda il panorama delineato da G. Imbruglia, *Dalle storie dei santi alla storia naturale della religione. L'idea moderna di superstizione*, in «Rivista Storica Italiana», 101 (1989), pp. 35-84. Per la storia della medicina: E. Brambilla, *La medicina del Settecento: dal monopolio dogmatico alla professione scientifica*, in *Storia d'Italia Einaudi*, *Annali*, 7, *Malattia e medicina*, a cura di F. Della Peruta, Torino 1984, pp. 5-147; e G. Pomata, *La promessa di guarigione. Malati e curatori in Antico Regime*, Roma-Bari 1994.

34. *Finzione e santità*.

4. *Fra teologia e scienza*

La storiografia ha da tempo insistito sulle definizioni concettuali elaborate dalla cultura cristiana fin dai primi secoli. Al costante interesse per il miracolo nell'Antico e nel Nuovo Testamento, già ricordato, si possono accostare il saggio pionieristico di Corrado Bologna[35] sulla riflessione altomedioevale sui "confini" fra natura e sopranatura, e i saggi di Charles Radding, che ha aperto nuove prospettive nella direzione di un organico rapporto fra cultura scientifica e pratiche sociali nei secoli centrali del medioevo, con una riflessione specifica relativa alle consuetudini giuridiche, e in particolare all'ordalia.[36]

Nella storiografia successiva l'attenzione si è progressivamente spostata sui "confini" terminologici e concettuali di natura, come nel volume *Miracles, prodiges et merveilles*.[37] Il saggio di Michel Tarayre apre un nuovo fronte nella direzione degli enciclopedisti medioevali, con uno studio dedicato allo *Speculum* di Vincenzo di Beauvais.[38] Esso consiste nell'analisi particolareggiata dei tre termini: *portenta*, «qui partent du monde sensible et se hissent jusqu'au merveilleux le plus extraordinaire, donc le plus éloigné de notre expérience immédiate» e si manifestano «par une intrusion dans le monde de la réalité des éléments stupéfiants et échappent à l'emprise des hommes», tali da dover essere decodificati per «prendre connaissance du message qu'envoie par leur intermédiaire le Créateur»; fenomeno questo «dévoilant une partie de l'avenir» nel solco della tradizione antica di presagi e prodigi; *miracula*, "luogo" privilegiato dell'interpenetrazione tra mondo sensibile e invisibile, frutto della «volonté de révéler une réalité qui échappe en temps normal à toute explication»; e infine *mirabilia*, il cui primo significato è quello di «évènements dignes d'être admirés, qu'ils appartiennent à la réalité sensible ou non», termine tendenzialmente «caractérisant l'apparence, la manifestation extérieure seulement». La prudente

35. C. Bologna, *Natura, miracolo e magia nel pensiero cristiano dell'Alto Medioevo*, in *Magia. Studi di storia delle religioni in memoria di Raffaella Carosi*, Roma 1976, pp. 253-272.

36. Ch. M. Radding, *A World Made by Men. Cognition and Society, 400-1200*, University of North Carolina 1985. Ma si veda soprattutto Id., *Il riconoscimento del miracolo nella società medievale: cultura ecclesiastica e cultura folklorica*, in *Miracoli*, pp. 91-108.

37. *Miracles, prodiges et merveilles*.

38. M. Tarayre, *"Miracula" et "mirabilia" chez Vincent de Beauvais. Étude de concepts*, in «Le Moyen Age», 105/2 (1999), pp. 367-413.

conclusione sull'impossibilità di arrivare a una differenza netta e totale del senso e degli usi dei termini potrebbe costituire una chiave interpretativa generalizzata.

La storiografia medievistica ha dunque recuperato uno specifico interesse per la cultura scientifica[39] e per la definizione della sua identità nei confronti della teologia e della magia, che era stato proprio della storiografia relativa all'età moderna,[40] con un dibattito su cui ha richiamato l'attenzione Marilena Modica.[41] Quanto all'età contemporanea, se non cessa il dibattito giocato fra teoria e apologetica, con un'impressionante continuità nella cultura anglosassone,[42] la grande novità è costituita dalle analisi antropologiche che si sono proposte con autorevolezza metodologica e interpretativa.

Il rapporto miracolo-magia, che da Simon Mago in poi percorre tutta la storia del cristianesimo, ha trovato uno dei suoi approdi scientificamente più rilevanti nelle ricerche di Ernesto De Martino, che ha offerto non solo parametri interpretativi generali, ma ha anche proposto ne *La terra del rimorso* un percorso di ricerca storica e antropologica per spiegare una malattia e l'efficacia curativa di un sistema simbolico-rituale.[43]

De Martino fa parte della triade che con Bloch ha sollecitato il nostro interesse: insieme a Carlo Ginzburg, che ha cercato una spiegazione storica e scientifica del fenomeno del sabba,[44] e Chiara Frugoni, che ha coraggiosamente ripercorso, attraverso le rielaborazioni della scrittura e dell'iconografia, le tappe della costruzione progressiva del "miracolo" delle stimmate di Francesco – uno dei miracoli più famosi di uno dei santi più famosi dell'intera storia del cristianesimo – da esperienza spirituale a intervento materiale di Dio sul corpo stesso del santo.[45] Il comune denominatore indi-

39. Si veda il bel volume *Comprendre et maitriser la nature au Moyen Age*, Paris 1992.

40. Si veda *Miracoli*, pp. 243-245.

41. M. Modica, *Il miracolo come oggetto di indagine storica*, in *Miracoli*, pp. 17-27.

42. Ricordo solo, in un'imponente quantità di titoli, come semplici esempi, due libri recenti: D. Wakefield, *Expect a Miracle: the Miraculous Thing that happen to Ordinary People*, London 1995; *In Defense of Miracles: a Comprehensive Case for God's Action in History*, a cura di R. Douglas Gaivett e G.R. Habermas, Leicester 1997.

43. E. De Martino, *La terra del rimorso, contributo ad una storia religiosa del Sud*, Milano 1961.

44. C. Ginzburg, *Storia notturna. Una decifrazione del sabba*, Torino 1989.

45. C. Frugoni, *Francesco e l'invenzione delle stimmate. Una storia per parole e immagini fino a Bonaventura e Giotto*, Torino 1993.

viduato in queste ricerche è quello di avere cercato la via della spiegazione del miracolo nella sua dimensione di evento storico.

5. *Una storia possibile*

La storia del miracolo è dunque possibile e non può che partire dallo studio delle forme di costruzione del miracolo colto nella sua individualità di evento storico.

Esperienza, memoria, riconoscimento sono tre momenti essenziali di questa costruzione.[46] Il confine fra natura e sopranatura è un confine mobile: esso corrisponde infatti a forme diverse di costruzione ideologica o culturale, spesso inconsapevole o implicito. Di qui discende una straordinaria varietà nella percezione dell'"intensità" o, meglio, della "gradazione" di "soprannaturale" riconosciuto in un evento.

> Il piano soggettivo di una guarigione miracolosa, quello della sua pubblicizzazione attraverso i percorsi dell'oralità e della stampa, e infine quello istituzionale della proclamazione di un miracolo appaiono disposti secondo una gerarchia di visibilità, che è anche gerarchia di autorità della parola. Variabili dunque e persino aleatori possono essere i gradi di "verità" di un miracolo, più che evento, costruzione che si elabora a più voci e in diversi tempi

ricorda esemplarmente Clara Gallini a proposito di Lourdes.[47]

Un sondaggio nelle fonti può fornire qualche ulteriore elemento di riflessione. Partiamo dalla testimonianza dei Vangeli: qui Gesù assume un'identità del tutto nuova rispetto ai tanti "professionisti del sacro" della tradizione classica e biblica, insita nell'essere proposto come figlio di Dio. La sua vita è descritta come un itinerario volto al ricongiungimento con Dio, attraverso la pratica dell'amore verso il prossimo, la lotta contro le tentazioni materiali e spirituali (permanenza nel deserto e vittoria contro i demoni), l'acquisizione di poteri sulla natura (miracoli di trasformazione e moltiplicazione dei beni, di guarigione e resurrezione dei corpi), che vengono a lui riconosciuti. Prima della dimensione teologica e della funzione spirituale loro attribuita dalla tradizione, essi si presen-

46. Sul tema cfr. Boesch Gajano, *L'agiografia*, in questo volume alle pp. 201-237.

47. C. Gallini, *Il miracolo e la sua prova. Un etnologo a Lourdes*, Napoli 1998, citazioni alle pp. 163, 210.

tano come eventi esperiti, osservati, fissati nella memoria scritta. Narra Luca che una donna

> si avvicinò dietro a Gesù, gli toccò la frangia del suo mantello e subito le si arrestò il flusso del sangue. Allora Gesù domandò: "Chi mi ha toccato?". Mentre tutti si scusavano, Pietro disse: "La folla ti circonda e ti si accalca d'intorno!". Ma Gesù disse: "Qualcuno mi ha toccato, perché io ho sentito che una virtù è uscita da me". [Lc 8, 44]

Il racconto mostra una sorta di rovesciamento dei ruoli fra "taumaturgo" e "paziente": l'ammalata, indotta a un gesto di contatto nella speranza della guarigione, conferma nel "taumaturgo" la consapevolezza del proprio potere, cui "resistono" i testimoni più vicini, proponendo sulle prime una spiegazione "naturale".

È solo un esempio per mostrare come i singoli episodi miracolosi dei Vangeli possano essere analizzati e interpretati alla luce di parametri culturali contemplanti una varietà di poteri e di credenze. La concorrenza può essere una delle chiavi per capire lo "strapotere" attribuito a Gesù dai Vangeli apocrifi: che si manifesta nelle forme più eclatanti e consapevoli, spesso esemplate sulla tradizione biblica, ma anche in forma quotidiana e "automatica", come quando si racconta che dal sudore di Gesù, che sua Madre aveva fatto gocciolare lavando la sua tunica, si produsse nella regione il balsamo.[48]

I Vangeli raccontano altri momenti della vicenda terrena di Gesù per i quali si configurano gli stessi problemi di costruzione narrativa, fatta di protagonisti, gesti, luoghi, testimoni, interpretazioni. L'episodio dell'ultima cena – che ha tra le sue caratteristiche quello di non produrre un mutamento visibile nella natura delle cose – è stato inglobato nella dimensione teologica, oggetto di periodici, accaniti dibattiti, mentre solo in alcuni periodi si è avvertita la necessità di valorizzare il "miracolo eucaristico", con la funzione di rendere visibile una natura invisibile. È una storia che può essere delineata facendo interagire fonti relative al pensiero teologico, alla pastorale, alle credenze e alle devozioni – le testimonianze di usi impropri condannati e puniti da Dio e dal clero mostrano una diffusa percezione dell'eccezionale potere attribuito all'ostia consacrata, capace di assicurare benefici di ordine materiale e utilizzato per pratiche magico-religiose – e ponendo a confronto diversi "oggetti" sacri, come ad esem-

48. *I Vangeli apocrifi*, a cura di M. Craveri, Torino 1990, p. 127.

pio le reliquie, la cui sacralità viene esaltata dalla produzione artistica in forme analoghe.

«La vita dell'uomo è una prova quotidiana», dice Agostino,

> può capitare che il fedele si ammali. Ecco là presente il tentatore. In vista della guarigione gli promette un sacrificio illecito, un amuleto riprovevole e sacrilego, un nefando incantesimo, un rito magico.[49]

Contro questi pericoli Agostino offriva il conforto di un luogo di preghiera, reso sacro dalle reliquie di santo Stefano capaci di operare l'invocata guarigione. Il miracolo si presenta in Agostino nella sua polivalenza: da rimedio sociale a strumento teologico. Si è già parlato della svolta di Agostino nei confronti dei miracoli contemporanei, che lo porta non solo a celebrare il potere dei santi e delle loro reliquie, ma a favorire la perpetuazione del ricordo dei miracoli compiuti dalle reliquie di santo Stefano e a raccontarli lui stesso sia nei sermoni che nel *De Civitate Dei,* dove guarigioni e resurrezioni operate dai santi e dalle loro reliquie diventano la prova della possibilità della resurrezione del corpo riservata a tutti i cristiani in analogia con la resurrezione di Cristo. Da lui abbiamo testimonianza della pratica dei *libelli:* i miracoli «fideliter descripta et publica adtestatione comprobata», poi letti in pubblico, richiedevano un'ulteriore dimostrazione costituita dal corpo guarito, esposto in chiesa, così che i fedeli potessero constatare la verità delle cose narrate.[50]

Il complesso dei racconti di miracoli di Agostino o scritti per sua committenza servono a mettere in luce alcuni elementi essenziali della costruzione del miracolo. In primo luogo il rapporto fra dimensione privata e dimensione pubblica. Esemplare il caso di Innocenza, che gestisce da sola e in prima persona la sua malattia, decidendo di non sottoporsi a operazione, di affidarsi al consiglio ricevuto in sogno di farsi segnare la parte malata con il segno della croce da una donna incontrata casualmente; e successivamente "certifica" a se stessa la propria guarigione, inserendola tra le manifestazioni possibili del potere che la sua fede riconosce a Dio. Se al medico è riservata la parte tecnica di diagnosi del male e di constatazione della sua sparizione, al vescovo, scrittore e teologo spetta il compito di sottrarre quell'evento alla sfera privata, sancirne l'eccezionalità soprannaturale, attribuirgli un significato teologico.

49. Agostino, *Sermone* 320, in *Discorsi*, V (273-340/A), *Sui santi*, Roma 1986, p. 761.
50. Cfr. Boesch Gajano, *Verità e pubblicità.*

Dalla testimonianza di Agostino possono partire molteplici percorsi. La competizione fra poteri diversi si ripropone persistentemente, come già ho detto, dopo il superamento vittorioso dello scontro con le religioni del mondo antico, non solo in tutte le nuove frontiere della cristianità – prima nell'Europa settentrionale e orientale, poi in America, Asia, Africa –, ma anche all'interno dei suoi confini con la persistenza di consuetudini tradizionali o di forme religiose più consapevolmente alternative – dall'eresia alla stregoneria. Questo comporta, come si è detto sopra, l'accentuarsi di un più rigido controllo e "certificazione" delle manifestazioni soprannaturali. La scrittura, insieme narrativa e probatoria propria di Agostino e dopo di lui di molti autori ecclesiastici, primi fra tutti Gregorio di Tours e Gregorio Magno, conserva la funzione di conservazione della memoria dell'evento, ma accentua il valore di certificazione sia delle raccolte di miracoli poste "in appendice" alle biografie dei santi per rafforzarne il culto, sia a partire dal secolo XII e poi con sempre maggiore frequenza e sistematicità, delle raccolte che sono parte del percorso di canonizzazione. Un valore che viene assicurato da appositi strumenti giuridici, a partire dall'utilizzazione sempre più frequente, fino a divenire indispensabile, del notaio, che raccoglie la testimonianza e ne garantisce la correttezza formale; per continuare con i testimoni, progressivamente sempre più selezionati e interrogati secondo formulari, che incanalano già le risposte secondo griglie funzionali ai criteri probatori stabiliti; infine le autorità ecclesiastiche sempre più presenti nella definizione di un evento come "miracolo" compiuto da Dio o come manifestazione diabolica.

Nei processi di età moderna vediamo comparire una nuova figura di esperto: il medico. Figura non certo assente nella storia della santità, con alcuni rari casi di santi medici, che hanno messo le loro competenze al servizio degli ammalati – primi nella storia Cosma e Damiano, esempi di una pratica svolta all'insegna della fede e del disinteresse –; ma per lo più con figure dalle caratteristiche "negative", perché esperti nelle scienze umane, che impotenti a guarire devono cedere il passo di fronte al vero "medico" dell'anima e del corpo: il santo, che guarisce non per sapienza terrena, ma perché ne riceve il potere da Dio. I progressi della scienza medica hanno comportato la necessità, per l'istituzione preposta al riconoscimento della santità, di dotarsi di queste nuove competenze, cui spetta il parere sulla "naturalità" o meno di una guarigione, sull'eventuale "impostura". In questa storia si può individuare una tappa essenziale nella riflessione teologica, storica e giuridica – una vera e propria summa relativa alla santità cristiana e alle modalità del suo riconoscimento ecclesiastico – proposta nell'opera di Benedetto XIV, nella quale la funzione del medico viene valorizzata, ma insieme strettamente limitata alla constatazione della guarigione, attraverso i parametri della completezza, immediatezza, durata, ma esautorandola del tutto rispetto alla natura miracolosa o meno della stessa.[51]

Anche il ruolo dei protagonisti del "miracolo" merita di essere seguito una volta lasciata l'età e la testimonianza di Agostino. In quanti casi siamo in grado di rintracciare il protagonismo e l'autonomia che il vescovo di Ippona attribuisce alla matrona di Cartagine, che difende l'intimità della sua esperienza esistenziale e religiosa? Certamente nei casi delle tante esperienze mistiche, nelle quali si avverte lo scarto fra il rapporto con il soprannaturale costruito all'interno di un'intensa esperienza spirituale e la necessità di esplicitarla al confessore, renderla pubblica attraverso la scrittura; sottoposta a giudizio, questa esperienza può infine essere respinta o approvata e in questo caso, divulgata e "pubblicizzata".

Questi protagonisti, dotati di autonoma capacità di gestione della propria fede, delle proprie devozioni, delle proprie esperienze naturali e "soprannaturali" diventano piuttosto "oggetti di indagine", semplici realtà corporee analizzate da coloro che detengono le competenze tecniche, giuridiche, ecclesiastiche, teologiche, il valore della cui esperienza viene "scavalcato" dalle testimonianze esterne, ma probanti di personaggi considerati socialmente e culturalmente più affidabili. È una storia che deve essere condotta in parallelo non solo e non tanto con la storia della scienza medica, quanto con la storia delle pratiche sociali, giuridiche e istituzionali legate alla medicina, per cogliere le tappe del progressivo estraniamento del malato rispetto alle competenze tecnico-scientifiche, messe in luce dalla ricerca già citata di Gianna Pomata.

Queste considerazioni di carattere generale vanno naturalmente verificate, a partire dalla ricchissima tipologia delle fonti. Tra un dossier scritto per propagandare la sacralità di un santuario, o una raccolta "notarile" pro-

51. Benedetto XIV, *De servorum Dei beatificatione et beatorum canonizatione*, Venetiis 1766. Per gli sviluppi della canonizzazione in età moderna: G. Dalla Torre, *Processo di beatificazione e canonizzazione*, in *Enciclopedia del diritto*, XXXVI, Milano 1987, pp. 932 ss.; Id., *Santità e economia processuale*, in *Finzione e santità*, pp. 231-263; e le voci, curate da Ph. Jansen, D. Le Tourneau, G.-M. Vian, in *Dizionario Storico del Papato*, I, Milano 1996, pp. 148-154; 231-236; 282-287. Sulla storia della canonizzazione si veda: G. Dalla Torre, *Santità e diritto. Sondaggi nella storia del diritto canonico*, Torino 1999 (Collana di Studi di diritto canonico ed ecclesiastico, 26 – sezione canonistica).

mossa da un'autorità laica o ecclesiastica per rafforzare il culto di un santo o per la sua canonizzazione, e ancora tra i miracoli narrati all'interno delle grandi cronache universali o di quelle dedicate a grandi eventi come le crociate e la conquista del nuovo mondo, o usati dalla pastorale missionaria, le differenze sono davvero tante.

La costante preoccupazione di precisare la verità del racconto attraverso il riferimento a testimoni affidabili, di interpretare l'evento e di sancirne la soprannaturalità, fa delle scritture agiografiche testimonianze privilegiate per analizzare in primo luogo le forme narrative della costruzione del miracolo, che non trascuri l'eventuale influenza di modelli,[52] e in secondo luogo quelle socio-antropologiche, attraverso l'identificazione dei personaggi e dei relativi ruoli primari o secondari, i luoghi, le parole, i gesti, gli oggetti, e infine quelle culturali, le interpretazioni implicite o esplicite in cui si conclude il percorso attraverso il quale un evento, caricato di valenze soprannaturali, è diventato un miracolo.

Nelle scritture storiografiche i parametri relativi alla sanzione della soprannaturalità di un evento si presentano spesso in modo più implicito, ma proprio questo permette di misurare diversità e analogie tra il racconto di un "miracolo" e il racconto di un fatto storico o naturale: ricorso o meno a testimoni, riferimento a tempi e luoghi particolari, convalida della verità del racconto e interpretazioni culturali e teologiche dell'evento. I confronti più proficui possono venire quando è lo stesso autore a usare forme diverse di scrittura, tra cui quella agiografica: come nel caso di Gregorio di Tours o del Venerabile Beda o di Paolo Diacono o ancora di Pier Damiani. O quando il racconto dei miracoli si inserisce in un contesto culturale che non lo farebbe prevedere: l'agiografia di età umanistica costituisce di per se stessa una sorta di "sorpresa" anche se ormai non più un'assoluta novità; lo stesso va detto della presenza dei miracoli nella storiografia legata alla Riforma, a partire dai Centuriatori di Magdeburgo, continuando con i martirologi protestanti, che tendono a spostare il soprannaturale dal rapporto con la santità individuale ai fenomeni "naturali", nei quali si manifesta l'intervento divino.

Una storia, quella del miracolo, densa di contraddizioni. Riconoscibili linee di sviluppo delle conoscenze e delle teorie scientifiche, cui si

52. Sul problema dei modelli letterari e comportamentali, che costituisce l'oggetto di un costante interesse degli studi agiografici, rinvio a Boesch Gajano, *L'agiografia*, in questo volume alle pp. 201-237.

accompagna la riflessione dottrinaria, si intrecciano con vecchie e nuove credenze religiose e pratiche devozionali. Ogni periodo in cui si ravvisano segni di rottura dovrebbe essere rivisitato non per togliere valore alle forme evolutive del pensiero scientifico, alle modificazioni culturali, istituzionali e sociali, ma per valutarne la possibile compatibilità o complementarità con altre forme del sentire e del comportamento presenti non solo negli stessi tempi e luoghi – come nel caso sopra ricordato della Riforma, all'interno della quale l'interiorizzazione del concetto stesso di miracolo non esclude nei fatti la possibilità dell'intervento di Dio nella storia –, ma perfino negli stessi individui. Guiberto di Nogent è stato a buon diritto valorizzato per la sensibilità all'autenticità delle reliquie, ma difficilmente può essere considerato un innovatore nel campo della religiosità medioevale. La statura intellettuale e politica dei personaggi non elimina forme devozionali del tutto inattese. I dislivelli non sono esclusivamente quelli sociali e culturali.

Se la storia non segue uno sviluppo lineare, anche la costruzione di ogni singolo miracolo può non seguire un percorso univoco: ciò che viene scartato come dubbio dal punto di vista medico e teologico, può rimanere saldamente ancorato alla dimensione soprannaturale per il malato guarito e per il suo *entourage*. Ne abbiamo un esempio sotto gli occhi: il riconoscimento ufficiale di un unico miracolo tra i tanti attribuiti all'intercessione di Padre Pio – il miracolo necessario per la sua canonizzazione – non attenua la certezza della verità di tutti gli altri da parte dei suoi fedeli, largamente insensibili alla sanzione ecclesiastica e ben più convinti dalla propria diretta esperienza. Diversamente dal passato tutto questo non crea problemi: dei tanti miracoli di Padre Pio parlano senza reticenze tutti, senza farsi nessuno scrupolo su chi li abbia accertati.

6. La certificazione del miracolo nel medioevo: fonti e problemi

1. *Premessa*

È ormai lontano il tempo in cui Arnaldo Momigliano scriveva a proposito della storiografia del Basso Impero: «è la stessa nozione di verità che viene disturbata [...] Più in generale è l'intrusione del miracoloso che sconvolge i criteri di verità e verisimiglianza della storiografia classica».[1] La storiografia ha compiuto una duplice rettifica. Da un lato ha mostrato, per merito precipuo di Lellia Cracco Ruggini,[2] la presenza massiccia del prodigioso nella storiografia di epoca imperiale, contribuendo a sfumare i confini fra due culture, quella cristiana e quella pagana, ricondotte al più generale contesto tardoantico. Dall'altro, abbandonando riserve e pregiudizi, ha gradualmente trasformato il miracolo da oggetto marginalizzato, perché scomodo quando non inquietante, in campo di elezione per cogliere i caratteri propri di una civiltà. Momento fondante di questo percorso di "riabilitazione" è rappresentato, è appena il caso di ricordarlo, da Marc Bloch.[3] Non minore peso storiografico possiamo poi attribuire a Ernesto

1. A. Momigliano, *L'età del trapasso fra storiografia antica e storiografia medievale (320-550)*, in Id., *Quarto contributo alla storia degli studi classici*, I, Roma 1975 (Studi e Testi, 135), pp. 49-71, cit. da p. 62.

2. In particolare, L. Cracco Ruggini, *Il miracolo nella cultura del tardo impero: concetto e funzioni*, in *Hagiographie, cultures et sociétés (IVe-XIIe siècle)*, Paris 1981, pp. 161-204.

3. M. Bloch, *Les rois thaumaturges. Étude sur le caractère surnaturel attribué à la puissance royale particulièrment en France et en Angleterre*, Paris 1923, nuove edizione con Prefazione di J. Le Goff, Paris 1983; trad. it. *I re taumaturghi: studi sul carattere soprannaturale attribuito alla potenza dei re particolarmente in Francia e in Inghilterra*, Torino 1989.

De Martino[4] e ancora, successivamente, alla complessiva produzione di Carlo Ginzburg, e principalmente alla sua *Storia notturna.*[5]

Una volta accettato il miracolo come oggetto di storia, si è reso subito evidente il problema terminologico, trattandosi non di una sola parola, ma di un intero campo semantico nel quale si intersecano, si sovrappongono e si confondono termini, concetti, eventi diversi. In questo panorama ancora indistinto era intervenuto nel 1954, cominciando a mettere un po' di ordine P. Rousset,[6] ma dovevamo attendere il volume *Miracles, prodiges et merveilles au Moyen Age* del 1995, per la definitiva sanzione di termini come miracolo e meraviglioso non come termini generici propri di un'altrettanto indistinta mentalità medioevale, ma come espressioni, che definiscono eventi caratterizzanti una cultura e come momenti non più da espungere, ma da inserire organicamente nella storia di una società.

Non è questa la sede per un esaustivo bilancio su un tema che ha ormai al suo attivo una storiografia imponente, ma non posso non ricordare alcuni storici, tra questi Jacques Le Goff, i cui meriti non hanno bisogno di molte parole;[7] Aline Rousselle, che per l'età tardoantica ha notato sia la persistenza di luoghi e di pratiche, sia la trasformazione del miracolo in "segno" dimostrativo della presenza di Dio, con il passaggio decisivo dalla funzione di mostrare a quella di dimostrare, da *mirum* a *signum*;[8] André Vauchez,[9] Peter Brown.[10] Quanto agli studi, tanto numerosi dedicati a partire dagli anni Settanta alla storia della santità e del culto dei santi, essi

4. Tra le molte opere di E. De Martino ricordo *Il mondo magico*, a cura di C. Cases, Torino 1997 (con ulteriore bibliografia).

5. C. Ginzburg, *Storia notturna*, Torino 1989.

6. P. Rousset, *Le sens du merveilleux à l'époque féodale*, in «Le Moyen Age», 62 (1956), pp. 25-37.

7. Tra i moltissimi studi ricordo solo J. Le Goff, *Il meraviglioso e il quotidiano*, Roma-Bari 1983.

8. A. Rousselle, *Croire et guérir. La foi en Gaule dans l'Antiquité tardive*, Paris 1990, in part. p. 14.

9. Di A. Vauchez, oltre al volume classico *La sainteté en Occident aux derniers siècles du Moyen Age d'après les procès de canonisation et les documents hagiographiques*, Rome 1988 (B.E.F.A.R., 241), trad it. *La santità nel Medioevo*, Bologna 1989, ricordo, per il nostro tema, *Santi, profeti e visionari. Il soprannaturale nel Medioevo*, Bologna 2000 (ed.or., Paris 1999).

10. P. Brown, *The Cult of the Saints*, Chicago 1981; trad. it. *Il culto dei santi. L'origine e la diffusione di una nuova religiosità*, Torino 1983.

hanno necessariamente dato spazio al miracolo, componente ineliminabile di quella storia, ma in forma per così dire subalterna.[11]

La riflessione collettiva presente nel volume *Miracoli. Dai segni alla storia* ha voluto tornare al nocciolo del problema. In quell'occasione le curatrici, Marilena Modica e la sottoscritta, sottolineavano la necessità di rivolgere l'attenzione alle fonti, analizzando «il processo di "costruzione narrativa", che permette di andare oltre il livello della "rappresentazione" e di cogliere nella stessa fissazione della memoria storica, la prima forma del riconoscimento sociale e ecclesiastico del miracolo». Risultava evidente la centralità del riconoscimento: poiché «il miracolo è il risultato di una costruzione nella quale agiscono e interagiscono sistemi interpretativi, consapevoli o inconsapevoli, e codici simbolici diversificati all'interno di uno stesso contesto sociale e culturale, che costituiscono la premessa del riconoscimento di un evento come "soprannaturale"». Riconoscimento e sanzione sono due momenti separati e al tempo stesso interagenti, attraverso un processo nel quale entrano in gioco i nessi tra dimensione privata e dimensione pubblica, tra sfera individuale e sfera istituzionale. E concludevamo: «nel miracolo si condensano bisogni primari legati all'integrità fisica, al dolore, alla morte: per questo deve essere recuperato all'interno della storia della società».[12]

Tra i risultati di quella riflessione, svolta su una molteplcità di fonti diverse, emerge la centralità della "certificazione": la necessità di "provare" il miracolo attraverso testimoni degni di fede, poi di renderlo pubblico, di conservarne la memoria attraverso appositi strumenti, scrittura e immagini, rendendolo così fruibile da parte di individui, gruppi, comunità. La certificazione tramite lo strumento notarile appare dunque un momento del problema più generale dei modi in cui il miracolo è stato attestato e provato a partire dall'età tardoantica.

2. *Scrittura come testimonianza*

L'esigenza di dare testimonianza e di conservare memoria di personaggi e di eventi straordinari è insita nelle origini cristiane.

11. Mi permetto di rinviare agli orientamenti bibliografici in S. Boesch Gajano, *La santità*, Roma-Bari 1999, pp. 139-158 e in *Miracoli. Dai segni alla storia*, a cura di S. Boesch Gajano e M. Modica, Roma 2000, pp. 235-245.

12. *Miracoli*, citt. dalle pp. 13-15. Cfr. S. Boesch Gajano, *Dalla storiografia alla storia*, in questo volume alle pp. 125-142.

> Poiché molti si sono accinti a comporre una narrazione degli avvenimenti compiutisi in mezzo a noi, come ci hanno trasmesso coloro che fin da principio ne sono stati testimoni oculari, e sono divenuti ministri della parola, è parso bene anche a me, dopo avere fatto diligenti ricerche su tutte queste cose fin dalle loro origini, narrarle per iscritto, con ordine, o nobile Teofilo, affinché tu riconosca la verità degli insegnamenti che hai ricevuto,

leggiamo nel Prologo del Vangelo di Luca. La funzione testimoniale, indipendentemente dal racconto stesso, è espressa ancora nel Vangelo di Luca (Lc 5, 10) nell'invito rivolto al lebbroso guarito: gli raccomandò di non dire niente, ma «va, gli disse, mostrati al sacerdote e offri per la tua purificazione quanto ha ordinato Mosè, affinché serva di testimonianza dinanzi a loro»; e ancor più a conclusione del miracolo dell'emorroissa (Lc 8, 44): «La donna vistasi scoperta, si avvicinò tutta tremante e gettandosi ai suoi piedi narrò davanti a tutto il popolo il perché lo aveva toccato e come fosse stata guarita all'istante».

Nei Vangeli ha dunque il suo fondamento una lunga tradizione, basata sul nesso fra testimonianza resa da coloro che hanno visto il miracolo – e che dunque ne provano l'autenticità –, memoria e insegnamento. Ancora più insistito questo nesso nei Vangeli Apocrifi: «Ho ritenuto necessario, io, Tommaso israelita, portare a conoscenza di tutti i fratelli provenienti dal paganesimo i fatti straordinari dell'infanzia che il nostro Signore Gesù Cristo operò, quando egli viveva in un corpo umano e venne nella città di Nazareth al quinto anno della sua età», leggiamo nel Vangelo dello Pseudo Tommaso.[13] Potremmo allora trovare qui gli antecedenti, se non le origini, dell'insistenza sulla veridicità dei fatti e dei loro testimoni quanto più gli autori erano consapevoli della fragilità delle loro fonti di informazione. All'inizio del Vangelo di Giuseppe si afferma: «Questo è il trapasso del nostro padre Giuseppe il falegname, padre di Cristo secondo la carne, il quale visse centoundici anni. Il nostro Salvatore ne ha raccontato tutta intera la vita agli Apostoli sul Monte degli Ulivi, e gli apostoli a loro volta hanno scritto queste parole e le hanno depositate nella Biblioteca di Gerusalemme».[14]

E negli Atti di Pilato l'anonimo autore si presenta in questa forma perentoria:

> io Anania, ufficiale dei pretoriani, giurisperito, venuto a conoscenza, attraverso le Sacre Scritture, del nostro Signore Gesù Cristo e, accostatomi alla fede,

13. *Vangelo dello Pseudo Tommaso,* in *I Vangeli Apocrifi*, Torino 1997, p. 44.
14. Ivi, pp. 68.

essendo stato ritenuto degno del santo battesimo, ho fatto ricerca negli Atti scritti in quell'epoca intorno al nostro Signore Gesù Cristo, che i Giudei stilarono sotto Ponzio Pilato, e ho trovato tali atti in lingua ebraica: col favore di Dio li ho tradotti in lingua greca, per conoscenza di tutti coloro che invocano il nome del nostro Signore Gesù Cristo, nel diciassettesimo anno di regno del nostro imperatore Flavio Teodosio [...].[15]

I miracoli evangelici rappresentano, è ben noto, un modello antropologico e letterario nella storia della santità e nella tradizione agiografica. Ma il miracolo ha una storia molto più complessa di quanto non sia la semplice imitazione di quel modello: una storia testimoniata soprattutto dall'imponente produzione agiografica, fatta di passioni, vite di santi, raccolte di miracoli, reliquie e reliquiari, immagini e di molte altre fonti dirette e indirette, dalla quale emergono una molteplicità di funzioni, religiose, sociali, politiche attribuite al culto dei santi.

Ogni scrittura agiografica assume, in forma esplicita o implicita, valore testimoniale: lo confermano tutte le diverse tipologie di fonti relative prima ai martiri poi ai confessori: calendari, passioni, vite di santi ecc. Ma vi è una tipologia specifica dedicata proprio alla registrazione dei miracoli, che si afferma a partire dalla fine del sec. IV, come ha ben individuato il Delehaye:[16] i *libelli miraculorum*, un'espressione da declinare, come si vedrà, al singolare e al plurale. Questa nuova tipologia non nasce per caso: è frutto della svolta maturata da Agostino, con la legittimazione teologica, storica e pastorale dei miracoli contemporanei: in particolare quelli compiuti dalle reliquie di santo Stefano. Il racconto del singolo miracolo era redatto personalmente dal miracolato o da lui dettato immediatamente a ridosso dell'evento; da qui prende origine la costituzione di raccolte, le cui principali testimonianze sono i *Miracula sancti Stephani*, raccolta promossa dal vescovo di Uzali su suggerimento dello stesso Agostino e quella contenuta nell'ultimo Libro del *De Civitate Dei*.[17] I miracoli, «fideliter descripta et publica adtestatione comprovata», dovevano, secondo Agostino, essere letti in pubblico di fronte all'assemblea dei fedeli; qui si poteva aggiungere una prova ulteriore, il corpo guarito del malato, così che i fedeli potessero constatare la verità delle cose narrate. Oltre allo scritto, anche

15. Ivi, pp. 75.

16. H. Delehaye, *Les premiers «libelli miraculorum»*, in «Analecta Bollandiana», 29 (1910), pp. 427-434; Id., *Les recueils antiques des miracles des saints*, ivi, 43 (1925), pp. 74-85.

17. Agostino, *De Civitate Dei*, XXII (CCSL, 47-48), pp. 823-824.

le immagini potevano attestare il miracolo e affidarlo alla memoria della comunità.[18] Comincia qui una nuova storia del miracolo.

Non è il caso di riandare alla storia dell'agiografia, se non per ricordare come tutta la sua lunga tradizione permette di cogliere la preoccupazione di narrare vita e miracoli a partire da testimonianze attendibili, spesso dalla testimonianza oculare dello stesso agiografo. Ben lo testimoniano già i *Natalicia* di Paolino di Nola, poi Sulpicio Severo, che con i *Dialogi* intendeva completare la biografia di Martino, e soprattutto i *Dialogi* di Gregorio Magno, che costituiscono anche un caso eccezionale, non solo per il prestigio dell'autore, ma anche per l'originale struttura articolata fra *narratio* e *expositio*, fra memoria e edificazione.[19] L'agiografia impone anche, come ho sostenuto altrove, il riconoscimento della labilità dei confini fra generi letterari, in particolare fra storia e agiografia, come prova esemplarmente nel sec. VIII il caso del Venerabile Beda.[20]

Nasce dunque fra IV e VI secolo una tradizione di scritture agiografiche, destinata a un persistente successo: queste scritture sono caratterizzate da un'autonomia, totale o parziale, rispetto alla vita di colui o colei, che ne è l'artefice, o se vogliamo usare un'espressione teologicamente corretta, strumento del potere taumaturgico derivante da Dio: opere compiute in loro stesse, come provano talvolta la presenza di un prologo e di un epilogo, la composizione, la struttura narrativa usata per raccontare i singoli miracoli, anche quando dedicano attenzione alla vita dopo la morte, cioè al potere manifestato dalle reliquie, che perpetua e in alcuni casi potenzia il potere esercitato in vita: una popolarità crescente circonda infatti i miracoli postumi.

Opere d'autore e come tali degne di attenta considerazione, come quella prestata da Martin Heinzelmann alle raccolte elaborate da Gregorio di Tours.[21] I miracoli hanno trovato un redattore che ha dato loro una forma letteraria rappresentativa, con una consapevole presa di posizione a favore

18. Mi permetto di rinviare a S. Boesch Gajano, *Verità e pubblicità: i racconti di miracoli nel libro XXII del de Civitate Dei*, in *Il De Civitate Dei. L'opera, le interpretazioni, l'influsso*, a cura di E. Cavalcanti, Roma-Freiburg-Wien 1996, pp. 367-388.

19. Rinvio a S. Boesch Gajano, *Gregorio Magno. Alle origini del medioevo*, Roma 2004 (Sacro/Santo n.s., 8), in cui riprendo il problema dei *Dialogi* all'interno della complessiva produzione del pontefice e alla luce della storia dell'agiografia.

20. S. Boesch Gajano, *L'agiografia*, in questo volume alle pp. 201-237.

21. Di M. Heinzelmann, ricordo il primo fondamentale studio dedicato alle raccolte di miracoli: *Une source de base de la littérature hagiographique latine: le recueil de miracles*, in *Hagiographie, cultures et sociétés*, pp. 235-259; si aggiunga poi *Translation und Translationberichte in Mittelalter*, Turnhout 1994 (Typologie des sources du Moyen Age, 33).

dei miracoli postumi rispetto a quelli compiuti in vita.[22] Una consapevolezza simile a quella espressa nel secolo IX dalla *Vita Wigberti*, secondo la quale quelli compiuti dopo la morte «longe digniora miracula semper esse» rispetto a quelli compiuti quando il santo era ancora *gravatus* dalla pesantezza del suo corpo.[23] Il vescovo di Tours disponeva di testi diversi: oltre alle testimonianze di amici, aveva a disposizione notizie scritte da lui stesso, o piuttosto dai suoi notai, redatte subito dopo l'interrogatorio diretto dei miracolati, in un rapporto stretto fra evento e registrazione, proprio come testimoniato da Agostino.[24] Queste notizie hanno carattere di veri e propri processi verbali: appena un clamore manifestava quello che era ritenuto il compimento di un miracolo, Gregorio chiamava i guardiani della basilica per informarsi, rimproveradoli talvolta di poca solerzia.[25] I miracoli annotati giorno per giorno offrivano la garanzia della testimonianza diretta dei miracolati e del popolo che assiste all'avvenimento: ricorrente è l'espressione *populo teste*.[26]

Se nessuna altra raccolta dalle caratteristiche simili a quelle scritte da Gregorio di Tours ci è stata conservata, non mancano riferimenti indiretti a raccolte autonome sia in Gregorio,[27] sia in Venanzio Fortunato.[28] Nei secoli

22. Gregorii Episcopi Turonensis *Liber Vitae Patrum*, a cura di W. Arndt et B. Krusch, MGH, SS. rer. Mer., I, Hannoverae 1885, II, 2, cit. da pp. 69-70: «magis proficit ad laudem virtus egressa de tumulo quam ea quaequisquam vivens gessit in mundo».

23. Lupi, *Vita Wigberti*, a cura di O. Holder Egger, in MGH, SS, XV, Hannoverae 1887, p. 41: «Meaque plane sic fert opinio, longe digniora miracula semper esse, quae Deus ad memoriam sanctorum egentibus indulgere dignatur, quam quae illum per eos quamquam sincere viventes, adhuc tamen gravatus mole corporis, frequenter gessisse, veraces nobis litterae produnt».

24. Gregorii episcopi Turonensis *Libri de Virtutibus Sancti Martini*, IV,10, in *Opera*, p. 652: «Bodilo, unus de notariis nostris», ammalato non può «nec scribere iuxta consuetudinem nec excipere, et quae ei dictabantur vix poterat recensere».

25. Ivi, III, 45, p. 643: «et ne ob hoc quae referuntur videantur incredibilia, quia nomina singulorum non sunt in paginis praenotata, facit hoc haec causa, quia cum a sancto Dei incolomitati fuerint redditi, statim recedunt»; si vedano anche Gregorii episcopi Turonensi *Liber de virtutibus Sancti Iuliani*, 46b, ivi, pp. 582-583; e ancora la *Translatio S. Reginae*, (c. 865/70), a cura di O. Holder Egger, in MGH, SS, XV, p. 449, dove si accusano i guardiani di non essere stati diligenti.

26. *Libri de virtutibus Sancti Martini*, 1,7; 12, 18, 31, II, 6, 7, 13, 14, 25, 29, 31, 34, 45, 47, 49, 55.

27. Si vedano, ad esempio ivi, i miracoli avvenuti di Candes, II, 19-23, pp. 615-617; 45, p. 625; 48, p. 626; III, 22, p. 638; a Avranches: II, 36, p. 622; a Le Mans. III, 35, pp. 640-641.

28. Venantii Fortunati, *Vita Sancti Ilarii*, 5; e *Vita S. Medardi,* in MGH, AA, IV/2, a cura di F. Leo, Berolini 1881, pp. 1-7, dove utilizza un *liber de mirabilibus* perduto.

VII e VIII la preferenza va ai miracoli integrati nella biografia, o aggiunti come *miracula post mortem* alla *Vita* di un santo, ma frequentemente sono proprio i miracoli avvenuti durante la traslazione delle reliquie all'origine della decisione di scrivere la *Vita*.[29] Ma, secondo lo Heinzelmann, sono i quattro libri di Eginardo sulla traslazione delle reliquie dei santi Marcellino e Pietro ad assicurare definitivamente, a partire dagli anni Trenta del sec. IX, l'avvenire delle raccolte come genere letterario e il loro ingresso nella letteratura propriamente detta.[30]

Eginardo aveva sotto gli occhi già tre raccolte di tre monasteri diversi e il prologo esprime bene l'autonomia del genere letterario:

> quia mihi conscius sum quod libri, quos de translatione [...] corporum [...] signisque atque virtutibus quae per eos Dominus ad salutem credentium fieri voluit qua potui facultate conscripsi, eadem sunt voluntate atque intentione compositi; eosdem Dei amatoribus ad legendum offerre decrevi. Arbitror enim quod hoc opus non solum inane ac supervacuum cuilibet fidelium videri non debeat, sed etiam fructuose atque utiliter me laborasse praesumo, si efficere potuero, ut in laudem sui Conditoris animus illa legentis adsurgat.

Il racconto assume una forma narrativa molto articolata, quasi un romanzo: reliquie recuperate a Roma da un notaio di fiducia, poi la traslazione, la cui gestione è invece affidata ai chierici, infine con il libro III la raccolta vera e propria dei miracoli, introdotta da una prefazione: «quod ex his quae scribere disposui maior pars ad notitiam meam aliorum relatione perlata est. Quibus tamen ad fidem haberem, ex his quae ipse vidi et coram positus agnovi tam firmiter mihi persuasum est ut sine ullo dubitationis scrupulo vera esse crederem quae ab his dicebantur qui se illa vidisse testati sunt». L'ordine seguito è precisamente quello legato alla vicinanza/attendibilità: prima i miracoli di cui l'autore è stato testimone oculare, poi quelli che si ricordano compiuti «in Aquense palatio sub ipsis aulicorum obtutibus facta»; infine quelli avvenuti *per diversa loca,* dove erano state portate reliquie su richiesta.

29. Tra i molti esempi ricordo quello di santa Gertrude di Nivelles, con i miracoli raccolti come supplemento alla *Vita,* ma la cui tradizione manoscritta fa intravedere l'autonomia della raccolta (in MGH, SS. rer. Mer., II, a cura di B. Krusch, Hannoverae 1888, pp. 464 -471).

30. Einhardi, *Translatio et Miracula SS. Marcellini et Petri*, a cura di G.H. Pertz, in MGH, SS, XV, I/2, pp. 239 ss.

Avvicinandoci a un'età più prossima a quella in cui si introducono nuove figure professionali, capaci di dare maggiore certezza alla certificazione e registrazione del miracolo, incontriamo due autori, la cui autorevolezza istituzionale e culturale dà particolare peso alla funzione della scrittura agiografica nella registrazione/certificazione del miracolo. Il primo è l'abate di Cluny Odilone, che nella *Translatio S. Sebastiani* fa riferimento all'esistenza di una *scedula*, «in qua numerosa plurimum capitulatione virtutum eius insignia breviata personaliter habentur inserta. Quorum summa in conum redacta, surgit in milibus quattuor centum septuaginta». Un materiale talmente ingente, che preferisce lasciare ad altri il compito di trattarlo.[31] Ancora una testimonianza di una prassi diffusa di registrazioni, affidata probabilmente al clero o ai monaci del luogo stesso in cui si manifestava il potere taumaturgico delle reliquie, che portava anche a forme di accumulo, forse non così imponente come lamenta Odilone, ma certamente stratificate: i miracoli non dovevano attendere un autore di fama per essere registrati nello scritto e quando un autore se ne faceva carico, non doveva cominciare da zero.

Il secondo autore è Desiderio, abate di Montecassino. A proposito dei suoi *Dialogi* è certo legittimo chiedersi se si tratta di una vera raccolta di miracoli o se i miracoli sono solo un "pretesto", come già per Eginardo, per narrare vicende relative alla storia del suo monastero all'interno della più complessiva storia della Chiesa del suo tempo: una domanda che ripropone la labilità dei confini fra generi letterari. Qui interessa ricordare come l'autore parli della richiesta venuta dai confratelli e in particolare da Teofilo «ut cuncta vel audita vel visa memoratu digna tuis eorumque auribus studiose fideliterque referre deberem». Oggetto della richiesta sono i miracoli, che Dio ha voluto compiere nel monastero a lode del suo nome: pertanto l'abate «quaeve nostra memoria facta sunt ve a senioribus nostris relata cognovi, scribere disposui, licet omnia nequeam stilo comprehendere, cum quia plura exciderunt memoria, tum quia occupatus regimine vel ea quae scribo, discutere ipse non possum, pauca tamen de pluribus ad aedificationem audientium mandare curabo memoriae». Ma tanti avrebbero potuto essere, si preoccupa di aggiungere: «Nam si omnia quae vel ipse vidi vel quae mihi relata fuere, per ordinem referre velim, dies me ut aestimo antequam sermo deficiet», dove è impossibile non avvertire l'eco

31. *Odilonis Translatio S. Sebastiani*, a cura di O. Holder-Egger, in MGH, SS, XV, I/2, in part. pp. 268, 391, 397, 433, 509.

del prologo dei *Dialogi* di Gregorio Magno.[32] Ma il riferimento a Gregorio Magno sembra quanto mai opportuno anche per quanto riguarda l'attenzione ai testimoni: «ut omnem dubitationis scrupulum legentibus auferam per singula quaeque personas a quibus mihi relata sunt, subnectam, melius et toto silere quam aliquid falsum mendosumve narrare».[33] Ancora una volta lo scritto è concepito come testimonianza di quanto è noto attraverso testimoni oculari o comunque fededegni: la memoria di eventi così importanti deve essere veritiera.

Se volessimo seguire la tipologia delle raccolte di miracoli ci troveremmo rapidamente in piena età notarile, con una continuità di composizione, struttura, finalità: la diversità religiosa, culturale e sociale non comporta necessariamente una trasformazione del genere letterario e della sua funzione di memoria, che certifica e edifica. In questa ottica andrebbero riconsiderate le opere di Cesario di Heisterbach e il *Tractatus* dei miracoli di Francesco di Assisi. Un'ininterrotta tradizione conserva al suo interno, più di ogni altra fonte, la preoccupazione per la veridicità del racconto nel suo complesso e per la verità di ogni singola notizia, in modo tutto particolare quando si tratta di miracoli, nella persistente consapevolezza che siano proprio il "luogo" in cui più delicata si fa la posizione del santo, perché qui si prova il suo rapporto con Dio.

3. *Agiografia come strumento processuale*

Il problema del riconoscimento di santità è dunque un problema generale, nel quale si iscrive l'origine e lo sviluppo della canonizzazione. Il lungo percorso che va dal riconoscimento locale al riconoscimento centralizzato è stato ricostruito da André Vauchez in un'opera ormai classica, sopra ricordata, cui dobbiamo anche il recupero storico dei processi di canonizzazione, come fonti primarie per conoscere l'ideologia della Chiesa, attraverso le fasi preparatorie del processo stesso e soprattutto la definizione degli *articula interrogatorii*. Da qui si è aperta una nuova stagione di studi, nel cui merito non entro. Il mio scopo è infatti solo quello di indivi-

32. Cfr. W.D. McCready, *Miracles at Eleventh-Century Montecassino: Gregory the Great and the Desiderian Dialogues*, in «Hagiographica», 8 (2001), pp. 87-119.

33. Desiderii abbatis Casinensis *Dialogi*, a cura di G. Schwartz e H. Hoffmann, in MGH, SS, XXX, 2, pp. 1111-1151.

duare alcuni momenti, in cui più evidente risulta, proprio nel periodo che si caratterizza per il riconoscimento centralizzato e codificato della santità, la persistenza della prassi "agiografica" del riconoscimento.

A Roma nel corso del concilio del 993 il pontefice Giovanni XV riconosce la santità di Udalrico, vescovo di Augsburg, morto nel 973. Non si tratta, come ha messo ben in luce A. Vauchez, dell'atto di nascita della canonizzazione pontificia, ma solo di una richiesta rivolta dal vescovo successore di Udalrico, Liutolfo, abilmente utilizzata dal pontefice «pour affirmer son autorité dans l'Église d'Occident».[34] La richiesta era stata sostenuta da un testo contenente la *Vita* e i *miracoli,* scritto da un autore anonimo, identificato con Giovanni suo amico e confidente. Il testo appare centrale nella procedura seguita dal pontefice che, nella bolla con cui approva il culto di Udalrico, ricorda la richiesta di Liutolfo di una lettura pubblica dello stesso, a seguito della quale interviene la decisione pontificia. È soprattutto la registrazione dei miracoli compiuti *in corpore et extra corpore,* «quae nequaquam calamo et atramenta illustrata sunt», a colpire l'uditorio e a portare alla decisione di venerare la sua memoria.[35]

Nel *Prologo* della *Vita* troviamo precisata l'esigenza da cui è nata questa scrittura agiografica: l'autore viene investito della responsabilità di fugare i dubbi circa i miracoli del vescovo così da conoscere la verità attraverso i suoi *responsa*. Ma la quantità dei *responsa* lo induce a ricostruire la vita e la morte *veraci relatu*. La scrittura agiografica è l'esito certificante dell'indagine volta a attestare la verità dei miracoli.[36] Le modalità seguite per la raccolta delle testimonianze dal punto di vista della storia delle forme e degli strumenti del riconoscimento è delle più interessanti: essa

34. Vauchez, *La sainteté en Occident*, p. 24.

35. *Udalrici Vita auctore anonymo*, in AASS *Iul.*, II, Parisiis et Romae 1867, pp. 73-97: *Commentarius praevius*; pp. 79-80: bolla di canonizzazione; pp.97-135: ed. *Vita et Miracula.*

36. *Udalrici Vita*, p. 97: «Aures plurimorum cum fama miraculorum Christi, quae per servum suum S. Udalricum in honorem suae sanctissimae Genitricis Mariae fieri concessit, frequentissime pulsaret, et adhuc mentes eorum dubitatio occuparet, missis ad me legatis, rerum veritate ex meis responsionibus cognoscere cupiebant, rogantes me, ut ea, quae ego in veritate scire potuissem, lucida descriptione eis manifestarem. Cumque interrogantium tanta pluritas me undique interrogationibus cinxisset, ut omnibus singulariter responsa scriptis dare me non posse estimarem, cogitare tacitus coepi intra memeipsum, ut cum tacita experientia experiri studuissem originem ortus eius, ut descripto eius ortu vitam subsequentem et obitum veraci relatu interrogantibus et legere volentibus omnibus in commune notum facere potuissem».

mostra una competenza ancora tutta e esclusivamente eccelesiastica, la cui attendibilità non è legata a una professionalità, ma alla conoscenza personale dell'autore dell'oggetto della sua scrittura, che ne fa un testimone degno di fede e autorizzato a certificare con lo scritto i *signa*.

La lettura di una *Vita*, accompagnata dall'audizione di alcuni testimoni per i miracoli, rimane una prassi seguita nel corso del sec. XII da parte della Chiesa romana. In questa prassi è interessante notare il peso attribuito ai diversi «attestati» relativi alla santità di vita e ai miracoli e il peso progressivamente acquisito dalle deposizioni di testimoni rispetto alle scritture agiografiche «preconfezionate» in vista del riconoscimento canonico.[37] La *Vita prima* di Bernardo di Clairvaux scritta nel 1165 appariva allo stesso autore come poco idonea a sostenere la canonizzazione, proprio per quanto riguarda il racconto di miracoli, tanto da indurlo a togliere i nomi dei testimoni per evitare che potessero essere interrogati e smentire quanto scritto nella *Vita*: una scrittura agiografica, funzionale alla pastorale e all'edificazione rischia l'emarginazione di fronte alle nuove forme di testimonianza "autentiche" richieste dalle nuove procedure.[38]

Sempre più diffusa diviene la procedura fondata sulle testimonianze orali, scelte tra quelle il più possibile dirette e affidabili, rese alla presenza e sotto il controllo di ecclesiastici espressamente incaricati dal pontefice, messe per iscritto da un personale apposito – notai o *scriniarii* ecclesiastici –: le nuove procedure richiedono infatti nuovi strumenti e nuove specifiche competenze, che concorrono, ciascuna secondo i propri compiti, al riconoscimento del percorso di santità. San Galgano, morto nel 1181, è, ad esempio, oggetto di un'inchiesta condotta da Corrado di Wittelsbach, cardinale-vescovo di S. Sabina, e da altri due commissari pontifici, con la deposizione di venti testimoni.[39] Il processo di Lorenzo Loricato († 1243) svoltosi già l'anno successivo, anche se destinato all'insuccesso, testimonia l'intervento diretto del pontefice e l'imposizione di una procedura specifica: ad Innocenzo IV era giunta notizia dei *multa et magna miracula* operati dal santo, il cui corpo era conservato presso il monastero di Subiaco; desiderando che la sua *memoria* non andasse perduta e anzi «nos super

37. Vauchez, *La sainteté en Occident*, pp. 39-40.

38. Illuminante l'analisi condotta da A. Bredero, *Études sur la "Vita prima" de Saint Bernard*, in «Analecta Sacri Ordinis Cisterciensis», 17 (1961), pp. 3-72; 215-260; 3-59, in particolare nella parte III. Cfr. anche Vauchez, *La sainteté en Occident*, pp. 40-41.

39. F. Schneider, *Analecta Toscana*, in «Quellen und Forschungen aus Italienischen Archiven und Bibliotheken», 17 (1914-1924), pp. 69-77.

haec certificari volentes», si rivolgeva al vescovo di Alatri e al priore di S. Bartolomeo di Trisulti:

> discretioni vestrae per apostolica scripta mandamus, quod ad dictum monasterium personaliter accedentes, et habentes prae oculis Deum solum, de vita et miraculis Fratris eiusdem inquiratis diligentius veritatem; et quae inveneritis, fideliter in scriptis redigatis, et scripta, rescripta denuo, per manum Notarii facientes sub sigillis vestris alterutrum scriptorum ipsorum apud dictum monasterium, et reliquum penes Anagniensis ecclesiae sacristiam deponere; propter ea scilicet conservanda in illis usque ad nostrum beneplacitum voluntatis rescripturi nobis quidquid super his decreveritis faciendum.

Essi avevano proceduto alla convocazione dei testimoni *super vita et miraculis*, alla loro interrogazione e alla registrazione scritta delle testimonianze tramite *Jacobus S. R. E. scriniarius*, fatta in presenza delle autorità giudicanti e redatta «de ipsorum mandato in publicam formam».[40] La *Vita* sarà solo una rielaborazione del materiale processuale.

Tra i problemi di fondo di questo convegno c'è il rapporto fra sviluppo del notariato in età comunale e procedure per la canonizzazione, ma credo che si possa fin d'ora concordare con André Vauchez, quando sottolinea l'importanza dell'atto notarile con valore di strumento pubblico per spiegare la precocità in Italia del processo di canonizzazione.[41] Si entra così in un'età che vede la registrazione dei miracoli non più affidata agli agiografi o ad autori che si compiacevano di contribuire con la loro scrittura alla venerazione per i martiri e per i santi, in vista dell'edificazione dei lettori e degli ascoltatori, come era stato il caso di Agostino, Gregorio di Tours o Gregorio Magno, ma ai notai, professionisti della scrittura pubblica, capaci di riportare la testimonianza nelle forme comprovanti la loro autenticità formale. Uno degli esempi più completi e rilevanti è certo quello pubblicato e studiato da Jacques Dalarun, il dossier di Michelina di Pesaro, morta nel 1356.[42] Nuovi *Libelli Miraculorum,* secondo Jacques Dalarun, ma in sostanza continuazione dello stesso genere agiografico. Essi mi sembrano tuttavia profondamente diversi per forma, struttura narrativa, finalità: se

40. Il processo di Lorenzo Loricato è edito in Benedetto XIV, *De servorum Dei beatificatione et de beatorum canonizatione,* in Id., *Opera Omnia*, III, app. IV, Prato 1840, pp. 662-693. Cfr. Vauchez, *La sainteté en Occident, ad indicem.*

41. Vauchez, *La sainteté en Occident*, p. 42.

42. J. Dalarun, *La sainte et la cité. Micheline de Pesaro († 1356) tertiaire franciscaine*, Rome 1992 (Collection de l'École française de Rome, 164).

apparentemente quest'ultima rimane la stessa, quella di provare attraverso testimonianze la veridicità del miracolo, in realtà muta profondamente per la prevalenza del valore giuridico-formale, che deve rinviare a sua volta a un'altra autorità competente per quanto riguarda l'evento in se stesso e il giudizio sulla sua origine divina.

Attraverso l'esistenza di scritture agiografiche tradizionali, *Vitae* e raccolte di miracoli, redatte in forma narrativa, senza riferimenti a interventi ecclesiastici compiuti con l'aiuto dei notai, possiamo constatare lo scarto fra forme di vita religiosa, il cui riconoscimento è sostenuto da ordini religiosi, da comunità cittadine importanti, da famiglie potenti, e esperienze vissute "ai margini" della società che conta sul piano istituzionale, la santità ordinaria, come l'ha chiamata Jacques Dalarun.[43] Anche per Giovanni, canonico di Rimini, vissuto fra la fine del XIII e l'inizio del XIV secolo, si può parlare di un culto, manifestatosi alla fine del sec. XIV e testimoniato da una raccolta di miracoli, che, priva di ogni forma di autenticazione notarile, non solo mostra "tratti di arcaismo", ma parla di radicamento locale, forse desideroso di prescindere da un riconoscimento ecclesiastico ufficiale.[44]

La varietà di casi non si limita all'utilizzazione di "procedure" scrittorie antiche o nuove, ma può anche contemperare il vecchio con il nuovo, aggiungendo la garanzia notarile alle forme di scrittura agiografica tradizionale. In questa zona di confine si potrebbe collocare il dossier relativo a Fina da San Gemignano: vita, miracoli, poi una lista di testimoni che attestano la loro veridicità. Il prologo fa riferimento a miracoli «in quaternis quibusdam et scedulis scripta», ma senza alludere a forme di registrazione notarile; successivamente si ricorda che dopo la morte presso il suo sepolcro cominciarono a verificarsi moltissimi miracoli: «omnia ista miracula quae generaliter enumerando perstrinximus, consequenter et eodem ordine specificanda sunt per specialium exempla signorum». E, a rafforzare il significato della forma «tradizionale» usata, il riferimento alla funzione di edificazione più che a quella del riconoscimento:

43. È il caso di Giovanna da Signa studiata da J. Dalarun, *Jeanne de Signa, ermite toscane du XIVe siècle, ou la sainteté ordinaire*, in «Mélanges de l'École française de Rome», 98 (1986), pp. 161-199.

44. J. Dalarun, *Liber beati Johannis. Le culte d'un saint chanoine de Rimini d'après un manuscrit original du XIVe siècle réputé disparu*, in «Mélanges de l'École française de Rome», 100 (1988), pp. 617-708.

Multa quidem et alia signa per suam dignatus est famulam Dominus operari, quamvis in huius non sint opuscoli compendio comprehensa. Haec autem scripta sunt breviter, non tantum ad sanctae virginis preconium extollendum, sed etiam ad commonitionem legentium, ut eius vitae consectantes exemplum et ipsius gratiae impetrantes suffragium ad eius tandem feliciter mereantur pervenire consortium.[45]

Ma la casistica potrebbe ampliarsi molto ed è preferibile rinviare ai molti studi dedicati ai santi cittadini di età comunale: per i quali è naturalmente indispensabile ricordare la nuova tipologia di raccolte, promosse dalle autorità laiche.[46]

Tra le molte varietà di autenticazione della *Vita* e dei miracoli di un santo, particolamente meritevole di nota è quella relativa al dossier di Colette di Corbie, su cui ha gentilmente attirato la mia attenzione Raimondo Michetti. Nel caso del suo dossier agiografico si potrebbe parlare di una coincidenza o sovrapposizione fra narrazione e strumento notarile di certificazione, perché tutta la *Vita* è posta sotto la "protezione" dell'*instrumentum publicum*, redatto nel 1471 per volontà di Sisto IV dal notaio, che ha raccolto testimoni oculari fededegni, singolarmente nominati, ascoltando le loro deposizioni, che costituiscono il tessuto della narrazione.[47]

Nel pieno dell'età delle canonizzazioni troviamo anche un esempio interessante di valorizzazione della tradizione usata per autenticare la veridicità di miracoli contemporanei. La *Vita* e i *Miracoli* di Tommaso di Cantiloupe, vescovo di Hereford († 1282), sono oggetto del rapporto di un curialista, che non esita a esplicitare la possibilità di dubbio: alla cui evidenza, afferma il curialista,

notandum est quod operationem miraculorum fidei christicolarum debere attribui evangelico testimonio comprobantur, dum salvator apostolis et disci-

45. La *Vita* di Fina scritta da Giovanni da San Gemignano è edita in AASS *Mart.*, II, Parisiis et Romae 1865, pp. 232-238.

46. Per la bibliografia relativa al rapporto fra città e culto dei santi rinvio a P. Golinelli, *Bibliografia Agiografica Italiana 1976-1999*, Roma 2001, pp. 98-99. Un approccio innovativo al tema è quello proposto da *La religion civique à l'époque médiévale et moderne (Chrétienté et Islam)*, a cura di A. Vauchez, Rome 1995.

47. Per Colette cfr. il dossier degli AASS *Mart.*, I, Parisiis et Romae 1865, pp. 531-626. La *Vita* è stata riedita: *Vita Sanctae Coletae*, Tielt en Leiden 1982. Per la sua figura cfr. G. Barone, *Colette Boylet*, in *Il Grande Libro dei Santi*, a cura di C. Leonardi, A. Riccardi, G. Zarri, I, Cinisello Balsamo 1998, pp. 465-467.

> pulis in eum credentibus largitur potestatem infirmos curandi, mundandi leprosos, eijciendi demones et mortuos suscitandi ac post resurrectionem suam eandem potestatem ceteris in ipsum credentibus repromisit, que repromissio in antiquis sanctis adimpleta, testante Apostolo, ad Hebreos: *sancti per fidem vicerunt regna, operati sunt iusticiam, adepti sunt repromissiones*, videtur in modernis temporibus fide et meritis dicti domini Thome in subscriptis casibus effectu mirifico comprobari.

La veridicità del miracolo non é provata solo dalla affidabilità dei testimoni, ma dal confronto con miracoli vetero o neo testamentari o ancora con miracoli simili narrati da autori fededegni, come Gregorio Magno o Beda.[48]

4. *Conclusioni*

La tradizione agiografica non cessa di essere fonte di autenticità, malgrado i nuovi strumenti messi a punto dal diritto. Questa può considerarsi l'affermazione conclusiva del mio intervento. Vorrei però aggiungere una notazione su un aspetto che non rientra a pieno titolo nel nostro tema, ma che è ad esso "limitrofo": la scrittura come controllo.

La scrittura è anche strumento, infatti, per il trasferimento dell'esperienza religiosa dalla sfera privata alla sfera pubblica, come già si evince da Agostino, che impone alla matrona cartaginese di narrare l'esperienza religiosa, che ella, il testo è ben chiaro, riteneva di dover tenere per sé, condividendola al massimo con un ristretto gruppo di amiche. Ho voluto citare il caso di Agostino, per la sua importanza nella storia delle raccolte dei miracoli, evocata all'inizio, e per dire come il problema si ponga precocemente nella storia del cristianesimo, anche se la sua massima visibilità si ha nelle esperienze religiose dei secoli XIII-XV e in particolare nel caso delle esperienze mistiche, prolungandosi nelle procedure di controllo spirituale attuate dalla Chiesa dopo il Concilio di Trento.

Qualche brevissimo riferimento atto a meglio cogliere i termini del problema. Tutte le grandi mistiche sono "assitite" da confessori, posti al

48. Il testo relativo a Tommaso di Cantiloupe è edito in Vauchez, *La sainteté en Occident*, annexe I, pp. 633-647. Il caso di Tommaso è stato utilizzato anche da Ch. Krötzl, *Prokuratoren, Notare und Dolmetscher. Zu Gestaltung und Ablauf der Zeugen Einvernahmen bei Spätmittelalterlichen Kanonizationprozes*, in «Hagiographica», 5 (1998), pp. 119-140.

loro fianco dall'autorità ecclesiastica. Numerosi sono i confessori/segretari di Caterina da Siena, le cui esperienze sono attentamente controllate, anche sul piano delle testimonianze scritte in vita e soprattutto dopo la morte, se si pensa alla tradizione manoscritta delle lettere, private di ogni riferimento al contingente e al personale. Particolare rilievo in questo discorso assumono i "segni" del suo rapporto con il Cristo, in particolare le stimmate, che non devono lasciare tracce nell'iconografia per non sollecitare la rivalità dei Francescani, gelosi custodi dell'unicità delle stimmate di Francesco. Un discorso questo, che apre anche al versante delle testimonianze iconografiche – ben presenti all'interno del nostro convegno –, per le quali si pone, sia pur in modo diverso, il problema della testimonianza "autentica", della memoria e del controllo.[49]

Un chierico, confessore per lungo tempo della visionaria Ermine di Reims, morta nel 1396, mette per iscritto le «avventure straordinarie» ascoltate dalla bocca di una donna semplice e di buona volontà, proprio per testimoniare che esse non sono frutto dell'inganno del demonio; per questo chiede alla visionaria se si tratta della verità e ne ottiene una formale assicurazione.[50]

Giovanni Mattiotti, confessore di Francesca Romana, pone alla trascrizione delle visioni il sigillo della sua autorevolezza, ricordando: «presentialiter vidi et auribus audivi et manibus palpavi. Et manu mea propria subscripsi».[51]

Tutto il "soprannaturale" costituisce un campo delicato, terreno di scontro fra il demonio e Dio, con i suoi santi. Per questo ogni scrittura a loro relativa assolve a una triplice funzione: testimonianza, memoria e controllo.

49. Per indicazioni bibliografiche essenziali rinvio agli *Orientamenti bibliografici,* in Boesch Gajano, *La santità*, pp. 141-142. Il riferimento storiograficamente più rilevante per il tema qui proposto è C. Frugoni, *Francesco e l'invenzione delle stimmate. Una storia per parole e immagini fino a Bonaventura e Giotto*, Torino 1993.

50. *Entre Dieu et Satan. Les visions d'Ermine de Reims (1396) recueillies et trasncrites par Jean Le Graveur*, a cura di C. Arnaud-Gillet, préface d'A. Vauchez, Firenze 1997.

51. Santa Francesca Romana, *Edizione critica dei Trattati latini di Giovanni Mattiotti*, a cura di A. Bartolomei Romagnoli, Città del Vaticano 1994.

7. Lo spazio mediterraneo e la storia della santità

1. *Il Mediterraneo come spazio geostorico e come costruzione storiografica*

La storia della santità, del culto dei santi e dell'agiografia ha un rapporto privilegiato con la geografia.[1] Scritture e immagini permettono di cogliere l'interazione fra esperienza religiosa e scelta dei luoghi in cui viverla: lo spazio in cui si iscrive la vita dei santi.[2] L'osservatorio agiografico può dunque contribuire a individuare aspetti inediti di una storia, quella del Mediterraneo, che pure ha un'imponente tradizione storiografica, che possiamo far partire da Henri Pirenne, la cui tesi condensata in *Maometto e Carlomagno* ha animato una lunga stagione di studi, e che si è poi estesa ai percorsi della cultura, ai pellegrinaggi, alle crociate.

Se questo mare da "scenario" o "spazio di comunicazione" diventa oggetto esso stesso della riflessione, è ancora oggi la *Méditerranée* di Ferdinand Braudel a costituire per me un ineludibile punto di partenza. Al centro l'idea del Mediterraneo come «complexe des mers [...] Et des mers encombrées d'îles, coupées de péninsules, entourées de côtes ramifiées

1. Per un profilo della storia dell'Occidente medievale cfr. S. Boesch Gajano, *Pratiche e culture religiose,* in *Storia d'Europa,* III, *Il Medioevo. Secoli V-XV*, a cura di G. Ortalli, Torino 1994, pp. 169-216.

2. Su questo tema la riflessione ha il suo fondamento storiografico in M. De Certeau, *Hagiographie*, in *Encyclopaedia universalis*, VIII, Paris 1968, pp. 207-209 (ripubblicato in Id., *L'écriture de l'histoire*, Paris 1975, pp. 274-288). Cfr. inoltre *Luoghi sacri e spazi della santità*, a cura di S. Boesch Gajano, L. Scaraffia, Torino 1990; S. Boesch Gajano, *Gli spazi della santità*, in questo volume alle pp. 183-199; Ead., *Des «loca sanctorum» aux espaces de la sainteté: étapes de l'historiographie hagiographique*, in «Revue d'histoire ecclésiastique», 95 (2002), pp. 48-70.

[...], mer des oliviers et des vignes autant que celle des étroits bateaux à rames ou des navires ronds des marchands», che comprende «ce que la Méditerranée imprègne de l'odeur de ses civilisations».[3]

Se la storiografia ha confermato le *plaines méditerranéennes* come oggetto storico da privilegiare,[4] la dimensione braudeliana del Mediterraneo è essenziale dal punto di vista qui preso in considerazione: la storia delle santità permette di cogliere l'identità persistente, anche se ad intensità variabile, del Mediterraneo come spazio geostorico disegnato dai viaggi dei santi e delle loro reliquie, ricostruito continuamente nel corso dei secoli medievali dalle narrazioni agiografiche, arricchito di valori simbolici elaborati dall'esegesi biblica[5] e più in generale dalla cultura ecclesiastica.[6]

2. *Mare, città, deserti: l'età tardoantica*

La storiografia ha ormai da tempo proposto la definizione di età tardoantica per i secoli che vedono la progressiva crisi politica, sociale, economica dell'Impero romano e insieme la diffusione del cristianesimo e le trasformazioni determinate dalla sua affermazione religiosa, culturale e istituzionale nel rapporto di confronto/scontro con la società pagana.[7] È in questa età che si può cogliere una nuova percezione del mare Mediterraneo e della sua funzione all'interno della nuova geografia cristiana.

Già alla metà del secolo IV questa aveva trovato una consapevole elaborazione nell'*Historia Ecclesiastica* di Eusebio di Cesarea: da Roma a Gerusalemme, da Smirne a Lione, da Atene a Cartagine, da Alessandria a Tarragona e Merida in Spagna, da Troyes e Parigi in Gallia alla Sicilia,

3. F. Braudel, *La Méditerranée et le monde méditerranéen à l'époque de Philippe II*, Paris 1949, pp. IX-X e 188.

4. Cfr. P. Toubert, *Les plaines littorales de Méditerranée: un objet historique*, in *Castrum 7. Zones côtières littorales dans le monde méditerranéen au Moyen Âge: défense, peuplement, mise en valeur*, a cura di J.-M. Martin, Rome-Madrid 2001 (Collection de l'École Française d'Athènes et de Rome, 105/7), pp. 1-7.

5. L. Fanin, *Dio e l'uomo a confronto col mare nella pagina biblica*, in *Dio, il mare, gli uomini*, Verona 2008 (Quaderni di storia religiosa, XV), pp. 9-25.

6. P. Dronke, *Imagination in the Late Pagan and Early Christian World. The First Nine Centuries A. D.*, Firenze 2003, pp. 71-100.

7. *Trent'anni di studi sulla Tarda Antichità. Bilanci e prospettive*, a cura di U. Criscuolo, L. De Giovanni, Napoli 2009.

dalla Mesia a Nicomedia, «la dottrina della salvezza come un raggio di sole rischiarò d'un tratto tutta la terra [...] su tutta la terra risuonò la voce dei suoi divini evangelisti e apostoli, e fino all'estremità della terra le sue parole».[8] Ma, se la geografia di Eusebio è innegabilmente mediterranea, la presenza del mare rimane implicita. Anche nella ricostruzione storico-teologica dell'Impero romano proposta dall'*Adversus paganos* di Paolo Orosio agli inizi del secolo V, il Mediterraneo appare solo come una tela di fondo statica e passiva degli eventi narrati.[9]

Questo "mare interno" si anima invece negli scritti di alcuni Padri. Ambrogio ne ammira la bellezza e il lieto fragore, lo ritiene benefico per la terra come fonte delle piogge ed essenziale mezzo di comunicazione fra popoli distanti, infine ne valorizza la funzione protettiva nei confronti del *barbaricus furor*. Le isole, *monilia* incastonate nel mare, sono rifugio per coloro che vogliano sottrarsi al mondo e vivere in penitenza e continenza, trovando qui incentivi alla loro devozione, quando il suono delle onde si unisce al canto dei salmi. Questo è il motivo per cui la Chiesa viene spesso paragonata al mare: contro i naufragi spirituali e le tempeste reali si devono invocare Dio e Gesù Cristo.[10]

Il significato storico di questa cristianizzazione del mare da parte di Ambrogio risulta più evidente nel confronto con la descrizione del viaggio da Roma alle Gallie proposta nel *De reditu* di Rutilio Namaziano: qui all'esaltazione di Roma e dei segni della romanità, ancora visibili sulle coste, fa riscontro il disgusto per i luoghi pieni di squallore, come la Capraia, abitata da «uomini che fuggono la luce», o come la Gorgona «monumento di una recente sventura»: quella di un giovane, che, spinto da follia, ha lasciato uomini e terre *credulus exul,* membro di una setta peggiore di Circe e dei suoi veleni.[11]

La cultura cristiana cancella l'immagine respingente delle isole, luogo d'esilio, rifugio di pirati e di briganti, e le trasforma in luogo di santifica-

8. Eusebius, *Historia ecclesiastica*, II, c. 3, p. 1, a cura di G. Bardy, Paris 1952 (SC, 31), p. 54. Sull'opera di Eusebio è fondamentale: Eusèbe de Césarée, *Histoire ecclésiastique, Commentaire*, I, *Études d'introduction*, a cura di S. Morlet, L. Perrone, Paris 2012.

9. Orosius, *Historiarum adversus paganos libri VII*, a cura di M.-P. Arnaud-Lindet, 3 voll., Paris 1990-91.

10. Ambrosius, *Hexaemeron*, in *PL*, vol. 14, lib. 3, c. 5, coll. 164-165; trad. it. *I sei giorni della Creazione*, a cura di G. Banterle, Milano-Roma 1979, pp. 132-135.

11. Rutilio Namaziano, *Il ritorno*, a cura di A. Fo, Torino 1992, I, vv. 439-452, pp. 32-33; vv. 515-526, pp. 36-39.

zione.[12] Se storia e archeologia confermano una presenza diffusa di insediamenti cristiani nelle isole del Mediterraneo occidentale,[13] l'agiografia esalta in modo particolare Lérins, l'isola dei santi:[14] la *Vita di Onorato* di Ilario di Arles parla di difficili viaggi per mare «contra tantas aquarum et aurarum varietates» fino alla selvaggia isola, trasformata in luogo accogliente, dove l'acqua dolce sgorga «in media maris amaritudine».[15]

Ma è tutto lo spazio mediterraneo a essere progressivamente segnato dai *loca sanctorum.*[16] «Vincere i demoni tanto antichi [...] solo Dio lo poteva e solo i martiri che ne avevano ricevuto missione da Dio [...]. Dio dunque poiché ama gli uomini ed è incline alla pietà e generoso cosparge la terra di santi, come se dividesse il mondo tra non so quali medici eccellenti». Questo passo dell'anonima raccolta di miracoli di santa Tecla della metà del secolo V esprime la consapevolezza di un complessivo piano divino, volto a esaltare la funzione universalmente mediatrice e sacralizzatrice della santità e insieme il radicamento di ogni singolo santo in vita e in morte in una realtà definita.[17] Già Prudenzio (†405) con il *Peristephanon* aveva inserito il suo pantheon nell'orizzonte mediterraneo, inserendo ciascun martire in uno specifico contesto territoriale, privilegiando la sua terra, la Spagna, in un costante "gioco di sponda" con l'Italia.[18] E il percorso

12. Hieronymus, *Epistula 118*, in Saint Jérôme, *Lettres*, vol. VI, a cura di J. Labourt, Paris 1958, p. 95, dove si ricorda il *sanctorum numerus per insulas Dalmatiae.*

13. Cfr. il numero monografico della «Rivista di archeologia cristiana», 76 (2000).

14. S. Pricoco, *L'isola dei santi. L'isola di Lerino e le origini del monachesimo gallico,* Roma 1978; *Lérins, une île sainte de l'Antiquité au Moyen Âge*, a cura di Yann Codou, Michel Lauwers, Turnhout, 2009 (Collections des études médiévales de Nice, 9).

15. Hilaire d'Arles, *Vie de Saint Honorat*, a cura di M.-D. Valentin, Paris 1977 (SC, 235), pp. 104, 112-114.

16. Fortunata espressione di H. Delehaye, *Loca Sanctorum*, in «Analecta Bollandiana», 48 (1930), pp. 5-64, al cui successo storiografico ha molto contribuito il saggio di G.P. Bognetti, *I «loca sanctorum» e la storia della Chiesa nel regno dei Longobardi*, in Id., *L'età longobarda*, III, Milano1967, pp. 309-345. Per ulteriori notazioni cfr. S. Boesch Gajano, *«Loca sanctorum»: la geografia sacra fra tardo antico e alto medioevo*, in *Martiri, santi, patroni: per una archeologia della devozione*, a cura di A. Coscarella, P. De Santis, Atti X Congresso Nazionale di Archeologia Cristiana, Università della Calabria 2012 (Ricerche, Collana del Dipartimento di Archeologia e Storia delle Arti, 6), pp. 1-16.

17. *Vie et miracles de Sainte Thècle*, a cura di G. Dagron, Bruxelles 1978 (Subsidia Hagiographica, 62), pp. 295-296.

18. Prudentius, *Peristephanon*, in *Aurelii Prudentii Clementis Carmina*, a cura di M.P. Cunningham, Turnhout 1966 (CCSL, 126), pp. 251-389; trad. it. *Le Corone*, a cura di L. Canali, Firenze 2006.

delle reliquie di santo Stefano, a seguito dell'*inventio* a Gerusalemme nel 415, si iscrive in un orizzonte mediterraneo, dalle coste orientali a quelle dell'Africa, e poi a Minorca.[19]

Eppure bisogna constatare che in tutta la produzione martirologica più antica – prodotta da Smirne a Lione, dall'Africa alla penisola iberica, dalle regioni danubiane all'Italia – raramente il mare compare come elemento significativo del paesaggio. È il caso della *Passio Fabii*, che narra del corpo e della testa del martire, gettati separatamente nel mare, e ritrovati miracolosamente riuniti sulla costa di Cartenna (Ténès) in Algeria; o della *Passio Salsae*, che racconta del corpo gettato in mare dopo la lapidazione e scoperto da un marinaio provenzale: particolare interessante per la storia delle relazioni fra le rive del Mediterraneo alla fine del secolo IV.[20] Presenza più significativa ha il mare nella storia della persecuzione vandalica scritta nel secolo V da Vittore di Vita: il vescovo Quodvultdeus e i suoi chierici sono fatti salire sulle navi e abbandonati alla deriva, ma condotti da Dio sani e salvi a Napoli.[21] Una vicenda ripresa e sviluppata in numerose passioni altomedievali.

Se dai martiri e dalla loro memoria agiografica e cultuale – tralasciando gli apostoli oggetto della relazione di Robert Godding –[22] passiamo alle nuove esperienze religiose a partire dal secolo IV, si osserva subito l'emergere di nuovi paesaggi fino ad allora del tutto estranei alla civiltà urbanocentrica propria del mondo romano: una dilatazione dello spazio mediterraneo dalle coste punteggiate di città ai territori interni, desertici e inospitali, luogo di elezione per una vita di penitenza e di preghiera, secondo l'esempio di Cristo. Sono i nuovi "spazi della santità", di cui la

19. Cfr. V. Saxer, *Morts, martyrs, reliques en Afrique chrétienne aux premiers siècles. Les témoignages de Tertullian, Cyprien et Augustin à la lumière de l'archéologie africaine*, Paris 1980, in part. pp. 245-250; S. Boesch Gajano, *Verità e pubblicità: i racconti di miracoli nel libro XXII del* De Civitate Dei, in *Il* De Civitate Dei. *L'opera, le interpretazioni, l'influsso*, a cura di E. Cavalcanti, Roma-Freiburg-Wien 1996, pp. 367-388, in part. 371-372.

20. Sulle passioni africane e in particolare sulla *Passio S. Fabii vexilliferi* (BHL 2818), in «Analecta Bollandiana», 9 (1890), pp. 123-134; e la *Passio S. Salsae* (BHL 7467), cfr. V. Saxer, *Afrique latine*, in *Hagiographies*, I, Turnhout 1994, pp. 25-95, in part. 67 e 68. Cfr. anche Y. Duval, Loca Sanctorum Africae. *Le culte des martyrs en Afrique du IVe au VIIe siècle*, Rome 1982 (Collection de l'École Française de Rome, 58).

21. Victor episcopus Vitensis, *Historia persecutionis Africanae provinciae*, a cura di M. Petschenig, Vindobonae 1881 (Corpus Scriptorum Ecclesiasticorum Latinorum, 7).

22. R. Godding, *Gli apostoli e il mare*, in *Ein Meer und seine Heiligen. Hagiographie im mittelalterlichen Mediterraneum*, a cura di N. Jaspert, Ch.A. Neumann, M. di Branco, Leiden-Boston 2018, pp. 51-67.

Vita di Antonio, scritta alla metà del secolo IV da Atanasio, rappresenta il principale modello letterario.[23]

Testimone privilegiato per questa dilatazione dello spazio mediterraneo è Girolamo. Il suo percorso biografico si iscrive all'interno dei confini dell'Impero, dalla Pannonia a Roma, da Treviri ad Aquileia, dalla Siria a Costantinopoli, e infine a Betlemme e Gerusalemme. Lo evidenzia Erasmo da Rotterdam nella *Vita*, premessa all'edizione delle opere di Girolamo. Oltre al suo "internazionalismo" linguistico, Erasmo ricorda che Girolamo poteva essere rivendicato da molti luoghi:

> Stridone si rallegri con sé stessa per avere dato al mondo un lume tanto esimio. Per tre motivi si rallegri l'Italia. Anzitutto perché l'ha istruito, poi perché lo ha generato a Cristo attraverso il battesimo e infine perché conserva presso di sé il pegno dei suoi resti. Lo riconoscano come proprio le Gallie, che egli visitò così da poterle ricordare espressamente in tanti libri. Lo rivendichino gli Spagnoli che rese celebri per alcune lettere a loro inviate. Lo ami con trasporto la Germania, che, anche se in un solo libro, egli educò e nobilitò. A doppio titolo lo accolga la Grecia, anzitutto perché la sua lingua gli fu familiare e poi perché, maestra del mondo, a sua volta è stata aiutata dagli scritti di lui. Lo accolga l'Egitto che, tante volte da lui visitato, ce l'ha reso più dotto di quanto già era. Lo accolgano gli Arabi e i Saraceni che rese famosi con la sua vicinanza. Lo venerino gli Ebrei la cui lingua e la cui cultura si acquistò con tante fatiche. Anche la Siria lo pretenda per sé, perché in essa trascorse gran parte della sua vita, ma soprattutto Betlemme due volte fortunata, perché in lei il Cristo nacque al mondo e perché, sempre in lei, Girolamo è rinato al cielo.[24]

Una diversa geografia emerge dalle sue opere agiografiche. Per Paola il viaggio da Roma alla Terrasanta è un pellegrinaggio religioso che offre all'agiografo lo spunto per ripercorrere momenti fondamentali della storia sacra.[25] Il mare è elemento costitutivo del percorso di Ilarione di Gaza: i luoghi sono sempre indicati dalla loro distanza dal mare, per mare si svolgono i suoi viaggi, il mare in tutta la sua pericolosità mette alla prova il potere taumaturgico del santo, quando dopo la morte dell'imperatore Giuliano a seguito di un terremoto,

23. Atanasio, *Vita di Antonio*, a cura di G.J.M. Bartelink, Milano 1998. Cfr. Boesch Gajano, *Gli spazi della santità*.

24. Erasmo da Rotterdam, *Vita di San Girolamo*, a cura di A. Morisi Guerra, L'Aquila-Roma 1988, p. 162.

25. Hieronymus, *Epitaphium Sanctae Paulae*, a cura di J.W. Smit, trad. it. L. Canali, in *Vita di Martino, Vita di Ilarione, In memoria di Paola*, a cura di A.A.R. Bastiaensen, J.W. Smit, Milano 1975 (Vite dei Santi, 4), pp. 145-237.

i mari uscirono dai loro confini e, come se Dio di nuovo minacciasse il diluvio, o tutto ritornasse nell'antico caos, le navi furono portate dalle onde in cima ai precipizi dei monti, e lì rimasero appese. A quella vista gli abitanti di Epidauro, vedendo i flutti minacciosi e la massa delle onde e le montagne di gorghi che si muovevano verso il lido, temendo che la città venisse travolta dalle fondamenta [...] entrarono nella dimora del vecchio e, come se stessero per partire per una battaglia, lo deposero sul lido. Ilarione tracciò tre segni di croce sulla sabbia e tese le mani di fronte ai flutti: è incredibile a dirsi a quanta altezza si sia gonfiato il mare e come si sia fermato davanti a lui, e come dopo un lungo fremito di collera, quasi indignato davanti all'ostacolo, a poco a poco sia ritornato in se stesso.[26]

Con Girolamo è avviata a conclusione la stagione dell'agiografia tardoantica, testimone di tanti percorsi, geografici e spirituali, compiuti dai santi – tra gli esempi Martino,[27] Giovanni Cassiano e Severino del Norico – nello spazio ancora unito intorno al suo "mare interno".

3. *Nuove terre e nuovi mari: l'agiografia dell'Occidente altomedioevale*

La diversificazione politica, etnica, istituzionale, linguistica e culturale, delle terre dell'Impero romano[28] si riflette nella storia delle esperienze religiose. Nuovi "spazi della santità" emergono dalle scritture agiografiche.

Fra queste i *Dialogi* di Gregorio Magno meritano un'attenzione particolare per la personalità politica e culturale dell'autore e la fortuna medievale delle sue opere.[29]

L'autore, com'è noto, intende narrare i miracoli dei santi vissuti in Italia, largamente sconosciuti, ma non per questo meno grandi dei santi

26. Hieronymus, *Vita Hilarionis*, a cura di A.A.R. Bastiaensen, C. Moreschini, in *Vita di Martino*, pp. 69-143, da cui cito per la traduzione; ma cfr. anche l'edizione più recente: Jérôme, *Trois vies de moines (Paul, Malchus, Hilarion)*, a cura di A. de Vogüé, P. Leclerc, E. Martin Morales, Paris 2007 (SC, 508). Cfr. A.A.R. Bastiaensen, *Jérôme hagiographe*, in *Hagiographies*, a cura di G. Philippart, I, Turnhout 1994, pp. 97-123.

27. Insuperata l'edizione con relativo commento, Sulpice Sevère, *Vie de Saint Martin*, a cura di J. Fontaine, 3 voll., Paris 1977-1978 (SC, 133, 134, 135).

28. *The Transformations of Frontiers from late Antiquity to the Carolingian*, a cura di W. Pohl, I. Wood, H. Reimitz, Leiden-Boston-Köln 2001; in particolare H.-W. Goetz, *Concepts of Realm and Frontiers from Late Antiquity to the early Middle Ages: Some Preliminary Remarks*, pp. 73-82.

29. Per il profilo del pontefice, le sue opere e la bibliografia relativa rinvio a S. Boesch Gajano, *Gregorio Magno. Alle origini del Medioevo,* Roma 2005.

orientali.[30] Nella definizione di questo spazio geoagiografico il mare assume una funzione rilevante: un elemento pericoloso per i corpi quanto lo è simbolicamente per le anime.[31] Nell'episodio, mutuato dagli Atti degli Apostoli, di cui è protagonista Massimiano, vescovo di Siracusa, la celebrazione della messa permette alla nave di giungere in porto malgrado la violenta tempesta.[32] Del tutto simile la tipologia del miracolo nell'episodio di Agatone, vescovo di Palermo, che nella traversata dalla Sicilia a Roma incontra una tempesta di tale violenza che il nocchiero della nave, strappato al timone, sparisce nei flutti; il vescovo, credendolo morto, durante la sosta a Ustica celebra il sacrificio eucaristico per la sua anima. Il nocchiero, riapparendo salvo a Roma, narrerà di avere visto, mentre era immerso nei flutti, qualcuno che gli porgeva del pane, mangiato il quale, recuperò le forze.[33] San Cerbonio, vescovo di Populonia, per sfuggire ai Longobardi, si rifugia con il suo clero all'isola d'Elba; sentendo approssimarsi la morte, convince i chierici a riportare il suo corpo nella chiesa di Populonia, dove si era preparato il sepolcro: miracolosamente la pioggia non investe la nave protetta dal corpo del santo, miracolosamente i chierici sfuggono incolumi dopo la sepoltura – secondo la profezia del vescovo – ai Longobardi. [34] Il mare è qui barriera contro i nemici, e insieme elemento naturale pieno di pericoli, superabili solo con la taumaturgia.

Se la terra dei *Dialogi* è l'Italia, il mare dei *Dialogi* è soprattutto il Tirreno, con una particolare attenzione rivolta alla Sicilia, che acquista una funzione straordinariamente importante come luogo – terra e mare – la cui configurazione geofisica determina le sue valenze religiose e escatologiche.[35] L'opera evidenzia l'intersezione fra dimensione reale e dimensione simbolica del mare; e questo fin dal prologo, dove l'immagine del mare viene usata per esprimere il disagio spirituale del pontefice, che rimpiange il porto tranquillo della vita monastica.[36] Si tratta di un'immagine che, forte di una lunga tradizione esegetica, trova una compiuta formulazione nei

30. Boesch Gajano, *Gregorio Magno*, pp. 187-230.

31. Ivi, pp. 292-294.

32. Gregorio Magno, *Dialogi*, in *Opere di Gregorio Magno*, vol. 4, Roma 2000, pp. 71-455, qui lib. 3, c. 36, pp. 310-313. Una nuova edizione con traduzione dei *Dialogi* è uscita con un titolo infelice: *Storie di santi e di diavoli*, a cura di S. Pricoco, M. Simonetti, Milano 2006.

33. Gregorio Magno, *Dialogi*, lib. 4, c. 59, pp. 448-451.

34. Ivi, lib. 3, c. 11, pp. 236-241.

35. Boesch Gajano, *Gregorio Magno*, p. 294.

36. Gragorio Magno, *Dialogi*, *Prologo*, pp. 74-75.

Moralia in Job: «che s'intende per mare se non il secolo presente?», commenta Gregorio. Il mare erompeva, quando i flutti minacciosi del secolo, concepiti dall'iniquo pensiero carnale, infierivano per mandare in rovina la santa Chiesa. Ma Dio è intervenuto a chiudere questo mare: i martiri si sono opposti «quasi quaedam ostia» ai flutti della persecuzione e hanno permesso alla Chiesa di elevarsi «supra mundi culmen», reprimendo l'impeto del mare in tempesta. E i confessori si rifugiano «ad quieta cordis» per meglio resistere ai flutti dei pensieri lascivi e superbi.[37] Gli episodi dei *Dialogi* sopra ricordati acquistano il valore di *exempla* in questa rivisitazione esegetica della storia della Chiesa.

La *quies cordis* si trova, per esperienza stessa di Gregorio, soprattutto nella vita monastica, che ha il suo fondamento nella *stabilitas*. Già la Regola di Macario aveva sancito: «se accade che un fratello per qualche motivo di discordia vorrà uscire dal monastero, lo si vesta soltanto di un abito del tutto ridicolo e vada via come un infedele fuori dalla comunione monastica».[38] Dura la condanna dei monaci girovaghi contenuta nella Regola di Benedetto,[39] confermata da molti episodi della vita di Benedetto, narrata nel secondo capitolo dei *Dialogi.*

Se, com'è noto, lo sguardo di Gregorio si rivolse molto al di là del tradizionale spazio mediterraneo, come attestano i rapporti con i vescovi e i re della Gallia e la missione in Inghilterra, il progressivo allontanamento dal mare "interno" alle terre dell'Impero è testimoniato in modo ancor più eloquente per la Gallia dalle opere di Gregorio di Tours: una presenza di quel mare appena accennata nelle ormai lontane storie dei martiri narrate nell'*In gloria martyrum*, assente nell'*In gloria confessorum*, del tutto fuoriuscita dall'orizzonte nell'*Historia Francorum*.[40] Bisognerà attendere Fredegario per una nuova scrittura storiografica «according to his refreshed western perspectives on the Mediterranean», come dice il Fischer.[41] Quanto alla

37. Gregorio Magno, *Sancti Gregorii Magni Moralia in Iob*, vol. 4, a cura di M. Adriaen, Turnholti 1985 (CCSL, 143 B), lib. 28, c. 16, paragrafo 36, pp. 58-61.

38. *Regola di Macario*, in *La Regola di San Benedetto e le Regole dei Padri*, a cura di S. Pricoco, Milano 1995, pp. 36-57, qui c. 28, pp. 56 s.

39. Ivi, c. 1, pp. 134-137.

40. Gregorius Turonensis, *Historiarum Libri X*, a cura di B. Krusch, in MGH, SS. rer. Mer., 1.1, Hannoverae 1969; Cfr. S. Boesch Gajano, *Gregorio di Tours: scrittura della storia e storie di monaci*, in «Adamantius», 17 (2011), pp. 81-92.

41. *Chronicarum quae dicuntur Fredegarii Scholastici Libri IV cum continuationibus,* a cura di B. Krusch, in MGH, SS. rer. Mer., 2, Hannoverae 1888. Cfr. A. Fischer, *Rewriting*

penisola iberica, «terra di confine» prima fra Impero e Visigoti, poi fra cristiani e musulmani, i protagonisti della vita religiosa sono saldamente incardinati nelle loro sedi territoriali, anche se non mancano i nuovi martiri, come testimonia il *Memoriale sanctorum* di Eulogio.[42]

A Settentrione invece nuove terre e nuovi mari avevano già cominciato a entrare nella scena dell'agiografia altomedievale.[43] Figura eminente della prima cristianizzazione delle isole britanniche era stato Patrizio, la cui vita si era svolta fra Britannia romana, luogo della sua nascita intorno al 390, Irlanda e alcune terre del continente, in un alternarsi di rapimenti, schiavitù, soggiorni monastici in Gallia.[44] Esigenze spirituali e ideali missionari di riforma portano invece Colombano a lasciare definitivamente l'Irlanda per il continente, prima in Gallia a Luxeuil e poi in Italia a Bobbio, come racconta il suo biografo Giona. Se i modelli agiografici sono prevalentemente mediterranei (Atanasio per Antonio, Girolamo per Paolo e Ilarione, poi Sulpicio Severo per Martino, e ancora Ilario, Ambrogio, Agostino), la descrizione della terra natale di Colombano porta il lettore «ai confini del mondo», alla natale «Hibernia insula, extremo Oceano sita», dove i lidi sono battuti da «undarum immanes moles». Una breve avventura marina, la traversata favorita da Dio, salda la prima parte della sua vita vissuta nel monastero di Bangor in Irlanda e la seconda parte "missionaria" vissuta sul continente.[45]

History. Fredegar's Perspectives on the Mediterranean, in *Western Perspectives in Mediterranean: Cultural Transfer in Late Antiquity and the early Middle Age*, a cura di I. Wood, London 2014, pp. 55-76, cit. da pp. 74-75.

42. Per uno sguardo d'insieme cfr. G. Dagron, P. Riché, A. Vauchez, *Histoire du christianisme*, IV, s.l. 1993, pp. 612-616, 728-732.

43. Cfr. S. Boesch Gajano, *La strutturazione della cristianità occidentale*, in *Storia della santità nel cristianesimo occidentale*, Roma 2005, pp. 91-156; I. Wood, *The Missionary Life. Saints and the Evangelisation of Europe 400-1050*, Harlow 2001; Id., *Missionaries and the Christian Frontier*, in *The Transformation of Frontiers*, pp. 209-218.

44. Per un profilo biografico cfr. D. Pezzini, *Patrizio di Armagh*, in *Il Grande Libro dei Santi*, III, Cinisello Balsamo 1998, pp.1592-1596; per le opere *The Works of Saint Patrick*, a cura di L. Bieler, Westminster-London 1953; *Gli scritti di San Patrizio*, a cura di E. Malaspina, Roma 1985. Cfr. L. Bieler, *Studies on the Life and Legend of St. Patrick*, London 1986.

45. Jonas (Bobiensis), *Vitae Sanctorum Columbani, Vedastis, Iohannis*, a cura di B. Krusch, Hannoverae et Lipsiae 1905 (MGH, SS. rer. Germ., 37), pp. 152-153. Cfr. S. Brufani, *Colombano*, in *Il Grande Libro dei Santi*, I, pp. 473-476. Nel 2015 tre convegni sono dedicati al santo missionario: a Bangor, a Luxeuil, a Bobbio [S. Boesch Gajano, *Giona di Bobbio: un affresco della santità colombaniana nel contesto dell'agiografia altomedievale*,

Nei primi decenni del secolo VIII Beda, nell'*Historia ecclesiastica gentis Anglorum* inserisce la Britannia e l'Irlanda nell'orizzonte della sua geografia dell'Europa, come premessa per la conoscenza della loro storia, dei popoli che l'avevano abitata e la abitano: «la Britannia è un'isola dell'Oceano un tempo chiamata Albione, situata tra il Settentrione e l'Occidente, in rapporto alla Germania, alla Gallia e alla Spagna, i più grandi paesi dell'Europa e separata da loro da una grande distanza». A sud ha la Gallia Betica, dall'altro lato si apre sull'Oceano infinito, là dove si trovano le isole Orcadi.[46] Lo spazio interno all'Occidente che abbraccia la Britannia e la Germania nella visione di Beda si raccorda strettamente con Roma, sia attraverso il racconto delle missioni di Winfrid/Bonifacio sia attraverso la notizia della morte in questa città di Cenred re dei Merci e Offa re dei Sassoni orientali.[47] Convincente l'interpretazione del Kaschke, secondo il quale Beda propone ai suoi monaci di Northumbria di guardare alla storia del mondo mediterraneo, in quanto là il papa «acted as guardian of the faith».[48] Se questo è l'orizzonte ideologico di Beda, quello agiografico si restringe ai luoghi della penitenza e della santità, contigui a un mare «ambivalente», come nota Lebecq:[49] strumento di penitenza per Cutberto che passa lunghe ore notturne immerso nel mare; risorsa per il rifornimento del legno; prezioso escavatore delle grotte per i monaci, e insieme "confine" pericoloso, le cui tempeste possono essere placate solo dall'intervento dei santi.[50]

Il confine fra realtà e immaginario, che possiamo considerare un aspetto essenziale della scrittura agiografica, viene talvolta più chiaramente varcato. È il caso della leggenda di Orsola e della sue undicimila vergini, formatasi alla fine del secolo X, anche se le testimonianze del culto sono precedenti: la figlia di un re bretone, avendo consacrato la sua verginità a Dio, dilazio-

in *L'eredità di San Colombano. Memoria e culto attraverso il medioevo*, a cura di E. De Stefanis, Rennes 2017, pp. 183-191].

46. Bède le Vénérable, *Histoire ecclésiastique du people anglais*, I, a cura di A. Crépin, M. Lapidge, Paris 2005, (SC, 489), pp. 110-113.

47. Ivi, V, 19, T. III, pp.110-131.

48. S. Kaschke, *Mediterranean Lessons for Nurthumbrian Monks in Beda's Chronica Maiora*, in *Western perspectives*, pp. 87-100, in particolare pp. 99-100.

49. S. Lebecq, *Les saints anglais et le milieu marin. Contribution de quelques textes hagiographique à la connaissance du milieu littoral dans l'Angleterre du début du Moyen Âge*, in *Académie des Inscriptions et Belles-Lettres, Comptes Rendus,* Paris 1995, pp. 43-56.

50. B. Colgrave, *Two "Lives" of Saint Cutbert*, Cambridge 1985.

nò il matrimonio con il pretendente di tre anni durante i quali con le sue undicimila compagne si allenò, apparentemente come in un gioco, fino alla fuga verso il porto di Thiel, poi lungo il Reno fino a Colonia poi a Basilea e a Roma e ritorno, fino a che incontrarono il martirio per mano degli Unni.[51] Lo straordinario successo agiografico e iconografico della vicenda di Orsola ripropone il valore del mare come metafora della vita.[52]

I viaggi dei santi coinvolgono spazi inediti, dove il mare diventa confine fra mondo terreno e ultraterreno "forzati" da protagonisti di affascinanti avventure, nelle quali l'esperienza spirituale si interseca con il desiderio di conoscenza. La famosissima e diffusissima *Navigatio Sancti Brendani*, santo irlandese vissuto forse nell'ultimo quarto del V secolo, i cui più antichi manoscritti risalgono alla fine del secolo X o inizi XI, narra una straordinaria *peregrinatio*, tutta giocata fra elementi di realtà materiale – costruzione della nave, porti di attracco, fame e sete, pratiche liturgiche e penitenziali – e elementi fantastici propri di un racconto di avventura, fra uomini santi, bestie spaventose, pietre e alberi, visioni dell'aldilà.[53] Più tardi il danese Sassone il Grammatico, formatosi presso le grandi scuole della Francia del secolo XII, narrerà la storia dei popoli scandinavi, della loro cultura, della loro altalenante adesione al cristianesimo; in questo contesto ricorderà le avventure di coraggiosi naviganti che sfidano i pericoli di un mare ai «confini del mondo», nel quale rischiano di essere inghiottiti, salvati solo dall'intervento divino.[54]

4. *Culti, reliquie, immagini: percorsi mediterranei*

La produzione agiografica di età carolingia e ottoniana celebra una santità prevalentemente continentale: la storiografia ne ha fatto una fonte

51. *Passio Ursulae*, in AASS *Oct.*, IX, vol. 9, Parigi-Roma 1869, pp. 157-162. Di particolare interesse la descrizione delle esercitazioni nautiche eccezionalmente guidate da una donna: «quasi magistra virginalis militia», a capo di «virgineae cohortes», che «raptim ad naves convolant, armamentaque explicant, interdum fugam interdum bellum simulant, omnique ludorum genere exercitatae».

52. Per la storia e i significati simbolici del culto di sant'Orsola cfr. G. Zarri, *La nave di Sant'Orsola*, in Ead., *Recinti. Donne, clausura e matrimonio nella prima età moderna*, Bologna 2000, pp. 391-415.

53. *Navigatio Sancti Brendani Abbatis*, a cura di G. Orlandi, R. E. Guglielmetti, Firenze 2014.

54. Sassone Grammatico, *Gesta dei re e degli eroi danesi*, a cura di M.A. Cipolla, L. Koch, Torino 1993; cfr. Boesch Gajano, *Pratiche*.

preziosa per l'espansione della cristianità in Inghilterra, Germania, Europa orientale, Scandinavia e per la profonda trasformazione delle frontiere fra etnie e regni.[55]

Lontano dal nostro mare Mediterraneo. Per ritrovarlo dobbiamo rivolgere l'attenzione a una ricca produzione agiografica, composta fra IX e XII secolo, volta a ricostruire o riattivare la memoria di apostoli, martiri, santi antichi, a narrare l'*inventio* e la *translatio* delle loro reliquie, o a narrare le vicende di altri oggetti di devozione come le immagini. Immagini, reliquie, testi attraversano il Mediterraneo, che si carica di nuovo di molteplici significati: come luogo del pericolo umano e demoniaco e insieme della manifestazione del potere taumaturgico di Dio e dei suoi santi, che permette l'approdo salvifico di navi, uomini, oggetti sacri, che saranno venerati in luoghi di culto creati per ospitarli.

Questi percorsi cultuali attraverso il Mediterraneo, da Sud a Nord, da Est a Ovest, vanno considerati in relazione ad alcuni importanti fattori storici: la lunga crisi iconoclasta nell'Impero bizantino, lo sviluppo di nuovi poteri territoriali sulle coste del Mediterraneo occidentale, il pericolo sempre più inquietante dal secolo IX rappresentato dai Saraceni.

Questi fattori, considerati nel loro complesso, hanno soprattutto un'evidente incidenza nel determinare l'"indebolimento" dell'identità unitaria del Mediterraneo, a favore di una più accentuata articolazione, che ben si riflette nell'agiografia. Il mar Tirreno, già incontrato con una sua identità nei *Dialogi* di Gregorio Magno, si diversifica a sua volta fra Tirreno meridionale e Tirreno settentrionale, definiti da innumerevoli percorsi di santi e reliquie, tra le coste e le isole maggiori e minori, come testimoniato dal bel saggio di Amalia Galdi e Eugenio Susi;[56] e così il mare Adriatico, nel cui ambito troviamo protagoniste alcune città: Venezia al Nord e Bari al Sud. La prima alla fine del secolo X, dopo un'avventurosa traslazione, accoglie le reliquie di san Marco,[57] la seconda è artefice alla fine del secolo XI di uno dei più famosi e "programmati"

55. Cfr. le opere citate alle note 1, 27, 42.

56. A. Galdi, E. Susi, *Santi, navi e Saraceni. Immagini e pratiche del mare tra agiografia e storia dalle coste campane a quelle dell'Alto Tirreno*, in *Dio, il mare e gli uomini*, pp. 53-101. Cfr. inoltre A. Galdi, *Pellegrinaggio e santità nelle tradizioni agiografiche*, in *Tra Roma e Gerusalemme nel medioevo. Paesaggi umani e ambientali del pellegrinaggio meridionale,* a cura di M. Oldoni, Salerno 2005, pp. 295-311.

57. Per le traslazioni di reliquie nell'Adriatico orientale cfr. A. Marinković, *Hostage Relics and Venetian Maritime Control in the Eastern Adriatic*, in *Ein Meer*, pp. 275-296.

furta sacra,[58] quello delle reliquie di san Nicola di Mira.[59] Traslazioni cariche di valenze politiche ed economiche,[60] che avranno un seguito anche nei secoli successivi.[61]

Per quanto riguarda i singoli fattori sopra ricordati, l'iconoclastia bizantina rafforza una presenza, che ha segnato la storia religiosa, culturale, istituzionale di Roma dal tardo antico ai secoli dell'altomedioevo, con i tanti insediamenti monastici e il trasferimento di preziosi oggetti di culto.[62] Innumerevoli immagini "venute dall'Oriente", considerate miracolose in quanto "acheropite", non dipinte da mano umana, hanno arricchito il già ricco patrimonio sacrale romano costituito dalle reliquie dei martiri.[63] La presenza greca a Roma favorisce innesti cultuali di cui è espressione un vero e proprio "laboratorio" di traduzioni dal greco particolarmente attivo nel secolo IX.[64]

Quanto ai Saraceni, pericolosi sul mare e nelle zone costiere della Provenza e dell'Italia, essi diventano il "nemico" per eccellenza, contro il quale è necessario provvedersi di apposite protezioni soprannaturali. L'agiografia offre un'immagine negativa dei nemici venuti dal mare: «privi di uno statuto religioso autonomo», osserva Amalia Galdi,

> ma più spesso pagani, distruggono indiscriminatamente uomini e cose, scivolando nell'empietà quando offendono il sacro e i suoi rappresentanti. Un'immagine che registra paure diffuse, pur amplificate dalla finalità agiografica, ma che spesso contrasta con la realtà delle relazioni tra gli 'stati' campani e le etnicamente multiformi popolazioni provenienti dall'Africa, dalla Sicilia o dalla Spagna.[65]

58. P. Geary, *Furta sacra. Thefts of Reliques in the Central Middle Ages*, Princeton 1978.

59. Cfr. G. Cioffari, *San Nicola e il mare nelle fonti anteriori alla traslazione a Bari (1087)*, in *Ein Meer*, pp. 355-382.

60. *Les reliques. Objets, culte, symboles*, a cura di E. Bozoky e A.-M. Hélvetius, Tunrhoult 2000.

61. *Dal lago di Tiberiade al mare di Amalfi. Il viaggio apostolico di Andrea*, a cura di M. Talalay, Amalfi 2008.

62. Cfr. *Roma nell'alto medioevo*, Spoleto 2001 (Settimane di Studio del Centro italiano di Studi sull'Alto medioevo, 48); *Roma fra oriente e occidente*, Spoleto 2002 (Settimane di Studio del Centro italiano di Studi sull'Alto medioevo, 49).

63. Riferimento principale per l'iconografia altomedievale: H. Belting, *Bild und Kunst*, München 1990; trad. it. *Il culto delle immagini*, Roma 2001.

64. Cfr. *Europa medievale e mondo bizantino. Contatti effettivi possibilità di studi comparativi*, a cura di G. Arnaldi e G. Cavallo, Roma 1997.

65. Galdi, Susi, *Santi, navi e Saraceni*.

Il mare, poco presente nell'immaginario delle popolazioni costiere dell'Italia meridionale, risultando privo di quei caratteri di pericolosità che rendono necessario il ricorso alla protezione soprannaturale, acquista un nuovo ruolo proprio in relazione all'incombere del pericolo saraceno: il secolo IX può essere individuato come un tornante cronologico.[66] Il pericolo è tale che non si esita a rifunzionalizzare anche santi antichi e certamente estranei al contesto marittimo come i vescovi di Napoli Gennaro e Agrippino.[67] E torna l'interesse per i martiri della persecuzione vandalica, il vescovo Quodvultdeus e i suoi chierici, che, secondo il racconto di Vittore di Vita, costretti da Genserico a imbarcarsi su una nave mandata alla deriva, erano giunti miracolosamente salvi a Napoli: il pericolo rappresentato dalle scorrerie saracene aveva restituito concretezza, come dice Giuseppe Petralia, alle *fabulae* sui Vandali.[68] Il tema della "nave dei santi", tanto diffuso nella letteratura e nell'iconografia, non sembra essere solo un *topos*, ma acquista un valore insieme storico e simbolico, volto a esorcizzare il pericolo saraceno: lo conferma la progressiva scomparsa del motivo entro la fine del secolo XII in relazione alla fine della loro minaccia.[69]

Il medio e alto Tirreno dai primi decenni del secolo IX appare «un ambiente limite, posto a ridosso di abissi imperscrutabili, foriero di improvvisi e terrificanti pericoli», ricorda Eugenio Susi, tale da mettere alla prova il potere dei santi per sedare le tempeste, per sconfiggere mostri marini, antico topos letterario, che si accompagna all'immagine della *navis ecclesiae* guidata da Cristo, o pericoli più reali come quello rappresentato dai Saraceni.[70] Ancora ben presenti, a seguito dell'occupazione di Luni del 1015, anche se poi sconfitti qui e in Corsica,[71] nella *Vita S. Venerii*, che nel secolo

66. Lo conferma V. von Falkenhausen, *Il mare nell'agiografia italogreca (con un'appendice di Vivien Prigent)*, in *Ein Meer*, pp. 137-159.

67. Galdi, Susi, *Santi, navi e Saraceni*, p. 63.

68. G. Petralia, *Santi e mercanti nel Mediterraneo latino medievale: note diacroniche*, in *Medioevo, Mezzogiorno, Mediterraneo. Studi in onore di Mario Del Treppo*, a cura di G. Rossetti e G. Vitolo, Napoli 2000, pp. 89-110, cit. p. 95.

69. A. Vuolo, *La nave dei santi*, in *Pellegrinaggi e itinerari dei santi nel Mezzogiorno medievale*, a cura di G. Vitolo, Napoli 1999, pp. 57-66.

70. Per le *passiones* e le *Vitae* si rinvia all'accurata analisi di Susi, *Santi, navi e saraceni*.

71. I. Vay, *Le scorrerie saracene a Luni nel quadro della presenza musulmana nel Medeterraneo centro-occidentale tra IX e XI secolo*, in «Quaderni del Centro Studi Lunensi», n.s., 3 (1997), pp. 47-84, in particolare 70-76.

XI ambientava la vicenda terrena di questo santo navigatore fra l'isola di Tino, Luni e la Corsica, seguendo antichi schemi agiografici, ma con «una diversa percezione del mare che, seppure contraddistinto dall'inquietante presenza di esseri mostruosi, risulta ormai configurato come uno spazio aperto, solcato dalle rotte di quegli uomini che temerariamente lo percorrono *pro temporalibus commodis*». Nella *Vita Venerii* si riflette ormai «una quotidianità di rapporti con l'ambiente marino del tutto sconosciuta alle precedenti compilazioni», così che la figura del santo poteva cominciare ad assumere «quei tratti particolari che avrebbero in seguito caratterizzato i santi qualificati come patroni dei naviganti».[72]

Solo nel secolo XII il pisano Ranieri (c.1117-1160) assume la fisionomia agiografica di protettore dei naviganti. Nato in una famiglia del ceto medio mercantile, lui stesso dedito ad attività commerciali, intorno al 1140 in Terrasanta decise di sciogliere la società e di dedicarsi alla penitenza, alla preghiera, al pellegrinaggio, tornando a Pisa nel 1154 e vivendo poi sempre come laico penitente presso il monastero benedettino di San Vito, acquisendo, in vita e dopo la morte, fama di taumaturgo e di protettore dei naviganti dai pericoli del mare: «tempeste sedate per equipaggi sulle rotte della *Romania*, della Sicilia, della Sardegna, della Campania e nel porto di Genova, ma anche assalti di pirati saraceni sventati al largo della Sardegna», con un culto che i mercanti pisani diffondono in Sicilia.[73]

Nel corso dei secoli XII e XIII viaggi e pellegrinaggi testimoniano i rapporti fra l'Occidente e la Terrasanta, fortemente riattivati dall'ideologia e dalla pratica crociata, in cui si inserisce il celebratissimo e forse troppo ideologizzato viaggio di san Francesco d'Assisi. Malgrado questa intensa frequentazione il mare appariva sempre molto pericoloso, come ricorda il biografo di Luigi IX, Joinville, che al momento della partenza del re per la crociata osservava come: «il est bien follement téméraire celui qui ose s'exposer à un tel péril avec le bien d'autrui ou en état de pêché mortel, car on s'endort le soir sans savoir si on se retrouvera le matin au fond de la mer». Ma vi erano anche uomini coraggiosi che affrontavano viaggi assai pericolosi, racconta ancora Joinville a proposito di Elnart di Seninghem, che aveva affittato la sua nave nel regno di Norvegia «qui est au bout du

72. Galdi, Susi, *Santi navi e Saraceni*, pp.82-83.

73. M.L. Ceccarelli Lemut, G. Garzella, *«Mirabilia Domini in pelago». Cristianizzazione, culti e reliquie a Pisa (secoli III-XIII)*, in *Dio, il mare, gli uomini*, pp. 155-183, in part. 170-171.

monde en direction d'Occident», aggiungendo che nel viaggio aveva costeggiato la Spagna, poi era passato per lo stretto del Marocco, per giungere al campo del re Luigi IX. Quando le capacità dei naviganti risultavano impotenti di fronte allo scatenarsi del mare, non restava che rivolgersi a Dio, alla Vergine, ai santi. Racconta ancora il biografo di Luigi IX, che quando una violenta tempesta aveva colto la coppia reale di ritorno dalla crociata, al largo di Cipro, volendo la regina fare voto di un pellegrinaggio, lo stesso Joinville le aveva consigliato di votarsi a un santuario particolare, quello di Saint-Nicolas de Varangéville, offrendo un prezioso ex-voto.[74]

Testimonianza del ricorso per così dire automatico al soprannaturale, l'episodio acquista un significato ulteriore in relazione alla storia e alla funzione dei santuari. Marcatori del paesaggio cristiano, variamente dislocati, ognuno con la propria storia, il proprio oggetto di culto, le proprie devozioni e tradizioni, si trovano evidentemente anche nelle zone costiere,[75] senza tuttavia che si possa stabilire per molti secoli una peculiare protezione nei confronti dei pericoli del mare: proprio come testimonia Joinville quando consiglia alla regina il ricorso a un santuario "di terra". Il santuario medievale appare polivalente: non si può parlare d'une «spécialisation particulière» dei santuari costieri fino al secolo XIV, osserva André Vauchez – con riferimento a Michel Mollat –,[76] quando si nota «l'apparition d'une piété spécifique chez les gens de mer [...] dont la dévotion commença alors à se distinguer de celles des terriens».[77] Sarà il tardo medioevo e poi l'età moderna a rafforzare la specializzazione "marittima" dei santuari costieri, spesso intitolati alla Madonna *Stella maris*.[78]

5. *Reinterpretazioni agiografiche e invenzioni mistiche*

L'agiografia riscrive costantemente la memoria del passato cristiano, reinventando personaggi e vicende, per impulso di nuove esigenze cultuali

74. Joinville, *Vie de saint Louis*, a cura di J. Monfrin, Paris 1995, pp. 61-63, 315.

75. *I santuari e il mare*, a cura di I. Aulisa, Bari 2014.

76. M. Mollat, *La vie quotidienne des gens de mer en Atlantique, Moyen Age-XVIe siècle*, Paris 1983. Cfr. anche *Foi chrétienne et milieux maritime, XVe-XXe siècle*, a cura di A. Cabantous, F. Hildesheimer, Paris 1989.

77. A. Vauchez, *Les sanctuaires et la mer: quelques réflexions autour d'une problématique*, in *I santuari e il mare*, pp. 297-301.

78. Cfr. G.A. Faccioli, Stella maris *e i santuari*, in *I santuari e il mare*, pp. 207-214.

o culturali. In questo processo di riappropriazione tardiva di nuovo centrale appare il rapporto fra le sponde del Mediterraneo orientale e occidentale. Si può trattare di integrazioni di singoli episodi o dell'aggiunta del dossier dei miracoli, funzionale al rilancio di un luogo di culto, ma anche di vere e proprie trasformazioni del profilo del santo.

Il fascino delle origini cristiane porta gli agiografi medievali a privilegiare apostoli, martiri e confessori dei primi secoli. Caso esemplare è quello di Maria Maddalena. Si tratta di un personaggio "costruito" progressivamente e segnato dall'unificazione, sancita da Gregorio Magno, delle tre donne dei Vangeli: l'anonima peccatrice, che aveva unto i piedi del Signore e gli aveva asciugato i piedi con la sua capigliatura, Maria, sorella di Marta, lodata da Gesù per avere trascurato ogni attività per ascoltare la parola del Maestro, infine Maria, sorella di Lazzaro, che aveva reso omaggio al Cristo versando sul suo capo un prezioso balsamo.

Pur avendo la sua origine storica in Oriente, il culto di Maria Maddalena è prevalentemente occidentale. La lunga vicenda agiografica è stata ricostruita da Victor Saxer, dalle prime testimonianze di carattere liturgico, allo sviluppo prevalentemente continentale e settentrionale (Francia centro-settentrionale, Germania, Inghilterra) attestato da edifici sacri e monasteri a lei intitolati, fino all'apogeo nei secoli XI e XII, in coincidenza e per influsso evidente del movimento crociato. Centro propulsore del culto magdaleniano fu da allora fino al secolo XIII l'abbazia di Vézelay in Borgogna – che, vale la pena di ricordarlo, fu visitata ben tre volte da Luigi IX, il re crociato per eccellenza. Negli anni 1265-67 l'abbazia, desiderosa di riaffermare il proprio prestigio in un'età di declino rinnovando la certezza di possedere il corpo della santa, decise di procedere alla ricognizione delle reliquie e alla costruzione del dossier relativo alla vicenda complessiva della santa da viva e da morta: brevi cenni biografici sulla vita come discepola del Cristo, poi la partenza insieme agli apostoli, l'approdo in Provenza, la predicazione, la scelta della vita eremitica e penitenziale, infine la morte, con la prima sepoltura a Aix, poi la traslazione a Vézelay in età carolingia.[79]

Interessante risulta il confronto fra alcune agiografie. Una *Vita*, lungamente attribuita a Rabano Mauro e usata come testimonianza dell'an-

79. V. Saxer, *Le culte de Marie Madeleine en Occident des origines à la fin du moyen âge*, Paris 1959; Id., *Le dossier vézelien de Marie Madeleine. Invention et translation des reliques en 1265-1267, Contribution à l'histoire du culte de la sainte à Vézelay à l'apogée du moyen âge*, Bruxelles 1975 (Subsidia Hagiographica, 57).

tichità della leggenda secondo la quale Maria Maddalena dopo la morte di Cristo avrebbe lasciato la Palestina insieme agli apostoli, giungendo in Provenza con la sorella Marta, fu in realtà scritta alla metà del secolo XII nell'entourage di Bernardo di Clairvaux: essa testimonia l'appassionato interesse per far rivivere luoghi, momenti, personaggi legati alla vita terrena di Cristo, esaltati dalla nuova spiritualità del monaco cistercense.[80] Ma già nello stesso secolo nell'agiografia magdaleniana promossa da Vézelay si registrava la tendenza a sviluppare soprattutto la vicenda della predicazione e della vita di penitenza in Provenza, arricchendo la narrazione di nuovi e talvolta stravaganti episodi, come il miracolo, reminiscenza di un episodio della vita di Apollonio di Tiana scritta da Filostrato, interpolato nella trama della cosiddetta *Vita apostolica.* Si narra la storia del principe di Marsiglia, ancora pagano, che, volendo assicurarsi presso lo stesso Pietro in Palestina della verità di quanto andava predicando la Maddalena, affrontò un avventuroso viaggio con la moglie incinta; quando questa morì dopo il parto, la abbandonò insieme al bambino ancora vivo su un'isola; al ritorno ritrovò il bambino vivo e per merito delle preghiere a Maria Maddalena, ottenne la resurrezione della moglie, a seguito dei quali eventi naturalmente si convertì.

Saranno le raccolte di vite di santi del secolo XIII, le cosiddette *legendae novae*, non più leggendari compilati per uso liturgico, ma "opere d'autore", concepite come strumento per la predicazione da sostenere con esempi di santità, a ricomporre in unità le molteplici testimonianze agiografiche magdaleniane: sono le opere di Giovanni di Mailly, di Vincenzo di Beauvais, e soprattutto di Jacopo da Varazze a sancire la memoria "storica" di Maria Maddalena "apostola" di Cristo, poi penitente, in sintonia con l'emergere di una religiosità eremitico-penitenziale, e infine taumaturga con un potere che si estende sulla terra e sui mari, quelli antichi e quelli "nuovi".[81]

Anche Alessio è un santo che si può considerare reinventato con grande successo dall'agiografia. Questo personaggio non ci riporta alle origini cristiane, ma all'età tardo-antica: alla fine del V secolo risalgono le prime tracce di un racconto che vede il protagonista di nobili origini fuggire da

80. Rabanus Maurus, *De vita Mariae Magdalenae et sororis eius Marthae*, in PL 112, coll. 1453-1508; per l'attribuzione all'ambiente bernardiano cfr. V. Saxer, *La « Vie de sainte Marie Madeleine» attribuée au Pseudo-Raban Maur œuvre claravallienne du XIIe siècle*, in *Mélanges Saint Bernard*, Dijon 1954, pp. 408-421.

81. Jacopo da Varazze, *Legenda Aurea*, a cura di G.P. Maggioni, Firenze, 1998, pp. 628-642.

Edessa la notte delle nozze per abbracciare una vita di penitenza, rivelando solo poco prima della morte la sua origine. Più ampia e molto diffusa una versione greca, che lo fa nascere a Roma, dove tornerà per vivere sotto le spoglie di un mendico riconosciuto solo al momento della morte. Dalla fine del secolo X il centro propulsore del culto e della tradizione agiografica è il monastero di San Bonifacio all'Aventino, poi intitolato anche a Sant'Alessio, fondato dal metropolita di Damasco, Sergio, esule a Roma, culto favorito dal papato riformatore del secolo XI. In seguito l'exploit agiografico riguarda tutti i paesi e tutte le lingue dell'Occidente. Ancora una volta si deve ricordare la funzione della riscrittura di Jacopo da Varazze, che ha sancito una diffusa fruibilità del santo penitente.[82]

I luoghi segnati dalla presenza di Cristo erano stati meta di viaggi e pellegrinaggi; poi, prima dell'età delle crociate, erano stati oggetto di rievocazioni puramente letterarie, ma non per questo meno importanti per la cultura cristiana, come rivelano gli *Itineraria* altomedievali.[83] La loro memoria fu poi ravvivata dalle leggende agiografiche. Infine vennero rivissute in forme evocative del tutto innovative, come ha sottolineato Alessandra Bartolomei Romagnoli. Dal secolo XIII si apre infatti la grande stagione della mistica che «segna l'esordio di una nuova letteratura, una letteratura dell'anima, che scompagina la classica struttura evenemenziale delle leggende agiografiche tradizionali, gli schemi e i *topoi* del genere, e innesca nuove e singolari procedure di scrittura, riformulando le categorie dello spazio e del tempo».[84]

Esempio precoce di questa stagione Gherardesca da Pisa (1212-1269) che, nella scelta penitenziale di semireclusa, visse un'esperienza mistica ricca di visioni, che le permise di sostituire al pericoloso pellegrinaggio in Terrasanta un preciso itinerario nei luoghi di Cristo, rivivendo i momenti della sua vita sotto la guida di Giovanni Evangelista, sostituendo la Gerusalemme celeste alla Gerusalemme terrestre.[85] Nel Trecento Margherita da Cortona diveniva una "nuova Maddalena": «tipizzata sul modello di un'al-

82. Ivi, pp. 621-626. Cfr. L. Leonardi, *Alessio*, in *Il Grande Libro dei Santi*, I, pp. 91-92.

83. *Itineraria et alia geographica*, 2 voll., a cura di P. Geyer *et alii*, Turhout 1965 (CCSL, 175-176). Cfr. Boesch Gajano, *Pratiche*, p. 170.

84. A. Bartolomei Romagnoli, *Santità e mistica femminile nel medioevo*, Spoleto 2013.

85. Cfr. C. Caby, *La sainteté féminine camaldule au Moyen Âge: autour de la b. Gherardesca de Pise*, in «Hagiographica», 1 (1994), pp. 235-269; A. Benvenuti, *«In castro poenitentiae». Santità e società femminile nell'Italia medievale*, Roma 1990, pp. 335-348.

tra figlia del lontano oltremare, Maddalena, non aveva più bisogno di toccare *corporaliter* le vestigia del passaggio terreno del Cristo perché poteva *spiritualiter* assistere, senza avere mai messo piede nella gerosolimitana basilica del Sepolcro, a tutte le fasi della passione, ora condividendo il dolore della Vergine, ora nelle vesti della Maddalena, ora assimilata al Cristo nella crocifissione».[86] E l'"ombra della Maddalena", secondo l'espressione di Anna Benvenuti, si estenderà anche sulle molteplici forme di vita religiosa femminile della Firenze del Trecento.[87]

L'Occidente ha preteso "appropriarsi" di Gerusalemme come luogo consacrato dalla morte del Cristo: lo testimoniano i Monti Sacri e il loro successo devozionale.[88] È ormai iniziata una nuova storia dell'Europa e di conseguenza anche del mare Mediterraneo.

86. Ivi, pp. 167-168.

87. Ivi, pp. 623-634.

88. *Come a Gerusalemme. Evocazioni, riproduzioni, imitazioni dei luoghi santi tra medioevo età moderna*, a cura di A. Benvenuti e P. Piatti, Firenze 2013.

8. Gli spazi della santità

1. *Il luogo: scelta di vita e strumento di santità*

> Trascorse quasi venti anni in solitudine, attendendo a esercizi spirituali, senza uscire e senza mai farsi vedere. Poi molti che erano tormentati da malattie e venivano a farsi curare, altri che volevano imitare i suoi esercizi, ed altri ancora, suoi conoscenti, sopraggiunsero e abbatterono con forza la porta, giacché egli non apriva; e allora Antonio, pregato da loro, venne fuori come da un santuario, iniziato nei misteri e divinamente colmato dallo spirito divino.

Così descrive il momento culminante del percorso spirituale del più famoso asceta dell'antichità cristiana la *Vita di Antonio*. L'opera fu scritta probabilmente subito dopo la morte del santo, avvenuta nel 356, da Atanasio, vescovo di Alessandria, che, deposto dalla carica per la sua fedeltà alla fede nicena, si era rifugiato per sei anni tra gli eremiti del deserto egiziano, acquisendo così una conoscenza diretta della spiritualità ascetica e della vita eremitica. L'opera divenne, anche per merito della traduzione latina del contemporaneo Evagrio d'Antiochia, uno dei testi più diffusi nel mondo cristiano, riferimento costante di tutta la tradizione agiografica successiva sia sul piano dell'esemplarità religiosa sia sul piano del modello letterario.

Antonio aveva già da tempo lasciato la sua dimora, racconta il biografo, per «coltivare l'ascesi fuori della sua casa», presso le dimore di altri eremiti vicino alla città; la difficoltà della lotta contro il demonio lo aveva poi indotto a ricercare la perfezione in una scelta di vita più rigida: così era andato tra i sepolcri fuori della città, dove il diavolo, «temendo che con le pratiche ascetiche Antonio trasformasse a poco a poco quel deserto in una città», lo aveva tanto duramente percosso da lasciarlo tramortito. Dopo questa esperienza il passo decisivo verso la completa solitudine, riferito all'inizio: il luogo scelto per la quale è una «fortificazione deserta da tanto tempo e piena di serpenti», di cui aveva chiuso, con un gesto dal valore altamente simbolico, la porta, respingendo tutti coloro che venivano a visitarlo. La fortificazione assume così il valore di una vera e propria fortezza atta a difendere l'asceta contro il demonio e contro il mondo e a permettergli di intridersi di spirito divino. Qui l'asceta diviene il santo taumaturgo; e il luogo da lui scelto a protezione della sua ascesi, per la costruzione della sua spiritualità, diviene un "santuario".

Questo testo assume un valore emblematico nella lunga storia degli "spazi della santità". L'itinerario spirituale si inscrive nella geografia fisica, la ricerca della vita perfetta è ricerca del luogo che possa garantire il raggiungimento di questa perfezione, come ben ha mostrato Jacques Dalarun a proposito dell'esperienza inquieta e variegata di Roberto d'Arbrissel, fondatore di Fontevrauld (†1116). Il rapporto tra scelta religiosa e scelta ambientale permette di cogliere l'evolversi dell'idea stessa di perfezione spirituale e di ricostruire una storia della santità attenta insieme alla dimensione spirituale e a quella sociale.

Se dalla biografia del campione dell'ascetismo eremitico passiamo a quella di Benedetto, il maggiore esponente del monachesimo occidentale, descritta nei *Dialogi* di Gregorio Magno, appare subito evidente il significato reale e simbolico attribuito dall'autore al rapporto con i luoghi nel percorso esistenziale e spirituale del santo. Non manca Roma, dove un giovane della piccola aristocrazia provinciale non poteva non andare per essere istruito nelle arti liberali, ma da cui il santo «ritrasse prontamente il piede» certo che anche solo «un po' di quella conoscenza» avrebbe comportato il pericolo di cadere in un «immane precipizio»: Roma è il luogo dove Benedetto acquisisce, per contrasto, la consapevolezza della sua vocazione. La breve sosta a Effide, protetto sia dal luogo ecclesiastico – la chiesa di S. Pietro – sia dalla presenza della sua affezionata nutrice, è solo un passaggio intermedio verso la solitudine dei monti sublacensi.

Questo soggiorno trasforma Benedetto fisicamente e spiritualmente: i pastori, che lo ritrovano tra i rovi, vestito di pelli, pensano sia una bestia, per poi invece scoprire che è un servo di Dio, capace di trasformare la loro natura bestiale. Gregorio mette efficacemente in rilievo il contrasto fra esteriorità animalesca e interiorità divina, un contrasto, che appare all'origine del riconoscimento dell'eccezionalità di chi si è immerso nella natura per trascenderla. Il potere taumaturgico accompagnerà Benedetto nel corso di tutta la sua vita, segnando anche la fase monastica della sua esperienza, prima a Subiaco poi a Montecassino. Esemplare, fra i tanti, il miracolo della sorgente d'acqua, che sgorga dal luogo santificato dalle sue preghiere e materialmente "marcato" da tre pietre da lui poste come segno di riconoscimento. La natura, dopo essere stata strumento della santità di Benedetto, diviene oggetto della sua santità. Si entra nel tema della sacralizzazione dello spazio, che sarà oggetto tra poco di qualche ulteriore considerazione.

La scelta insistita della solitudine, come vocazione spirituale e come condizione imprescindibile di salvezza spirituale, appare talvolta direttamente proporzionale alla crescita della fama, a riprova dell'essenzialità della scelta dei luoghi per la costruzione della santità: più il santo si nasconde, più si diffonde la notizia della sua vita straordinaria, nel suo significato etimologico di 'fuori dell'ordinario'. Tra la fine del X e i primi decenni dell'XI secolo Domenico di Sora disegna con i suoi spostamenti tra Umbria, Abruzzi e Lazio un percorso geografico che nasce dalle sue esigenze spirituali: un'alternanza tra vita solitaria e vita monastica, che lo accompagna fino alla fondazione del monastero a Sora, dove chiuderà la sua vita, lasciando lì le sue spoglie mortali destinate a radicare il suo culto e a segnare per sempre la sua identità agiografica. È un percorso che evita le città, predilige i luoghi naturali, subito culturalizzati dalla presenza del santo con forme di spontanea aggregazione cenobitica, ma che non si sottrae al rapporto con i signori e con le comunità castrensi, che offrono al santo la "scena" per la sua predicazione moralizzatrice dei costumi del clero.

La dialettica tra scelta di solitudine come scelta di vita santificante e rapporto con il consorzio umano appare con tutta evidenza nell'esperienza dell'eremita Pietro Celestino, destinato a salire sul soglio pontificio nel 1294 come Celestino V. Le coltivazioni che guadagnano, disboscandoli, i fianchi della montagna, lo spingono sempre più lontano in un luogo così impervio che i suoi stessi discepoli e i suoi devoti lamentano la difficoltà dell'accesso. Ma la fermezza di Pietro Celestino viene "approvata" dalla presenza di una colomba – l'oratorio è dedicato allo Spirito Santo – e da un suono di tante campane, che ristabilisce simbolicamente il contatto con la società degli uomini, religiosamente ed ecclesiasticamente ben ordinata.

Lo sviluppo delle città a partire dal secolo XI segna un'intera civiltà e con questa anche le esperienze religiose. L'incidenza dei luoghi nel percorso di perfezione spirituale appare sempre più evidente; ma i luoghi si caricano anche di significati che li trascendono. A ragione Grado Merlo ha sottolineato la dialettica tra eremo e città nell'esperienza francescana durante la vita e dopo la morte del santo, come dialettica intrinseca alla stessa proposta religiosa. La domanda che Francesco e i suoi compagni si pongono al ritorno da Roma – forti dell'autorizzazione del pontefice a proseguire nella loro esperienza – se portare il messaggio tra gli uomini oppure vivere in luoghi solitari, è in realtà «un motivo guida per l'analisi e l'interpretazione di larga parte della vicenda francescana», che dapprima prevederà un'alternanza, poi una più netta divaricazione: da un lato l'integrazione dell'Ordine nella società urbana, «per ambizioni pastorali, necessità materiali e bisogno di sicurezza, coniugati con gli obiettivi della conquista "spirituale" dei ceti eminenti cittadini e della partecipazione nelle più alte istituzioni culturali»; dall'altro la scelta eremitica come scelta del "dissenso" francescano, di coloro cioè che quella scelta, insieme urbana e di potere, rifiutavano: «il "deserto" continuò a proporsi come luogo di emarginazione, o di autoemarginazione, e pure di costrizione al silenzio».

Ma anche all'interno di una scelta urbana, lo spazio può giocare ruoli diversi e può essere ridefinito in relazione all'esperienza religiosa. La conversione di Chiara d'Assisi si sviluppa attraverso una serie di colloqui con Francesco, che la inducono a uscire dalla casa paterna, per incontrare di nascosto l'uomo di Dio, fino alla fuga definitiva, effettuata nottetempo per raggiungere Francesco e i suoi compagni nella cappella di S. Maria della Porziuncola, luogo davvero degno, sottolinea il biografo, di accogliere un tale evento. In questa chiesa Chiara resiste all'assalto dei parenti, che vogliono farla desistere dal suo proposito, per poi trasferirsi in un'altra chiesetta. Ma sarà soltanto a S. Damiano, la chiesa in cui il Crocifisso aveva parlato a Francesco, che essa getterà definitivamente «l'ancora del suo spirito»:

> in questo piccolo luogo, come in una prigione, la vergine Chiara si rinchiuse per amore dello Sposo celeste. Qui carcerò il suo corpo per tutta la vita, riparandosi dalle tempeste che agitano il mondo. Questa fu "la cavità rupestre in cui pose il suo nido come una colomba dalle ali argentate", dice il testo riecheggiando il Cantico dei Cantici, dove dette origine alla comunità delle Vergini di Cristo e fondò un monastero santo, creando l'Ordine delle Povere Dame. Qui consumò minutamente il suo corpo nella vita di penitenza, come il contadino rimuove le zolle del suo campo; qui seminò il buon grano con semi di perfetta giustizia e con il suo stesso passo tracciò il cammino per le sue seguaci. In questo angusto eremo per quarantadue anni spezzò l'alabastro del suo corpo con le sferzanti regole della disciplina, perché tutta la casa, cioè la Chiesa fosse pervasa dall'intensità del profumo.

Una serie di cerchi concentrici definiscono la santità di Chiara e il suo irradiamento: al centro il suo corpo santificato, poi il monastero, infine la Chiesa tutta. Qui – come in tante altre esperienze femminili – è il luogo circoscritto che permette un'immensa dilatazione dell'esperienza spirituale.

2. *Spazi reali e spazi immaginati*

L'itinerario biografico dei santi appare sempre snodarsi sul fragile confine tra naturale e soprannaturale, fra reale e immaginario. La santità tende a proiettarsi in luoghi "altri" rispetto alle conoscenze e esperienze umane.

"Altri" appaiono i luoghi da cristianizzare o da ricristianizzare nelle tante *Vite* di santi fra tardoantico e altomedioevo. Alla frontiera fra civiltà e barbarie si consuma la vita di Severino, narrata da Eugippio agli inizi del secolo VI. In quel Norico, dove le popolazioni romanizzate possono affidarsi più che alla forza delle armate imperiali, alla protezione spirituale di un religioso di santa vita, che si propone come mediatore fra l'uomo e Dio. Non a caso la sua morte (482) coincide di fatto con il crollo del *limes*: e il suo corpo sarà sottratto ai barbari e seguirà il riflusso della romanità.

Fiero della severa spiritualità del cristianesimo della sua terra natale, Colombano (†615) parte per "esportarla" e la radica in una serie di luoghi, che una severa regola monastica rende a loro volta strumenti per la formazione di una nuova santità: quella femminile a Luxeuil nella clausura monastica, quella maschile a Bobbio, dove la vita appare segnata dalla dialettica tra vita nel chiostro e vita nella natura, ostile e pericolosa, ma umanizzata dalla presenza del santo. Il sogno di una natura al servizio dell'uomo si trasferisce nella scrittura agiografica capace di far rivivere le difficoltà del radicamento monastico in un ambiente inospitale in chiave favolistica, dove realtà e fantasia continuamente si intrecciano.

L'agiografia permette ancora di cogliere la proiezione dei santi fuori dai confini terrestri, in un aldilà rappresentato come limitrofo e insieme "altro". La *Navigatio Sancti Brandani*, tramandata in numerose versioni latine e in numerosi volgarizzamenti, a testimonianza del suo grande successo, narra l'avventura del santo abate irlandese, vissuto nel secolo VII, in terre che appaiono nel racconto insieme terrestri e vicine – raggiungibili con una nave ben attrezzata, capace di resistere ai venti impetuosi – e ultraterrestri e lontane. I luoghi "classici" dell'aldilà cristiano – inferno e paradiso – si alternano con luoghi fantastici, pieni di erbe e di alberi e di fontane magiche, popolati di animali parlanti e di esseri umani: qui si compie un itinerario di conoscenze visive, spirituali, morali, di esperienze esistenziali, di passaggi catartici, itinerario nel quale ancora una volta la dimensione fantastica – sia pure sempre connotata in senso realistico – si interseca con la dimensione per così dire quotidiana dell'esistenza e della vita religiosa, come prova l'ordinato rispetto delle festività liturgiche.

La letteratura cristiana ben conosce fin dai primi secoli il racconto di avventure: scrittura agiografica e scrittura epico-romanzesca – si pensi al grande e fortunato ciclo legato alle imprese leggendarie di Alessandro Magno – si scambiano episodi e moduli narrativi. E ancora: il genere letterario delle *Visioni*, a partire dalla *Visio Pauli*, uno dei più noti testi apocrifi apocalittici, "illustra" l'aldilà attraverso il racconto di particolari esperienze onirico-spirituali e tuttavia sempre segnate da una dimensione geografica che si propone al lettore come assolutamente reale.

In questa duplice dimensione reale e fantastica si colloca anche la vicenda di Galgano, il cavaliere, che piantò la sua spada nella roccia per divenire "cavaliere di Dio". La sua conversione alla vita eremitico-penitenziale è determinata dal viaggio compiuto sotto la guida dell'arcangelo Michele nell'aldilà: un fiume, un ponte, un prato e poi la rotonda cavità sotto Monte Siepi, abitata dai dodici apostoli e sovrastata dall'immagine di Dio. Ed è lo stesso Galgano che decide di trasformare il sogno in realtà, ordinando in quel luogo la costruzione di una casa rotonda, come quella che gli aveva mostrato l'arcangelo, a onore di Dio e degli apostoli: il luogo in cui lo riporta miracolosamente il suo stesso cavallo. Monte Siepi, nel percorso dalla visione alla realtà, è diventata una montagna sacra, secondo la definizione appropriata di Franco Cardini.

L'alterità non è solo quella iscritta nella geografia dei luoghi sia pure al confine fra realtà e immaginario. A partire dal secolo XIII l'esplosione della spiritualità laica e femminile apre nuovi spazi alla santità. Se antichi sono i modelli agiografici, nuove sono le esperienze religiose: è in particolare l'esperienza mistica a offrire panorami inediti.

«Conosciuti per pura rivelazione [...] i fatti e la vita dei santi Padri dell'Egitto, si sentì attratta a imitarli con tutte le sue forze»: così la piccola Caterina da Siena una mattina uscì dalla porta della città, prese una via scoscesa e pensò, non vedendo più case, di essere giunta nel deserto. La preghiera e un miracoloso episodio di levitazione sottolineano la meritorietà delle intenzioni della santa bambina, la quale tuttavia comprese come la scelta non potesse avere seguito. L'episodio testimonia la forza della tradizione agiografica – ma a confermarla basterebbe pensare alla traduzione delle *Vite dei Santi Padri* del domenicano Cavalca – e alla persistenza del suo impatto sulle esperienze spirituali lontane molti secoli. Sembrerebbe una singolare anomalia, quest'"avventura" di Caterina, all'interno di un itinerario biografico e religioso tutto centrato sull'ambiente urbano, se non potessimo legare l'episodio alle successive scelte operate dalla santa.

Rimasta nella casa dei genitori, tormentata dai familiari per la sua scelta ascetico-penitenziale, impedita nel suo desiderio di solitudine e di preghiera, Caterina si fabbricò «la cella della mente», una «cella segreta all'interno della sua anima», la «cella della conoscenza di se stessa», dove Dio le comanda di conservare il tesoro rappresentato dalla dottrina della verità, fatta di luce, che isola dalle tenebre. Questo lo spazio che permette alla santa senese di vivere la sua spiritualità – al riparo dalle angherie dei familiari e dai turbamenti della società – e di percorrere il suo itinerario di perfezione. È uno spazio che si apre alle visioni terrificanti – i demoni che l'aggrediscono con parole e gesti lubrichi – ma anche agli incontri d'amore con Cristo, dove "esplode" l'esperienza mistica. Descritto dalle parole dell'agiografo, lo spazio della santità di Caterina è difficile oggetto di rappresentazione iconografica: eppure ad esso allude un'iconografia, che – almeno ai suoi inizi favoriti e controllati dai più intimi discepoli della santa – racchiude in luoghi chiusi e protetti i momenti più significativi della sua esperienza spirituale.

3. *Lo spazio e i modelli agiografici*

Scritture e immagini conservano memoria dei personaggi, che hanno segnato la lunga storia della santità. Le narrazioni agiografiche fissano figure e eventi di questa storia, utilizzando e riattualizzando i modelli biblici e poi nel corso del tempo i modelli spirituali e letterari costruiti dalla tradizione stessa. Le testimonianze agiografiche si caratterizzano così per la compresenza di novità dettate dalla storia – siano esse costituite da nuove forme di santità o da nuove esigenze pastorali e devozionali – e di persistenze legate alla tradizione – sia essa quella rappresentata dalla vita stessa di Cristo o dalle vite di santi antichi.

I modelli sono una sorta di strumento di convalida di scelte, comportamenti, azioni, miracoli, che, proposti in tipologie già note, acquistano maggiore intelligibilità e credibilità. La prova più eloquente della dialettica tra agiografia come racconto di nuove storie e agiografia come perpetuazione di modelli tradizionali è costituita dall'opera agiografica di Gregorio Magno: i *Dialogi* hanno per oggetto la santità contemporanea, le virtù e i miracoli compiuti dai santi uomini in Italia, che rischiavano l'oblio, se non fosse intervenuta la scrittura del pontefice, capace di fissarne la memoria e di esaltarne il prestigio spirituale degno in tutto dei grandi personaggi biblici e dei grandi santi dei primi secoli.

La santità definisce sempre le sue caratteristiche proprie – le novità e il debito alla tradizione – attraverso il rapporto tra la figura del santo e l'ambiente in cui viene collocata negli scritti e nelle immagini la sua figura. La vita eremitica individuale e collettiva, oggetto di innumerevoli racconti nei primi secoli cristiani, è, ad esempio, oggetto di un persistente interesse iconografico, attento a delineare, sia pure per tratti essenziali, un paesaggio, che, soprattutto nei secoli segnati dalla civiltà urbana, appare sempre più caratterizzare la straordinarietà di una scelta di vita santificante.

Prima di diventare riferimento a un antico modello di esemplarità cristiana l'esperienza eremitica era stata descritta dai contemporanei, talvolta partendo da un'esperienza autobiografica. È il caso di Girolamo (†420), il cui rapporto con il deserto affonda le radici nella descrizione che lui stesso ne fa in una lettera: una valle profonda, un'aspra montagna, rocce scoscese, sono il paesaggio scelto per vivere nell'«ergastolo della sua carne». Questa descrizione trova conferma nelle tante tracce autobiografiche nelle *Vite* da lui scritte di santi uomini e donne, che come lui avevano compiuto la scelta del deserto. Questa rappresentazione è riproposta nei secoli dall'iconografia: Girolamo seduto o disteso tra le rocce, seminudo, con la croce e il libro, tenuto d'occhio da bestie selvagge.

Eppure nuove esigenze spirituali e culturali furono capaci di trasformare – e riattualizzare – l'immagine di Girolamo. Tra le più famose riscritture la biografia di Erasmo da Rotterdam posta come introduzione all'edizione delle sue opere, dove l'interesse per la figura del santo eremita, esempio di penitenza e di pietà cristiana, si accompagna – e viene superato – da quello per l'intellettuale cristiano: «nel deserto si intrattiene con Cristo e con i suoi libri»; e se «educa il corpo ad obbedire allo spirito», divide insieme il suo tempo tra gli studi e la preghiera. «Nulla, assolutamente nulla, venne trascurato che potesse preparare un inclito dottore della Chiesa, un teologo veramente grande, perché nulla mancasse alla sua cultura o perché la sua vita poco perfetta non ne sminuisse la dottrina sottraendogli autorità».

Ma prima di Erasmo l'immagine di Girolamo aveva già subito una trasformazione profonda in linea con nuove esigenze culturali ed ecclesiastiche, come ha mostrato Daniel Russo. Nella seconda metà del Quattrocento l'eremita aveva già ceduto completamente il passo all'intellettuale che, come benemerito della Chiesa, era stato insignito del cappello cardinalizio. Strumento decisivo nella determinazione della nuova figura di santo è lo spazio in cui è collocata la sua figura, vestita con abito monastico a ampi drappeggi, la barba ben curata, la mano elegantemente ritratta nell'atto di reggere la penna: un ambiente interno, delimitato da colonna e architrave, protetto da un pesante panneggio, dotato di tutti gli strumenti per la lettura e la scrittura. In questa raffigurazione del Ghirlandaio nella chiesa di Ognissanti a Firenze ogni riferimento all'esperienza penitenziale – il corpo nudo a contatto diretto con le rocce aspre, in compagnia di animali selvatici – è sparita a favore di un modello del tutto diverso, centrato sulla forza della mente e dello spirito, e collocato all'interno di un luogo protetto e ben fornito di strumenti idonei, che doveva ormai apparire come il più appropriato alla straordinaria produzione culturale del santo.

Il ritrovamento delle reliquie di santa Rosalia sul Monte Pellegrino, quando la peste imperversa a Palermo nel 1624-25, sono interpretate come un segno del favore divino: da qui ha origine la storia urbana del culto della santa, ricostruita da Valerio Petrarca, che da oscura romita della montagna, venerata in un ristretto ambito agricolo-pastorale, diviene illustre patrona di una grande città. Eppure era stato proprio il luogo in cui la tradizione orale riteneva avesse vissuto la sua esperienza di penitente a conferire santità alla sua vita e sacralità alle sue reliquie: una sacralità assimilata nella devozione popolare a quella delle pietre e delle acque di quel Monte Pellegrino sovrastante la città, sede di culti antichissimi. L'*inventio* delle reliquie permette la ricostruzione di una storia andata perduta, capace di legare nella sua vita e dopo la sua morte con il trasferimento delle sue reliquie la santa alla città, operando un trasferimento di sacralità dal luogo extraurbano alla città di pietra.

4. *Santità e sacralizzazione*

I luoghi sono dunque strumento di santità, ma sono insieme oggetto della santità: vengono plasmati e trasformati dalla presenza del santo. Il masso che, cadendo, minaccia di distruggere il monastero e di uccidere i monaci viene fermato dall'abate Onorato con il segno della croce e fissato sul fianco della montagna: l'intervento miracoloso è confermato dalla posizione stessa del masso, che ancora oggi, osserva papa Gregorio, non appare fissato sul monte, e sembra sempre in procinto di cadere. E Nonnoso, abate del monastero del Monte Soratte, sposta con la forza della preghiera un'enorme pietra per fare spazio all'orto del monastero.

La santità genera una sacralità tendenzialmente espansiva, che si irradia dal corpo e si riversa sugli oggetti, sui luoghi circostanti come a raggi concentrici. Lorenzo era un eremita, stabilitosi in una grotta non lontana dal monastero del Sacro Speco di Subiaco, e vissuto fino alla morte nel 1242 in una penitenza rigidissima, il corpo stretto in una corazza di ferro (donde il nome di Loricato con cui è noto alla tradizione agiografica), tra cerchi, punte e catene. Il processo di canonizzazione, aperto poco dopo la morte per ordine di Innocenzo IV – giunto fino a noi –, offre la possibilità di cogliere come i testimoni percepiscano la graduale "costruzione" della santità dell'eremita e della sacralità del suo corpo, la cui stessa sopravvivenza tra quelle inaudite torture autoinflitte appariva un miracolo. Concentrata nel corpo, la *virtus* si estende agli oggetti con cui è a contatto, e soprattutto a quegli strumenti che sono il mezzo scelto dal santo per la propria penitenza santificante, che risultano capaci di compiere miracoli anche lontano dalla fonte, per così dire, del loro potere, quando vengono portati per le necessarie riparazioni presso gli artigiani del *castrum* di Subiaco. Si estende alla grotta e ai confini della grotta, ma si manifesta anche lungo il sentiero che porta alla grotta, operando guarigioni dei fedeli diretti a rendere omaggio al santo.

Fin dai primi secoli del cristianesimo le fonti agiografiche permettono di cogliere la centralità del corpo nel percorso verso la perfezione. Attraverso il corpo, con le sofferenze inferte dall'esterno, nel caso del martire, o, per così dire, dall'interno, per volontà di automortificazione da parte del santo stesso, si mostra l'eccezionalità di colui o di colei, che è capace di accettare l'annullamento o la mortificazione del proprio corpo oltre i limiti della natura umana. Il santo che ha vinto la natura con il suo spirito e con il suo corpo ha acquisito un potere spirituale e materiale, fondamento del riconoscimento sociale della sua eccezionalità. Questo percorso fa del santo il mediatore tra Dio e gli uomini, l'interprete della volontà e del potere divino: attraverso i sogni, le visioni, le profezie prova la sua conoscenza della volontà di Dio, trasmessa agli uomini; attraverso la *virtus* taumaturgica interviene sulla natura, modificandone il corso: guarisce le malattie, opera resurrezioni, fa spostare i massi, fa deviare i fiumi, interviene sulle calamità naturali. Le manifestazioni soprannaturali – grazie spirituali e poteri taumaturgici – sono interpretate come la sanzione divina del percorso di fede compiuto dal santo con il suo spirito e con il suo corpo.

I santi lasciano così nel loro percorso in vita segni di persistente sacralità. Nello speco della montagna sublacense in cui Benedetto aveva vissuto in solitudine all'inizio della sua conversione a nuova vita, non mancavano di prodursi miracoli. Così assicura Gregorio Magno nei suoi *Dialogi,* provandolo con il racconto della donna che, perduto il senno, vagava per monti, valli, selve e campi fino a che, entrata inconsapevole nello speco, ne era uscita la mattina dopo completamente risanata. E la lontana, ma reale presenza di Benedetto nel Sublacense, prima della fondazione di Montecassino, fu oggetto di molte attenzioni cultuali. Lo speco in cui era vissuto eremita dal secolo XI divenne un prestigioso luogo di culto (noto ormai come il Sacro Speco), ampliato e abbellito nel corso dei secoli, ma sempre centrato sulla sacralità della grotta, vuota, ma ancora carica della "presenza" del santo. Nel XVI secolo si cercò di ravvivare, dicono le tradizioni sublacensi, il ricordo della presenza di Benedetto a Roiate: l'umore della grotta, dove Benedetto si sarebbe riposato, veniva considerato dotato di poteri taumaturgici.

Nell'*Historia Ecclesiastica Gentis Anglorum* il Venerabile Beda racconta agli inizi del secolo VIII la vicenda della cristianizzazione della sua terra. In questo percorso incontriamo la figura del santo re Oswald, che appare sulla scena della storia come colui che prima della battaglia contro il nemico ancora pagano pianta saldamente in terra una croce lignea e la venera con tutto il suo esercito, ottenendo la vittoria. «Il vessillo della santa croce, commenta Beda, fu il primo segno della fede cristiana su quella terra». In quel luogo si produssero, prosegue Beda, innumerevoli miracoli di guarigione; ma il potere della croce ha una possibilità infinita di dilatazione, attraverso le particelle del suo legno, che, imbevute nell'acqua, la rendono miracoloso rimedio contro le malattie di uomini e di animali. La consacrazione a Dio della terra degli Angli, iniziata con l'innalzamento della croce, pegno di vittoria, si conclude con la santificazione del re Oswald, morto martire, perché ucciso in battaglia dal pagano re della Mercia, e con la sacralizzazione del terreno intriso del suo sangue e di conseguenza "imbevuto" di *virtus* taumaturgica.

La centralità del corpo ha come conseguenza il riconoscimento di un potere legato al corpo che la morte non elimina, ma potenzia nella certezza che l'anima di colui o di colei di cui si venerano le reliquie, goda della vicinanza di Dio. La riflessione teologica fonda la legittimità del culto delle reliquie sulla sacralità del corpo di Cristo proprio in funzione del messaggio spirituale di salvezza: tutta la sua vita – incarnazione, eucarestia, morte e resurrezione – è esempio e pegno della resurrezione dei corpi nel giorno del giudizio. Agostino, modificando il suo iniziale scetticismo sulla possibilità dei miracoli contemporanei, inserisce il racconto dei miracoli operati dalle reliquie di santo Stefano nel *De Civitate Dei*, come tappa di un discorso teologico volto a dimostrare, attraverso il potere dei santi, intercessori presso Dio, e delle loro reliquie, operanti miracoli di guarigione e resurrezione dei corpi, la sopravvivenza dell'anima al corpo e insieme la resurrezione finale dei corpi in analogia con la resurrezione di Cristo.

Sancito dalle massime autorità ecclesiastiche il culto delle reliquie incontra uno straordinario successo nel corso della storia del cristianesimo, tale che porta alla moltiplicazione delle reliquie: non solo ogni frammento del corpo, ma anche ogni oggetto posseduto dal santo, bagnato dal suo sangue o entrato in contatto con il suo corpo morto – i *brandea* infilati nelle tombe, gli unguenti posti sulla tomba, le piante cresciute presso di essa – diventa reliquia, dotata del potere di quella, per così dire, originale. Il culto si articola così in una quantità di forme devozionali: dalla sepoltura *ad sanctos* – come garanzia di benefici per l'anima – all'uso di portare indosso reliquie come filatteri, alle donazioni per rafforzare legami di amicizia interpersonale o sancire rapporti ecclesiastici e politici. La reliquia, pegno di sacralità, diviene fondamento delle istituzioni monastiche e ecclesiastiche, che vengono gradualmente a coprire di una fitta rete le terre dell'Europa cristianizzata.

Le reliquie sono dunque strumento essenziale nella diffusione del cristianesimo e nella sacralizzazione dello spazio cristiano. Alla metà del V secolo l'anonimo autore della raccolta dei miracoli di santa Tecla, sepolta e venerata a Seleucia, ben sintetizzava la funzione essenziale svolta nella cristianizzazione dai santi, "sparsi" da Dio sulla terra, come «per dividere il mondo [...] tra medici eccellenti», con il radicamento spaziale operatosi attraverso le loro reliquie.

Come ha detto giustamente Peter Brown, la tomba del martire e poi del vescovo costituisce il punto dove si incontrano il cielo e la terra: sulla tomba le comunità cristiane fondano la loro unità di fede, la tomba è il fondamento di ogni chiesa e della comunità sociale che in quella chiesa si identifica. Di qui nasce la centralità del culto dei santi e delle loro reliquie nella storia delle città, di cui i santi acquisiscono il patronato, secondo una terminologia fatta propria dalla lingua dei cristiani che richiama in modo puntuale il rapporto di protezione e fedeltà tra patrono e cliente – fosse esso un individuo o una comunità – presente nella società romana.

Nasce così l'incontro fondamentale per la storia della nostra civiltà tra santo e città. L'acquisizione delle reliquie diviene un elemento di rassicurazione in vista della difesa e dello sviluppo della comunità cittadina. Questa funzione è ben presente fin dal tardoantico e viene esaltata esemplarmente nel *De laude sanctorum* di Vittricio di Rouen (†409), scritto per accogliere le reliquie che giungevano dall'Oriente per accrescere l'onore e la sicurezza della città. A Roma i pellegrinaggi alle tombe dei santi Pietro e Paolo e la cura per le reliquie dei martiri recuperate dai cimiteri suburbani propria di papa Damaso (366-384) testimoniano l'importanza assunta dal culto nella storia della città. Intorno alle reliquie dei martiri e dei vescovi si ristruttura l'urbanistica: Tours diviene la "città di Martino", come ben ha mostrato Luce Pietri.

Al momento del grande sviluppo delle città italiane dal secolo XI reliquie di particolare rilievo sono scelte o rivendicate sulla base di una storia presunta o del tutto fantastica. Venezia fa delle reliquie di san Marco il pegno del suo sviluppo: il culto del santo è fondamento e simbolo del suo potere. Siena promuove nel tempo culti diversi che arricchiscono il suo pantheon fino a che il culto della Vergine assumerà una funzione primaria. La persistenza del rapporto fra santo e città è ancora confermata dai culti legati al grande sviluppo degli ordini mendicanti che proprio nelle città hanno il loro centro propulsore: Francesco a Assisi, dove le sue reliquie sono saldamente protette da una grata per impedire i furti; Antonio a Padova, dove soppianta i culti più antichi trasformandola nella "città del santo". E tanti sono i casi "minori", ma non per questo meno significativi.

Il rapporto privilegiato fra santi e città è testimoniato in forma emblematica dalle tante immagini in cui i santi sostengono sulla loro mano tutt'intera la città: la città consacrata al santo è oggetto della sua protezione. La città nella sua interezza diviene uno spazio sacro. Eppure non cessa nel corso dei secoli anche la costante conferma e crescita di questa sacralità attraverso l'accumulo di reliquie sempre nuove che radicano nello spazio e nella memoria cultuale le nuove forme di santità. Il panorama delineato da J.-M. Sallmann per il regno di Napoli costituisce un efficace esempio del rapporto tra storia della vita religiosa e contesti politico-sociali: una fioritura di nuove e "moderne" forme di eccezionalità religiosa trova la sua sanzione in un riconoscimento popolare e ecclesiastico, arricchendo le città di nuovi corpi santi e favorendo il moltiplicarsi delle devozioni con una eccezionale proliferazione di reliquie, che nobilitano le istituzioni che le custodiscono e che gestiscono il loro culto.

La figura di Carlo Borromeo, arcivescovo di Milano, è così imponente e multiforme da segnare prepotentemente la storia della Chiesa post-tridentina. Per questo potrebbe sembrare riduttivo ricondurre la sua santità alla dimensione urbana. Eppure è interessante ricordare qui quell'iconografia che ritrae emblematicamente il santo sullo sfondo della città colpita dalla peste, intento a confortare i moribondi e a intercedere presso Dio con la preghiera: viene così sottolineata la funzione primaria del vescovo pastore e amorevole soccorritore dei suoi fedeli appartenenti in primo luogo alla comunità cittadina, dove l'istituzione ecclesiastica ha il suo centro e le sue radici secondo una lunga e ininterrotta tradizione.

Potremmo concludere osservando che se gli attributi definiscono l'identità tipologico-agiografica del santo, gli spazi, in cui si svolge la sua biografia, si attua il suo percorso spirituale, si potenziano le sue virtù, si manifestano i suoi miracoli, costruiscono la personalità del santo e contribuiscono a radicarla persistentemente nella storia.

Fonti

Raimondo da Capua, *Legenda maior Sanctae Catherinae Senensis,* in AASS *Apr.*, III, Antverpiae 1675, coll. 852-958 (trad. it. in *S. Caterina da Siena nel racconto del suo confessore, il beato Raimondo da Capua*, a cura di P.G. Tinagli, Siena 1969[3]) [Raimondo da Capua, *Legenda maior*, a cura di S. Nocentini, Firenze 2014].

Domenico Cavalca, *Vite de' santi Padri di frate Domenico Cavalca* [...], a cura di B. Sorio, A. Racheli, Trieste 1858 (Biblioteca classica italiana. Secolo XIV, 8) [Domenico Cavalca, *Vite dei Santi Padri*, a cura di C. Delcorno, Firenze 2009].

Tommaso da Celano, *Legenda Sanctae Clarae virginis, tratta dal ms 338 della Bibl. comunale di Assisi*, a cura di F. Pennacchi, Assisi 1910 (trad. it. *Leggenda di S. Chiara*, a cura di M. Soriani Innocenti, Siena 1987).

Hieronymus, *Epist.* 2,7 (Saint Jérôme, *Lettres*, a cura di J. Labourt, Paris 1949, I, pp. 117-118).

L'«Autobiografia» di Pietro Celestino, a cura di A. Frugoni, Roma 1954 (Studi storici, 6-7), pp. 16-67.

S. Augustinus, *De civitate Dei*, II, a cura di B. Dombart, A. Kalb, Turnholti 1955 (CCSL, 48), pp. 823-824 (trad. it. *La città di Dio*, a cura di C. Carena, Torino-Paris 1992, pp. 1106-1107).

Navigatio sancti Brendani abbatis from early latin manuscripts, edited with an introduction and notes by C. Selmer, Notre Dame 1959 (University of Notre Dame. Publications in Medieval Studies, 16).

Bede's Ecclesiastical History of the English People, a cura di B. Colgrave, E.A.B. Mynors, Oxford 1969.

Caterina da Siena, *Lettere di s. Caterina da Siena: ridotte a miglior lezione e in ordine nuovo disposte*, con proemio e note di N. Tommaseo, a cura di P. Misciattelli, 6 voll., Firenze 1970.

Vite dei Santi, a cura di C. Mohrmann, 4 voll., Milano 1974-5.

Vie et miracles de sainte Thècle, texte grec, traduction et commentaire par G. Dagron, Bruxelles 1978 (Subsidia hgiographica, 62).

Grégoire le Grand, *Dialogues*, 3 voll., par A. de Vogüé, Paris 1978-80 (SC, 251, 260, 265).

Legenda di Santo Galgano confessore, testo volgare inedito del XIV secolo, a cura di F. Cardini, Siena 1982.

Victricius, *De laude* sanctorum, a cura di I. Mulders, R. Derneulenaere, in *Scriptores minores Galliae. S. IV-V*, a cura di CETEDOC, Turnholti 1985 (Instrumenta lexicologica Latina. Series A, 28 = CCSL, 64), pp. 53-93.

Atti e passioni dei martiri, introduzione, testo critico e commento a cura di A.A.R. Bastiaensen, Roma-Milano 1987.

Erasmo da Rotterdam, *Vita di San* Girolamo, edizione critica e traduzione a cura di A. Morisi Guerra, L'Aquila 1988 (Collana dei testi storici, 18).

Eugippe, *Vie de Saint Séverin*, introduction, texte latin, traduction, notes, index par P. Régerat, Paris 1991 (SC, 374).

I viaggiatori del Paradiso. Mistici, visionari, sognatori alla ricerca dell'Aldilà prima di Dante, a cura di G. Tardiola, Firenze 1993.

Fontes Franciscani, a cura di E. Menestò, S. Brufani, G. Cremascoli, E. Paoli, L. Pellegrini, S. da Campagnola con apparati di G.M. Boccali, Assisi 1995 (Medioevo francescano. Testi, 2).

Le storie e i miti di Alessandro. 9. Alessandro nel Medioevo occidentale, a cura di P. Boitani, C. Bologna, A. Cipolla, M. Liborio, introduzione di P. Dronke, Milano 1997.

Studi

H. Delehaye, *Loca sanctorum*, in «Analecta Bollandiana», XLVIII (1930), pp. 5-64.

M. De Certeau, *Hagiographie*, in *Encyclopaedia Universalis*, VIII, Paris 1968, pp. 207a-209b (ripresa in Id., *L'écriture de l'histoire*, Paris 1975, trad. it. *La scrittura della storia*, Roma 1977, pp. 298-300).

E. Patlagean, *À Byzance: ancienne hagiographie et histoire sociale*, in «Annales E.S.C.», XXIII/1 (1968), pp. 780-791 (trad. it. in *Agiografia altomedievale*, a cura di S. Boesch Gajano, Bologna 1976, pp. 191-213).

J. Le Goff, *La naissance du Purgatoire*, Paris 1981 (trad. it. *La nascita del Purgatorio*, Torino 1982).

A. Vauchez, *La sainteté en Occident aux derniers siècles du Moyen Âge d'après les procès de canonisation et les documents hagiographiques*, Rome 1981, 2ª ed. aggiornata 1988 (trad. it. *La santità nel Medioevo*, Bologna 1989).

C. Frugoni, *Una lontana città. Sentimenti e immagini nel medioevo*, Torino 1983.

L. Pietri, *La ville de Tours du IVᵉ au VIᵉ siècle: naissance d'une cité chrétienne*, Rome 1983 (Collection de l'École française de Rome, 69).

P. Maraval, *Lieux saints et pèlerinages d'Orient. Histoire et géographie des origines à la conquête arabe*, préface de G. Dagron, Paris 1985.

C.V. Bynum, *Holy Fast and Holy Feast. The religious Significance of Food to Medieval Women*, Berkeley-Los Angeles-London 1987.

D. Russo, *Saint Jérôme en Italie. Étude d'iconographie et de spiritualité (XIIIᵉ-XVᵉ siècle)*, Paris-Rome 1987 (Images à l'appui, 2).

S. Boesch Gajano, *Agiografia e geografia nei Dialoghi di Gregorio Magno*, in *Storia della Sicilia e tradizione agiografica nella Tarda Antichità*, a cura di S. Pricoco, Soveria Mannelli 1988, pp. 209-220.

V. Petrarca, *Di santa Rosalia vergine palermitana*, Palermo 1988.

J.Ch. Picard, *Le souvenir des évêques. Sépultures, listes épiscopales et culte des évêques en Italie du Nord des origines au Xᵉ siècle*, Rome 1988 (Bibliothèque des Écoles françaises d'Athènes et de Rome, 268).

A. Benvenuti Papi, *"In castro penitentiae". Santità e società femminile nell'Italia Medievale*, Roma 1990 (Italia Sacra, 45).

Luoghi sacri e spazi della santità, a cura di S. Boesch Gajano e L. Scaraffia, Torino 1990 (Sacro/Santo, 1).

F. Dolbeau, *Le dossier de Saint Dominique de Sora d'Albéric du Mont-Cassin à Jacques de Voragine*, in «Mélanges de l'École française de Rome. Moyen Age-Temps Modernes», 102 (1990), pp. 7-78.

I santi patroni senesi tra agiografia e iconografia, a cura di F.E. Consolino, Siena 1991.

P. Golinelli, *Città e culto dei santi nel medioevo italiano*, Bologna 1991 (Biblioteca di storia urbana medievale, 4).

Catherinne de Sienne, Avignon 1992.

J. Dalarun, *La sainte et la cité. Micheline de Pesaro (†1356) tertiaire franciscaine*, Rome 1992 (Collection de l'École française de Rome, 164).

J. Baschet, *Les justices de l'au-delà. Les représentations de l'enfer en France et en Italie (XIIe-XVe siècle)*, Rome 1993 (Bibliothèque des Écoles françaises d'Athènes et de Rome, 279).

C. Frugoni, *Francesco e l'invenzione delle stimmate. Una storia per parole e immagini fino a Bonaventura e Giotto*, Torino 1993.

P. Susi, *L'eremita cortese. San Galgano fra mito e storia nell'agiografia toscana del XII secolo* , Spoleto 1993.

La città e il sacro, a cura di F. Cardini, Milano 1994.

J.-M. Sallmann, *Naples et ses saints à l'âge baroque (1540-1750)*, Paris 1994 (trad. it. *Santi barocchi. Modelli di santità, pratiche devozionali e comportamenti religiosi nel Regno di Napoli dal 1540 al 1750*, Lecce 1996).

A. Vauchez, *Iconographie et histoire de la sainteté: le culte de la b. Panesia/ Panacea dans le diocèse de Novare de la fin du XIVe au milieu du XVIe siècles*, in *Le culte et ses rites: des témoins manuscrits aux expressions de la dévotion populaire*, Actes du Colloque international d'Aoste (2-3 Avril 1993) réunis par M. Costa, Aoste 1994, pp. 95-108.

«Vite» e vita di Antonio da Padova, Convegno, Centro Studi Antoniani, Università di Padova, Dipartimento di Storia (29 maggio-1° giugno1995), Padova 1996 (= «Il santo», 36 [1996], fasc. 1-2).

S. Boesch Gajano, *L'agiografia*, in *Morfologie sociali e culturali in Europa fra Antichità e Medioevo*, Spoleto 1998 (Settimane di studio del Centro italiano di studi sull'alto medioevo, XLV), pp. 797-849 [in questo volume alle pp. 201-237].

J.-Ch. Picard, *Évêques, saints et cités en Italie et en Gaule. Études d'archéologie et d'histoire*, Rome 1988 (Collection de l'École française de Rome, 242).

Scienza e miracoli nell'arte del '600: alle origini della medicina moderna, a cura di S. Rossi, Milano 1998.

9. L'agiografia

L'imponente sviluppo degli studi rende impossibile proporre in questa sede un panorama generale della storia dell'agiografia come pure presentare un bilancio esaustivo della storiografia agiografica.[1] Lo stesso termine "agiografia" ha subito una fortissima dilatazione: maggiore attenzione alla varietà dei generi letterari e recupero di testimonianze e rappresentazioni più indirette o marginali; nuovi approcci tematici, metodologici e interpretativi in una più costante interazione con metodi e problemi antichi e nuovi della ricerca storica – dalla storia politica, istituzionale e sociale alla storia delle donne – e con altre discipline – letteratura, antropologia, iconografia e storia dell'arte –, ampliamento della diacronia all'età moderna e contemporanea, con nuove aperture di orizzonti e di fecondi interscambi.[2]

1. Mi limito a fare riferimento ad opere collettive che costituiscono pertanto panorami storiografici complessivi: *Hagiographie, cultures et sociétés, IVe-XIIe siècles*, Paris 1981; *Culto dei santi, istituzioni e classi sociali in età preindustriale,* a cura di S. Boesch Gajano e L. Sebastiani, L'Aquila-Roma 1984; *L'agiografia latina nei secoli IV-VII*, in «Augustinianum», 24 (1984); *Santi e demoni nell'Alto Medioevo occidentale*, Spoleto 1989 (Settimane di Studio del Centro Italiano di Studi sull'Alto Medioevo, XXXVI); *Les fonctions des saints dans le monde occidentale*, Rome 1991 (Collection de l'École française de Rome, 149); *Memoriam sanctorum venerantes. Miscellanea in onore di Monsignor Victor Saxer,* Città del Vaticano 1992 (Studi di Antichità Cristiana, 48); *Modelli di santità e modelli di comportamento,* a cura di G. Barone, M. Caffiero, F. Scorza Barcellona, Torino 1994 (Sacro/Santo, 10); *Hagiographies*, a cura di G. Philippart, I, Turnhout 1994; Ivi, II, 1997; *La religion civique à l'époque médiévale et moderne (Chrétienté et Islam)*, a cura di A. Vauchez, Rome 1995 (Collection de l'École française de Rome, 213); *Il culto dei santi*, in «Cassiodorus», 2 (1996), pp. 121-241; *Santità, culti, agiografia. Temi e prospettive,* Atti del Convegno dell'Associazione italiana per la storia della santità, dei culti e dell'agiografia, a cura di S. Boesch Gajano, Roma 1997.

2. Se gli *Acta Sanctorum* avevano avuto un'impostazione correttamente diacronica, derivante dalla concezione di una storia della santità inscindibilmente legata alla storia della

Propongo allora solo alcuni temi, che mi sono sembrati più idonei all'approfondimento delle fenomenologie di passaggio tra tardoantico e altomedioevo, oggetto di questa settimana di studio. Sinteticamente posso definire così i temi individuati: identità del testo e identità del prodotto agiografico; forme di costruzione della memoria storica della santità; rapporto agiografia-processo di strutturazione cristiana dell'Occidente.

Chiesa, impostazione presente anche nel volume di R. Aigrain, *L'hagiographie. Ses sources, ses méthodes, son histoire*, Paris 1953, che di quella tradizione è stato espressione, portavoce e divulgatore, la produzione scientifica bollandista, ivi compresi i repertori, ha privilegiato il tardoantico e il medioevo; anche le ricerche più approfondite e innovative, comprese quelle degli stessi Bollandisti, tra la fine dell'800 e la metà del '900 si sono concentrate sul periodo dello sviluppo e dell'affermazione del culto dei santi. Il passaggio da un'attenzione prevalente alle origini del culto dei santi e ai primi secoli cristiani a un interesse per la produzione agiografica medioevale considerata nella sua duplice dimensione di prodotto culturale e di fonte storica va collocato negli anni Sessanta e collegato ai nomi di F. Graus, *Volk, Herrscher und Heiliger im Reich der Merowinger. Studien zur Hagiographie der Merowingerzeit*, Praha 1965, che mise in evidenza le potenzialità delle vite dei santi per un'età così povera di altra documentazione; di E. Patlagean, *À Byzance: ancienne hagiographie et histoire sociale*, in «Annales E.S.C.», 1968, pp. 780-791, trad. it. in *Agiografia altomedioevale*, a cura di S. Boesch Gajano, Bologna 1976, pp. 191-213, che utilizzò l'analisi strutturalista per reinterpretare storicamente l'agiografia bizantina altomedioevale; e di M. De Certeau, che nella sua celebre voce *Hagiographie*, in *Encyclopaedia Universalis*, VIII, Paris 1968, pp. 207a-209b (ripresa in Id., *L'écriture de l'histoire*, Paris 1975, trad. it. *La scrittura della storia*, Roma 1977, pp. 298-300) coglieva alcuni caratteri distintivi dell'agiografia in relazione al tempo e allo spazio. Cominciava così la stagione più propriamente medievistica della storia della storiografia agiografica, non senza alcuni segnali di dilatazione cronologica e disciplinare rappresentati dalle due antologie: *Agiografia altomedievale*; *Saints and Their Cults: Studies in Religious Sociology, Folklore and History*, a cura di S. Wilson, Cambridge-London-New York 1983, alle quali si rinvia per la bibliografia precedente relativa ai molti aspetti dell'agiografia. Negli anni Ottanta nuovo decisivo impulso agli studi agiografici viene da P. Brown, *The Cult of the Saints*, Chicago 1981; trad. it. *Il culto dei santi. L'origine e la diffusione di una nuova religiosità*, Torino 1983, che ha reinterpretato le origini del culto dei santi come grande evento religioso e culturale dei primi secoli cristiani promosso dalle élites ecclesiastiche, superando così definitivamente l'interpretazione popolare del fenomeno; e da A. Vauchez, *La sainteté en Occident aux derniers siècles du Moyen Âge d'après les procès de canonisation et les documents hagiographiques*, Rome 1981, 2ª ed. aggiornata 1988; trad. it. *La santità nel Medioevo*, Bologna 1989, che ha affrontato sistematicamente il problema storico del riconoscimento ufficiale della santità tra '200 e '400, individuando attraverso i criteri di valutazione e selezione, le coincidenze, gli scarti, le contrapposizioni tra santità riconosciuta dal basso e santità canonizzata. Questi due autori rimangono protagonisti della storiografia agiografica: per il primo sono da ricordare gli approfondimenti contenuti in *The Saint as Exemplar in Late Antiquity*, in «Representations», 1 (1983), pp. 1-15; e *Arbiter of Ambiguity: a Role of the Late Antique Holy Man*, in «Cassiodorus», 2 (1996), pp. 123-142 (ma si vedano anche i più generali panorami:

1. *Problemi di identità*

La produzione legata alla santità e al culto dei santi si presenta come consapevole costruzione (o perpetuazione e conferma nel tempo) della me-

Power and Persuasion in Late Antiquity: Towards a Christian Empire, London 1992, trad. it. *Potere e cristianesimo nella Tarda Antichità*, Roma-Bari 1995; e *La formazione dell'Europa cristiana*, Roma-Bari 1995); per la vasta produzione storico-religiosa di A. Vauchez rinvio alla bibliografia in «Sanctorum, Bollettino dell'Associazione Italiana per la Storia della Santità, dei Culti e dell'Agiografia», 2 (1997), pp. 169-174. Gli anni Ottanta e Novanta hanno visto una straordinaria fioritura di ricerche, con un decisivo impulso anche allo studio della santità femminile in età tardoantica e medioevale (riferimenti bibliografici in K. Børresen, *Women's Studies of the Christian Tradition*, in *Contemporary Philosophy*, a cura di G. Fløistad, R. Klibansky, VI, Dordrecht-Boston-London 1990, pp. 901-1001, ora in trad. it. in Id., *Le Madri della Chiesa. Il Medioevo*, Napoli 1993, pp. 5-108), per merito di A. Benvenuti, che ha raccolto le sue numerose e innovative ricerche sulla religiosità femminile e sulla funzione sociale dei culti femminili in età comunale nel volume: *"In castro penitentiae". Santità e società femminile nell'Italia Medievale*, Roma 1990. Alla religiosità, alla mistica, al profetismo femminile e insieme al decisivo sviluppo storiografico verso l'età moderna è legato il nome di G. Zarri, che ha felicemente individuato il tema delle "sante vive", quelle donne divenute ascoltate consigliere dei principi presso le corti italiane agli inizi del Cinquecento; si vedano: *Le sante vive. Culture e religiosità femminile nella prima età moderna*, Torino 1990 (Sacro/Santo, 2) e i volumi da lei curati: *Finzione e santità*, Torino 1994 (Sacro/Santo, 7); con L. Scaraffia, *Donne e fede. Santità e vita religiosa in Italia*, Roma-Bari 1994; *Donna, disciplina, creanza cristiana dal XV al XVII secolo. Studi e testi a stampa*, Roma 1996 (Temi e Testi n.s., 36). La diacronia può essere ormai considerata un'acquisizione stabile della storiografia agiografica, come provano: *Heiligenvehrerung in Geschichte und Gegenwart*, a cura di P. Dinzelbacher, D.R. Bauer, Ostfildern 1990; *Martyrs and Martyrologies*, a cura di D. Wood, Oxford 1993 (Studies in Church History, 30); A. Angenendt, *Heilige und Reliquien. Die Geschichte ihres Kultes vom Frühen Christentum bis zum Gegenwart*, München 1994; e come conferma l'impostazione del dottorato di ricerca coordinato da Francesco Scorza Barcellona presso l'Università di Roma "Tor Vergata". All'interno di questa diacronia grande impulso hanno avuto le ricerche per l'età moderna (tra i molti: J.-M. Sallmann, *Naples et ses saints à l'âge baroque (1540-1750)*, Paris 1994, trad. it. *Santi barocchi. Modelli di santità, pratiche devozionali e comportamenti religiosi nel Regno di Napoli dal 1540 al 1750*, Lecce 1996; I. Poutrin, *Le voile et la plume. Autobiographie et sainteté féminine dans l'Espagne moderne*, Madrid 1995 (Bibliothèque de la Casa Velasquez, 11); la tesi di Ch. Renoux, *Sainteté et mystique féminines à l'âge baroque. Naissance et évolution d'un modèle en France et en Italie*, Université Paris I a.a. 1995; e la terza sezione del vol. *Modelli di santità*) e l'età contemporanea: dal volume di K.L. Woodword, *Making saints*, New York 1990, trad. it. *La fabbrica dei santi*, Milano 1991, fino alle ricerche raccolte in *Santi, culti e simboli nell'età della modernizzazione*, a cura di E. Fattorini, Torino 1997 (Sacro/Santo, 11); *Santi del Novecento: storia, agiografie, canonizzazioni*, a cura di F. Scorza Barcellona, Torino 1998 (Sacro/Santo, 12); *Santi della Chiesa nell'Italia contemporanea*, a cura di R. Rusconi, in «Cristianesimo nella storia», XVIII/3 (1997).

moria storica di una realtà, i cui protagonisti sono personaggi eccezionali, eventi straordinari, luoghi sacri. Questa realtà può essere stata esperita direttamente o può essere appresa attraverso l'intermediazione di testimoni, o conosciuta per tradizione orale o scritta. Può anche essere creata sulla base di pochi dati – talvolta poco più di un nome – o addirittura di nessun dato, secondo una trama narrativa nota e plausibile, così da strutturare una vicenda umana con i caratteri della storicità. È il caso di tanti santi con un'evanescente o inesistente identità storica, diventati personaggi della storia dell'Occidente, non solo medioevale, e ben forniti di identità biografica, di esemplarità, di eroicità: basta pensare a san Giorgio, ai santi Cosma e Damiano, a san Dionigi, e ancora – caso tra i più significativi – a santa Maria Maddalena, la cui fisionomia cultuale si trasforma nei secoli variamente adattandosi a nuove esigenze religiose e sociali.[3]

Questa realtà storica vuole fissarsi nella realtà presente e futura attraverso testi e rappresentazioni concepiti per incidere persistentemente nella vita spirituale, ecclesiastica, cultuale di individui e di comunità, per confermare o promuovere la venerazione di un santo e il culto delle sue reliquie, per essere strumento di proselitismo, di edificazione, di rafforzamento del prestigio e del potere di istituzioni ecclesiastiche e politiche. La concezione della santità cristiana di mediazione con Dio e di esemplarità verso gli uomini e la pratica cultuale liturgica e extraliturgica ad essa connessa[4] determinano un'altra peculiarità di questa produzione, che può apparire una banalità e che tuttavia è essenziale per la comprensione della sua origine e dei suoi sviluppi come pure per la sua interpretazione storica e letteraria: quella di non essere legata alla dimensione biologica della vita di un uomo, ma di recuperare nella memoria "biografica" il tempo della sua "soprav-

3. Fondamentali le ricerche di V. Saxer, *Le culte de Marie Madeleine en Occident des origines à la fin du Moyen Âge*, Auxerre-Paris 1959, e Id., *Le dossier vézelien de Marie Madeleine*, Bruxelles 1975 (Subsidia Hagiographica, 57); si veda inoltre *La Madeleine (VIIIe-XIIIe siècle)*, in «Mélanges de l'École française de Rome», 104 (1992).

4. Restano fondamentali le ricerche di H. Delehaye, *Sanctus. Essay sur le culte des saints dans l'Antiquité*, Bruxelles 1927 (Subsidia Hagiographica, 17); Id., *Les origines du culte des martyrs*, Bruxelles 1933, 2ª ed. (Subsidia Hagiographica, 20), da completare con B. De Gaiffier, *Réflexions sur les origines du culte des martyrs*, in Id., *Études critiques d'hagiographie et d'iconologie*, Bruxelles 1967 (Subsidia Hagiographica, 43), pp. 7-30, e l'interpretazione di Brown, *Il culto dei santi*. Per una equilibrata messa a punto storica e storiografica del problema si veda ora M. Van Uytfanghe, *L'origine, l'essor et les fonctions du culte des saints. Quelques repères pour un débat rouvert*, in «Cassiodorus», 2 (1996), pp. 143-196 (con ampia bibliografia).

vivenza" alla morte fisica, la lunga durata della persistente presenza nella realtà sia del suo spirito (sogni, visioni, profezie) che del suo corpo perennemente vivo nella *virtus* taumaturgica.[5] Si tratta di un elemento di indiscutibile novità rispetto alle tradizioni cultuali e culturali del mondo antico – senza negare analogie e interferenze con aspetti del rapporto con il divino nella cultura classica –, che riassorbe in un processo di progressiva cristianizzazione tutte le manifestazioni soprannaturali ricondotte rigorosamente al potere di Dio o del demonio.[6] Concezione teologica e prassi cultuale incidono sulla costruzione narrativa delle agiografie e determinano la varietà tipologica dei testi. «La vie appartient au passé, relève de l'éloge et du récit historique; les miracles appartiennent au présent, relèvent de la vérification et de l'enquête régionale», osserva Gilbert Dagron a proposito dell'agiografia relativa a santa Tecla,[7] fornendo dell'agiografia un'essenziale chiave interpretativa di valore generale.

Concetti e funzioni sono così all'origine della grande articolazione della produzione agiografica: passioni e vite, racconti di miracoli e di visioni, calendari e martirologi per la commemorazione liturgica, rappresentazioni iconografiche ecc. Le distinzioni tipologiche, utilmente elaborate dalla lunga tradizione della scienza agiografica,[8] possono tuttavia rivelarsi

5. Sul potere della reliquie, oltre a Brown, *Il culto dei santi*, si vedano: P. Dinzelbacher, *Die "Realpräsenz" der Heiligen in ihren Reliquiaren und Gräbern nach mittelalterliche Quellen*, in *Heiligenverehrung*, pp. 115-174; A. Angenendt, *Heilige und Reliquien*, pp. 149 ss.; S. Boesch Gajano, *Sainteté*, in *Dictionnaire raisonné de l'Occident Médiéval* [Paris 1999]. Si veda inoltre per la bibliografia: J. Dubois, J.-L. Lemaitre, *Sources et méthodes de l'hagiographie médiévale*, Paris 1993. Per i sogni e le visioni: P. Dinzelbacher, *Vision and Visionsliteratur im Mittelalter*, Stuttgart 1981 (Monographien zur Geschichte des Mittelalters, 23); *I sogni nel Medioevo*, a cura di T. Gregory, Roma 1985; *Sogni, visioni e profezie nell'Antico Cristianesimo*, in «Augustinianum», XXIX (1989); *Apparitions and Miracles*, a cura di A. Dierkens, Actes du Colloque de Bruxelles, Bruxelles 1991 (Problèmes d'histoire des religions, 2); P. Cox Miller, *Dreams in Late Antiquity. Studies in Imagination of a Culture*, Princeton 1994.

6. Tra le analogie penso alle forme di divinizzazione di eroi (un esempio può essere costituito da quella di Romolo, per cui rinvio alla bella edizione Plutarco, *Le Vite di Teseo e di Romolo*, a cura di C. Ampolo e M. Manfredini, Milano 1988, pp. 157 ss.). Per la cristianizzazione delle forme di religiosità pagane o folkloriche cfr. più avanti: bibliografia alla n. 51; e ancora riferimenti alle nn. 73-76, 121.

7. *Vie e miracles de S. Thècle*, a cura di G. Dagron, Bruxelles 1978 (Subsidia Hagiographica, 62), p. 20.

8. Fondamentali restano gli studi di H. Delehaye, per i quali rinvio alla bibliografia in Id., *Les légendes hagiographiques*, Bruxelles 1955, 4ª ed. (Subsidia Hagiographica, 18a).

fragili. La problematicità dei "confini" emerge chiaramente se si considera l'immensa produzione di passioni, che non solo ingigantiscono le descrizioni del martirio, ma recuperano largamente la vicenda biografica dell'eroe cristiano; e che articolano l'identità del personaggio tra quella di vescovo, convertitore e pastore di anime, e quella di martire.[9] O ancora se si affrontano le diverse forme di racconto dei miracoli: racconto autonomo – come nel caso dei primi *libelli* attestati per l'età di Agostino –,[10] raccolte autonome o correlate ad altre opere, a complemento della vita del santo stesso o più raramente inserite in opere non agiografiche, come il *De Civitate Dei* dello stesso Agostino –;[11] raccolte a se stanti, che prescindono dalla vita, come nel caso delle raccolte di miracoli di san Martino di Gregorio di Tours;[12] e ancora forme miste, commistioni di vita e miracoli, non solo nel senso che la vita può essere, anzi è sempre, intessuta di miracoli, ma nel senso che l'autore connota i santi di cui intende parlare attraverso i miracoli da loro compiuti – il caso più illustre è certamente rappresentato dai *Dialogi* di Gregorio Magno.

Preziosi contributi sono venuti dalla *Typologie des sources du Moyen Âge*, pubblicata a Turnhout sotto la direzione di L. Genicot, e in particolare dai volumi di: G. Philippart, *Les légendiers latins et autres manuscrits hagiographiques*, nn. 24-25, 1977; J. Dubois, *Les martyrologes du moyen âge latin*, n. 26, 1979; M. Heinzelmann, *Translationsberichte und andere Quellen des Reliquienkultes*, n. 33, 1979; M. Sot, *"Gesta episcoporum, gesta abbatum"*, n. 37, 1981; J. Richard, *Les récits de voyages et de pèlerinages*, n. 38, 1981; C. Bremond, J. Le Goff, J.-C. Schmitt, *L'"exemplum"*, n. 40, 1982; P. Dinzelbacher, *"Revelationes"*, n. 57, 1991; A.G. Martimort, *Les livres de lecture liturgique*, n. 64, 1992; M. Richter, *The Oral Tradition in the Early Middle Ages*, n. 71, 1994. Cfr. anche Dubois, Lemaitre, *Sources et méthodes*, che non riesce tuttavia a sostituire il classico e sempre utile Aigrain, *L'hagiographie*.

9. H. Delehaye, *Les passions des martyrs et les genres littéraires*, Bruxelles 1966, 2ª ed. (Subsidia Hagiographica, 13b). Mi permetto di rinviare ad alcune mie considerazioni: S. Boesch Gajano, *Martiri, vescovi, monaci: linee di sviluppo dell'agiografia umbra nell'Alto Medioevo*, in *Il santo patrono nella città medievale: il culto di S. Valentino nella storia di Terni*, Roma 1982, pp. 165-191.

10. H. Delehaye, *Les premiers "libelli miraculorum"*, in «Analecta Bollandiana», XXIX (1910), pp. 427-434; *Les recueils antiques de miracles des saints*, in «Analecta Bollandiana», XLIII (1925), pp. 5-85; 305-325; ripresi nel cap. IV di Id., *Les origines*.

11. S. Boesch Gajano, *Verità e pubblicità: i racconti di miracoli nel libro XXII del "De Civitate Dei"*, in *Il "De Civitate Dei". L'opera, le interpretazioni, l'influsso*, a cura di E. Cavalcanti, Roma-Freiburg-Wien 1996, pp. 367-388.

12. M. Heinzelmann, *Une source de base de la littérature hagiographique latine: le recueil de miracles*, in *Hagiographie, cultures et sociétés*, pp. 235-259. Dello stesso autore cfr. *Translationsberichte*.

L'enorme sviluppo del culto dei santi e la sua polifunzionalità – per riprendere un termine caro a Frantisek Graus –[13] determina non solo diversificazioni tipologiche: ci sono i divari culturali, con grandi autori e autori anonimi, ineleganti sul piano linguistico e stilistico, modesti sul piano teologico, religioso, pastorale; e c'è ancora l'articolazione maschile/femminile, divenuta centrale negli studi agiografici per merito di un'attenzione scientifica sempre più affinata, che, forte ormai di consolidate posizioni storiografiche e metodologiche,[14] si è concentrata sia sui casi più famosi, come Perpetua[15] o Baudonivia,[16] sia sui casi minori.[17]

Una produzione tanto diversificata ha però, come dicevo, un minimo comune denominatore nella volontà di costruire nel testo e con il testo un incontestabile rapporto con l'oggetto della narrazione. Questo rapporto ha naturalmente forme molto differenziate: può essere esplicito o implicito, può collocarsi a monte o a valle della scrittura, può anche essere creato

13. F. Graus, *Volk*, pp. 438 ss.; trad. it. del capitolo in questione con il titolo *Le funzioni del culto dei santi e della leggenda*, in *Agiografia altomedievale*, pp. 145-160.

14. La ricca storiografia dei Women's Studies non può essere qui citata. Indispensabile punto di riferimento per il nostro torna è costituito dall'ampia rassegna bibliografica di K. Børresen, , *Women's Studies of the Christian Tradition*. Si veda l'ormai classica opera in più volumi *Storia delle donne*, a cura di G. Duby e M. Perrot, Roma-Bari 1990-92, e l'utile messa a punto storiografica e bibliografica, cui rinvio per ulteriori citazioni, *La memoria di lei*, a cura di G. Zarri, Torino 1996. Per la scrittura femminile cfr. l'opera classica di P. Dronke, *Women Writers in the Middle Ages*, Cambridge 1981, trad. it. *Donne e cultura nel Medioevo*, Milano 1986; e *Esperienza religiosa e scritture femminili tra medioevo e età moderna*, a cura di M. Modica Vasta, Acireale 1992 (Quaderni del Dipartimento di scienze storiche, antropologiche, geografiche, Università di Catania, 21).

15. *Passio Perpetuae et Felicitatis,* in *Atti e passioni dei martiri*, a cura di A.A.R. Bastiaensen, Milano 1987, pp. 107-147, con relativa bibliografia. Una recente interpretazione in G. Lanata, *Sogni di donne nel primo cristianesimo*, in *Donne sante, sante donne. Esperienza religiosa e storia di genere*, Torino 1996, pp. 61-98 (con ulteriore bibliografia).

16. F.E. Consolino, *Due agiografi per una regina: Radegonda di Turingia tra Fortunato e Baudonivia*, in «Studi Storici», XXIX (1988), pp. 143-159. Si veda anche più in generale: M. Cristiani, *La sainteté féminine du Haut Moyen Age. Biographie et valeurs*, in *Les fonctions des saints*, pp. 384-434.

17. In particolare ricordo la felice "scoperta" di C. Leonardi, *Una scheda per Ugeburga*, in *Tradition und Wertung. Festschrift für Franz Brunhölzl zum 65. Geburtstag*, Sigmaringen 1989, pp. 23-26; Id., *Modelli agiografici nel secolo VIII: da Beda a Ugeburga*, in *Les fonctions des saints*, pp. 506-516. La nuova attenzione storiografica sta portando alla luce innumerevoli scritture femminili, come è emerso dalle Conferences della European Science Foundation sul tema "Women in the Christian Tradition", 1993 e 1995.

letterariamente, assumendo, come sopra accennavo, proprio attraverso la scrittura i caratteri della storicità.[18]

Gli esempi si possono moltiplicare ripercorrendo le principali tappe della scrittura agiografica. Prendiamo in primo luogo in considerazione le fonti sostanzialmente contemporanee ai fatti narrati: dalle passioni dei martiri, dove la testimonianza diretta si salda talvolta con la testimonianza autobiografica, alle vite di santi scritte da autori coevi – ad esempio la *Vita Antonii* di Atanasio, la *Vita Martini* e i *Dialogi* di Sulpicio Severo, le agiografie di Girolamo, la *Vita Severini* di Eugippio, l'agiografia di Beda –, troviamo una vasta gamma di modalità usate dagli autori per rassicurare il lettore della veridicità del loro racconto, confermando la loro conoscenza del personaggio e degli eventi, precisando la qualità dei testimoni. La persistente ripetitività e insieme le diverse modulazioni interne a ciascun testo e le differenze tra un testo e un altro o tra un autore e un altro, permettono di cogliere, attraverso il topos, il segno di un ineliminabile bisogno di stabilire un saldo riferimento alla realtà dei fatti narrati.

Se dalle opere contemporanee, volgiamo l'attenzione alle passioni composte a Roma secoli dopo l'età dei martiri, cioè a quella produzione che costituisce il materiale di fondo di tutti i passionari e leggendari medioevali – croce, per la sua fantasiosità, e delizia, per la sua ricchezza, agli occhi degli studiosi di agiografia – appare evidente l'esigenza di supplire con il racconto all'assenza di elementi storici, per rendere meglio fruibile il culto di quei martiri i cui corpi riposavano nei cimiteri romani: l'ossessione dei riferimenti storico-cronologici – sospetti proprio perché tanto insistiti –, l'entrata in campo di personaggi individualizzati con nome, famiglia di appartenenza, stato sociale, e insieme il riferimento a luoghi sicuramente reali della città – come mise in luce il grande saggio del Delehaye sull'*Amphithéatre Flavien* –[19] traggono origine da quel rapporto con il dato reale e fisicamente tangibile del culto delle reliquie e dalla volontà che proprio attraverso lo strumento del racconto "storico" e con il riferimento a una persistente realtà ambientale quel culto confermi la sua

18. Un esempio interessante è quello esaminato da F.E. Consolino, *L'invenzione di una biografia: Almanno di Hautvilliers e la vita di sant'Elena*, in «Hagiographica», 1(1994), pp. 81-100.

19. H. Delehaye, *L'Amphithéatre Flavien et ses environs dans les textes hagiographiques*, in «Analecta Bollandiana», XVI (1897), pp. 209-252.

validità e mantenga intatta nel tempo la sua presenza rassicurante nella società cristiana.[20]

In questo rapporto con la realtà, a monte o a valle del testo, in relazione cioè alla fruizione del culto e/o alla fruizione del testo, va individuato il principale motivo della costante pratica di riattualizzazione del prodotto agiografico. Questa può assumere varie forme, come l'aggiunta di nomi di santi specifici di un monastero o di una diocesi nei calendari o martirologi provenienti da altre comunità; o quella della riscrittura della *Vita* per motivi, talvolta esplicitati nel prologo, letterari (revisione linguistica e stilistica), religiosi (aggiunta di episodi o miracoli, o anche abbreviazioni per rendere più fruibile il testo o adattarlo a esigenze diverse, come avviene sistematicamente a partire dal '200 con le *legendae novae* prodotte dai Mendicanti); ecclesiastici e politico-ideologici, di cui un esempio illuminante è costituito dalle riscritture di età carolingia studiate da I Deug Su.[21]

Il testo può avere fin dalla sua origine o può acquistare nel tempo una collocazione seriale (raccolte di miracoli, passionari, leggendari ecc.), che la storiografia recente permette ormai di considerare non più come "insiemi" di testi, ma come prodotti unitari.[22] Proprio dalla pratica di riattualiz-

20. Cfr. anche S. Boesch Gajano, *Le metamorfosi del racconto*, in *Lo spazio letterario di Roma antica*, a cura di G. Cavallo, P. Fedeli, A. Giardina, III, *La ricezione del testo*, Roma 1990, pp. 217-243.

21. I Deug-Su, *L'opera agiografica di Alcuino*, Spoleto 1983 (Biblioteca degli "Studi Medievali", XIII); Id., *Cultura e ideologia nella prima età carolingia*, Roma 1984 (Studi Storici, 146-147).

22. Per le raccolte di miracoli: Delehaye, le opere citate alla n. 10; Heinzelmann, *Une source de base*. Per i leggendari: Philippart, *Les légendiers latins*, cui rinvio per la precedente bibliografia e Id., *Pour une histoire generale, problématique et sérielle de la littérature et de l'édition hagiographiques latines de l'antiquité au moyen âge*, in «Cassiodorus», 2 (1996), pp. 197-213; F. Dolbeau, *Notes sur l'organisation interne des légendiers latins*, in *Hagiographie, cultures et sociétés*, pp. 11-29. Per l'innovativa proposta interpretativa della *Legenda Aurea* come "opera d'autore": A. Boureau, *La Légende Dorée. Le système narratif de Jacques de Varagine († 1298)*, Paris 1984. Si veda ora anche *Bartolomeo di Trento, domenicano e agiografo medievale*, a cura di D. Gobbi, Trento 1990 (Bibliotheca Civis, III); è in preparazione l'edizione critica dell'opera di Bartolomeo da parte di E. Paoli [*Liber epilogorum in gesta sanctorum*, Firenze 2001]. Le raccolte di vite di santi dal medioevo all'età moderna e contemporanea, considerate nella loro individualità come frutto di un progetto religioso, culturale, politico, sono divenute oggetto di una ricerca collettiva, i cui risultati sono stati già in parte editi in *Raccolte di vite di santi dal XIII al XVIII secolo. Strutture, messaggi, fruizioni*, a cura di S. Boesch Gajano, Fasano di Brindisi 1990, cui se-

zazione nasce il problema dell'identificazione del testo agiografico "originale" e delle "varianti" all'interno delle "edizioni medioevali", usando la felice espressione codificata da Guy Philippart per indicare l'insieme delle operazioni che presiedono alla selezione, alla composizione grafica e materiale e alla diffusione dei testi: identificazione tanto problematica da creare serie difficoltà nell'elaborazione di sicuri metodi per la loro edizione critica.[23] Propendo decisamente verso un'interpretazione "individualizzata" di ciascuna versione e dunque per l'attribuzione di un'identità "debole" a un testo presunto originario, e di un'identità "forte" a ciascuna riscrittura.

Il testo agiografico risulta oggetto di una costante fruizione diretta o mediata attraverso la lettura e l'oralità, diversificata sul piano religioso, istituzionale, sociale e diventa dunque oggetto di rielaborazioni tutte in certa misura originali. Questo costituisce un'altra delle sue peculiarità, rispetto ad altri prodotti assai più fortemente individualizzati per l'autore o per il contenuto. L'aggiornamento avviene attraverso l'elaborazione di prodotti nuovi – connessi con nuove esperienze religiose, e con il formarsi di nuovi luoghi di culto –, ma anche con il rinnovamento di quelli antichi, cui si lega come effetto, ma forse anche come causa, una nuova produzione di racconti di miracoli; e via via nel tempo con nuove esigenze ecclesiastiche, come quelle legate al riconoscimento ufficiale della santità. Questo aggiornamento può avvenire anche nella forma delle traduzioni, testimonianza di rapporti culturali, politici e religiosi tra Occidente e Oriente, traduzioni che

guirà *Erudizione e devozione. Le raccolte di Vite di santi in età moderna e contemporanea*, a cura di G. Luongo [Roma 2000 (Sacro/Santo n.s., 4)].

23. Philippart, *Pour une histoire*; dello stesso autore anche *Hagiographes et hagiographie, hagiologues et hagiologie: des mots et des concepts*, in «Hagiographica», 1 (1994), pp. 1-16; e *Introduction,* in *Hagiographies*, pp. 9-24. Si vedano gli importanti contributi di metodo agiografico: F. Dolbeau, J.-C. Poulin, M. Heinzelmann, *Les sources hagiographiques narratives composées en Gaule avant l'an mil (S.H.G.). Inventaire, examen critique, datation*, in «Francia», 15 (1987), pp. 701-714; *Manuscrits hagiographiques et travail des hagiographes*, a cura di M. Heinzelmann, Sigmaringen 1992 (Beihefte der Francia, 24), che contiene saggi di M. Heinzelmann, *Le travail des hagiographes: l'exemple de la tradition manuscrite des Vies anciennes de Sainte Geneviève de Paris*, pp. 9-16; G. Philippart, *Le manuscrit hagiographique latin comme gisement documentaire. Un parcours dans les "Analecta Bollandiana"*, pp. 17-48; F. Dolbeau, *Les hagiographes au travail: collecte et traitement des documents écrits (X^{e}-XIIe siècles)*, pp. 49-76. E ancora di M. Heinzelmann, *Les Vies anciennes de Sainte Geneviève de Paris,* Paris-Genève 1986. Per i tanti lavori di F. Dolbeau, tutti esemplari per acutezza filologica e interpretativa, rinvio alla sua bibliografia in «Sanctorum. Bollettino dell'Associazione Italiana per lo Studio della Santità, dei Culti e dell'Agiografia», 2 (1997), pp. 99-105.

assumono un grande rilievo nella storia dell'agiografia soprattutto se poste in relazione con la restante produzione agiografica "autoctona".[24]

Quanto detto porta a individuare nella compresenza di persistenze e innovazioni la vera struttura portante dell'agiografia, sempre radicata nella tradizione e insieme sempre capace di aggiornarsi, per rispondere a nuove esigenze religiose, ecclesiastiche, politiche, culturali. Prenderò due esempi a me particolarmente cari. La straordinaria novità rappresentata dai *Dialogi* di Gregorio Magno, novità consapevolmente alternativa alla letteratura martirologica e destinata ad avere tanta influenza sull'agiografia altomedioevale,[25] non diminuisce il favore riscosso dalle passioni dei martiri, costituenti il sostrato profondo e persistente dei passionari e leggendari altomedioevali, a loro volta capaci di avere lunga e persistente vitalità anche in presenza della nuova forma abbreviata proposta dalle *legendae novae* a partire dal XIII secolo. L'insieme della produzione di Gregorio di Tours mostra la volontà di perpetuare le tradizioni agiografiche antiche, il *Liber in gloria martyrum*; di conservare memoria delle forme di santità recenti, il *Liber in Gloria Confessorum*; di "registrare" le manifestazioni della *virtus* dei santi, *i Libri de virtutibus Sancti Martini* e il *Liber de virtutibus Sancti Iuliani*; senza dimenticare le presenze agiografiche nella sua *Historia Francorum*.[26]

Si può parlare ancora di una straordinaria "capacità di adattamento" del testo agiografico. Esso può servire come documento atto a ricostruire la storia, e come tale inserito in una narrazione storiografica: l'esempio più evidente è costituito da Beda, che nell'*Historia Gentis Anglorum* utilizza le vite di sant'Albano e di san Germano come veri e propri "racconti di storia",[27] con procedimento analogo a quello adottato, soprattutto per

24. Di particolare interesse l'attività culturale romana del secolo IX su cui G. Arnaldi, *Giovanni Immonide e la cultura a Roma al tempo di Giovanni VIII*, in «Bullettino dell'Istituto Storico Italiano per il Medio Evo e Archivio Muratoriano», 68 (1956), pp. 33-89; Id., *Anastasio Bibliotecario*, in *Dizionario Biografico degli Italiani*, III, Roma 1961, pp. 25-37; Id., *Natale 875*, Roma 1990, pp. 90 ss.; C. Leonardi, *L'agiografia romana nel secolo IX*, in *Hagiographie, cultures et sociétés*, pp. 471-490. Per un problematico caso storico-filologico: V. Von Falkenhausen, *Problemi di traduzione di testi agiografici: il caso della "passio sancti Erasmi"*, in *Santità, culti, agiografia*, pp. 129-137.

25. Cfr. S. Boesch Gajano, *La proposta agiografica dei "Dialogi" di Gregorio Magno*, in «Studi Medievali», 3ª serie, 21 (1980), pp. 623-664.

26. S. Boesch Gajano, *Il santo nella visione storiografica di Gregorio di Tours*, in questo volume alle pp. 31-70.

27. Bede, *Ecclesiastical History of the English People*, a cura di B. Colgrave e R.A.B. Mynors, Oxford 1969, l. I, cap. VII, pp. 28-34; capp. XVII-XXI, pp. 54-66. Per aggiornamenti storici e bibliografici cfr. la nuova edizione, a cura di J. McClure, R. Collins, Oxford

finalità normative, con le lettere di Gregorio Magno.[28] Può essere rielaborato e assunto in un contesto narrativo diverso con il potenziamento del suo significato simbolico: questo avviene, per fare solo un esempio, con la storia dei sette dormienti di Efeso, ritrovati, secondo la più antica versione greca, in una grotta dopo la fine delle persecuzioni e risvegliatisi miracolosamente, a simboleggiare la vittoria della fede e a provare la possibilità della resurrezione dei corpi. La leggenda, già conosciuta in Occidente attraverso il racconto di Gregorio di Tours, viene ripresa da Paolo Diacono nell'*Historia Langobardorum* e da lui trasferita «negli estremi confini della Germania, proprio sulla riva dell'oceano», a simboleggiare il futuro inserimento di queste terre in uno spazio cristiano, mediato attraverso la presunta romanità dei personaggi venerati.[29] Il riferimento a Beda e a Paolo Diacono ha preparato il passaggio dal problema dell'identità del testo al problema dell'identità dell'agiografia come prodotto letterario complessivo. Tanti sono i contributi di carattere generale[30] e particolare: rapporto atti dei martiri pagani e cristiani e atti processuali,[31] modelli della biogra-

1994. Molti saggi sono riuniti in *Bede and his World*, I, *The Jarrow Lectures 1958-78*, II, *The Jarrow Lectures 1978-1993*, Cambridge 1994.

28. La consapevolezza di Beda nell'uso di fonti diversificate si esprime nella *Praefatio*, ivi, pp. 2-7; cfr. B. Colgrave, *Historical Introduction*, ivi, pp. XXV ss.; e l'introduzione e la bibliografia nell'ed. del 1994.

29. Per la complessa tradizione agiografica greca, orientale, latina cfr. V. Saxer, *Sette Dormienti*, in *Bibliotheca Sanctorum*, XI, Roma 1968, coll. 900-907. La prima traduzione latina è dovuta a Gregorio di Tours, *Passio Sanctorum Martyrum Septem Dormientium apud Ephesum*, in MGH, SS. rer. Mer., I, 2, Gregorii Episcopi Turonensis, *Miracula et opera minora*, a cura di B. Krusch, Hannoverae 1885, pp. 397-403. Per Paolo Diacono, *Storia dei Longobardi*, a cura di L. Capo, Milano 1992, L. I, 1, pp. 13-15, con relativo commento a p. 373. Per l'interpretazione cfr. S. Boesch Gajano, *Pratiche e culture religiose*, in *Storia d'Europa*, III, *Il Medioevo*, a cura di G. Ortalli, Torino 1994, pp. 169-215, in particolare pp. 177-178.

30. Cfr. l'ampia discussione storiografica di M. Van Uytfanghe, *L'hagiographie: un "genre" chrétien ou antique tardif?*, in «Analecta Bollandiana», 111 (1993), pp. 135-188; e la recente messa a punto di storia dell'agiografia nei primi secoli di V. Saxer, *Afrique latine*, in *Hagiographies*, I, pp. 25-95.

31. H. Musurillo, *The Acts of the Christian martyrs*, Oxford 1972; Id., *Christian and Political Martyrs in Early Roman Empire. A Reconsideration*, in *Assimilation et résistance à la culture gréco-romaine dans le monde ancien*, Travaux du VIe Congrès International de la Fédération Internationale des Associations d'Études Classiques, Bucuresti-Paris 1976, pp. 333-342; G. Lanata, *Gli atti dei martiri come documenti processuali*, Milano 1973; Ch. Mohrmann, *Introduzione generale*, in *Vite dei santi*, I, Milano 1974, pp. XIII-XVII; A.A.R. Bastiaensen, *Introduzione*, in *Atti e passioni dei martiri*, pp. IX-XLIX; S. Ronchey, *Gli Atti*

fia cristiana,[32] rapporto tra agiografia e storiografia.[33] Come nel caso delle articolazioni interne all'agiografia, anche per quanto attiene al confronto esterno mi sembra interessante dal punto di vista storico mettere in evidenza la fragilità dei confini tra generi letterari, utilizzando anche in questo caso alcuni esempi forse più illuminanti di molte parole.

La *Vita Severini* di Eugippio, presentata come materiale preparatorio per la stesura di una vera e propria biografia, appare invece dominata dalla preoccupazione per la massima completezza dell'informazione, tale da delineare un panorama complessivo tra i più storicamente persuasivi di una terra di frontiera al momento della fine della dominazione romana sotto il peso dei nuovi stanziamenti di popoli, capace insieme di rappresentare simbolicamente, con il lungo viaggio del corpo del santo fino a Napoli, il ripiegamento dei confini.[34]

Nell'Historia *ecclesiastica gentis Anglorum* di Beda la presenza dell'agiografia – testi precedenti inseriti nella narrazione, come quelli di Albano e Germano, cui ho fatto sopra riferimento, o di Furseo, racconti

dei martiri tra politica e letteratura, in *Storia di Roma*, III, *L'età tardo-antica, 2. I luoghi e le culture*, Torino 1993, pp. 781-825.

32. Cfr. M. Heinzelmann, *Neue Aspekte des Biographischen und Hagiographischen Literatur in der Lateinischen Welt (1.-6. Jahrhundert)*, in «Francia», 1 (1973), pp. 27-44; C. Leonardi, *I modelli dell'agiografia latina dall'epoca antica al medioevo*, in *Passaggio dal mondo antico al medioevo. Da Teodosio a San Gregorio Magno*, Roma, 1980 (Atti dei Convegni Lincei, 45), pp. 435-476; Id., *L'agiografia latina dal tardoantico all'alto medioevo*, in *La cultura in Italia fra tardo antico e alto medioevo*, II, Roma 1981, pp. 643-660; *L'agiografia latina*. In generale *Christianisme et formes littéraires de l'antiquité tardive en Occident*, Genève 1977; M. Simonetti, *La produzione letteraria latina fra romani e barbari (sec. V-VIII)*, Roma 1986.

33. M. Heinzelmann, *Hagiographischer und historischer Diskurs bei Gregor von Tour?*, in *Aevum inter utrumque. Mélanges offerts à Gabriel Sanders*, Steenbrugge 1991 (Instrumenta Patristica, 23), pp. 237-258; al tema è stato dedicato nel 1994 un convegno, sul quale si veda D.R. Bauer, K. Herbers, *Hagiographie und Historiographie. Fachtagung der Akademie der Diozese Rottenburg-Stuttgart mit dem Arbeitskreis für hagiographische Fragen 25-27 August 1994 in Stuttgart-Hohenheim. Ein Tagungsbericht*, in «Hagiographica», 11 (1995), pp. 309-314. In generale: *La storiografia altomedievale*, Spoleto 1970 (Settimane del Centro Italiano di Studi sull'Alto Medioevo, XVII), l'agiografia è oggetto di attenzione da parte di B. De Gaiffier, pp. 139-166; *La storiografia ecclesiastica nella tarda antichità*, Atti del convegno di Erice (1978), Messina 1980; *Historiographie im frühen Mittelalter*, a cura di A. Schärer, G. Scheibelreiter, Wien-München 1994.

34. Eugippius, *Das Leben des Heiligen Severin*, a cura di R. Noll, Berlin 1963; Eugippe, *Vie de Saint Sévérin*, a cura di Ph. Regerat, Paris 1991. Cfr. Boesch Gajano, *Le metamorfosi del racconto*, p. 236.

nuovi, come quello relativo a Oswald, su cui tornerò più avanti, racconti di miracoli – è tanto costitutiva della narrazione complessiva, da poterci chiedere se la fisionomia dell'opera non sia appunto "agiografica" nel senso sopra proposto: quello cioè di opera destinata a conservare memoria della santità di persone e di luoghi. Si potrebbe forse dire che l'opera storiografica di Beda è la costruzione della memoria storica della progressiva santificazione di un intero paese.[35]

Anche i *Libri Pontificales* costituiscono un caso interessante di "sconfinamento" di generi – biografico, agiografico, storiografico – connessi con la varietà di finalità – ecclesiastica, politica, storica. Si tratta di un genere letterario ormai ben studiato,[36] sui caratteri generali del quale non mi soffermo. Prendo solo qualche spunto di riflessione dal *Liber Pontificalis* della Chiesa romana. La sua composizione stratificata[37] permette di cogliere le trasformazioni della scrittura e i mutamenti delle finalità: da uno scopo eminentemente legato alle necessità interne della Chiesa romana nella sua dimensione locale – vere e proprie liste dei presuli corredate da dati strettamente liturgici e pastorali – si passa gradualmente a un intendimento storico-biografico e poi storico-agiografico, con l'indicazione delle qualità morali e spirituali, e poi con l'inserimento di elementi soprannaturali, come interventi divini e manifestazione di poteri taumaturgici esercitati direttamente o indirettamente dal pontefice. Tutto questo trasforma la scrittura e ne fa una testimonianza pubblica e politica, volta alla conservazione della memoria e insieme alla costruzione dell'immagine della Chiesa romana[38].

35. Per Beda cfr. n. 27. All'*Historia Ecclesiastica Gentis Anglorum* è stato dedicato nel 1996-97 il seminario periodico, tenutosi per il secondo anno sul tema del "Miracolo" presso il Dipartimento di Studi Storici, Geografici e Antropologici dell'Università di Roma Tre. Queste riflessioni sono nate da quell'analisi collettiva e molto devono ai contributi dei partecipanti, che voglio qui ringraziare.

36. Per la genesi, la geografia e i caratteri di questa forma di scrittura della storia: M. Sot, *Gesta episcoporum*; cfr. anche Id., *Un historien et son église au Xe siècle: Flodoard de Reims*, Paris 1993, in particolare pp. 629 ss.

37. *Liber Pontificalis*, a cura di L. Duchesne, I-II, Paris 1886-1892, 2^a ed. a cura di C. Vogel, Paris 1955-1957. Sull'opera nel suo insieme cfr. O. Bertolini, *Il "Liber Pontificalis"*, in *La storiografia altomedievale*, pp. 387-455.

38. Per il rapporto con i *Gesta martyrum* cfr. Duchesne, *Introduction*, in *Liber Pontificalis*, I, pp. C ss. Qui intendo riferirmi soprattutto agli elementi bio-agiografici, particolarmente evidenti per Gregorio II e Zaccaria, ivi, pp. 396-408; 426-435. Riprendo queste considerazioni da una mia lezione tenuta molti anni fa presso l'École des Hautes Études en

Vi sono anche forme di sconfinamento meno evidenti, ma non per questo meno importanti, quale ad esempio quello tra agiografia e autobiografia: un tema, la cui stessa impostazione rinvia all'indimenticabile "compagno invisibile" di Peter Brown.[39] Tracce consistenti di scrittura autobiografica si trovano in alcune delle più antiche passioni.[40] Tracce più indirette, ma ben visibili del rapporto esistenziale e spirituale tra l'agiografo e il santo si trovano in tante opere: da privilegiare per il nostro discorso i rapporti Paolino-Felice di Nola, finemente analizzati da Gennaro Luongo,[41] quelli Beda-Cutberto,[42] o quelli Pier Damiani-Romualdo.[43] Si potrebbe ricordare ancora la componente autobiografica dei *Dialogi* di Gregorio Magno e le tante agiografie anche minori e anonime, in cui è possibile cogliere tra le righe del racconto ammirato le aspirazioni e le sofferenze, le gioie e i desideri, ma anche le paure e i turbamenti di chi scrive. Il tema merita un'analisi sistematica tale da assicurare un posto adeguato – e sicuramente meritato – per gli scritti agiografici nella storia dell'autobiografia.[44] Ma anche in questo caso si possono ben prevedere

Sciences Sociales, su cui intendo tornare in vista della pubblicazione [S. Boesch Gajano, *Agiografia di confine: il* Liber Pontificalis *della Chiesa romana*, in *Hagiologia. Studi per Réginald Grégoire*, a cura di A. Bartolomei Romagnoli, E. Paoli e P. Piatti, Fabriano 2012 (Bibliotheca Montisfani, 31), pp. 375-384].

39. Brown, *Il culto dei santi*, cap. III, pp. 75-100. Da non dimenticare il saggio di W. von den Steinen, *Heilige als Hagiographen*, in Id., *Menschen im Mittelalter*, Bern-München 1967, pp. 7-31.

40. Cfr. la bibliografia segnalata alle nn. 14 e 15.

41. G. Luongo, *Lo specchio dell'agiografo. San Felice nei carmi XV e XVI di Paolino di Nola*, Napoli 1992.

42. Beda scrisse, com'è noto, due vite di Cutberto (ed. B. Colgrave, Cambridge 1940; cfr. Th. Wolpers, *Die Englische Heiligenlegende des Mittelalters*, Tubingen 1964, pp. 70-83), oltre ai capitoli a lui dedicati nell'*Historia Ecclesiastica*, L. IV, capp. XXVII-XXXII, pp. 430-448.

43. Petri Damiani, *Vita Romualdi*, a cura di G. Tabacco, Roma 1957 (Fonti per la Storia d'Italia, 94). Alle opere agiografiche di Pier Damiani è dedicata la tesi di dottorato di U. Longo (Dottorato in Agiografia, Dipartimento di Storia, Università di Roma "Tor Vergata") [U. Longo, *Come angeli in terra. Pier Damiani, la santità e la riforma del secolo XI*, Roma 2012 (Sacro/Santo n.s., 19)].

44. G. Misch, *Geschichte der Autobiographie*, II. *Das Mittelalter*, 2, Frankfurt am Main 1969. In generale: Ph. Lejeune, *Le pacte autobiographique*, Paris 1975. Cfr. inoltre J.-C. Schmitt, *"L'autobiografia sognata"*, in Id., *Religione, folklore e società nell'Occidente Medievale*, Roma-Bari 1988, pp. 269-307. *L'Autobiografia nel Medioevo* è il tema del bel convegno del Centro Italiano di Studi sul Basso Medioevo - Accademia Tudertina, Todi, 12-15 ottobre 1997 [*L'autobiografia nel Medioevo*, Spoleto 1998].

altri possibili sconfinamenti, se solo si pensa alla chiave autobiografica così felicemente individuata da Martin Heinzelmann per l'*Historia Francorum* di Gregorio di Tours.[45]

Ma tanti sono per l'agiografia i problemi di confine o di commistione – alcuni già ben individuati, come nel caso della liturgia e della predicazione – che non è possibile qui anche solo evocarli tutti. Mi limito a richiamare ancora due casi, che pongono insieme il problema dei confini, ma anche delle circolarità e delle interferenze. Il primo riguarda il rapporto tra scrittura e immagine: per il quale si hanno ormai alcuni sicuri punti di riferimento metodologico e storiografico, tra cui primeggiano le ricerche di Chiara Frugoni su Francesco d'Assisi.[46] Per il tardoantico mi sembrano particolarmente significative le proposte interpretative di Aline Rousselle in merito alle possibili interferenze tra testi agiografici scritti, rappresentazioni iconografiche del martirio e codificazioni giuridiche, che suggeriscono un rapporto rovesciato tra fantasia e realtà.[47] Non ultimo merito della studiosa è quello di avere posto il problema dell'iconografia anche in assenza di testimonianze dirette, valorizzando così la componente visiva della realtà, che le fonti scritte solo talvolta lasciano intravedere. Un esempio: l'episodio narrato nei *Miracula Sancti Stephani*, dove si narra di come la liberazione della città dallo spaventoso dragone apparso in cielo venisse rappresentata in una pittura esposta in chiesa come prova e memoria del miracolo in modo non dissimile a quanto avveniva con i corpi guariti portati in chiesa e esposti alla vista di tutti per provare più e meglio dei *libelli miraculorum*, letti di fronte all'assemblea dei fedeli, la potenza delle reliquie del santo e la grandezza di Dio.[48]

45. M. Heinzelmann, *Gregor von Tours (538-594), Zehn Bücher Geschichte. Historiographie und Gesellschaftskonzept im 6. Jahrhundert*, Darmstadt 1994.

46. C. Frugoni, *Francesco e l'invenzione delle stimmate. Una storia per parole e immagini fino a Bonaventura e Giotto*, Torino 1993. Si veda anche *Hagiographie und Kunst. Der Heiligenkult in Schrift, Bild und Architektur* a cura di G. Kerscher, Berlin 1993; *Testo e immagine nell'Alto Medioevo*, Spoleto 1994 (Settimane del centro Italiano di Studi sull'Alto Medioevo, XLI), oltre alle opere ormai classiche di J. Wirth, *L'image médiévale*, Paris 1989, e di H. Belting, *Bild und Kult. Eine Geschichte des Bildes vor dem Zeitalter der Kunst*, München 1990.

47. A. Rousselle, *Sources iconographiques perdues: les premières images des martyrs*, in «Cassiodorus», 2 (1996), pp. 215-230; e Id., *Image et texte: aller et retour*, in *Santità, culti, agiografia*, pp. 107-128.

48. *Miracula Sancti Stephani*, in PL 41, coll. 833-854, in particolare 850-851; cfr. Boesch Gajano, *Verità e pubblicità*, in particolare p. 372.

Il secondo caso è costituito dal rapporto con l'oralità.[49] Nell'oralità Guy Philippart vede la principale forma di "concorrenza" rispetto al testo agiografico.[50] Ora mi pare che la produzione agiografica testimoni piuttosto le costanti interferenze tra scrittura e oralità, che mettono in evidenza le possibili osmosi tra livelli culturali diversi. Il prodotto scritto conserva infatti tracce delle testimonianze orali che hanno contribuito alla sua costruzione: un'oralità interna alla stessa cultura dell'autore; un'oralità legata alla lettura pubblica – ecclesiastica o monastica – con una possibile diversificazione dei livelli socioculturali degli ascoltatori; infine un'oralità culturalmente autonoma, sia precristiana sia già cristianizzata, dalle profonde radici folkloriche.[51]

L'identità dell'agiografia come prodotto culturale caratterizzato da finalità e caratteri propri deve così essere accompagnata dalla consapevolezza della possibile fragilità dei confini tra generi letterari. Con questo non voglio stemperare il discorso sulla loro identità, il che sarebbe in contraddizione con l'assunto di fondo di queste mie riflessioni. Non voglio neppure proporre una sorta di "imperialismo agiografico", cioè di "agiografizzazione" della produzione tardoantica e altomedioevale, quasi a volere polemicamente rovesciare l'antica consuetudine storiografica di espungere ogni e qualunque espressione agiografica dalle testimonianze letterarie degne di considerazione. Le riflessioni che sono venuta fin qui facendo sono mosse piuttosto dal proposito di un recupero organico nel complesso della cultura tardoantica e altomedioevale di una produzione che può vantare caratteri straordinariamente innovativi per quanto riguarda il rapporto con il mondo classico e che più di ogni altra è sensibile ai mutamenti sociali e culturali intercorsi nei primi secoli del cristianesimo, sul versante sia degli autori (di grande, media, modesta cultura) sia dei protagonisti sia dei testimoni e del pubblico delle nuove e variegate esperienze religiose.

49. Imponente raccolta di testimonianze in M. Banniard, *Viva voce. Communication écrite et communication orale du IVe au IXe siècle en Occident latin*, Paris 1992.

50. Philippart, *Pour une histoire générale*, pp. 199-200.

51. Per le interferenze tra cultura folklorica e cultura cristiana, oltre ai fondamentali e ormai classici saggi di J. Le Goff, *Cultura clericale e tradizioni folkloriche nella civiltà merovingia* e *Cultura ecclesiastica e cultura folklorica nel Medioevo: san Marcello di Parigi e il drago*, in Id., *Tempo della chiesa e tempo del mercante*, Torino 1977, pp. 193-256, si veda A. Rousselle, *Croire et guérir. La foi en Gaule dans l'antiquité tardive*, Paris 1990 e per una riflessione d'insieme (e bibliografia) Boesch Gajano, *Pratiche*, in particolare pp. 177-186.

2. *Esperienza religiosa e codificazione letteraria*

Il tema dell'oralità, evocato poco fa, può già costituire un'introduzione o una premessa al problema delle forme di costruzione della memoria storica relativa ai santi e al loro culto e alle modalità del rapporto tra esperienze religiose, testimonianze e racconti così come si sono venuti sviluppando nella società cristiana occidentale fra III e IX secolo.

Parlando di costruzione intendo mettere in campo non solo gli autori e i protagonisti e le protagoniste dei loro racconti, ma anche quelli che chiamerò in prima approssimazione genericamente i testimoni. Questi possono essere coloro che hanno avuto conoscenza diretta del santo, che hanno "sperimentato" la sua santità, sia come discepoli o membri della comunità da questi fondata o destinatari del suo insegnamento spirituale, sia come fruitori del suo potere taumaturgico o più in generale del suo rapporto privilegiata con Dio (conversioni, visioni, profezie). Oppure possono essere semplici spettatori e osservatori dell'eccezionalità della vita, delle virtù, dei miracoli. Ma possono essere anche informatori "di seconda mano" e tuttavia spesso attendibili per il rapporto ravvicinato con la comunità che gestisce il culto del santo. L'elenco delle diversificazioni nella categoria dei testimoni potrebbe continuare, permettendoci di individuare la stratificazione delle testimonianze: nella costruzione della memoria storica della santità il lavoro degli "impresari" del culto, per riprendere l'espressione ormai classica di Peter Brown, appare essenziale, ma non sempre iniziale e non sempre sufficiente.

Il rilievo storico delle forme di questa costruzione può apparire con maggiore evidenza attraverso qualche esempio. I racconti di miracoli operati dalle reliquie di Stefano, scritti o ispirati da Agostino, costituiscono un corpus omogeneo dal punto di vista geografico, cronologico, culturale, che ben si adatta ad alcune considerazioni relative al rapporto tra esperienze religiose – intese nel senso estensivo sopra indicato –, memoria e rappresentazione. Dai sermoni di Agostino abbiamo la testimonianza di *libelli* scritti immediatamente dopo l'evento di guarigione, talvolta ad opera dello stesso miracolato, letti in pubblico e poi conservati nell'archivio della chiesa; abbiamo poi racconti riuniti in forma seriale come nel *De Civitate Dei* o come nei *Miracula Sancti Stephani*, vera e propria "opera d'autore", scritta su ispirazione di Agostino. Anche questi racconti testimoniano esperienze religiose "autogestite", gestite cioè nel privato da singoli o da gruppi familiari, all'interno di una società urbana a forte impronta romana. L'autorità ecclesiastica interviene per quanto attiene alla gestione dell'evento e alla produzione e conservazione della sua memoria, ricomponendo le esperienze individuali e private in un contesto collettivo e pubblico: luoghi sacri, assemblea dei fedeli, forme liturgiche o paraliturgiche costituiscono gli elementi di questa ricomposizione, in cui si fondono l'oralità – preghiera, narrazione, lettura –, la scrittura, la gestualità ritualizzata, con l'esposizione dei corpi guariti nel mezzo della chiesa come prova del miracolo e di conseguenza della potenza delle reliquie del santo e della fede in Dio.[52]

Panorama esistenziale, religioso, culturale molto diverso quello costituito dalle raccolte di miracoli a partire dal secolo VI. I singoli racconti sono inseriti, come già nei *Miracula Sancti Stephani*, in opere letterariamente strutturate; ma al contrario di quanto abbiamo potuto constatare per quell'opera, cogliamo soprattutto il protagonismo dello scrittore, dell'istituzione ecclesiastica, del luogo di culto. Pochi esempi saranno sufficienti a esplicitare il senso di questa affermazione. Testimone d'eccezione Gregorio di Tours: del tutto disinteressato a riscrivere un'altra biografia di Martino, si sente investito del compito di raccogliere a futura memoria le *praesentes virtutes* – ritorna il tema dell'attualità del miracolo rispetto alla biografia, evocato dal Dagron –,[53] operate dalle reliquie del santo, in un luogo sacro, con scansioni gestuali, rituali e temporali tutt'altro che casuali, avendo cura di distinguere tra quelle conosciute per via indiretta, quelle conosciute direttamente, quelle esperite personalmente. Solo queste ultime possono essere talvolta gestite nel privato – quasi una riserva di *virtus* sempre a portata di mano per ogni disagio fisico del vescovo, successore del santo, garante della persistente sacra-

52. Per il dossier complessivo cfr. H. Delehaye, *Les recueils*, V. Saxer, *Morts, martyrs, reliques en Afrique chrétienne aux premiers siècles. Le témoignage de Tertullien, Cyprien et Augustin à la lumière de l'archéologie africaine*, Paris 1980; S. Boesch Gajano, *Verità e pubblicità*. La mia analisi ha preso in considerazione i sermoni 319-322 (*Discorsi*, V (273-340/A), *Sui santi*, Roma 1986, pp. 758-781); il *De Civitate Dei*, L. XXII, cap. 8 (CCSL, 48), Turnholti 1955, pp. 823-824; traduzione italiana a cura di C. Carena, Torino-Paris 1992, pp. 1106-1107); i *Miracula Sancti Stephani*, PL 41, coll. 833-854. Per questi ultimi sono debitrice dell'espressione "opera d'autore" a A. Boureau, *La legende dorée*. Molti spunti interessanti per l'interpretazione delle nuove esperienze religiose all'interno della società tardoromana sono presenti in A. Destro, M. Pesce, *Antropologia delle origini cristiane*, Bari 1995, di cui non avevo conoscenza al momento della stesura del saggio *Verità e pubblicità*.

53. V. *supra* n. 7.

lità del luogo della sua sepoltura–, ma rese anch'esse pubbliche a futura memoria attraverso la scrittura.[54]

Ancora diverso è il rapporto tra esperienze religiose e scrittura nei *Dialogi* di Gregorio Magno: un consapevole progetto di costruzione di una memoria storica insieme individuale – i singoli santi, con le loro virtù e i loro miracoli – e collettiva – una santità legata a un preciso ambito territoriale –,[55] volta a provare la persistente esistenza nella società cristiana di uomini e donne esemplari per fede e pratica delle virtù, in tutto degni dei santi antichi, e la costante presenza di Dio nella storia, visibile proprio attraverso le virtù e i miracoli dei santi e delle loro reliquie. Il pontefice è il regista unico di questa costruzione: colui che seleziona i protagonisti, gli eventi, distinguendo il soprannaturale divino da quello magico e diabolico, le comparse, i testimoni. Il pontefice-scrittore è anche colui che armonizza i tempi – tempi storici, segnati dalle vicende politiche e militari, dalla presenza dei Goti e dall'invasione dei Longobardi, e tempi della virtù e dei miracoli – e i luoghi: la città e la campagna, segnate ancora l'una e l'altra dalla tradizione romana – la magia a Roma, il tempio pagano a Montecassino –, da culture rurali, folkloriche, preromane e precristiane, dalla presenza cristiana, che si avvia non senza contraddizioni – basta pensare alla figura di Equizio o al rapporto tra Benedetto e Scolastica – verso strutture istituzionalizzate – chiese cittadine vescovili, chiese rurali, cappelle, monasteri. Partendo dalla sua realtà urbana, romana e ecclesiastica, il pontefice getta la rete della sua scrittura sull'Italia, raccogliendo direttamente una tradizione legata all'oralità, tornando infine a Roma, per attingervi direttamente cioè tramite la sua stessa conoscenza e esperienza gli esempi di vita religiosa più idonei per la parte più impegnativa del suo progetto pastorale: la dimostrazione della sopravvivenza dell'anima alla morte del corpo.[56]

54. Gregorii Turonensis, *Libri de virtutibus Sancti Martini episcopi*, in MGH, SS. rer. Mer., I, 2, a cura di B. Krusch, Hannoverae 1885, pp. 135-137 (per la citazione degli autori che hanno scritto del santo prima di lui); pp. 159, 182, 199-200 (per il riferimento alla sua personale esperienza di guarigione). Per la struttura dell'opera cfr. Heinzelmann, *Une source*.

55. L. e G. Cracco, *Eredità di Roma*, in *Storia d'Italia Einaudi*, V, 1, Torino 1973, pp. 5-45, in particolare p. 39.

56. Questa interpretazione nasce dalle mie ricerche sui *Dialogi*: S. Boesch Gajano, *"Narratio" e "expositio" nei "Dialogi" di Gregorio Magno*, in «Bullettino dell'Istituto Storico Italiano per il Medio Evo e Archivio Muratoriano», 88 (1979), pp. 1-33; *Dislivelli culturali e mediazioni ecclesiastiche nei* Dialogi *di Gregorio Magno*, in questo volume alle pp. 93-110; *La proposta agiografica dei "Dialogi" di Gregorio Magno*, in «Studi Medievali», 3ª serie, XXI (1980), pp. 623-644; *Demoni e miracoli nei "Dialogi" di Gregorio*

Anche Beda fornisce materiale prezioso per le modalità di costruzione della memoria agiografica dei personaggi e dunque ancora per il rapporto tra la realtà della loro esperienza, la mediazione delle testimonianze o della tradizione (orale o scritta), la conoscenza diretta dell'autore, la rielaborazione letteraria. Vi è la semplice riproposizione della fonte agiografica precedente nel caso di santi antichi come Germano e Albano, cui si è già fatto riferimento, o i racconti mediati da testimoni per il re Oswald, in cui Beda ci permette di distinguere il tasso di certezza o incertezza fino alla più sicura notorietà dei miracoli recenti.[57] Vi è ancora il ricorso a una fonte scritta per il racconto relativo a Furseo e poi la partecipazione personale diretta dello scrittore per il santo a lui più vicino Cutberto: le tre scritture agiografiche – in prosa, in versi e ancora in prosa nel capitolo a lui dedicato dell'*Historia ecclesiastica gentis Anglorum* –, che seguono a loro volta una prima Vita anonima, permettono ancora una volta di individuare le diverse articolazioni della memoria storica in relazione alle diverse finalità.[58]

Esperienze religiose e testimonianze costituiscono elementi fondamentali per l'analisi dell'agiografia, ma non sufficienti: il quadro deve essere naturalmente completato considerando un altro parametro essenziale: la codificazione letteraria. Per il tardoantico e l'altomedioevo questa

Magno, in *Hagiographie, cultures et sociétés*, pp. 263-280 [le ricerche sono confluite in Boesch Gajano, *Gregorio Magno*]. Per i *Dialogi* da ricordare le interpretazioni di G. Cracco, *Uomini di Dio e uomini di Chiesa nell'Alto Medioevo (per una reinterpretazione dei "Dialogi" di Gregorio Magno)*, in «Ricerche di Storia sociale e religiosa», 12 (1977), pp. 163-202; Id., *Chiesa e cristianità rurale nell'Italia di Gregorio Magno*, in *Medioevo rurale*, a cura di G. Rossetti, V. Fumagalli, Bologna 1980, pp. 361-379; e infine la sua rassegna *Francis Clark e la storiografia sui "Dialogi" di Gregorio Magno*, in «Rivista di Storia e Letteratura Religiosa», 27 (1991), pp. 115-124. Nell'immensa bibliografia gregoriana mi limito a citare le monografie di: C. Dagens, *Saint Grégoire le Grand: culture et expérience chrétienne*, Paris 1977; J. M. Petersen, *The Dialogues of Gregory the Great in Their Antique Cultural Background*, Toronto 1984 (Pontifical Institute of Mediaeval Studies, Studies and Textes, 69); W. McCready, *Signs of Sanctity: Miracles in the Thought of Gregory the Great*, Toronto 1989 (Pontifical Institute of Mediaeval Studies, Studies and Textes, 91); e gli atti del convegno *Gregoire le Grand*, a cura di J. Fontaine, R. Gillet, S. Pellistrandi, Paris 1986.

57. Beda, *Historia ecclesiastica*, L. III, capp. 2 ss., pp. 214 ss., dove è evidente la cura dello scrittore nell'uso dei verbi e dei tempi per indicare il rapporto stabilito con la realtà degli eventi («ostenditur autem usque hodie et in magna veneratione habetur locus ille, ubi venturus ad hanc pugnam Osvald signum sanctae crucis erexit, ac flexis genibus Deum deprecatus est [...] Demique fertur quia facta citato opere cruce ac fovea praeparata in qua statui deberet, ipse fidem fervens hanc arripuerit...»).

58. V. *supra* n. 27.

va considerata sotto due aspetti: modelli classici e tradizione cristiana, biblica e agiografica.

Il rapporto con i modelli classici ha molto impegnato la storiografia agiografica a partire da Hyppolite Delehaye.[59] Il problema ha evidentemente una particolare rilevanza per le prime passioni dei martiri e le prime vite di santi, per cui si pone il rapporto con la biografia e con gli altri generi letterari celebrativi antichi come gli encomi e i panegirici. Che la biografia classica costituisca un parametro letterario persistente nella tradizione medioevale e che esso influenzi anche la scrittura biografica relativa alla santità non è certo da mettere in dubbio.[60] Le considerazioni fatte precedentemente sui caratteri del testo agiografico vanno qui rievocate per proporre un'interpretazione dell'agiografia più antica nel segno della complessiva originalità rispetto alla tradizione letteraria classica: per la proposta religiosa del tutto innovativa, per la lingua che risente delle trasformazioni antropologiche più ancora che puramente culturali degli autori e dei destinatari,[61] per le forme letterarie utilizzate, che portano il segno della discontinuità – basta pensare alla struttura delle passioni più antiche o alla scrittura dei miracoli – rispetto all'antichità classica. Forse è eccessivo parlare di cesura, e più opportuno usare un termine come "commistione", in analogia con quanto proposto in questa sede da Chiara Frugoni per la produzione artistica, soprattutto pensando alla formazione culturale e alla fisionomia letteraria di alcuni grandi agiografi. Eppure basta il nome di Girolamo per rappresentare la forza innovativa della scrittura agiografica se solo si pensa alla rievocazioni narrative di personaggi come Paola o come Ilarione.[62]

59. Delehaye, in particolare *Les Passions des martyrs*.

60. G. Luck, *Die Form der frühesten lateinischen Heiligenviten*, in *Mullus. Festschrift Theodor Klauser*, Munster 1964, pp. 230-241; e soprattutto W. Berschin, *Biographie und Epochenstil im lateiniscen Mittelalter*, I, *Von der "Passio Perpetuae" zu den "Dialogi" Gregors des Grossen*, Stuttgart 1986.

61. Sempre indispensabile il riferimento a E. Auerbach, *Lingua letteraria e pubblico nella Tarda Antichità e nel Medioevo*, Milano 1974, 3ª ed. Sul tema della lettura cfr. *Libri, editori e pubblico nel mondo antico. Guida storica e critica*, a cura di G. Cavallo, Roma-Bari 1989, 3ª ed.; *Libri e lettori nel medioevo. Guida storica e critica,* a cura di Id., Roma-Bari 1976.

62. Hieronymi *Vita Hilarionis*, a cura di A.A.R. Bastiaensen, in *Vite dei santi*, a cura di C. Mohrmann, IV, Milano 1975, pp. 69-143; Id., *Epitaphium Sanctae Paulae*, a cura di J.W. Smit, Milano 1975, pp. 145-237. Cfr. M. Fuhrmann, *Die Monchgeschichte des Hieronymus. Formexperimente in Erzählender Literatur*, in *Christianisme et formes littéraires*, pp. 41-89. Cfr. anche C. Mohrmann, *Introduzione*, pp. XXX-LXI, la quale insiste eccessi-

Il confronto con i modelli classici ha pesato fortemente anche sull'interpretazione complessivamente negativa dell'agiografia all'interno di un processo di progressiva attenuazione del criterio di verità nella scrittura della storia, nel quale processo il discrimine tra attendibilità e fantasiosità sarebbe costituito soprattutto dall'«intrusione del miracoloso», per usare l'espressione di Arnaldo Momigliano.[63]

Ora per l'agiografia il problema della presenza del meraviglioso va posto, a mio avviso, in termini nuovi, rovesciando la prospettiva: il miracolo si presenta con i caratteri di un evento, in cui protagonisti, autore e pubblico vivono, ricordano, ascoltano un'esperienza "reale". Al miracolo viene spesso dedicata grande cura narrativa, volta a precisare testimoni e circostanze, proprio nella consapevolezza della delicatezza dell'oggetto, passibile di eccessiva credulità o al contrario di incredulità. Al racconto dei miracoli gli agiografi affidano un profondo senso storico e insieme esemplare, come prova la distinzione così spesso percepibile tra livelli diversi di attendibilità, come sopra ho esemplificato per Beda. Il miracolo non può dunque essere espunto dal racconto che lo contiene o considerato fattore di inquinamento dell'intera testimonianza all'interno della quale viene narrato – opinione in cui si erano saldati gli imbarazzi della storiografia cattolica e le insofferenze di quella laica –, ma deve essere recuperato come evento storico a tutti gli effetti: un evento che, esaminato con gli strumenti della critica storica, antropologica, letteraria, può diventare un osservatorio prezioso della più complessiva realtà sociale e culturale.[64]

vamente sulla diversità dei due testi: il primo lascerebbe ampio spazio al meraviglioso, collocandosi in una dimensione agiografica edificante, il secondo avrebbe, malgrado il taglio letterario dell'elogio, un carattere più propriamente storico. Per la cura del racconto relativo a Ilarione rinvio al mio *Le metamorfosi*.

63. A. Momigliano, *L'età del trapasso fra storiografia antica e storiografia medievale (320.550 d.C.)*, in Id., *Quinto contributo alla storia degli studi classici e del mondo antico*, I, Roma 1975 (Raccolta di Studi e Testi, 135), pp. 49-71. La citazione completa suona così (p.62): «Per tornare ora alle incertezze della storiografia del Basso Impero – tematiche e formali – è la stessa nozione di verità che viene disturbata [...]. Più in generale è l'intrusione del miracoloso che sconvolge i criteri di verità e verosimiglianza della storiografia classica. Non solo le vite dei santi hanno i loro miracoli. Serie storie pagane, come quella di Ammiano Marcellino, accolgono divinazione e magia a piene mani».

64. Il miracolo ha costituito per anni una sorta di "pietra dello scandalo" negli studi agiografici. Sulla presenza del miracolo si sono incentrate molte interpretazioni relative all'agiografia maggiore (Sulpicio Severo, Gregorio Magno, Gregorio di Tours, e soprattutto Beda); alla bibliografia su questi autori già ricordata aggiungo: C. Stancliffe, *St. Mar-*

Per il racconto di miracoli come per tutta l'agiografia la codificazione letteraria comporta una riconsiderazione del problema dei modelli, tanto presente nella recente storiografia.[65] Il problema va colto nella duplice e interrelata accezione di esemplarità spirituale e di influssi letterari – biblici e poi agiografici. Nella tradizione cristiana il modello per eccellenza, Cristo, e la codificazione della sua memoria scritta, i Vangeli,[66] si possono considerare elementi pervasivi della stessa vita individuale e collettiva. Da questa evidenza non farei però discendere la forza del modello cristico come struttura portante di ogni esperienza e di ogni memoria storica ad essa legata. Né tanto meno farei prevalere l'interpretazione stessa dell'agiografia come genere letterario finalizzato alla costruzione di modelli,

tin and His Hagiographer. History and Miracle in Sulpicius Severus, Oxford 1983; L.S. Creider, *Bede's Understanding of the Miraculous*, Ann Arbor (Michigan) 1983; G. De Nie, *Views from a Many-Windowed Tower. Studies of Imagination in the Work of Gregory of Tours*, Amsterdam 1987 (Studies in Classical Antiquity, 7); W.D. McCready, *Miracles and the Venerable Beda*, Toronto 1994 (Pontifical Institute of Mediaeval Studies, Studies and Texts, 118). Negli ultimi anni si è manifestato un nuovo interesse al problema: si veda, ad esempio, *Apparitions et miracles*. La ricerca della verità storica nel campo degli studi religiosi è al centro di due volumi, pur molto diversi tra loro: C. Ginzburg, *Storia notturna. Decifrazione del sabba*, Torino 1989, e Frugoni, *Francesco*. L'interpretazione proposta in questa sede è frutto di una più ampia ricerca avviata in occasione di un convegno, i cui atti saranno pubblicati prossimamente [*Miracoli. Dai segni alla storia*, a cura di S. Boesch Gajano e M. Modica, Roma 2000], nonché dei seminari svoltisi negli ultimi due anni di cui ho parlato.

65. Leonardi, *I modelli*; Id., *L'agiografia latina*; Id., *Agiografia*, in *Lo spazio letterario del Medioevo*, I, 2, pp. 421-462; *Modelli di santità*. Tra gli studi particolari: B. Flusin, *L'hagiographie monastique* a *Byzance an XIe et au XIIe siècle. Modèles anciens et tendances contemporaines*, in *Le monachisme à Byzance et en Occident du VIIIe au Xe siècle. Aspects internes et relations avec la société*, a cura di A. Dierkens, J.M. Sansterre, «Revue Bénédictine», 109 (1993), pp. 31-50; A.-M. Helvétius, *Les modèles de sainteté dans les monastères de l'espace belge du VIIIe an Xe siècle*, ivi, pp. 51-67.

66. V. Saxer, *Bible et hagiographie. Textes et thèmes bibliques dans les Actes des martyrs authentiques des premiers siècles*, Berne-Frankfurt-New York 1986; M. Van Uytfanghe, *Stylisation biblique et condition humaine dans l'hagiographie merovingienne (600-750)*, Brussel 1987. In generale: B. Smalley, *The Study of the Bible in the Middle Ages*, Notre Dame 1964, trad. it. *La Bibbia nel Medioevo*, Bologna 1970; *Le Moyen Âge et la Bible*, a cura di P. Riché e G. Lobrichon, Paris 1984; *The Bible in the Medieval World: Essays in Memory of Beryl Smalley*, a cura di K. Walsh e D. Wood, Oxford 1985; G. Lobrichon, *Gli usi della Bibbia*, in *Lo spazio letterario del Medioevo*, a cura di G. Cavallo, C. Leonardi, E. Menestò, I, 1, Roma 1992, pp. 523-562; Id., *L'esegesi biblica. Storia di un genere letterario*, ivi, I, 2, Roma 1993, pp. 355-382.

strutturati sulla tradizione, rielaborati e offerti al pubblico, a scapito della valenza narrativa, su cui ho concentrato l'attenzione nella prima parte di questo testo.

Nella tradizione agiografica vedrei dunque piuttosto forme narrative capaci di reinterpretazioni originali nella descrizione di sempre nuove esemplarità vissute e proposte.[67] La scrittura agiografica permette di cogliere un procedimento che va dalla realtà al modello piuttosto che dal modello alla realtà. Intendo dire che il modello viene utilizzato per una sorta di funzione di convalida di scelte spirituali, comportamenti, azioni o per inserire il miracolo in una tipologia conosciuta o per equiparare quelli recenti e di santi ancora poco conosciuti a quelli più antichi, compiuti da Cristo o da santi illustri, come ben testimonia Gregorio Magno.[68] L'utilizzazione della Scrittura appare volta insomma ad assicurare prestigio e insieme intelligibilità religiosa e sicura ortodossia ai personaggi e al racconto stesso.

Claudio Leonardi ha osservato che se "agiografia" è scrittura di cose sante, il termine agiografia si deve riferire in primo luogo alla Bibbia.[69] Nella proposta di rivisitazione del significato di modello, i Vangeli potrebbero assumere un nuovo significato: quello di prima agiografia cristiana o di primo anello di un'ininterrotta catena agiografica. Nella quale vanno inseriti naturalmente i Vangeli apocrifi, il cui rapporto con l'agiografia medioevale va ancora approfondito. Con il termine "catena" non intendo una costante linearità: ma l'immagine serve a mettere l'accento più sulla forza della codificazione della tradizione agiografica che su un presunto modello "originario".

La vitalità della tradizione agiografica trova conferma se si pone attenzione agli esempi cui il santo si ispira per le sue scelte e le sue azioni. Dobbiamo essere ancora grati a Jacques Fontaine per avere così bene individuato questo primo livello di esemplarità nella *Vita Martini*.[70] Il problema si pone per tutta la storia dell'agiografia, dove il tema dell'"autocostruzione" della santità, cioè delle modalità e dei modelli secon-

67. In questa ottica mi sembra porsi il bel saggio di M. Miele, *La 'Vita Germani' di Costanzo di Lione: realtà storica e prospettive storiografiche nella Gallia del V secolo*, Atti dell'Accademia Nazionale dei Lincei, Classe di Scienze Morali, Storiche e Filologiche, Memorie, serie IX, volume VII, fascicolo 2, Roma 1996.

68. Boesch Gajano, *La proposta*.

69. Leonardi, *Agiografia*, p. 421.

70. Sulpice Sévère, *Vie de Saint Martin*, a cura di J. Fontaine, Paris 1967-69 (SC, 133-135), *Introduction*, I, pp. 123 ss.

do i quali un uomo o una donna fanno le proprie scelte spirituali e esistenziali, e procedono di fatto alla propria santificazione attraverso l'ascesi, la carità, la parola, prima ancora che intervenga il riconoscimento sociale e la sanzione istituzionale della loro eccezionalità morale e taumaturgica, risulta essenziale per cogliere nella storia dello sviluppo delle esperienze religiose e delle sue codificazioni letterarie la costante dialettica tra persistenze e innovazioni.

Il concetto di modello implica naturalmente anche un destinatario e rinvia dunque alle finalità del testo, che varia a seconda del tipo di prodotto. Nelle vite dei santi l'esemplarità della narrazione può essere esplicitamente ricordata o implicitamente sottintesa. Ora però è certo che solo una parte della produzione agiografica ha questa funzione: i padri del deserto potevano ben continuare a ispirare le scelte di chi intendeva dedicarsi al servizio di Dio in una vita di preghiera; ma quale modello potevano rappresentare i martiri di quelle tarde passioni leggendarie di cui si è parlato? Queste avevano avuto all'origine una funzione cultuale e ecclesiastica, mentre la loro lettura, a giudicare dalle critiche espresse già nel VI secolo dal decreto pseudogelasiano, doveva agire sull'emotività dei fedeli, piuttosto che servire alla loro edificazione spirituale.[71] Ancora una volta torna opportuno evocare la polifunzionalità delle leggende agiografiche.[72]

3. *Agiografia, storia e storia dell'agiografia*

Non credo vi sia bisogno di riproporre qui nei suoi termini generali l'importanza della produzione agiografica come fonte storica, alla luce di quello sviluppo degli studi agiografici, cui facevo riferimento all'inizio. Darei per acquisito che passioni, vite di santi, racconti di miracoli costituiscano un corpus insostituibile per osservare le grandi trasformazioni dell'area mediterranea e la costituzione dei nuovi assetti dell'Occidente: la diffusione della nuova religione;[73] la cristianizzazione delle aristocra-

71. *Das Decretum Gelasianum de libris recipiendis et non recipiendis*, a cura di E. von Dobschutz, Leipzig 1912, pp. 39-42 (testo), 272-275 (commento).

72. Oltre al Graus, *Volk*, cfr. B. De Gaiffier, *L'hagiographe et son publique au XI siècle* in *Études critiques*, pp. 475-507.

73. Punto di riferimento indispensabile è ora costituito dai volumi finora usciti dell'*Histoire du Christianisme*: I, a cura di Ch. et L. Pietri, Paris 1995; IV, a cura di G. Da-

zie e lo sviluppo di nuove forme di potere;[74] l'impatto delle etnie e le forme del confronto religioso;[75] l'emergere e l'affermarsi del fenomeno monastico;[76] gli assetti ecclesiastici e la costruzione di una nuova identità urbana.[77] Di fronte al ricco patrimonio storico e storiografico ormai ac-

gron, P. Riché, A. Vauchez, Paris 1996, cui si rinvia anche per la bibliografia [*Histoire du Christianisme*, 13 voll., Paris 1990-2000]. Altri riferimenti: R.A. Markus, *From Augustin to Gregory the Great: History and Christianity in Late Antiquity*, London 1983; e Id., *La fine della cristianità antica*, Roma 1996 (con bibliografia); *Società romana e impero tardoantico*, a cura di A. Giardina, Roma-Bari 1986; J. Herrin, *The Formation of Christendom*, Princeton 1987; Brown, *La formazione*.

74. J. Fontaine, *Valeurs antiques et valeurs chrétiennes dans la spiritualité des grands propriétaires terriens à la fin du IVe siècle occidental*, in *Epéktasis. Mélanges patristiques offerts au cardinal Jean Daniélou*, Paris 1972, pp. 571-595; M. Heinzelmann, *Bischofsherrschaft in Gallien. Zur Kontinuität römischer Führungsgeschichten vom 4. bis zum 7. Jahrhundert. Soziale, prosopographische und bildungsgeschichtliche Aspekte*, München 1976 (Beihefte der Francia, 5) e Id., *Bischof und Herrschaft vom spätantiken Gallien bis zu den karolingischen Hausmeiern. Die institutionelle Grundlagen*, in *Herrschaft and Kirche*, a cura di F. Prinz, Stuttgart 1988 (Monographien zur Geschichte des Mittelalters, 33), pp. 23-82; e ancora: P. Riché, *Les écoles et l'enseignement dans l'Occident chrétien de la fin du Ve au milieu du XIe siècle*, Paris 1979, trad. it. *Educazione e cultura in Occidente*, Roma 1980; F.E. Consolino, *Ascesi e mondanità nella Gallia tardoantica. Studi sulla figura del vescovo nei secoli IV-VI*, Napoli 1979; G. Tabacco, *L'evangelizzazione dell'Europa e lo sviluppo della potenza ecclesiastica*, in *La Storia*, a cura di N. Tranfaglia e M. Firpo, I, Torino 1981, pp. 299-324; E. Van Dam, *Leadership and Community in Late Antique Gaule*, Berkeley-Los Angeles-London 1985; Ch. Pietri, *Chiesa e comunità locali nell'Occidente cristiano (IV-VI s. d.C.): l'esempio della Gallia*, in *Società romana e Impero tardoantico*, III, pp. 761-786; R. Lizzi, *Vescovi e strutture ecclesiastiche nella città tardoantica: l'Italia annonaria, IV-V secolo*, Como 1989 (Biblioteca di Athenaeum, 9).

75. B. Luiselli, *Storia culturale dei rapporti tra mondo romano e mondo germanico*, Roma 1992. Le Settimane di Spoleto costituiscono una miniera storiografica per il tema.

76. S. Pricoco, *L'Isola dei Santi. Il cenobio di Lerino e le origini del monachesimo gallico*, Roma 1978; Id., *Monaci, filosofi e santi. Saggi di storia della cultura tardoantica*, Soveria Mannelli 1992; e l'edizione da lui curata *La Regola di San Benedetto e le Regole dei Padri*, Milano 1995, in particolare *Introduzione*, pp. IX-LIV; *Bibliografia*, pp. LVII-LXIV; si veda inoltre la lezione tenuta in questa stessa settimana spoletina. Per i secoli successivi: F. Prinz, *Frühes Mönchtum im Frankenreich. Kultur und Gesellschaft in Gallien, den Rheinlanden und Bayern am Beispiel der monastischen Entwicklung (4. bis 8. Jahrhundert)*, München-Wien 1965; e il panorama generale in *Histoire du Christianisme*, IV, pp. 629 ss. e *passim*.

77. La ricerca di H.C. Peyer, *Stadt und Stadtpatron im mittelalterlichen Italien*, Zurich 1955, ed. it. a cura di A. Benvenuti, di prossima pubblicazione [*Città e santi patroni nell'Italia medievale*, Firenze 1998], è rimasta per molto tempo un'eccezione. Il saggio innovatore di A.M. Orselli, *L'idea e il culto del santo patrono cittadino nella letteratura latina cristiana*, Bologna 1965, è stato seguito da molti studi della stessa autrice, ora riuniti in *L'immaginario*

quisito, mi limito ad aggiungere qualche considerazione sul rapporto tra agiografia, storia, storia dell'agiografia, privilegiando due osservatori: la dimensione geografica e la dimensione sociale.

Per il primo tema si deve ancora fare riferimento ai "loca sanctorum" di Hyppolite Delehaye[78] e alle ricerche per l'Italia longobarda di Gian Piero Bognetti.[79] A Michel de Certeau dobbiamo poi l'individuazione dell'elemento geografico-spaziale come caratterizzante l'agiografia: la precisione nell'indicazione dei luoghi, che si configura come l'elemento più sicuramente storico della narrazione, è resa ancora più evidente dall'indeterminatezza dei riferimenti cronologici.[80] Evelyne Patlagean ha mostrato il significato profondo dei luoghi nella costruzione e nella percezione della santità nella cultura bizantina.[81] Peter Brown ci ha detto tutto il valore della "praesentia"

religioso della città medievale, Ravenna 1985. Il panorama storiografico si è arricchito di una serie di ricerche monografiche, tra cui ricordo: P. Golinelli, *Culto dei santi e vita cittadina a Reggio Emilia (secoli IX-XII)*, Modena 1980, cui si deve anche un volume d'insieme *Città e culto dei santi nel Medioevo italiano*, Bologna 1991, con una ricca e utilissima bibliografia, e *Antichi e nuovi culti cittadini al sorgere dei Comuni nel nord-Italia*, in *Hagiographica*, 1 (1994), pp. 159-180; L. Pietri, *La ville de Tours du IVe au VIe siècle: naissance d'une cité chrétienne*, Rome 1983 (Collection de l'École française de Rome, 69); A. Benvenuti Papi, *Pastori di popolo. Storie e leggende di vescovi e di città nell'Italia medievale*, Firenze 1988; J.Ch. Picard, *Le souvenir des éveques. Sepultures, listes épi.scopales et culte des évêques en Italie du Nord des origines au Xe siècle*, Rome 1988 (Bibliothèque des Écoles françaises d'Athènes et de Rome, 268); *Chiesa e città*, a cura di C.D. Fonseca e C. Violante, Galatina 1990; *Nel segno del santo protettore: Ubaldo vescovo, taumaturgo, santo*, a cura di S. Brufani e E. Menestò, Spoleto 1990; *I santi patroni senesi tra agiografia e iconografia*, a cura di F.E. Consolo, Siena 1990; B. Beaujard, *Cités, évêques et martyrs en Gaule à la fin de l'époque romaine*; in *Les fonctions des saints*, pp. 175-191; *Church and City, 1000-1500. Essays in honour of Christopher Brooke*, a cura di D. Abulafia, M. Franklin, M. Rubin, Cambridge 1992; L. Canetti, *Gloriosa Civitas. Culto dei santi e società cittadina a Piacenza nel Medioevo*, Bologna 1993; P. Tomea, *Tradizione apostolica e coscienza cittadina a Milano nel Medioevo. La leggenda di S. Barnaba*, Milano 1993; *La città e il sacro*, a cura di F. Cardini, Milano 1994; S. Haarländer, *Die Reliquien der Bischofe. Kirchliche Amsträger und Kultpraxis in hagiographischen Quellen des Hochmittelalters*, in «Hagiographica», I (1994), pp. 117-158; *La religion civique*; R. Savigni, *Episcopato e società cittadina a Lucca da Anselmo II (†1086) a Roberto (†1225)*, Lucca 1996 (Accademia Lucchese di Scienze, Lettere e Arti, Studi e Testi, XLIII) con ricca bibliografia.

78. H. Delehaye, *Loca sanctorum*, in «Analecta Bollandiana», XLVIII (1930), pp. 5-64.

79. G. P. Bognetti, *I "Loca Santorum" e la storia della Chiesa nel Regno dei Longobardi*, in Id., *L'età longobarda*, III, Milano 1967, pp. 309-345.

80. De Certeau, *Hagiographie*.

81. Patlagean, *A Byzance*.

delle reliquie.[82] Da allora si sono sviluppate ricerche e riflessioni sugli "spazi della santità" e sulla "géographie du sacré".[83] Si può affermare ormai che la storia della santità coincide con la costruzione di una nuova geografia.

Questa è disegnata dal percorso spirituale e insieme reale dei santi alla ricerca della perfezione: dall'Occidente all'Oriente; dalla città alla solitudine del deserto o della foresta; dal paese di origine al paese di missione. Le nuove coordinate sono costituite dai luoghi sacralizzati dalla presenza del santo in vita e ancor più da morto: il luogo in cui si conserva il suo corpo o in cui vengono poste le sue reliquie. La diffusione geografica della santità è frutto di un piano divino, che «cosparge la terra di santi, come se dividesse il mondo tra non so quali medici eccellenti».[84] La cristianizzazione non comporta solo la conversione degli uomini, ma anche la sacralizzazione della terra, nella quale la santità si radica in modo persistente: i luoghi sono i depositari della *virtus* acquisita dal santo attraverso una vita vissuta nell'ascesi, e conservata dopo la morte, che, per la certezza della vicinanza del santo a Dio, non può che accrescere il suo potere di intercessione. Il culto delle reliquie diviene struttura portante della cristianizzazione delle terre dell'Impero romano prima e poi della progressiva espansione dei confini della nuova religione.[85]

Di questo processo di costruzione di una nuova geografia la produzione agiografica non è solo testimone privilegiato: ne è anche in certo modo l'artefice, perché la dimensione geografica, così consapevolmente presente sia nelle agiografie di grandi intellettuali sia in quelle di modesti compilatori non poteva non contribuire a determinare nella comune coscienza l'essenzialità del rapporto tra santità di vita e sacralità dei luoghi. Per merito di Benedetto «loca eadem in amore Dei ...longe lateque fervescerent», afferma eloquentemente Gregorio Magno.[86]

82. Brown, *Il culto dei santi*, pp. 122 ss.

83. Si può fare riferimento al volume collettivo: *Luoghi sacri e spazi della santità*, a cura di S. Boesch Gajano e L. Scaraffia, Torino 1990; in particolare per il tema qui affrontato: L. Pietri, *Loca sancta. La géographie de la sainteté dans l'hagiographie gauloise (IVe-VIe s.)*, pp. 23-36 [v. in questo volume, *Gli spazi della santità*, pp. 183-199].

84. *Vie et miracles de Sainte Thècle*, pp. 295-296.

85. Per la vasta bibliografia cfr. *supra*, n. 1. Al tema è dedicato il convegno *Les reliques: objets, cultes, symboles*, che si terrà a Boulogne-sur-Mer nel settembre 1997 [*Les reliques. Objets, cultes, symboles*, a cura di E. Bozóky, A.-M. Helvétius, Turnhout 1999].

86. *Dialogi*, II, 8, vol. II, p. 60. Per un'analisi della dimensione geografica dell'opera rinvio a S. Boesch Gajano, *Agiografia e geografia nei Dialoghi di Gregorio Magno*, in *Storia della Sicilia e tradizione agiografica nella Tarda Antichità*, a cura di S. Pricoco, Soveria

La scelta del luogo costituisce il primo segno della conversione a Dio, la prima tappa del percorso di santità,[87] per divenire il teatro della sua manifestazione. I luoghi sono infatti strumento di santificazione, nel senso che devono provare l'eccezionalità del protagonista (resistenza fisica al caldo, al freddo, alle intemperie, alla mancanza di cibo); e insieme oggetto della santità, nel senso che vengono plasmati o trasformati dalla presenza del santo (sorgenti che scaturiscono dalla roccia, massi spostati, deserti popolati, incolti arati). Il paesaggio non è semplice sfondo al racconto, ma elemento interagente con le virtù e i miracoli del santo, parte della sua individualità storica: ambiente urbano o rurale, deserto o foresta, pianura o montagna, contribuiscono a determinare le forme storiche della santità cristiana. Ogni percorso agiografico appare anche un percorso geografico: Antonio, Martino, Benedetto, Colombano, Cutberto, Bonifacio, possono ben provarlo.

Ma vediamo qualche momento della storia di questa "geografia agiografica". Il lungo peregrinare esistenziale e culturale di Girolamo tra Oriente e Occidente, tra città e deserto si riflette nella sua produzione agiografica – in tanta parte autobiografica –, che evidenzia inediti scenari non urbani per le nuove esperienze religiose. La storia di Paola appare una straordinaria ricostruzione di una vicenda umana e religiosa, ma offre anche l'occasione a Girolamo per ripercorrere i più importanti luoghi di memoria della Bibbia, recuperando la funzione di queste terre come momento di un itinerario spirituale e culturale.[88] La straordinaria testimonianza di un'esperienza – ancora una volta insieme culturale e spirituale – lasciata dalla pellegrina Egeria conferma – attraverso un testo letterario "di confine" – la forza attrattiva dei luoghi di memoria della storia sacra.[89]

Tra il V e il VI secolo l'agiografia registra nuovi spazi in relazione con le trasformazioni politiche e etniche dell'area mediterranea. I percorsi dei santi appaiono territorialmente più concentrati, qualitativamente

Mannelli 1988, pp. 209-220 [ripreso in S. Boesch Gajano, *Gregorio Magno. alle origini del Medioevo*, Roma 2004 (Sacro/Santo n.s., 8), pp. 291-301].

87. Si vedano le belle pagine dedicate al tema del percorso della santità in senso geografico e spirituale da J. Dalarun, *L'impossible sainteté. La vie retrouvée de Robert d'Arbrissel*, Paris 1985, pp. 224 ss.

88. Per Girolamo cfr. n. 61.

89. Egérie, *Journal de Voyage*, a cura di P. Maraval, Paris 1982; traduzione italiana Egeria, *Diario di Viaggio*, a cura di E. Giannarelli, Milano 1992, cui rinvio anche per l'introduzione e la bibliografia. Cfr. anche F. Cardini, *Egeria la pellegrina*, in *Medioevo al femminile*, a cura di F. Bertini, Roma-Bari 1989, pp. 3-30.

più vari. Tra la Gallia, la Britannia, le isole, si snodano nuovi itinerari agiografici – basta pensare a Patrizio o a Germano di Auxerre. In Italia fiorisce la nuova santità narrata da Gregorio Magno. In Inghilterra Beda costruisce un nuovo spazio ecclesiastico e agiografico, in un rapporto articolato con la Gallia, l'Irlanda e Roma. Gli itinerari missionari da Colombano a Bonifacio, a partire dal paese d'origine sentito come una riserva di forza spirituale e culturale, costruiscono sul continente un nuovo spazio cristiano, incardinato tra mondo franco, Roma e Italia longobarda. L'agiografia di età merovingia e carolingia testimonia nuovi percorsi di santità – talvolta drammaticamente contraddittori – e insieme l'espansione dello spazio cristiano.

Questo spazio può dilatarsi anche a luoghi "altri", insieme lontani e vicini.[90] Nella Roma di Gregorio Magno un percorso visionario, ma con tutti i caratteri della realtà e della fisicità, informa sul paesaggio che attende le anime dei morti (il fiume infernale, il ponte, i prati).[91] Dall'Irlanda precocemente cristianizzata parte l'avventura di san Brandano: il santo abate – vissuto forse nel secolo VII, la cui memoria ci è trasmessa da un testo del IX, la *Navigatio Sancti Brandani*, destinato a immenso successo nella cultura medioevale – si imbarca non per un viaggio di missione, ma di vera e propria conoscenza dei luoghi ultraterreni, vicini e lontani, fantastici e reali, esperiti con il corpo e con lo spirito.[92]

90. Per alcune considerazioni sul tema rinvio al mio *Pratiche*, in part. pp. 175-177. Dalla ricca bibliografia relativa alla geografia dell'aldilà cito: C. Carozzi, *La géographie de l'au-delà et sa signification pendant le haut Moyen Âge*, in *Popoli e paesi nella cultura altomedioevale*, Spoleto 1983 (Settimane del Centro Italiano di Studi sull'Alto Medioevo, XXIX), II, pp. 423-481; Id., *Structures et fonctions de la Vision de Tungdal*, in *Faire croire*, Rome 1981 (Collection de l'École Francaise de Rome, 51), pp. 223-234; Id., *Le voyage de l'âme dans l'au-delà d'après la littérature latine (Ve-XIIIe siècle)*, Rome 1994 (Collection de l'École Francaise de Rome, 189); J. Le Goff, *La naissance du Purgatoire*, Paris 1981 (trad. it. *La nascita del Purgatorio*, Torino 1982); J. Baschet, *Les justices de l'au-delà. Les representations de l'enfer en France et en Italie (XIIe-XVe siècle)*, Rome 1993 (Bibliothèque des Écoles françaises d'Athènes et de Rome, 279).

91. *Dialogi*, IV, 37, vol. III, pp. 124 ss. Per i sogni e le visioni: *I sogni nel Medioevo*; J. Amat, *Songes et visions. L'au-delà dans la littérature latine tardive*, Paris 1985; *Sogni, visioni e profezie nell'Antico Cristianesimo*; G. de Nie, *Views*, pp. 213 ss.; P. Cox Miller, *Dreams*; *Apparitions*.

92. *Navigatio Sancti Brandani abbatis*, a cura di C. Selmer, University of Notre Dame, Indiana, 1959. Si vedano anche: G. Orlandi, *Navigatio Sancti Brendani*, I, *Introduzione*, Milano-Varese 1968; *I viaggiatori del Paradiso. Mistici, visionari, sognatori alla ricerca dell'aldilà prima di Dante*, a cura di G. Tardiola, Firenze 1993, pp. 111-169 (edizione di un volgarizzamento trecentesco toscano).

In vita e in morte la presenza dei santi sacralizza i luoghi, confermando o creando nuovi punti di riferimento religiosi e sociali. Le reliquie disegnano una mappa di luoghi sacri e di percorsi a lunga, media e piccola distanza, illuminando forme di mobilità altrimenti sconosciute. Viaggiano gli uomini e le donne, viaggiano i culti, viaggiano le reliquie dei santi. Le reliquie di santo Stefano stabiliscono un persistente collegamento tra la Terrasanta e i vari luoghi di culto dislocati sulle rive del Mediterraneo.[93] Vittricio di Rouen attende l'arrivo di un gran numero di reliquie destinate a proteggere e ornare la città, usando espressioni che confermano la loro dimensione materiale e insieme la forza simbolica della loro sacralità.[94] Le reliquie di san Benedetto sono "espropriate" alla comunità originaria, e emigrano in Francia, fornendo il "materiale" per un imponente exploit cultuale.[95]

La localizzazione del sacro è dunque un vistoso fenomeno storico, cui non sfugge il culto della Vergine Maria, diversificato nelle sue molteplici immagini e nei poteri taumaturgici ad esse attribuite, come provano le raccolte di miracoli, malgrado la dimensione teologica e liturgica dai tratti tendenzialmente omogenei e unificanti.[96]

Costruito nella teoria e nella pratica dai maggiori esponenti della cultura cristiana – da Ambrogio a Agostino a Gregorio Magno – come corollario della lotta vittoriosa del santo sulla natura corporea, sia nella forma del disprezzo della morte per i martiri sia nella forma del controllo e dominio tramite la penitenza, e dei poteri acquisiti in vita attraverso questo percorso spirituale,[97] favorito a tutti i livelli sociali dal bisogno di sicurezze terrene e ultraterrene, punto di intersezione tra culture diverse,[98] il culto delle reliquie diviene garante dell'accessibilità della *virtus* taumaturgica e della

93. Oltre alle fonti e alla bibliografia cit. alla n. 52, cfr. C. Ginzburg, *La conversione degli ebrei di Minorca (417-418)*, in «Quaderni Storici», 79 (aprile 1992), pp. 277-289. In generale per l'Africa: Y. Duval, *Loca sanctorum Africae*, Rome 1982 (Collection de l'École française de Rome, 58).

94. Vitricius, *De laude sanctorum*, a cura di I. Mulders, in *Scriptores Minores Galliae s. IV-V*, Turnholti 1985 (CCSL, 64).

95. *Le culte et les reliques de Saint Benoît et de Sainte Scholastique*, Abbaye de Fleury-Saint-Benoît-sur-Loire 1979.

96. Per il tema rimando al bel volume collettivo *Marie. Le culte de la Vierge dans la société médiévale*, études réunies par D. Iogna-Prat, E. Palazzo, D. Russo, Paris 1996.

97. Rimane fondamentale il saggio di B. Flusin, *Miracle et hiérarchie*, in *Hagiographie*, pp. 299-337. Cfr. anche S. Boesch Gajano, *Sainteté*.

98. Una particolare attenzione è dedicata a *Les nouvelles chrétientés* in *Histoire du Christianisme*, IV, p. 869.

persistente sacralità delle terre cristianizzate, strumento essenziale, come dicevo, della costruzione della nuova geografia cristiana. Il culto dei santi, fenomeno spiritualmente omogeneo e geograficamente universale, diviene anche fenomeno individualizzato e territorialmente frammentato,[99] elemento di identificazione delle comunità cristiane, garanzia di forza, perpetuità, prestigio per le istituzioni monastiche e ecclesiastiche, per i poteri politici.

La differenziazione territoriale dei culti favorisce la diffusione del cristianesimo nei contesti sociali e culturali più vari. Scritture e ancor più riscritture agiografiche tra VIII e IX secolo testimoniano in tutto l'Occidente nelle terre di antica o nuova cristianizzazione la volontà di conservare e rafforzare la memoria della santità specifica di ciascun luogo, garantita dalla presenza dei corpi dei santi vescovi e abati, e di radicare in questa memoria il potere spirituale, ecclesiastico, politico delle istituzioni, in un rapporto talvolta conflittuale, ma più spesso complementare con altri poteri.

Dalla dimensione orizzontale della cristianizzazione si passa così alla dimensione verticale, quella delle stratificazioni sociali e culturali. A partire dal secolo V l'agiografia latina narra, quasi un'epopea – tra promesse di vittorie militari, miracoli di guarigione e protezione, distruzione dei templi e degli oggetti di culto pagani –, la diffusione del cristianesimo in un ambito molto più vasto di quello dell'antico impero romano. Si tratta di un fenomeno assai complesso, con esiti disomogenei nei territori segnati da culture profondamente radicate nelle diverse etnie: celtica, germanica, scandinava, slava.[100]

Uno degli aspetti su cui forse meno si è concentrata l'attenzione, è quello che chiamerei dei flussi e riflussi della cristianizzazione – più che ritorni al paganesimo –, dovuti anche a vere e proprie strategie politiche:[101] fenomeno esemplarmente testimoniato per l'espansione della cristianità verso il confine settentrionale nelle terre scandinave dalla Cronaca di Sassone Grammatico.[102] In questo contesto mi limito a un solo esempio particolarmente significativo dal punto di vista storico-agiografico. Il dossier relativo alla vicenda di Bonifacio costituisce, com'è noto, una fonte

99. Cfr. il mio *Pratiche*.

100. Si veda *Histoire du Christianisme*, IV.

101. Cfr. S. Boesch Gajano, *Pratiche*, in particolare pp. 177-186.

102. Sassone Grammatico, *Gesta dei re e degli eroi danesi*, a cura di F. Koch e M.A. Cipolla, Torino 1993.

preziosa per i rapporti politici in Occidente nel secolo VIII.[103] Preziosa in questo contesto per le tracce agiografiche in essa presenti: santi, cioè presunti santi, reliquie proprie e improprie, memoria scritta delle esperienze religiose. Grandi protagonisti della storia sono al centro di questo dossier, ma non mancano piccoli attori, veri "antagonisti" della missione bonifaciana: come il temibile Aldeberto, considerato dai suoi seguaci "sanctissimus apostolus, patronus et orator, virtutum factor et signorum ostensor", che si frappone minacciosamente sul cammino di una cristianizzazione omogeneamente ortodossa, legata alla Chiesa di Roma e al dominio dei Franchi, e contro il quale dunque deve essere provata tutta la forza spirituale, morale, ecclesiastica del santo. Non resistenze pagane, ma resistenze cristiane, organizzate in una Chiesa, con i suoi sacerdoti, i suoi edifici di culto, le sue pratiche religiose. E non mancano le tracce di "autocostruzione" della santità, operata attraverso la scrittura di un'agiografia comprensiva di nascita miracolosa, lettera discesa dal cielo, reliquie ricevute da un angelo; culto delle reliquie, che mescola reliquie dotate di un crisma di ufficialità come quelle di san Pietro con quelle "improprie" dello stesso Aldeberto.[104]

Il dossier bonifaciano mostra come la produzione agiografica non sia certo la sola forma di testimonianza storica a permetterci di attingere alle modalità della cristianizzazione: basta pensare a Martino di Braga con il *De conversione rusticorum*,[105] o ai sermoni di Cesario di Arles,[106] o alla storiografia di Beda, di cui peraltro si sono già messi in luce i caratteri "limitrofi" all'agiografia. Ma ciò che forma l'aspetto più specifico e più propriamente storico dell'agiografia è quello della varietà dei personaggi messi in campo, non solo come destinatari del messaggio religioso o come lettori dell'opera, ma anche come presenze attive nella composita e variegata società che ruota intorno ai santi e alle loro tombe, beneficiarie o vittime del loro potere. I tanti miracoli punitivi permettono ad esempio di cogliere una società rurale,

103. Bonifatii *Epistolae* - Willibaldi *Vita Bonifatii*, a cura di R. Rau, Darmstadt 1988. Per il quadro politico: O. Bertolini, *I papi e le missioni fino alla metà del secolo VIII*, in *La conversione al cristianesimo nell'Europa dell'Alto Medioevo*, Spoleto 1966 (Settimane del Centro Italiano di Studi sull'Alto Medioevo, XIV), pp. 327-363.

104. *Epistulae*, con riferimento specifico ai nn. 26, pp. 88-95; 43, pp. 126-129; 48, pp. 138-139; 50, pp. 140-149; 58, pp. 170-175; 68, pp. 210-213; cfr. inoltre gli atti dei concili da pp. 376 ss.

105. Martino di Braga, *Contro le superstizioni*, a cura di M. Naldini, Firenze 1991.

106. Sancti Caesarii Arelatensis, *Sermones*, a cura di G. Morin, Turnholti 1953 (CCSL, CIII-CIV).

legata ai propri ritmi esistenziali e alle proprie credenze, a garanzia della sua stessa possibilità di sopravvivenza, "costretta" dal santo a riconoscere la superiorità della legge cristiana e a rispettare le norme ecclesiastiche (per esempio il riposo domenicale).[107] I miracoli di guarigione presentano una percentuale altissima di paralitici, quei lavoratori cui veniva meno il sostentamento vitale e non restava che il ricorso al soprannaturale.[108] Le agiografie vescovili tardoantiche consegnano ai posteri la memoria del ricorso delle comunità cittadine alla *virtus* protettiva dei loro presuli vivi o morti;[109] quelle di età merovingia attestano forme di protezione in antagonismo con il potere politico;[110] per i secoli VIII e IX emergono con forza le durezze e le crudeltà nell'impatto con popolazioni culturalmente "altre" al momento dell'espansione missionaria e insieme conquistatrice, "ripagate" spesso con l'uccisione e dunque il martirio dei protagonisti cristiani.[111] Le agiografie monastiche testimoniano lo sviluppo di forme associative socialmente articolate, in cui progressivamente si fondono etnie diverse.[112]

Le donne sono il soggetto storico che trae maggiori benefici dalle fonti agiografiche. Come autrici: e lo abbiamo già ricordato. Come protagoniste forti e autonome della santità, cui si è fatto riferimento, da Perpetua alle grandi personalità delineate da Girolamo,[113] a quelle meno appariscenti, ma

107. S. Boesch Gajano, *La littérature hagiographique comme source de l'histoire ethnique, sociale et économique de l'Occident européen entre Antiquité et Moyen Âge*, in XVe Congrès International de Sciences Historiques, Bucarest 1980, *Rapports*, II, *Chronologie*, pp. 177-181.

108. È noto come i dati percentuali relativi alle malattie guarite dai santi vadano presi con cautela. E tuttavia l'alta percentuale di paralitici appare come un possibile elemento reale pensando – come talvolta le fonti sottolineano –, che si trattava di un impedimento assoluto al lavoro, rispetto ad altre pur gravi menomazioni, che non avevano lo stesso impatto socio-economico. Tra gli studi sistematici sulla tipologia dei miracoli e i suoi risvolti sociali cfr. P.A. Sigal, *L'homme et le miracle dans la France médiévale, XIe-XIIe siècle*, Paris 1985; C. Krötzl, *Pilger, Mirakel und Ailtag. Formen des Verhaltens im Skandinavischen Mittelalter (12.-15.Jahrhundert)*, Helsinki 1994 (Societas Historica Finlandiae, Studia Historica, 46).

109. Orselli, *L'idea e il culto del santo patrono.*

110. Graus, *Volk.*

111. Per un panorama generale cfr. *Histoire du Christianisme*, IV, pp. 607 ss.

112. Tra i molti esempi: il panorama tracciato dai *Dialogi* di Gregorio Magno, le testimonianze relative a Colombano, le notizie fornite da Beda nelle sue agiografie e nella sua opera storiografica. Per i riferimenti bibliografici cfr. in particolare nn. 27, 56, 117.

113. Oltre alla bibliografia generale cit., cfr. il contributo fondamentale di E. Giannarelli, *La tipologia femminile nella biografia e nell'autobiografia cristiana del IV secolo*, Roma 1980, pp. 13-25.

non meno dotate di altissima spiritualità presenti nell'aristocrazia romana, di cui offre testimonianza il panorama delineato da Gregorio Magno nel IV libro dei *Dialogi*,[114] o le nobili fanciulle alle quali Colombano propone una difficile, ma esaltante clausura monastica a Luxeuil, condizione per un rapporto privilegiato con il divino,[115] alle sante badesse di Beda,[116] alle regine cristiane a partire da Radegonda.[117] Ma anche come personaggi minori: protagoniste, con funzioni "di spalla" rispetto ai protagonisti uomini, ma che possono recuperare un'essenzialità per il discorso religioso come nel caso di Scolastica, portatrice di esigenze umane e spirituali, che vincono contro l'osservanza della norma rappresentata da Benedetto;[118] o le tante donne fruitrici e mediatrici del sacro nei racconti di miracoli,[119] o ancora le molte donne, che devono sopportare sempre da sole il peccato legato alla pratica sessuale – anche la più legittima –, sottoposte a prove dolorose e a sfibranti esperimenti magico-religiosi capaci di liberarle dai demoni.[120] Una storia delle donne, che nella conoscenza del passato voglia recuperare integralmente il posto e il ruolo femminile nella loro dialettica con quelli maschili, trova nelle testimonianze agiografiche una miniera inesauribile di dati non solo per la rappresentazione della donna in testi potenzialmente misogini, quali quelli legati a una cultura centrata sulla verginità e la castità, ma anche per le loro funzioni lavorative e sociali, per i rapporti familiari e per il senso della maternità, per il loro modo di concepire e vivere l'esperienza del sacro:[121] una presenza che talvolta potrebbe apparire poco

114. *Dialogi*, L. IV, capp. 14, 16, 17, 18, III., pp. 54-58; 62-72.

115. Jonae *Vitae Sanctorum Columbani, Vedastis, Joannis*, a cura di B. Krusch, MGH, SS. rer. Germ., 45, Hannoverae 1905, L. II, capp. 11-22, pp. 257-276. Cfr. S. Boesch Gajano, *La tipologia dei miracoli nell'agiografia altomedievale*, in «Schede Medievali», 5 (1983), pp. 303-312.

116. Bede, *Ecclesiastical History*, in particolare L. IV, capp. 7-9, pp. 356-362; 19-20, pp. 390-400; 23, pp. 404-414.

117. R. Folz, *Les saintes reines du Moyen Âge en Occident (VIe-XIIIe siècles)*, Bruxelles 1992 (Subsidia Hagiographica, 76).

118. *Dialogi*, II, 33, pp. 230 ss.

119. Un interessante caso particolare è esaminato da D. Lett, *La sorella maggiore madre sostitutiva nei miracoli di San Luigi*, in *Fratello e sorella*, a cura di A. Arru e S. Boesch Gajano, in «Quaderni», 83 (agosto 1993), pp. 341-353.

120. S. Boesch Gajano, *Il demonio e i suoi complici*, in *Il demonio e i suoi complici. Dottrine e credenze demonologiche nella Tarda Antichità*, a cura di S. Pricoco, Soveria Mannelli 1995, pp. 237-263 [riprodotto in Boesch. Gajano, *Gregorio Magno*, pp. 271-290].

121. Oltre alla bibliografia citata alla n. 2, K. Heene, *The Legacy of Paradise. Marriage, Motherhood and Woman in Carolingian Edifying Literature*, Frankfurt-Berlin-Bern-New

più che casuale in rapporto con l'attività dei santi e con il potere delle loro reliquie, può offrire il materiale per una storia della società tardoantica e altomedievale del tutto rinnovata.

In una settimana di studio dedicata a ripensare il passaggio dall'antichità al medioevo, non vorrei esimermi da alcune considerazioni sul tema della periodizzazione a partire dalla mia prospettiva agiografica. Se l'agiografia si conferma osservatorio privilegiato per le grandi seppur graduali trasformazioni tardoantiche e altomedioevali, essa lo è necessariamente anche per il problema generale delle scansioni temporali.

Con il secolo VI si è avviata la riorganizzazione politico-ecclesiastica dell'Occidente, che costruisce gradualmente una propria identità, fatta di tendenza all'omogeneità e insieme di nette articolazioni territoriali, culturali, cultuali. La fine del VI secolo rappresenta, nella mia interpretazione, un decisivo momento di passaggio: Gregorio di Tours e Gregorio Magno segnano non tanto la fine dell'agiografia antica, che continua ad avere i suoi cultori, le sue riscritture, i suoi lettori, i suoi devoti – destinati peraltro a persistere nei secoli –, quanto l'inizio di una nuova agiografia, più legata a precisi ambiti territoriali, più varia nelle esperienze messe in campo dal punto di vista spirituale, sociale, etnico e culturale. Vescovi e abati appaiono i protagonisti della nuova agiografia: fondamento delle strutture ecclesiastiche e di una nuova forma di potere insieme spirituale, economico e politico.

Quanto al confine cronologico a valle, dall'osservatorio agiografico sarei portata a individuare una nuova cerniera alla fine del secolo X quando il progressivo movimento di riforma della Chiesa pone nuove esigenze religiose, rinnova il monachesimo, produce un nuovo clero, forma nuovi vescovi, crea nuovi protagonisti laici. Se l'agiografia tardoantica ha un momento di svolta con i due Gregori, il ciclo più propriamente altomedioevale appare concluso con l'agiografia monastica di Cluny, di Camaldoli e di Vallombrosa, con la costruzione della santità pontificia, con i santi vescovi riformatori dell'XI secolo, con l'agiografia dei nuovi martiri Arialdo e Erlembaldo, con l'avvio del processo di centralizzazione delle forme del riconoscimento e della sanzione della santità.

York-Paris-Wien 1997, con ampia bibliografia. Per la funzione educativa della donna cfr. *La religion de ma mère. Les femmes et la transmission de la foi*, a cura di J. Delumeau, Paris 1992.

10. Dai leggendari medievali agli *Acta Sanctorum*: forme di trasmissione e nuove funzioni dell'agiografia

Il volume I degli *Acta Sanctorum* si apre con una panoramica della tradizione agiografica antecedente che sembra rappresentare la premessa indispensabile alla comprensione della nuova grandiosa opera. La consapevolezza mostrata dal Bolland della svolta operatasi con il progetto di edizione delle fonti agiografiche fa risaltare per contrasto l'insistenza sulla sostanziale continuità del genere letterario. Non mancano, certo, alcune periodizzazioni fondamentali, come pure alcuni giudizi diversificati su l'una o l'altra raccolta: ricordo, ad esempio la difesa della *Legenda Aurea*, a torto, si dice, denigrata dal Witzel a favore dello *Speculum Historiale* di Vincenzo di Beauvais; il rapido, ma importante giudizio sulla funzione dell'Ordine domenicano, le lodi del Mombrizio per l'accuratezza delle trascrizioni, la consapevolezza della dimensione ecclesiastica e della funzione antiprotestante dell'*Hagiologium* del Witzel; l'apprezzamento per l'opera del Lippomano, e infine l'esaltazione del «praeclarum opus» del Surio, del quale «nemo hactenus studium et industriam aequavit».[1] Tuttavia, come dicevo, nella presentazione del Bolland emergono meno le connotazioni storiche individualizzanti che non l'uniformità, l'omogeneità complessiva della tradizione agiografica. Una prospettiva che trova le sue motivazioni nell'interesse prevalente alla trasmissione del testo. Esemplare a questo proposito il giudizio su Jacopo da Varazze:

> ego certe non omnia probo quod ille scribit; quin tamen vetera secutus sit monumenta non dubito et plurimas eius historias reperio cum veteribus et genuinis congruere;[2]

1. AASS *Jan.*, I, Antverpiae 1643, pp. XIX ss.
2. Ivi, p. XX.

e quello sul Mombrizio:

> duo ingentia volumina edidit, quibus acta sanctorum complexus est, ut ea in mss codicibus reperti ita fideliter, ut ne menda quidem scriptionis correxerit, quae minus iocundam lectionem reddere solent.[3]

Questa impostazione ha pesato molto sulla storiografia successiva, interna ed esterna alla società dei Bollandisti: tanto da ritrovarla anche in studi che pure si proponevano un'analisi più settoriale della lunghissima tradizione delle raccolte di vite di santi: penso in particolare al contributo, pur fondamentale, del Poncelet sui leggendari abbreviati che precede l'analisi di quello di Pietro Calò,[4] e ancora nel manuale dell'Aigrain, in cui la connotazione storica delle raccolte prebollandiane è ben lungi dall'emergere con l'evidenza talvolta esplicitamente espressa dagli autori.[5]

In una tradizione storiografica infatti che privilegiava la ricostruzione dell'identità storica del santo e dunque le sue testimonianze più antiche e autentiche, era logico che l'attenzione si rivolgesse ai testi più che alle raccolte: ancora il Moretus in *De l'usage des légendiers au Moyen Âge* – testo rimasto lungamente manoscritto, pubblicato solo nel 1975 dal Rochais a conforto metodologico e storiografico del suo imponente lavoro sul *Liber de natalitiis* e la genealogia dei leggendari cisterciensi – lamentava che l'attenzione degli studiosi si fosse preoccupata più della genealogia delle recensioni di uno stesso testo che di quella dei leggendari.[6]

Ma la storiografia – bollandista e non – non è tuttavia rimasta insensibile al problema; e i molti studi su leggendari particolari hanno grandemente facilitato la recente fondamentale sistemazione storica e metodolo-

3. Ivi, p. XXI.

4. A. Poncelet, *Le légendier de Pierre Calo*, in «Analecta Bollandiana», XXIX (1910), pp. 5-116; in part. pp. 14-28.

5. R. Aigrain, *L'hagiographie. Ses sources, ses méthodes, son histoire*, Paris 1954, pp. 50 ss.

6. H. Moretus, *De l'usage des légendiers au Moyen Âge*, ed. H. Rochais, *Liber de natalitiis et autres légendiers du Moyen Âge*, Rochefort 1975, vol. I, pp. 14-15; vol. II, pp. 151-155. Dice tra l'altro il Moretus (p. 14): «L'histoire des passionnaires, l'étude de leur origine, de leur constitution, de leur destination et de l'influence qu'ils ont exercée dans le domaine de la littérature hagiographique et de la liturgie reste à faire. Ce n'est pas qu'on ait actuellement, moins que pour le passé, consulté ces précieux manuscrits; à aucune époque, depuis le Moyen Âge on n'en a fait usage plus assidu, mais l'attention des chercheurs s'est portée plutôt sur les textes que sur les manuscrits qui les contenaient; on s'est plus servi des légendiers qu'on ne s'est attaché à les faire connaître».

gica del Philippart,[7] che ha sollecitato a sua volta le preziose osservazioni del Dolbeau.[8] A questi due ultimi lavori si deve fare ora riferimento per ogni problema di denominazione, ordinamento, catalogazione, oltre che naturalmente per la bibliografia dei leggendari fino al secolo XV. Mi limito allora in queste pagine ad alcune osservazioni "in margine", che diano conto anche di lavori recenti, per passare poi a considerare problemi – vecchi e nuovi – posti dalle raccolte successive, finora oggetto di minore interesse, forse perché schiacciate dall'imminenza cronologica e dall'imponenza culturale degli *Acta Sanctorum.*

Tra i meriti maggiori del Philippart e del Dolbeau l'individuazione di criteri storici e non puramente formali per la periodizzazione delle raccolte e per l'individuazione delle peculiarità delle *Abbreviationes o Legendae novae* rispetto ai leggendari tradizionali.[9] Il Dolbeau in particolare osserva come la diversità non sia costituita tanto dalla loro organizzazione interna o dalla forma abbreviata dei testi trasmessi – poiché «la compilation de n'importe quel légendier suppose, outre un commenditaire qui fournit un programme, l'activité d'un éditeur, qui ordonne et retouche un ou plusieurs modèles anterieurs» e «les modifications textuelles sont parfois si nombreuses qu'elles correspondent à une véritable réécriture» – quanto dalla diversa finalità e utilizzazione, gli uni legati agli scrittori monastici «conçus pour une vie religieuse vecue dans la stabilité», gli altri concepiti in relazione ai nuovi bisogni degli Ordini mendicanti, alla predicazione in particolare, a una società in cui «la production du livre connait une véritable révolution».[10]

Se esigenze di carattere generale hanno determinato la produzione delle *Abbreviationes* e se tra queste esigenze hanno un peso decisivo quelle legate a nuove forme di vita religiosa e a nuovi compiti del mondo ecclesiastico, va però maggiormente accentuata la diversità dell'apporto dato dai diversi Ordini alla produzione agiografica. Limitandoci ai due maggiori, è del tutto evidente come siano i Domenicani a dare il primo decisivo contributo alle *Legendae novae* – e su questo torno tra poco a

7. G. Philippart, *Les légendiers latins et autres manuscrits hagiographiques*, Turnhout 1977 (Typologie des sources du Moyen Âge Occidental, fasc. 24-25).

8. F. Dolbeau, *Notes sur l'organisation interne des légendiers latins*, in *Hagiographie, cultures et sociétés, IVe-XIIe siècles*, Paris 1981, pp. 11-31.

9. Philippart, *Les légendiers*, p. 45.

10. Dolbeau, *Notes*, p. 13 e *passim.*

proposito dello studio di Alain Boureau sulla *Legenda Aurea* –[11] mentre la letteratura agiografica francescana rimane maggiormente legata, almeno inizialmente, alla figura del fondatore, con la ben nota carica di novità e eccezionalità ispirata all'imitazione di Cristo, o ad altri santi esemplati sul modello "francescano".[12] Finalità, fruizione, pubblico dei due diversi generi agiografici in relazione a diversi progetti religiosi è un tema che meriterebbe di essere approfondito nell'ambito di quel rinnovato interesse per l'apporto francescano e domenicano alla cultura e alle istituzioni ad essa connesse.[13]

E ancora va osservato come le stesse esigenze di carattere generale non mancano di acquistare toni più individualizzati quando ci avviciniamo alle singole raccolte.

> Poiché molti pastori – dice Jean de Mailly nel Prologo al *De gestis et miraculis sanctorum* – non hanno alla loro portata le passioni e vite dei santi che dovrebbero conoscere e predicare in virtù del loro compito, al fine di eccitare la devozione dei fedeli verso questi beati, riuniamo queste vite in forma abbreviata e specialmente quelle dei santi il cui nome figura nel calendario. La brevità di quest'opera non rischierà di generare stanchezza e la mancanza di libri non giustificherà più questi pastori.[14]

Le stesse motivazioni nella prima parte del prologo del leggendario di Roderico di Cerrato:

> Vitas sanctorum, nimia prolixitate descriptas ac variis voluminibus dispersas, quorum festa ecclesia colit vel quorum historias fides fidelium recipit, breviter et succincte eligens utilia in uno volumine perstringere curavi,

11. A. Boureau, *La Légende Dorée. Le système narratif de Jacques de Voragine († 1298)*, Paris 1984.

12. Per l'agiografia francescana si vedano alcune osservazioni di R. Manselli, *Agiografia francescana tra interpretazione teologica e religiosità popolare*, in *Agiografia nell'Occidente cristiano, secoli XIII-XV*, Roma 1980, pp. 45-56; e la messa a punto di E. Pasztor, *Le fonti biografiche di S. Francesco*, in *Francesco d'Assisi nella storia*, Convegno di studi: secoli XIII-XV (Roma, Istituto Storico dei Cappuccini 1983), pp. 9-20.

13. Penso in particolare a R. Antonelli, *L'Ordine domenicano e la letteratura nell'Italia pretridentina*, in *Letteratura Italiana*, a cura di A. Asor Rosa, Torino 1982, vol. I, *Il letterato e le istituzioni*, pp. 681-728, in part. 700-707; e C. Bologna, *L'Ordine francescano e la letteratura nell'Italia pretridentina,* ivi, pp. 729-797; in part. per l'importanza della figura di Francesco 730-731.

14. Jean de Mailly O.P., *Abrégé des gestes et miracles des saints,* trad. francese a cura di A. Dondaine, Paris 1947 (Bibliothèque d'histoire dominicaine, 1), p. 23.

in modo, dice, da evitare la prolissità, madre della noia, per offrire materiale ai predicatori, che vi potranno trovare esempi per eccitare la devozione dei fedeli; infine perché «clericos quoque inopes ad habendum vitas sanctorum inopia non excuset». Ma, in aggiunta, troviamo anche alcune precisazioni sul metodo del rimaneggiamento:

> sane lectorem non lateat quod in quibusdam sanctorum legendis et aliis eorumdem historiis nonnulli leguntur errores, quedam dicuntur impossibilia praetermisi, contraria concordavi:[15]

preoccupazione e conseguenti interventi spesso presenti, come si vedrà, anche in raccolte successive. E ancora la necessità della brevità sostenuta da Pietro de Natalibus nei confronti del leggendario di Pietro Calò si sostanzia di altre più specifiche motivazioni, tra cui quella di ricostruire attraverso le narrazioni agiografiche la storia della Chiesa – insieme storia della salvezza –, elaborando un ordinamento duplice, quello del calendario liturgico e delle categorie di santi.[16]

Va riconosciuto al Dondaine il merito di essersi messo decisamente con gli studi su Jean de Mailly e Roderico di Cerrato sulla via dello studio delle connotazioni peculiari, ma insieme dei possibili rapporti tra le *Legendae novae*.[17] Lo studioso, pur non affrontando in modo specifico l'analisi della *Legenda Aurea* di Jacopo da Varazze, non manca di delinearne alcuni tratti caratterizzanti: partito da un problema apparentemente secondario – quello della priorità della raccolta di Jean de Mailly rispetto alla più famosa e diffusa opera dell'altro domenicano – individua alcune specificità di quest'ultima e alcune possibili motivazioni della sua fortuna: il carattere generale e non locale, l'ordinamento secondo il calendario della Chiesa universale, la presenza di capitoli dedicati ai principali momenti liturgici, l'inserimento di passaggi dottrinali. La *Legenda Aurea* si presentava ai

15. A. Dondaine, *Les editions du «Vitae Sanctorum» de Rodéric de Cerrato*, in *Sapientia Procerum Amore. Mélanges médiévistes offerts à Dom Jean-Pierre Müller O.S.B.*, Roma 1974 (Studia Anselmiana, 63), pp. 225-253; la cit. da p. 251.

16. Petrus de Natalibus, *Catalogus sanctorum et gestorum eorum…*, Venetiis, per Bartholomeum de Zanis de Portesio 1506, f. 11v (per la cit. di Pietro Calò: «quod eius prolixitate nedum commendare memorie sed nec intente quis legere poterit, nisi longevitate temporis et assiduitate lectionis»); f. IIIr e v (per l'ordinamento dell'opera).

17. Vedi nn. 14, 15, 18 e ancora *L'Epilogus in gesta sanctorum de Barthélemy de Trente*, in *Studia Mediaevalia et mariologica P. Carolo Balic O.F.M. dicata*, Roma 1971, pp. 333-360.

contemporanei, secondo il Dondaine, insieme «come un manuale liturgico, somma di teologia morale, e pastorale e raccolta di vite di santi».[18] Meno convincente invece il breve cenno a Vincenzo di Beauvais, il cui *Speculum Historiale* viene richiamato per l'identità di catalogazione dei santi rispetto a Jean de Mailly:[19] l'opera mi sembra vada affrontata con parametri molto diversi da quelli esclusivamente agiografici – solo come raccolta di vite di santi –, presentandosi come una vera e propria *Summa* all'interno della quale trova la sua collocazione anche il tema della santità, con la diversità dei suoi modelli.[20]

Le esitazioni della storiografia e della filologia ad affrontare un testo come la *Legenda Aurea* – esitazioni ben comprensibili se si pensa alla sua immensa diffusione – sembrano destinate ormai a essere superate: l'opera, utilizzata finora soprattutto come fonte per la letteratura, l'iconografia, il folklore,[21] sta diventando sempre più oggetto di interesse scientifico. Basta

18. A. Dondaine, *Le dominicain français Jean de Mailly et la Légende Dorée*, in «Archives d'histoire dominicaine», I (1946), pp. 53-102; per la *Legenda Aurea*, pp. 90-93.

19. Ivi, p. 75.

20. Vincentius Bellovacensis, *Bibliotheca Mundi. Speculum quadruplex, naturale, doctrinale, morale…*, Duaci 1624, 4 voll. (ripr. anast., Graz 1964-65). Per i problemi di edizione cfr. B.-L. Ullmann, *A Project for a New Edition of Vincent of Beauvais*, in «Speculum», VIII (1933), pp. 312-326. Si registra un rinnovato interesse per l'autore a partire dagli anni Settanta; ricordo (e rinvio anche per ulteriore bibliografia) i due lavori di A.-D. von den Brincken, *Tabula alphabetica. Von den anfängen alphabetischer Register-Arbeiten zu Geschichtswerken (Vincenz von Beauvais OP., Johannes von Hautfuney, Paulinus Minorita O.F.M.)*, in *Festschrift für Hermann Heimpel*, Göttingen 1972, vol. II, pp. 900-923; Id., *Die Mongolen im Weltbild der Lateiner um die Mitte des 13. Jahrhunderts unter besonderen Berücksichtigung des «Speculum Historiale» des Vincenz von Beauvais O.P.*, in «Archiv für Kulturgeschichte», LVII (1975), pp. 117-140; e ancora S. Lusignan, *Préface au Speculum Maius de Vincent de Beauvais: réfraction et diffraction*, Paris-Montréal 1979 (Cahiers d'études médiévales, 5); bibl. alle pp. 141-145; J. Schneider, *Une encyclopédie du XIIIe siècle. Le Speculum Maius de Vincent de Beauvais*, in *Culture et travail intellectuel dans l'Occident Médiéval. Bilan des «Colloques d'humanisme médiéval» (1960-1980)*, a cura di G. Hazenohr et J. Longère, Paris 1981, pp. 187-195. Ma soprattutto va ricordata l'iniziativa di uno studio sistematico promossa dall'atelier Vincent de Beauvais con la rivista «Spicae. Cahiers de l'Atelier Vincent de Beauvais». Da citare infine G. Billanovich, M. Prandi, O. Scarpati, *Lo «Speculum» di Vincenzo di Beauvais e la letteratura italiana dell'età gotica*, in «Italia Medievale e umanistica», XIX (1976), pp. 89-161.

21. Per la bibliografia sulla Legenda Aurea conviene ora fare riferimento a quella presente nel volume di Boureau, *La légende dorée*, pp. 257-269; mi limito qui a ricordare l'opera classica di P. Saintyves, *En marge de la Légende dorée: songes, miracles et survivances. Essai sur la formation de quelques thèmes hagiographiques*, Paris 1930.

pensare al convegno tenuto a Montréal nel maggio 1983, i cui atti offriranno un panorama completo per quanto riguarda lo stato attuale delle ricerche sulla recensione dei manoscritti e la diffusione, le variazioni regionali, e dunque la fortuna.[22] Sul versante storico-letterario e storico-antropologico, dopo i saggi di M.-Ch. Pouchelle[23] e di G. Huot-Girard,[24] caratterizzati da un uso esclusivamente tematico del testo, assunto, forse in modo eccessivamente semplicistico, come unitario e originale, ci troviamo ora di fronte a un primo lavoro complessivo sull'opera dovuto ad Alain Boureau.

Pur pienamente consapevole di quanto «l'entreprise hagiographique tresse indéfiniment les longs filaments de la tradition», l'autore propone una lettura della *Legenda Aurea* «comme si elle offrait une coupe transversale de cette torsade»[25] e tenta «une poétique du recueil bien différente d'une analyse des vitae ou des libelli séparés ou des légendiers issus d'un simple regroupement».[26] L'ipotesi centrale – la *Legenda Aurea* come «un univers de signification, achevé et complet, où chaque élément renvoie à la totalité, univers qui rend compte de tout, qui trace une origine et une fin, univers où tout est dit et où tout chrétien trouve sa place»[27] – viene verificata attraverso una rigorosa analisi che procede dal quadro narrativo agli elementi e alla retorica del racconto.[28] Di questa analisi dalle molteplici articolazioni, e insieme sempre compatta e rigorosa, il cui interesse va certamente molto al di là del testo specifico preso in considerazione, vorrei sottolineare in particolare due temi: la scelta dei santi e la gerarchia della santità, dunque la proposta specificamente agiografica di Jacopo da Varazze; il rapporto tra narrazione e dottrina, in quanto entrambi essenziali per l'interpretazione complessiva dell'opera. Una diversificata classificazione

22. *Colloque international sur La «Legenda Aurea»: texte latin et branches vernaculaires*, Université du Québec (Montréal, 1-12 maggio 1983). Ringrazio vivamente André Vauchez per avermi fornito il riassunto delle comunicazioni [*Legenda Aurea. Sept siècles de diffusion*, a cura di B. Dunn Lardeau, Montréal 1983].

23. M.Ch. Pouchelle, *Représentation du corps dans la «Légende Dorée»*, in «Ethnologie française», VI (1976), pp. 293-308.

24. G. Huot-Girard, *La justice immanente dans la «Légende dorée»*, in «Cahiers d'études médiévales», I (1975), pp. 135-147.

25. Boureau, *La légende dorée*, p. 11.

26. Ivi, p. 13.

27. Ivi, p. 14.

28. Il volume è diviso in tre parti: «Le cadre narratif» (ordre, insertions, authentification); «Les éléments du récit» (processus, rôles, décor); «La rhétorique du récit» (les constructions narratives, un récit tabulaire, paradigmes).

dei santi a seconda dei ruoli spirituali, delle funzioni ecclesiastiche e della cronologia permette di evidenziare una netta clericalizzazione della santità, contemporanea a quelle decretali del 1234 che assicurano le prerogative di Roma sulla canonizzazione; e, dall'altro, una «mentalité conservatrice plus sensible aux types classiques de sainteté qu'aux formes nouvelles de dévotion et sanctification».[29] L'interpenetrazione costante tra parti dogmatiche e parti narrative esplicita le finalità della *Legenda Aurea,* volta a «enfermer dans un ensemble serré et homogène une immense varieté de positions doctrinales, de rappels historiques et de récits», vero *Speculum,* dunque, «où tout l'univers chrétien vient se refléter, où l'indéfinie cohorte des saints se distribue en divers types et classes pour représenter, au-delà du foisonnement du vécu, l'ordre majestueux de l'histoire chrétienne».[30] L'equilibrio tra dogma e narrazione, tra credenze popolari e ortodossia religiosa, tra tradizione e movimento, tra serenità e inquietudine escatologica offre senza dubbio una prima chiave per capire lo straordinario e finora misterioso successo dell'opera.[31]

Il peso quantitativo e qualitativo dei modelli tradizionali anche nelle raccolte dovute proprio a ordini così profondamente innovativi sul piano religioso, ripropone uno dei problemi di maggior rilievo per la storia del culto dei santi: il rapporto tra realtà storico-cultuale e espressione letteraria. Un rapporto che mi sembra costringa a ripensare al significato stesso di modello – inteso per lo più come modello di vita spirituale –, alle funzioni della letteratura agiografica, alla sua fruizione da parte di un pubblico la cui esistenza rimane completamente in ombra, ignota o meglio ignorata.

Sempre all'interno del problema tradizione/innovazione, la produzione e immissione sul mercato di leggendari abbreviati provoca a partire dal secolo XIV la rarefazione di quelli tradizionali, rarefazione utilmente quantificata dal Philippart;[32] ma questi ultimi non solo non scompaiono, ma hanno, vorrei dire, una loro apparentemente autonoma vitalità o almeno forza di perpetuazione in genere legata a singoli centri di vita religiosa, a istituzioni monastiche o vescovili.[33]

29. Si vedano le pp. 32-41; la cit. da p. 39.
30. Si vedano le pp. 43-73; le citt. da p. 56 e p. 65.
31. Si vedano le conclusioni, pp. 253-255.
32. Philippart, *Les légendiers*, pp. 45-48.
33. È quanto si constata attraverso un'analisi dei cataloghi di codici agiografici; e ancora quando si segue la produzione agiografica legata a una istituzione: qualche cenno

Si ripropone dunque per gli studi agiografici – siano essi interessati alla santità vissuta come alle sue manifestazioni cultuali o alle sue espressioni letterarie – il tema delle persistenze e delle compresenze: tema complementare a quello delle novità, o innovazioni, più presente nella storiografia recente.[34] Persistenze e compresenze da analizzare in precisi momenti storici e culturali – torno tra poco su questo tema a proposito dell'opera del Lippomano – e/o in contesti territoriali delimitati, in cui la presenza di nuovi santi e di nuovi culti acquista significato proprio in relazione alla permanenza di santi e culti antichi.[35]

Il rapporto santi antichi/santi moderni non è il solo criterio di classificazione per i leggendari. Ci sono altre scelte caratterizzanti: raccolte specializzate per categorie, per ordini, per ambiti territoriali, città, regione, nazione.[36] E ancora diversi ordinamenti: all'ordinamento secondo il calendario liturgico si sostituisce talvolta l'ordinamento cronologico o quello alfabetico, divenendo anche non infrequente la presenza di indici. Le raccolte agiografiche divengono così sempre più "strumenti di lavoro", una contaminazione tra enciclopedie e repertori di *exempla*.[37] Il processo è tuttavia ben lungi dall'essere lineare e progressivo. Basta pensare alla scelta dell'ordinamento liturgico per la raccolta del Surio e per gli *Acta Sanctorum*: non basta dire con il Dolbeau che era questa la forma più resistente in Belgio e nella regione renana; più che il peso della tradizione ha influito il programma religioso e culturale, che alme-

per Subiaco nel mio *Monastero, città e campagna: il culto di S. Chelidonia a Subiaco tra XII e XVI secolo*, in *Culto dei santi, istituzioni e classi sociali in età preindustriale*, a cura di S. Boesch Gajano e L. Sebastiani, Roma-L'Aquila 1984, pp. 227-257, in part. p. 253, n. 37 [la ricerca è stata sviluppata in *Chelidonia. Storia di un'eremita medievale*, Roma 2010 (Sacro/Santo n.s., 16)].

34. Cito per tutti il volume ormai classico di A. Vauchez, *La sainteté en Occident aux derniers siècles du Moyen Âge d'après les procès de canonisation et les documents hagiographiques*, Rome 1981, 2ª ed. aggiornata 1988; trad. it. *La santità nel Medioevo*, Bologna 1989.

35. Di grande interesse a questo proposito due ricerche recenti: L. Scaraffia, *Dai Tre Re al Sacro Cuore di Gesù. Devozioni e socialità in una comunità piemontese fra XIII e XIX secolo*, in «Bollettino Storico-bibliografico subalpino», LXXX (1982), pp. 95-155; L. Sebastiani, *Culto dei santi, feste religiose e comunità nella Lombardia posttridentina*, in *Culto dei santi*, pp. 789-833. Numerosi spunti nel volume miscellaneo *Strumenti per ricerche sulla religione delle classi popolari*, I, *Problemi di impostazione e di metodo*, a cura di F. Bolgiani, Torino 1981.

36. Cfr. Philippart, *Les légendiers*, pp. 80 ss. e *passim*; e Dolbeau, *Notes*, *passim*.

37. Su questo in particolare Dolbeau, *Notes*, p. 25.

no nell'impresa bollandista voleva certo contemperare novità sostanziali con forme tradizionali.[38]

E ancora due esempi – minori, ma non insignificanti – di contaminazione, direi, di vecchio e nuovo e dunque di difficoltà di catalogazione. Il primo è costituito dal *Sanctuarium* del Mombrizio: ordinato alfabeticamente non costituisce tuttavia uno strumento "nuovo", né tanto meno agile o semplificato, per le vite dei santi; la scelta dei testi e la forma della loro trasmissione – molto accurata, come è noto – è quella propria dei leggendari tradizionali. Andrà allora definito come l'ultimo dei leggendari medievali o come primo esempio di edizione moderna, filologicamente accurata, di testi? Probabilmente né l'uno né l'altro. Ordinamento alfabetico, scelta delle fonti, criteri e forma della trasmissione vanno valutati alla luce della cultura dell'autore e dei suoi rapporti con il mondo umanistico; delle sue relazioni politiche e della sua collocazione ideologica nel contesto della vita culturale milanese, senza sottovalutare il peso della storia della Chiesa ambrosiana.[39] Secondo esempio illuminante è il *Leggendario* di Hermann Greven, studiato dal De Gaiffier:[40] l'autore, morto intorno al 1479, parte dai santi del martirologio di Usuardo, ma è interessato ai santi locali minori, inglesi, francesi, tedeschi, dei quali riassume brevemente la vita. Culti universali e culti particolari, culti antichi e culti più recenti danno dunque una fisionomia peculiare a questa raccolta, che merita una considerazione maggiore di quella implicita nella definizione

38. Ivi, p. 26. Per il Surio cfr. più avanti. Per gli *Acta Sanctorum* e in genere l'impresa bollandista rinvio alla mia *Introduzione* a *Agiografia altomedievale,* Bologna 1976, pp. 15-18, con la relativa bibliografia.

39. B. Mombritius, *Sanctuarium seu Vitae sanctorum,* Mediolani 1479 e a cura di due monaci di Solesmes, Parisiis 1910. L'opera è stata poco studiata: cfr. G. Eis, *Die Quellen für das Sanctuarium des Maïlander Humanisten Boninus Mombritius* (Germanische Studjen, 140), Berlin 1933; B. de Gaiffer, *Au sujet des sources du «Sanctuarium» de Mombritius*, in «Mittellateinisches Jahrbuch», XIV (1979), pp. 278-281; e qualche cenno in Id., *Deux passionnaires de Morimondo conservés au séminaire de Come*, in «Analecta Bollandiana», LXXXIII (1965), pp. 145-147. Per la produzione agiografica nella storia della Chiesa ambrosiana, con particolare riferimento al *Liber notitiae sanctorum Mediolani* (opera ed. a cura di M. Magistretti e U. Monneret de Villard, Milano 1917) cfr. A. Viscardi, *La cultura milanese nei secoli VII-XII*, in *Storia di Milano*, vol. III, Milano 1954, pp. 748 ss. e E. Cattaneo, *Istituzioni ecclesiastiche milanesi*, ivi, vol. IX, 1961, p. 553. Sulla cultura milanese del '400 cfr. i due contributi di E. Garin, ivi, vol. VI, 1955, pp. 545-608; vol. VII, 1956. pp. 539-597, con un cenno al Mombrizio a p. 571.

40. B. de Gaiffer, *Le martyrologe et le légendier d'Hermann Greven*, in «Analecta Bollandiana», LIV (1936), pp. 316-358.

di "antecedente" e di possibile "modello" per il Surio: giudizio riduttivo per entrambi gli autori. Con il Surio ci troviamo ormai infatti in un'atmosfera culturale e religiosa nuova, in cui le singole raccolte vanno viste alla luce della tradizione agiografica, ma anche e soprattutto dei nuovi problemi posti dalla Riforma.

Se già le *Legendae novae* si configuravano come opere d'autore, con le principali raccolte del sec. XVI, di Georg Witzel, Luigi Lippomano e Lorenzo Surio ci troviamo in presenza di autori di notevole rilevanza religiosa e culturale. Le loro opere si collocano a pochi anni di distanza l'una dall'altra: del 1541 la prima edizione dell'*Hagiologium* del Witzel, ripubblicato poi nel 1546;[41] del 1551 il primo volume delle *Vitae* del Lippomano, opera completata nei nove anni successivi;[42] infine del 1570 il primo volume del Surio.[43] Ma il rapporto non è solo cronologico: la raccolta del Surio, ad esempio, già nel titolo fa riferimento al Lippomano.[44] Ma soprattutto le tre opere hanno la comune esplicita finalità di difendere e propagandare i santi e il loro culto contro gli attacchi degli "eretici", finalità che le avvicina peraltro a moltissime altre raccolte cui farò cenno più avanti.

Non è certo qui il caso di toccare il dibattito sui santi, tale è la sua centralità nella vita religiosa del secolo XVI, se non per evocarne l'influsso sulla nuova produzione agiografica. Fermo restando questo comune sfondo culturale e la comune finalità religiosa, vorrei qui cercare di presentare

41. G. Vicelius, *Hagiologium sea de sanctis ecclesiae*, Moguntiae 1541; nuova edizione, con il titolo di *Vitae patrum*, Moguntiae 1546. L'autore aveva pubblicato precedentemente una raccolta di vite di santi del Vecchio Testamento: Georgii Vicelii Theologi *Divorum ex Veteri Testamento... exempla*, Coloniae 1535; nel 1557 veniva data alle stampe a Basilea una nuova redazione, abbreviata, della raccolta di vita di santi: *Historiarum de Divis tam Veteris quam Novi Testamenti tempore celeberrimis, omni mythologia libere resecta, liber unus*, che presenta già nel titolo uno dei criteri esposti nel prologo della redazione precedente: vedi n. 50.

42. Aloysius Lippomanus, *Sanctorum priscorum patrum vitae... per gravissimos et probatissimos auctores conscriptae*, cito dall'ed. Venetiis 1551-1560 in 8 voll.

43. *De vitis sanctorum ab Aloysio Lipomano episcopo Veronae viro doctissimo, olim conscriptis, nunc primum a F. Laurentio Surio Carthusiano emendatis et auctis*, Coloniae Agrippinae 1570-1571 in 6 voll. Numerosissime le edizioni successive: tra cui una immediatamente successiva Coloniae 1575-1581, fino a quella più recente e rimaneggiata Augustae Taurinorum, 1875-1880.

44. Cfr. n. 43. Il riferimento al Lippomano è eliminato ad esempio nell'ed. di Torino.

piuttosto i tratti individualizzanti le singole raccolte: andando al di là del semplice ordinamento, già esso assai diverso.[45]

> Antiquioris ecclesiae cum praedicationem tum observationem, quod quidem potui et quantum licuit, fratribus per Germaniam nostram dilectissimis patefeci. Reliquum erat ut eiusdem Ecclesiae praeclarissima gesta commendarentur piis mentibus.

Così Georg Witzel nella lettera di dedica ad Alberto arcivescovo di Magonza, stabilendo un rapporto diretto tra la sua opera agiografica e la sua complessiva attività religiosa e pastorale.[46] Dapprima allievo di Lutero a Erfurt e a Wittenberg, il Witzel, aderendo di nuovo al cattolicesimo, aveva scritto nel 1538 una risposta a Martin Lutero, dove non aveva mancato – tra le molte confutazioni della dottrina luterana – di trattare il tema dei santi: con la difesa della loro funzione mediatrice e insieme del loro culto, sottratto alle accuse di pratiche pagane, e con la rivendicazione del diritto alla preghiera ai santi per chiedere aiuto nelle difficoltà, diritto a leggere e ascoltare leggende di santi, nel solco di una tradizione millenaria.[47] L'*Hagiologium*, concepito come strumento per mantenere e diffondere il culto a fini di edificazione contro i denigratori, si presenta anche, per esplicita ammissione dell'autore, come un mezzo per sottrarre le vite dei santi all'oblio. Questo oblio è favorito certo dalla moda della cultura classica – un tema che si ritroverà fino al Rosweyde –,[48] ma non meno dalle caratteristi-

45. L'ordinamento del Witzel è più storico-cronologico; quello del Lippomano è più centrato sugli autori utilizzati, il che comporta anche un certo ordinamento storico (si tratta della raccolta strutturata in modo più complesso, su cui torno tra poco); il Surio infine ha seguito l'ordinamento secondo il calendario liturgico.

46. Per la biografia del Witzel cfr. W. Trusen, *Um die Reform and Einheit der Kirche. Zum Leben und Werk Georg Witzels*, Münster in West. 1957 (Katholisches Leben und Kämpfen im Zeitalter der Glaubensspaltung, 14). Sul contributo del Witzel ai problemi di riforma della Chiesa cfr. J.P. Dolan, *The Influence of Erasmus. Witzel and Cassander in the Church Ordinances and Reform Proposals of the United Duchees of Cleve during the Middle Decades of the 16th Century*, Münster in West. 1957 (Reformationgeschichtliche Studien und Texte, 83), pp. 30-86; qualche cenno anche in H. Volz, *Drei Schriften gegen Luthers Schmalkaldische Artikel von Cochläus, Witzel und Hofmeister (1538 und 1539)*, Munster in West. 1932 (Corpus Catholicorum, 18), pp. XX-XXII.

47. L'opera del Witzel, *Antwort auff Martin Luthers letzt Bekennte Artikel* è ed. da Volz, *Drei Schriften*, alle pp. 73-74: «Was die Heiligenantrifft». Sul tema dell'intercessione dei santi torna il Witzel in un'altra opera: *De arbore bona, antichristo, intercessione divorum, deque ieiunio, et mortis dominicae Die*, Parisiis 1564, pp. 28-54.

48. Rinvio alla mia *Introduzione* a *Agiografia altomedievale*, pp. 9 ss.

che ormai antiquate delle opere agiografiche in quanto tali: «martyrologia manuscripta, quae in canonicis templis quotidiana lectione versantur, antiquitatem pre se ferunt tam historiae fide, quam venustate styli»;[49] alcune sono inoltre accusate di indulgere alla «mitologia», dunque al favoloso, all'improbabile.[50] Di qui la proposta "innovativa" del Witzel: il recupero della migliore produzione agiografica colta, da Atanasio a Paolino di Nola, a Gregorio Magno, ma insieme un forte e significativo aggiornamento culturale che vede presenti tra gli autori utilizzati il Petrarca, il Platina, Pico della Mirandola, Erasmo, il Pontano, Tommaso Moro.[51] Il tutto in vista della migliore difesa della santità e dell'elogio di tutti coloro che hanno personificato l'ideale del santo come operatore di giustizia, taumaturgo, espressione delle virtù cristiane.[52]

L'opera del Witzel fu conosciuta da Luigi Lippomano probabilmente durante il suo prolungato soggiorno in Germania come nunzio apostolico.[53] Al di là della citazione esplicita,[54] l'influsso dell'autore tedesco si può facilmente cogliere sia nelle finalità antiereticali, sia soprattutto nel proposito di trasmettere una tradizione letteraria autorevole. Ma proprio in entrambi questi punti si ravvisa la peculiarità dell'impostazione del Lippomano. Per servire la causa della Chiesa e confutare le tesi eretiche:

> cogitavi mecum ipse saepius si quid novae alicuius medelae laetali huic morbo afferri posset, quo aut sanitatis aliquid mentibus licet insanissimis adhiberetur, vel saltem eius in offensus progressus impediretur in posterum. Non quidem ut nova aliqua conscriberemus, iam mundus plenus est iis qui contra hos scripti sunt libris, ut nihil in hoc genere supersit amplius quod scribatur, reperiatur.

49. Sempre nella lettera dedicatoria dell'*Hagiologium*, dopo le lamentele: «Vidi pariter ac dolui, e nostrorum hominum memoria indignissimis modis eiectos, et ceu sepultos delitescere, per quos divina maiestas primum tam ab orbe condito, quoque redempto suam notitiam ac voluntatem manifestavit mortalibus, per quos edidit innumerabilia miracula...» la ricerca delle cause e in primo luogo: «archeologiam et gentilium nomina semper in ore tantum habebimus, nunquam ne divorum etiam nostrorum? Leguntur cupidissime vitae Plutarchi, vitae Suetonii [...]» (segue un lungo elenco di autori); infine i rilievi sulla «antiquitas» e la «venustas», citati nel testo.

50. Nel citare diversi martirologi, ricorda anche la *Legenda Aurea*, a proposito della quale dice appunto «mythologiae indulget».

51. Interessante la presenza di un indice degli autori utilizzati.

52. *Hagiologium*, pp. 4-5.

53. Per la biografia del Lippomano cfr. L. Tacchella, *Il processo agli eretici veronesi nel 1550. S. Ignazio di Loyola e Luigi Lippomano (carteggio)*, Brescia 1979, pp. 10-30.

54. Lippomanus, *Sanctorum... vitae*, I, p. 2v.

Di qui la decisione di riprendere gli esempi di santi, ma con questa duplice precisazione:

> decrevi itaque sanctorum patrum antiquorum vita, qui a primordis nascentis Ecclesiae usque ad D. Bernardi abbatis tempora, quem inter antiquos et recentiores patres, medium ad praesens ponimus floruerunt, ab eruditis quidem et approbatis viris conscriptas; [niente, insiste, che sia tratto da scritti apocrifi e ancora] nihil etiam quod non statim in exemplari unde desumptum sit facile inveniri.[55]

L'antichità e autenticità delle sue fonti è un punto su cui l'autore torna a insistere anche nella dedica del volume II; in relazione alle critiche che gli erano state mosse di selezione arbitraria o almeno personale dei santi,[56] ribadisce:

> statui in corde meo illos dumtaxat sanctos in meo codice ponere, quorum vitae a gravibus et priscis patribus essent descriptae, non autem quae sine certo authore legerentur, atque apocrypharum nota censerentur [...] Mens mea fuit semper atque est quam denuo testificor, ut melius a cunctis percipiatur, nolle me in his tomis onerare lectorem alicuius sancti lectione, cuius vita scriptorem non habeat certum atque probatum, ne incerta pro certis in medium afferamus, et nos etiam de illorum numero simus qui omnia consarcinant et dum dubiis tamquam claris fidem adhiberi volunt, etiam quae clarissima sunt mutare faciunt.[57]

55. Ivi, pp. 2v-3r.

56. Ivi, II, *praefatio* rivolta al lettore. Dopo avere, nella lettera di dedica rivolta al papa, accennato alle lodi ricevute dal vol. I, passa qui a ricordare le critiche, di due tipi: filologiche (per alcune attribuzioni errate); storico-religiose per le scelte dei santi: «in coelo ponit quos vult sanctos et quos vult detrahit. Nationum vel provinciarum sanctos non curat, sed tantum qui placent ei, in sanctorum catalogum recensentur». Su questo punto insiste anche nella prefazione al vol. IV, giustificandosi di non avere scritto sui santi veronesi e riproponendo il suo interesse per una presentazione di autori qualificati. Sull'importanza delle critiche in relazione a un'esigenza di valorizzazione della santità nazionale o regionale o locale, torno più avanti.

57. Da notare in ogni volume l'insistenza sulla scelta e presentazione degli autori (ad esempio, nel vol. I, p. 3v, l'indice degli autori è preceduto da questo avvertimento: «Benigne lector ut videas ex quam limpidis fontibus haec hausta sit, et eis fidem indubiam prorsus adhibeas, en tibi subijcimus scriptores vitarum sanctorum, quae in his quatuor libris continentur»); una scelta prioritaria rispetto a quella dei santi, tanto che nella prefazione al vol. II sente di doversi giustificare di riproporre vite di santi già presenti nel vol. I. La struttura dell'opera del Lippomano nel suo insieme e quella dei singoli volumi andrebbe approfondita; non è facile ritrovare i criteri dell'apparente disordine, direi quasi casualità, delle scelte (un esempio: nel vol. IV, p. 232v, asserisce di essersi accorto di avere scritto meno del previsto e dunque di

L'autore affida dunque in primo luogo all'autenticità delle fonti la difesa del culto dei santi e la loro funzione di esempio. Ma vuole anche rendere la sua opera uno strumento più efficace di confutazione delle dottrine errate, corredandola di glosse a margine che richiamano continuamente l'attenzione del lettore sui punti rilevanti del dibattito teologico, arricchendo ciascun volume di un

> catalogus earum rerum, quae in sequentibus sanctorum vitis contra Haereticos nostri temporis pro catholicorum dogmatum veritate adstruuntur, et veluti robustissimis propugnaculis fulciuntur: septem ecclesiae sacramenta, baptismus, confirmatio, eucharistia, penitentia, ordo sacerdotalis, matrimonium, fides et opera, meritum, missa, ecclesia catholica, excommunicatio, papatus, Sacra Scriptura, traditiones patrum, cerimoniae, habitus, ieiunia, festi dies, sancti, imagines, purgatorium, vota, templorum cultus, mors et mortui, sepultura, haeretici.[58]

Nel caso del Lippomano emerge con maggiore chiarezza la doppia funzione che le raccolte agiografiche vanno assumendo tra '400 e '500: trasmissione di testi, con un metodo, che, come si è già detto per il Mombrizio, andrebbe approfondito per ogni autore, e propaganda della dottrina cristiana in merito alla santità. Il legame tra attività letteraria agiografica e impegno ecclesiastico e pastorale è confermato anche per il Lippomano – come già rilevato per il Witzel – da un'altra opera: la *Confirmatione et stabilimento di tutti li dogmi cattolici*, stampato a Venezia nel 1553.[59] Si tratta di un'opera con cui il vescovo voleva rispondere alla

avere ancora spazio, per cui può inserire la vita di Dionigi l'Areopagita). Mi limito qui a dare qualche indicazione sul contenuto dei singoli volumi; nei due primi l'ordinamento dei santi si può definire storico-cronologico, tanto che nel secondo ritorna ad Adamo e si giustifica, come ho detto, di ripresentare santi di cui ha già trattato; nel vol. III centra la sua attenzione sulle agiografie di Gregorio di Tours; nel IV gli autori utilizzati sono numerosi e vari: Girolamo, Gaudenzio di Brescia, Alfano di Salerno, Gordiano e Fausto, monaci benedettini, Ramperto di Brescia, Giovanni Diacono, Giuliano Pomerio, Braulio, Adone di Treviri, con un persistente interesse per la santità più antica; ma troviamo anche la vita di san Francesco scritta da Bonaventura e infine, come ho detto, la vita di Dionigi l'Areopagita; nei voll. V, VI e VII Simeone Metafraste, cui nel VII si aggiungono altri testi rinvenuti, dice, nel monastero di Grottaferrata, e ancora il *Prato Spirituale*; nell'VIII vari autori: Atanasio di Alessandria, Gregorio di Nissa, Giovanni Damasceno, Giovanni Cassiano, Gregorio di Tours e, infine, Pier Damiani con i sermoni e le vite di Romualdo e Domenico Loricato.

58. Ogni titolo è poi ulteriormente suddiviso in sottotitoli più specifici.

59. L. Lippomano, *Confirmatione et stabilimento di tutti li dogmi catholici*..., Venetia 1553, soprattutto pp. 243v-270r.

necessità di trasmissione ai semplici, ai meno dotti, della dottrina cattolica. La questione era controversa, come risulta tra l'altro dalla autodifesa contro le accuse di volere offrire in pasto argomenti così delicati a «persone mecaniche e donnicciuole»; ma come si poteva non rispondere alla diffusione delle false dottrine, che si infiltravano ovunque attraverso la tradizione orale, o libretti volgari stampati? Il vescovo aveva allora dato incarico di raccogliere i materiali "eterodossi" circolanti in mezzo al popolo della diocesi, intervenendo poi per elaborare il risultato.[60] Non posso qui approfondire la struttura dell'opera e nemmeno i punti dottrinali discussi nella sezione dedicata alla «invocatione et veneratione dei santi»,[61] ma vorrei almeno osservare che la sua impostazione e soprattutto l'uso degli autori conferma alcune delle cose dette per le *Vitae*; in primo luogo troviamo rispettato lo stesso uso delle fonti secondo un criterio di antichità e autenticità.[62] Inoltre alcune pratiche cultuali contemporanee contestate sono difese riconducendole alla prassi più antica della Chiesa, evitando cioè che lo scontro si trasferisse a tempi più recenti e per questo anche meno sicuri.[63]

L'impostazione del Lippomano, le sue scelte cronologiche, il suo rifugio nel passato e anche in un passato lontano per meglio difendere una parte essenziale del patrimonio storico-culturale della Chiesa romana, acquista – per contrasto – un significato maggiore se collocato sullo sfondo della realtà religiosa italiana del primo Cinquecento: una realtà che aveva visto – qualche decennio prima – una nuova fioritura di santi e soprattutto di sante, delle «sante vive» per citare la ricerca di Gabriella Zarri, che ne ha ben delineato la dimensione religiosa non meno che politica.[64] Si ripropone dunque anche per il '500 il problema già emerso dello scarto tra realtà religiosa e produzione letteraria, tra santità vissuta

60. Cfr. A. Prosperi, *Intellettuali e Chiesa all'inizio dell'età moderna*, in *Storia d'Italia Einaudi, Annali*, 4, *Intellettuali e potere*, Torino 1981, pp. 200-201.

61. Lippomano, *Confirmatione*, pp. 243-270. Segue il discorso sulle immagini.

62. Pur nel prevalente uso di fonti scritturali, non mancano le citazioni di autori ecclesiastici come Cipriano, Giovanni Crisostomo, Giovanni Damasceno, Agostino, Basilio, Beda, Bernardo.

63. Mi sembra esemplare la difesa della pratica del Rosario, alle pp. 263 ss.

64. G. Zarri, *Le sante vive. Per una tipologia della santità femminile nel primo Cinquecento*, in «Annali dell'Istituto Storico italo-germanico in Trento», VI (1980), pp. 371-445 [G. Zarri, *Le sante vive. Culture e religiosità femminile nella prima età moderna*, Torino 1990 (Sacro/Santo, 2)]. E ancora Prosperi, *Intellettuali e Chiesa*, pp. 173-175.

e modelli proposti, tra santo come “modello di vita” e culto del santo come “pratica devozionale”.[65]

La raccolta del Lippomano, già criticata al momento della sua stessa pubblicazione, sembra avere creato molte perplessità anche dopo la sua conclusione: certo a distanza di appena cinque anni dalla pubblicazione dell’ultimo volume, il Surio faceva riferimento alle sollecitazioni avute a scrivere una nuova raccolta, e questa ordinata secondo il calendario. Le critiche rivolte al Lippomano erano di confusione e incompletezza:[66] per ovviare alla prima il ricorso all’ordinamento secondo il calendario liturgico; per la seconda l’uso di fonti molteplici, comprese vite anonime. Su questo punto delicato il Surio precisa:

> ab initio constitueram instar Aloysii eas [...] historias conferre quae certos probatosque auctores haberent; at tamen [...] mutavi sententiam et quasdam etiam admisi, quorum authores invenire non potui; nec quaslibet tamen, sed quae partim ex vetustissimis martyrologiis grave habeant testimonium; partim ita scriptae sint, ut cordato lectori per se fidem faciant, satisque ostendant bona fide esse conscriptas, licet vel librariorum incuria, aut aliquo casu authorum nomina omissa sint. [Ma aggiunge di essere stato parco, omettendone molte] quod parum graviter nec satis ad fidem historiae compositae esse videantur [per non offrire agli eretici occasione di calunnie].[67]

Un’altra preoccupazione di natura stilistica ha informato la redazione del Surio, inducendolo a intervenire profondamente sulle vite anonime per renderle «aliquanto latiniores»; e a «nonnihil elimari» in quelle di autore

65. V. sopra. Credo che il panorama così ricco e ben articolato di Prosperi, ivi, *passim* (cui rinvio anche per la bibliografia), offra moltissimi elementi di riflessione; ricordo qui in particolare l’utilizzazione del culto dei santi come strumento per una riaffermazione capillare della Chiesa cattolica a livello popolare.

66. Nella dedica a Pio V scrive infatti: «Cum annis superioribus, Beatissime Pater, Pontifex optime maxime, Tomi aliquot de Sanctorum Vitis evulgati fuissent ab illo sempiterna memoria dignissimo antistite Aloysio Lipomano, iisque intra tempus non diuturnum ita distracti essent, ut nulla usquam exemplaria prostare viderentur; coeperunt quidam viri doctissimi datis ad me literis adhortari, ut ad undecumque conquirendas fide dignas sanctorum vitas animum adijcerem, easque in suos menses apto et concinno ordine distribuerem, atque ita demum excudendas curarem. Videbant enim in illis tomis multas desiderari Sanctorum vitas, tum quoque multas admodum confuse illic haberi».

67. Si tratta sempre della dedica a Pio V, dove troviamo anche una difesa argomentata del culto dei santi. La polemica contro gli eretici viene ripresa anche nei volumi successivi e si lega in genere alla preoccupazione, insieme religiosa e culturale, che le vite possano apparire poco credibili o addirittura risibili: cfr. per questo n. 68.

scritte in modo «ut delicatas aures eorum, qui sermonis elegantia delectantur facile offenderent».[68]

Alle tre caratteristiche ora ricordate della raccolta del Surio: ordinamento *per circulum anni*, maggiore completezza, riadattamento stilistico si deve certamente attribuire il maggiore successo dell'opera del certosino di Colonia, considerata, come conferma anche l'esplicita dichiarazione dei Bollandisti,[69] come momento fondamentale della tradizione agiografica.

Con le tre raccolte di cui ho parlato ci troviamo alle soglie della nuova impresa ideata dal Rosweyde e definitivamente strutturata da J. Bolland. Ma per capire davvero l'importanza di queste opere maggiori, non esclusi gli stessi *Acta Sanctorum,* bisognerebbe approfondirne i rapporti – sul piano storico-filologico non meno che politico-ecclesiastico – con la sistemazione della produzione agiografica. compiuta dall'istituzione ecclesiastica al suo massimo livello, attraverso il *Martirologio romano* e le sue successive elaborazioni,[70] e in secondo luogo ricostruire gradualmente il panorama complessivo della produzione minore, proseguendo per l'età moderna quelle ricerche, che, per il medioevo, hanno consentito la messa a punto del Philippart e del Dolbeau. Basta pensare alla fortuna di una raccolta come quella intitolata *Viola Sanctorum*,[71] contenente brevi riassunti di vite

68. *Ibidem*. Il Surio precisa per ogni vita di santo l'autore, e fin dai sottotitoli non nasconde gli interventi sul testo, volti a rendere più comprensibile o più gradevole la lingua; talvolta dà anche notizie sull'*iter* del suo lavoro, avvertendo quando è venuto a conoscenza di una migliore tradizione manoscritta (cfr. ad esempio vol. II, lettera-dedica a Ottone cardinale vescovo di Albano). Un'altra notazione interessante - posta di seguito al passo citato nel testo - «Ex Simeone Metaphraste, multas sum historias mutuatus, sed fere id observavi ut in illis collocandis Romanae Ecclesiae consuetudine me accomodarem». Mi sembra che questa precisazione sia assai importante per connotare in senso più esplicitamente ecclesiastico il progetto agiografico del Surio, nel senso di una proposta più organica e completa e dunque più convincente sul piano della battaglia religiosa e culturale. È in quest'ottica, e non per il solo ordinamento «per circulum anni», che vanno riesaminati i rapporti con l'impresa bollandista.

69. AASS *Jan.*, I, p. XXII.

70. Per il martirologio romano e le sue successive rielaborazioni e in particolare per l'opera del Baronio cfr. *Propylaeum ad Acta Sanctorum Decembris*, a cura di H. Delehaye, P. Peeters, M. Coens, B. de Gaiffier, P. Grosjean e F. Halkin, *Martyrologium Romanum ad formam editionis typicae scholfis historicis instructum*, Bruxellis 1940, in part. pp. XII ss.

71. Tra le prime numerosissime edizioni della *Viola Sanctorum* ricordo: Nurnberg 1486, Argentorati 1487, Augsburg 1496. Segue l'ordinamento secondo il calendario liturgico; e avverte che, nell'impossibilità di dare conto di tutti i santi con la dovuta ampiezza,

ordinate secondo il calendario e scelte secondo criteri da approfondire, che mostrano, a una prima osservazione, una significativa presenza di santi laici, fra cui Carlo Magno e Ludovico il Pio e si pensi ancora alla più nota raccolta, il *Flos Sanctorum*, dovuta al de Ribadeneira, che vede un'enorme diffusione anche in traduzioni: l'autore, avvalendosi tra l'altro delle raccolte del Lippomano e del Surio, nonché delle annotazioni al martirologio romano del Baronio, si preoccupa di fare un'opera che corrisponda nel modo migliore a un criterio di divulgazione della santità sia antica sia moderna con un significativo sforzo di aggiornamento del calendario.[72]

Nell'impossibilità di tracciare in questa sede anche solo le linee principali di un panorama complessivo, mi limito a presentare qualche sondaggio e qualche riflessione in merito a due temi particolari, ma insieme illuminanti lo sviluppo, le funzioni, le dimensioni antiche e nuove del culto dei santi e dell'agiografia tra la seconda metà del XVI e il XVII secolo: le raccolte nazionali (o regionali) e i martirologi protestanti.

Ho già avuto occasione di ricordare la critica rivolta al Lippomano, e da lui stesso riferita nella prefazione al volume II, di una scelta personale, quasi arbitraria:

ha scelto un criterio di brevità: «Ideo aliqua que in manifestis et authenticis libris de sanctis Dei loqui legi et collegi Christi fidelibus breviter strictimque scribere propono ut lectores animum, si sermo offenderit, tamen brevitas ad legendum provocet». Da notare anche la presenza di un *Registrum alphabeticum* di tutti santi, che può dare una chiave di interpretazione delle finalità di una raccolta che l'autore vuole agile e semplice.

72. Numerosissime le edizioni del '600, di cui ricordo quella di Madrid del 1624 e quella di Barcellona del 1643. Per le traduzioni cito un esempio solo: l'edizione milanese del 1618, per Giovanni Battista Bidelli, che la dedica alla madre Angelica Agata Sfondrati priora del monastero di S. Paolo a Milano e che ripropone il rapporto tra produzione agiografica e vita religiosa; per Milano si veda la relazione di L. Sebastiani sui monasteri femminili a Milano al convegno *Firenze e Milano nel Rinascimento* (Firenze, 5-7 settembre 1984) [L. Sebastiani, *Monasteri femminili milanesi tra medioevo e età moderna*, in *Florence et Milan. Comparison and relations*, Florence 1989 (Villa Itatti series, 11), pp. 3-15]. Quanto all'aggiornamento della santità, tra i santi più "moderni" ricordo Antonio da Padova, Francesco di Paola, Antonino, Bernardino da Siena e in appendice all'ed. del 1624 Francesco Saverio, Luigi Gonzaga, Ignazio di Loyola. Nell'introduzione l'autore sottolinea la funzione di esempio dei santi e di edificazione della agiografia; insiste però sulla presenza di cose oscure che vanno illustrate, di elementi discordanti che vanno accordati. Da notare infine l'equilibrio che si propone di mantenere tra le molte difficoltà che le fonti propongono: brevità/lunghezza; narrazione/teoria; miracoli/virtù ecc. L'autore dice inoltre di avvalersi di molte raccolte: antiche – Beda, Usuardo, Adone – e moderne – Lippomano, Surio, martirologio romano del Baronio.

> in coelo ponit quos vult sanctos, et quos vult detrahit; [all'interno di questa critica una precisazione:] nationum vel provinciarum sanctos non curat.[73]

Spia interessante di un'esigenza largamente sentita, come provano le numerose raccolte su base regionale diffuse a partire dal basso medioevo e che godranno di larga fortuna fino al '600 e oltre.[74] Lo studio di queste raccolte in età moderna, recentemente affrontato in un articolo del Fros,[75] apre nuove prospettive in merito alle funzioni dell'agiografia: se molto si è insistito sull'utilizzazione della santità in chiave politica a proposito di culti di singoli santi come espressione di politiche dinastiche, regali o familiari,[76] le raccolte legate a una regione pongono in modo più esplicito il problema di una interrelazione tra costruzione di singole nazionalità e vita religiosa.

Vorrei citare solo due esempi. Il gesuita Matteo Rader compone all'inizio del '600 un *Viridarium Sanctorum*, senza caratterizzazione locale, con intenti di edificazione.[77] Tra il 1615 e il 1628 si colloca la composizione del suo *Bavaria Sancta* opera dedicata al principe Massimiliano di Baviera.[78]

> Rite et ordine facis, Maximiliane princeps, cum popularium sanctorum qui olim in terra Boica vel nati sunt, vel in eadem versati vel ibidem denati, curam suscipis, ut ipsi vicissim tui taeque gestis tutelam gerant [...] semper enim armorum potentia virtutum potior fuit religio.

73. Cfr. n. 56.

74. Cfr. Philippart, *Les légendiers*, pp. 94 ss. Per l'Inghilterra: M. Görlach, *The South English Legendary, Gilte Legende, and Golden Legend*, Braunschweig 1972 (Braunschweiger Anglistische Arbeiten, 3).

75. H. Fros, *Culte des saints et sentiment national*, in «Analecta Bollandiana», C (1982), *Mélanges offerts à Baudouin de Gaiffier et François Halkin*, pp. 729-735, a cui rinvio per la citazione di molte raccolte; da sottolineare - più di quanto non rilevi l'autore - l'importanza dell'apporto dei gesuiti.

76. Moltissimi gli studi. Mi limito a citare quello ancor oggi esemplare di M. Bloch, *Les rois thaumaturges. Étude sur le caractère surnaturel attribué à la puissance royale particulièrment en France et en Angleterre*, Paris 1923, nuove edizione con Prefazione di J. Le Goff, Paris 1983; trad. it. *I re taumaturghi: studi sul carattere soprannaturale attribuito alla potenza dei re particolarmente in Francia e in Inghilterra*, Torino 1973; E. Pasztor, *Per la storia di S. Ludovico d'Angiò (1264-1297)*, Roma 1955; F. Graus, *La sanctification du souverain dans l'Europe centrale des Xe et XIe siècles*, in *Hagiographie, cultures et sociétés (IVe-XIIe siècles)*, Paris 1981, pp. 559-572; Vauchez, *La sainteté en Occident*, soprattutto pp. 185 ss. (cfr. anche altri suoi saggi citati nella bibliografia). Un caso interessante per l'età moderna è stato studiato da G. Calvi, *Una metafora degli scambi sociali: la peste fiorentina del 1630*, in «Quaderni Storici», 55 (1984), *Calamità, paure, risposte*, pp. 35-64, in part. pp. 54 ss.

77. Matteo Rader, *Viridarium Sanctorum*, Monachi 1614.

78. Matteo Rader, *Bavaria Sancta*, Monachi 1615-1628.

Il principe non si limita solo a venerarli, ma opera santamente «ad antiquitatis exemplum», raccogliendo le loro reliquie e diffondendo le loro vite; e, ancora più meritorio, questa cura non riguarda solo santi noti e venerati, ma «omnes etiam alios populares sanctos in vulgus minus notos». Questi santi, essi stessi del resto ispiratori del principe, non mancheranno di assicurargli il loro patrocinio: nessun dubbio «quin omnes ad tui patriaeque custodiam properent, tuaeque salutis, a qua publica nunc pendet, curam ultro suscipiant».[79]

Ancora più centrata sul legame tra santi e terra in cui sono nati o vissuti, la *Flandria illustrata* del Sanderus, dedicata a Filippo IV: una descrizione geografica, storica e iconografica nella quale i singoli santi trovano posto nella celebrazione dei luoghi cui è legato il loro ricordo.[80] Ma la *Flandria illustrata* non si limita a questo: in appendice al volume II l'autore sviluppa, sulla scorta di altri autori, notizie biografiche di personaggi rilevanti per la storia della regione, trascurati nel volume I. Ci troviamo in presenza di un testo di grande interesse, che ci dà un altro parametro per la comprensione dell'opera: la biografia di Isabella, figlia di Filippo IV e moglie di Alberto d'Asburgo, strutturata esplicitamente in modo da fare emergere la dimensione della santità e il suo rapporto miracoloso con la storia della Fiandra. La divina bontà l'ha fatta nascere «turbulentissimis istis temporibus», sapendola «adultam ad Principatum Belgii aliquando perventuram, Basilicasque et monasteria ab iconoclastis eversa instauraturam». Anche nel passato vi è stata la stessa coincidenza tra grandi pericoli per la Chiesa e nascita di grandi santi: Agostino, Norberto, Domenico, Ignazio di Loyola, Teresa d'Avila sono lì per provarlo. E ora

> Haec itaque altissima coelestis providentiae ratio fuit, ut sectariis, funesti ac fatali illo anno Belgica templa vastantibus, mulierem hanc vere fortem et futuram aliquando violatae Religionis instauratricem objiceret.

79. Le citazioni dalla dedica al vol. I, dove abbondano le lodi della Baviera e dei suoi luoghi santi, illustrati da innumerevoli miracoli. Gli stessi temi nella dedica al vol. II forse con una maggiore insistenza sulla complementarità tra vittorie militari e protezione dei santi.

80. Antonius Sanderus, *Flandria illustrata*, Coloniae Agrippinae 1641-1644; dello stesso autore ricordo anche l'*Hagiologium Flandriae* pubblicato nel 1634. La *Flandria illustrata* si propone di dare per ogni istituzione, monastica o ecclesiastica, una storia religiosa, architettonica e patrimoniale, con una attenzione specifica ai santi e alle reliquie conservate in ciascun luogo.

Dopo una vita segnata da tutte le virtù politiche, militari, familiari, e tutte allo stesso tempo cristiane, una vita cui non mancherà l'esperienza di terziaria francescana, una morte esemplare e questa ancora seguita da una cerimonia funebre nella quale il concorso di popolo la rivendica come taumaturga, cercando di sottrarre le sue reliquie e reclamando per lei la triplice corona. Infine il riconoscimento della sua più alta funzione, quella di *mater patriae*.[81] Il problema dell'aggiornamento agiografico emerge qui in una nuova dimensione, con la proposta di una santità contemporanea, con i caratteri del patronato insieme terreno e celeste, quasi a riassumere e conglobare quella santità più antica, diffusa e corposamente radicata attraverso le preziose reliquie di cui si tramandano nell'opera stessa gli elenchi minuziosi. La dimensione "regionale" sembra avere consentito una più armonica e credibile coesistenza e compenetrazione tra santità antica e santità moderna.

Un terzo autore ci consente di esemplificare ulteriormente l'importanza delle raccolte a base nazionale e insieme di cogliere il rapporto tra produzione agiografica cattolica e i martirologi protestanti. Joannes Molanus attualizza fortemente la sua opera letteraria: ricorda, da un lato, i drammi della discordia religiosa e della guerra; e dall'altro insiste su una realtà religiosa protestante che trova espressione in una vera e propria messe di "pseudomartirologi". Questi sono anche i due motivi che lo inducono a pubblicare il martirologio di Usuardo.[82] I santi, nati in Belgio e di cui in Belgio si conservano le reliquie, sono anche per lui i veri difensori e protettori del paese: è quanto afferma anche nella premessa all'edizione del martirologio di Usuardo, invitando ad avere cura particolare di quelli, di cui si custodiscono le reliquie, e fede nel loro patrocinio; incitando i vescovi a comporre un

> proprium martyrologium, de omnibus et solis sanctis, qui in ipsius archiepiscopatu atque subditis in Episcopis quiescunt.[83]

81. Ivi, vol. II, *Auctarium*, pp. 19-24.

82. Del Molanus ricordo l'edizione del martirologio di Usuardo del 1568; il *De picturis* del 1570; l'*Indiculus sanctorum Belgii* del 1573; il *Natales Sanctorum Belgii* del 1595.

83. Nel cap. XXII della *Praefatio* insiste sulla necessità di una attenzione speciale verso i santi del proprio paese. Ad esempio dice: «Specialem etiam curam habere oportet de iis sanctis quorum reliquias habemus, quia nobis convivendo, bene vivendo, conversationis, tolerando fortiter, passionis reliquerunt exempla: quorum etiam speciali patrocinio nos adiuvari dubitandum non est. Sicut et nos experti sumus et nostri probavere maiores,

Ma per quest'ultima raccomandazione si aggiunge un'altra motivazione: la produzione di nuovi martirologi – come la nuova conoscenza di quelli antichi – è infatti doverosa di fronte al proliferare di "pseudomartirologi" dovuti agli eretici.[84]

Se nel Witzel avevamo trovato solo un cenno,[85] con il Molanus ci troviamo in presenza di un piccolo panorama della produzione agiografica protestante, Crespin, Foxe, Pantaleon, con relative traduzioni, accompagnato naturalmente da una condanna, basata su fonti patristiche, delle loro pretese aspirazioni al martirio. La sua testimonianza non riguarda solo la produzione letteraria, ma anche la realtà religiosa: una realtà ai suoi occhi assai preoccupante per l'esemplarità di morti sostenute con tanto coraggio. Non restava che augurarsi che le parole di Eusebio

> «quae esse potest apud eos martyrii veritas ubi Christi veritas non est», [...] quorumdam infirmis mentibus impressae essent qui facillime turbantur cum audiunt et vident haereticorum quempiam magna animi constantia seu verius pertinacia, corpus suum flammis aut gladio aut alii mortis generi obiicere.[86]

Una testimonianza esplicita di come l'agiografia cattolica non reagisse solo a posizioni teologiche, ma anche alla inquietante presenza di una santità che si manifestava proprio nella forma più antica e gloriosa, il martirio per la fede. Una santità che aveva trovato subito i suoi mezzi di espressione e di propaganda e che aveva dalla sua, rispetto al tradizionalismo caratterizzante i modelli cattolici, il vantaggio dell'attualità.

«Le retour aux origines historiques du christianisme ne pouvait manquer de rappeler l'attention sur les premiers "témoins" du Christ. Ce rappel était d'autant plus sympathique que les réformés avaient conscience de revivre en quelque sorte cet âge héroïque où le sang coulait pour la

credimus atque confidimus inter omnes labores ipsius vitae ad obtinendam misericordiam Dei semper nos specialem patronorum orationibus adiuvandos. Cum omnium sanctorum martyrum fratres devotissime natalem celebrare debemus, tum praecipue eorum solemnitas tota nobis veneratione curanda est, qui in nostris domicillis proprium sanguinem profuderunt». Questo concetto viene ripetuto ancora più volte.

84. *Natales*, epistola dedicatoria e soprattutto cap. X: «De haereticorum pseudomartyrologiis», dell'edizione del martirologio di Usuardo.

85. Witzel, *Vitae Pairum*, p. 4: «Iactitent isti suos si quos habent sanctos, suaque debuccinent egregia gesta; nos nostros seu nostrae Ecclesiae decet quotidianis extollere laudibus, voce styloque plurimi facere».

86. Cfr. n. 84.

foi», dice L.-E. Halkin, ricordando che Lutero, venuto a conoscenza della morte delle prime due vittime della repressione, Jean van Essen e Henri Voes, non aveva esitato a proclamarli martiri. «Il est naturel que la Réforme se soit fait gloire de ce baptême du sang, mais que elle ait eu, comme l'Eglise primitive, le souci de séparer l'ivraie du bon grain. C'est pour répondre à des préoccupations de ce genre que les protestants publièrent à leur tour des martyrologes, actes authentiques de martyrs reconnus par leurs Eglises».[87]

Ma se i martiri protestanti preoccupavano la gerarchia cattolica, il timore che i loro martiri riproducessero forme esecrate di religiosità preoccupava gli scrittori protestanti.

> Ce ne sont pas des os, ni des cheveux, ne membres de leur corps, ne quelques haillons ou pièces de leur habillemens, ne fables de legendes dorées, pour les recommander et en faire de reliquaires à l'usage de celle de la votre partie adverse et de la synogogue maudite: mais ce sont eux-mesmes parlans en leurs écrits, consolans et enseignans ceux qui restent encore en cette course. Je vous y presente, en somme, la matière d'une belle histoire écclésiastique [...].[88]

Ma queste preoccupazioni non impedirono il moltiplicarsi di raccolte, a partire dalla metà del '500 – nello stesso anno 1554 vengono pubblicati i tre più antichi martirologi, quello di Crespin, Rabus e Foxe – il cui successo è testimoniato anche dal numero delle edizioni. Si tratta dunque di un fenomeno imponente, un vasto campo di ricerca da approfondire, anche se non mancano gli studi che hanno utilizzato alcuni martirologi locali come fonti per la storia della riforma in singole regioni[89] o mo-

87. L.-E. Halkin, *Les martyrologes et la critique. Contribution à l'étude du Martyrologe protestant des Pays-Bas,* in *Mélanges historiqaes offerts à Monsieur Jean Meyhoffer docteur en Théologie*, Lausanne 1952, pp. 52-72; cit. da pp. 54 e 55.

88. Jean Crespin, *Le livre des martyrs*, Genève 1565 (I ed. 1554), dedica. Cfr. anche Halkin, *Les martyrologes*, p. 55. Per la concezione della santità: B. Vogler, *Le concept de sainteté chez les Reformateurs et dans la piété protestante*, in *Histoire et sainteté*, Actes de la Cinquième Rencontre d'Histoire Religieuse (Angers et Fontevraud, 1981), Angers 1982 (Publications du Centre de recherches d'histoire religieuse et d'histoire des idées», 5), pp. 47-52.

89. Tra i lavori generali ricordo: Halkin, *Les martyrologes*, cui rinvio per la bibliografia precedente; P. Geisendorf, *La vie religieuse dans les pays protestants de langue française à la fin du XVIe siècle*, in *Colloque d'histoire religieuse (Lyon, octobre 1963)*, Grenoble 1963, pp. 85-100; J.-F. Gilmont, *Un instrument de propagande religieuse: les*

nografie approfondite come quella di Haller su Foxe,[90] che ha messo in evidenza il rapporto tra la raccolta e la storia dell'Inghilterra nel sec. XVI, riproponendo il problema delle valenze nazionali già incontrate per molte raccolte cattoliche.

Vorrei fare solo alcune osservazioni partendo dallo studio già ricordato di L.-E. Halkin. Egli ha impostato il problema di un'edizione critica e di un'analisi più rigorosamente storica dei martirologi protestanti, ponendo giustamente l'accento sull'importanza dei «procédés d'information» degli autori: un approccio che ripropone il tema delle fonti orali, del rapporto orale-scritto, delle forme di mediazione. Ha inoltre sottolineato la necessità di considerare questa produzione alla luce di una tradizione ininterrotta e in rapporto con le reazioni contemporanee di parte cattolica.[91]

Molti altri sono i temi, direttamente o indirettamente legati a questi, da considerare. Ricordo qui solo quelli che mi appaiono i tre principali. In primo luogo la scelta cronologica e l'eventuale presenza – e come selezionata – dei martiri antichi: da notare, per fare un solo esempio, che la prima edizione del martirologio di Jean Crespin comincia da Huss, mentre a partire dall'edizione del 1582 risale a santo Stefano, con una evidente volontà di recupero della tradizione più antica;[92] un tema che può assumere anche maggiore significato se messo in relazione con il posto riservato ai martiri in opere di diversa natura, come, ad esempio, quella dei Centuriatori di Magdeburgo o, più in generale, con il problema dei *testes veritatis*, dei precursori della Riforma.[93]

martyrologes du XVIe siècle, in *Sources de l'histoire religieuse de la Belgique, Moyen Âge-Temps Modernes*, Louvain 1968 (Bibliothèque de la Revue d'histoire écclésiastique, fasc. 47), pp. 376-388. Più specifico: E. Mahieu, *Les martyrs montois dans les martyrologes*, ivi, pp. 389-402.

90. W. Haller, *Foxe's Book of Martyrs and the Elected Nation*, London 1963: e anche K. Firth, *The Apocalyptic Tradition in England (1530-1645)*, Oxford 1971.

91. Halkin, *Les martyrologes*, *passim*.

92. Ivi, p. 55, n. 2.

93. Forte è la preoccupazione per la difficoltà di avere notizie sicure sui primi martiri e molte le frasi polemiche nei confronti delle narrazioni che pretendono tramandarle, ad esempio: «commemoranda erant martyria, si quid certi de iis apud vetustos et probatos extaret auctores. Verum hac in re non pauca nos desiderare queri possumus, tum propter probatorum martyrologiorum defectum, tum propter fabulosas narrationes, quibus martyrum vitae a scriptoribus ineptis deformatae passim leguntur» (Vol. I, col. 639). Questo non esclude l'uso critico dei grandi leggendari abbreviati come quelli di Vincenzo di Beauvais e di Pietro de Natalibus. Per l'atteggiamento nei confronti della storia della

Il secondo aspetto degno di approfondimento – anche in direzione delle diversità tra le confessioni protestanti – è quello del modello agiografico, che comprende il rapporto tra martire antico e martire contemporaneo, e, più in generale, i segni della santità: dalle virtù alle manifestazioni soprannaturali. Proprio l'importanza del dibattito sul miracolo nella teologia del '500 – messo ancora recentemente in evidenza da Daniel Pickering Walker –[94] fa ritenere suscettibile di risultati interessanti una ricerca sul rapporto tra natura e sovranatura in questa letteratura agiografica: se i miracoli sono banditi dalla concezione teologica, il miracoloso non manca di affacciarsi qua e là almeno nella forma del prodigio naturale.[95]

A riprova della centralità di questo problema nella letteratura religiosa dell'età della Riforma basterà ricordare l'impostazione data da Erasmo alla *Vita di Girolamo* – esemplare soprattutto se esaminata alla luce delle sue posizioni teoriche – con la dura polemica contro le narrazioni favolose, l'insistenza sull'importanza della verità, sull'uso di fonti sicure, prime fra tutte gli scritti stessi di Girolamo:

> Ego nihil arbitror esse rectius quam eiusmodi describere sanctos, cuiusmodi fuerunt ipsi, in quorum vita si quid etiam errati deprehenditur, hoc ipsum nobis vertitur in exemplum pietatis.[96]

Chiesa, l'interesse per i precursori della riforma, i *Testes veritatis*, ancora utile P. Polman, *L'élément historique dans la controverse religieuse du XVIe siècle*, Gembloux 1932, in part. pp. 178 ss. Cfr. anche E. Norelli, *L'autorità della Chiesa antica nelle Centurie di Magdeburgo e negli Annali del Baronio*, in *Baronio storico e la Controriforma*, Sora 1982, pp. 253-307.

94. D. Pickering Walker, *La cessazione dei miracoli*, in «Intersezioni», III/2 (1983), pp. 285-301. Ma si veda anche, più in generale, C. Webster, *Magia e scienza da Paracelso a Newton*, Bologna 1984.

95. Jean Crespin, ad esempio, nella vita di Wycliff introduce il racconto del terremoto manifestatosi a Londra al momento della convocazione del concilio da parte dell'arcivescovo Guglielmo di Canterbury, con queste parole: «Ne nous devons point laisser passer une chose qui advint divinement [...] Sur cela aucuns des évêques estonnez d'un mauvais présage [...]», *Le livre des martyrs*, vol. I, p. 4. Anche nella biografia di Huss una eclissi di sole ha nel racconto un'evidente valenza prodigiosa, ivi, p. 34). Sulle calamità e i prodigi in quest'epoca cfr. D. Cantimori, *Note su alcuni aspetti della propaganda religiosa nell'Europa del '500*, in *Aspects de la propagande religieuse*, Genève 1957 (Travaux d'Humanisme et Renaissance, 28), pp. 340-351.

96. *Hieronimi Stridonensis Vita*, in *Erasmi Opuscula. A Supplement to the Opera Omnia*, a cura di W.K. Ferguson, The Hague 1933, pp. 125-133 (Introduzione) e pp. 134-190 (testo); cit. da p. 136. Ringrazio vivamente Anna Morisi per avere richiamato la mia attenzione su quest'opera e per i molti suggerimenti e consigli. Se ne ho potuto tenere poco

L'esempio di Erasmo ci introduce al terzo elemento su cui volevo richiamare l'attenzione: il rapporto tra agiografia e biografia. Un rapporto a mio avviso poco presente e ancor meno studiato anche per casi estremamente significativi, vorrei dire esemplari: penso ad esempio alle *Vite* di Girolamo Savonarola.[97] E ancora ritornando dalle singole biografie alle raccolte, vorrei ricordare almeno un caso illuminante: lo *Heldenbuch* di Heinrich Pantaleon.[98] La varietà dei suoi eroi – da cui non sono esclusi né laici né riformati – permette infatti di cogliere l'interazione fra tradizioni culturali e religiose diverse.

Questi ultimi esempi consentono di concludere che una ricerca agiografica che approfondisca le articolazioni interne al mondo cattolico e a quello protestante e proceda a uno studio integrato della relativa produzione letteraria può offrire un contributo importante su aspetti forse meno noti della storia religiosa e culturale dei primi secoli dell'età moderna, così come da tempo ha contribuito a una più approfondita conoscenza della società medioevale.

conto in queste pagine, essi costituiscono uno stimolo ad approfondire alcuni dei temi qui accennati e a affrontarne di nuovi.

97. Penso ai contributi recenti su Girolamo Savonarola: il volume di D. Weinstein, *Savonarola and Florence. Prophecy and Patriotism in the Renaissance*, Princeton University Press 1970 (trad. it., Bologna 1976), in cui sembra prevalente un uso biografico delle vite; e il saggio di C. Leonardi, *Gerolamo Savonarola: santità e profezia*, in *Agiografia nell'Occidente cristiano*, pp. 57-77, che, riproponendo il tema della santità di vita, utilizza quasi esclusivamente le opere dello stesso Savonarola, prescindendo dunque dalla ricostruzione della sua santità da parte dei contemporanei.

98. Per l'autore e l'analisi della sua opera si deve fare riferimento alla monografia non più recente, ma molto utile, di H. Buscher, *Heinrich Pantaleon und sein Heldenbuch*, Basel 1946.

11. Esemplarità e santità

1. *Premessa*

L'identità storica del santo è strettamente connessa nelle fonti e nella storiografia con la storia del suo culto: la 'vita dopo la morte' costituisce il proprio della storia della santità. Questo influisce sulle forme di costruzione e trasmissione della memoria: le testimonianze agiografiche hanno in questa continuità fra la vita e la morte la propria specificità. La memoria storica di un santo – a qualunque mezzo si affidi, scritto o iconografico – ha una funzione di collegamento fra passato, presente e futuro: il dato storico deve essere reso disponibile ai fini della conservazione nel tempo dei tratti distintivi della sua identità biografica e delle espressioni della sua eccezionalità, così da assicurare nel futuro la persistenza del suo culto.

Questa memoria storica si carica spesso di una finalità di edificazione dei fedeli per ciò che il santo ha fatto, ha detto, ha sofferto: un invito alla fede, attraverso le virtù e i miracoli nei quali si è manifestata la potenza di Dio, anche se non mancano le eccezioni: tanti sono infatti i casi, in cui la narrazione o l'immagine sembrano rispondere a esigenze di natura diversa, ammirazione, stupore, terrore, come testimoniano precocemente quelle passioni leggendarie, di cui alla fine del secolo VI si tentava di proibire la lettura nelle assemblee liturgiche proprio perché sollecitavano soprattutto la fantasia e l'emotività. Alla funzione di edificazione si può aggiungere una funzione più specifica, quella di *exemplum*: modello da imitare. L'esemplarità appare dunque non come l'unica, ma come una delle possibili componenti delle testimonianze relative alla storia della santità. Dunque i due termini esemplarità e santità non sono immediatamente sovrapponibili. Interessante sarà allora cogliere le modalità – coincidenza, dialettica, influssi, complementarità o alternatività – con le quali esse hanno interagito nel lungo corso della storia del cristianesimo. Prima di entrare nel vivo di questa storia è opportuno considerare separatamente ciascuno dei due termini.

La santità è un fenomeno presente in una molteplicità di contesti. In una dimensione storico-antropologica si può definire la santità come un'esperienza religiosa che, per scelta di vita, pratiche ascetiche, virtù, tende all'avvicinamento o all'unione con il Divino, superando i limiti della condizione umana e assumendo i connotati dell'eccezionalità. Questa si caratterizza per il potere di mediazione fra l'uomo e Dio, nella doppia dimensione spirituale e materiale. La storia delle religioni offre una amplissima gamma di forme di "santificazione" e di "divinizzazione", non prive di analogie con la santità cristiana. Il confronto più ravvicinato è naturalmente quello con l'ebraismo: la santità è propria di Dio, ma si estende al popolo d'Israele, a cose, luoghi, tempi, in virtù di una santificazione o consacrazione voluta da Dio e che deve essere conservata rispettando i comandamenti ed evitando il peccato.[1]

Nel cristianesimo il fenomeno assume tuttavia un'identità nuova e specifica in relazione all'incarnazione e resurrezione di Gesù, reso santo dalla discesa dello Spirito Santo, mediatore della santità del Padre, dotato di una potenza che dal suo corpo si estende a tutto ciò con cui entra in contatto, come prova l'episodio dell'emorroissa.[2] Il Vangelo di Giovanni delinea la santità come attributo di Dio, in linea con l'Antico Testamento, e da questa fa derivare la santificazione di Gesù, nel quale il Padre condensa ricchezza, potenza, sapienza;[3] da Gesù la santità si sposta sui discepoli[4] e su tutti coloro che attraverso la fede e il battesimo entrano a far parte della comunità dei cristiani.[5] La figura di Gesù Cristo risulta il modello fondante della santità cristiana e ne spiega le peculiarità e lo straordinario sviluppo: egli è colui che, avendo vinto la morte fisica, è garante dell'immortalità dell'anima e del corpo di ogni uomo e il mediatore per eccellenza fra l'uo-

1. G. Filoramo, *Le origini della santità cristiana*, in *Diventare santo. Itinerari e riconoscimenti della santità tra libri, documenti e immagini*, a cura di G. Morello, A.M. Piazzoni, P. Vian, Città del Vaticano-Cagliari 1998, pp. 9-15.

2. Lc 8, 45-46.

3. Gv 17, 17.

4. Gv 17, 19.

5. U. Vanni, *La santità nell'apocalisse*, in *La santità*, a cura di P.A. Elberti, Napoli 2001, pp. 41-52.

mo e Dio. Questo testimoniano già i Vangeli, compresi i Vangeli apocrifi, testi nei quali la letteratura agiografica attingerà nel corso dei secoli, variamente combinandoli fra loro, i 'segni' della santità: scelte di vita, penitenze, virtù, miracoli. I Vangeli sono stati giustamente considerati la prima agiografia cristiana.[6]

All'interno dell'idea della santità universale dei cristiani, si insinuano precocemente forme di progressiva differenziazione, a partire dalla figura del martire, proseguendo nei primi secoli con l'asceta e il vescovo. Ha qui origine la storia della santità, che non è storia di quella santità "per tutti" sopra evocata, ma storia di personaggi che nel corso dei secoli hanno vissuto la loro fede in forme ritenute eccezionali, tali da meritare il favore divino e da renderli pertanto a loro volta mediatori e protettori spirituali e materiali; tali anche da poterli additare come esempio e come modello. Il fenomeno della santità e del culto dei santi ha assunto nel cristianesimo dimensioni così vaste da assorbire ogni altra forma di esemplarità, con la conseguenza di una sempre più stretta identificazione fra eccezionalità e santità ecclesiasticamente riconosciuta, marginalizzando le innumerevoli forme di spiritualità vissuta "senza" o "fuori" o "in opposizione a" ogni riconoscimento ecclesiastico.[7] Solo recentemente si notano aperture ad altre forme di eccezionalità, soprattutto in altre confessioni cristiane, che hanno avuto forme diverse, meno vincolanti, di canonizzazione, o addirittura che hanno rifiutato teologicamente il culto dei santi, ma non hanno mancato di conservarne una memoria, carica di valore esemplare.[8]

Se la santità non si identifica con l'esemplarità, l'esemplarità abbraccia un campo assai più vasto della santità, costituito da esperienze esistenziali molto diversificate, la cui memoria è stata conservata per il suo valore testimoniale. Ogni cultura tende a celebrare i propri eroi e a costruire intorno alla loro figura veri e propri modelli, con la funzione di esempio per i singoli o per intere collettività, non senza influssi o interferenze – non sempre consapevolmente imitative – con la santità cristiana. Il concetto di esemplarità potrebbe dunque essere esteso molto al di là dei confini della storia del cristianesimo, e ancora molto al di là dei confini della storia religiosa,

6. C. Leonardi, *Agiografia*, in *Il medioevo latino*, vol. I/2, in *Lo spazio letterario del medievo*, Roma 1993, pp. 421-462.

7. S. Boesch Gajano, *La santità*, Roma-Bari 1999.

8. *Histoire des saints et de la sainteté chrétienne*, a cura di F. Chiovaro, J. Delumeau, A. Mandouze *et alii*, 11 voll., Parigi 1986-1988 (tr. it., *Storia dei santi e della santità cristiana*, Parigi 1991).

in particolare in quei contesti "limitrofi", anche se spesso antagonisti, come possono essere considerate le società laicizzate del XIX e XX secolo, piene di figure esemplari di eroi della libertà, della patria, dell'onore.

La questione si pone fin dalle origini del culto dei martiri, per il quale la storiografia ha cercato gli antecedenti sia nei martiri della tradizione ebraica (i Maccabei) sia nei cosiddetti martiri "pagani" (i martiri alessandrini); si pensi poi ai casi di confine fra santità e eresia, fra santità e stregoneria, fra santità e impostura; e ancora all'esemplarità elaborata intorno a grandi eventi come la rivoluzione francese – con la "produzione" di martiri dall'una e dall'altra parte – e ancora ai casi di vergini morte per la difesa del loro onore, selettivamente riconosciute come sante; e infine ai personaggi, pur totalmente estranei a una cultura religiosa, cui viene riconosciuto, per esperienza esistenziale o per particolari doti mediatiche, un eccezionale carisma.[9]

Le affinità morfologiche e funzionali confermano tuttavia, per il tema qui trattato, la centralità del cristianesimo come religione che «con maggiore consapevolezza ha elaborato una teologia, ha creato una liturgia, ha prodotto specifiche norme e addirittura istituzioni destinate al riconoscimento ufficiale della santità».[10]

2. *La morte come testimonianza*

Una turba immensa d'ogni nazione, tribù, popolo e lingua, narra l'Apocalisse,[11] stava in piedi davanti al trono di Dio e dinanzi all'Agnello; erano «avvolti in bianche vesti e con palme nelle loro mani e gridavano a gran voce, dicendo: "La salvezza al nostro Dio che siede sul trono e all'Agnello"». Questi, prosegue il testo, sono «coloro che vengono dalla gran tribolazione, ed hanno lavato le loro vesti e l'hanno fatte bianche nel sangue dell'Agnello». Si introduce così una diversificazione all'interno della santità comune a tutti i cristiani: coloro che pregano, che soffrono, che hanno il carisma della profezia e che arrivano anche a dare la vita come martiri emergono per una loro caratteristica particolare, quella di posse-

9. *Les saints et les stars. Le texte hagiographique dans la culture populaire*, a cura di J.-Cl. Schmitt, Parigi 1983.

10. Boesch Gajano, *La santità*, p. VII.

11. *Ap* 7, 9-17.

dere la testimonianza di Gesù.[12] Così l'Apocalisse «getta le basi per una rappresentazione del martire come santo»:[13] una figura nuova, malgrado l'evidente influsso giudaico trasmesso dal *Libro della Sapienza* e dai libri maccabaici, che accreditano la venerazione per i martiri della rivolta del 164 a.C. e testimoniano la speranza del premio ultraterreno per coloro che sono morti per la fede.

Il martirio come manifestazione di santità trova il suo fondamento in numerosi passi neotestamentari.[14] Gli apostoli sono per eccellenza coloro che rendono testimonianza della resurrezione del Signore, il quale ha reso la testimonianza suprema proclamandosi figlio di Dio, e sono a loro volta chiamati a testimoniare proclamandosi cristiani. La testimonianza poteva comportare la morte, così che il termine *martys* dal significato etimologico di "testimone" passa a quello, rimasto nella lunga storia della parola, di "morto per la fede".[15] La scelta del martirio come imitazione di Cristo, martire per eccellenza, porta alla certezza dell'accoglimento nella gloria celeste e della resurrezione, ancora una volta in virtù e a imitazione della resurrezione di Cristo.

Le comunità cristiane, concentrate, com'è noto, soprattutto nei centri urbani, cominciano dal II secolo ad avere i loro martiri: dapprima morti illustri degni di essere accompagnati dalla preghiera comunitaria, poi "santi", degni di essere venerati, perché assunti presso Dio in virtù della loro testimonianza di fede, e dunque intercessori presso di lui. Prende così avvio in età tardoantica, con l'appoggio dei maggiori intellettuali, un fenomeno nuovo, destinato a immenso successo.[16] I martiri diventano il fondamento delle principali chiese della cristianità, come provano la liturgia, la dedicazione di chiese, l'agiografia, l'iconografia. Il culto reso alle loro reliquie, non solo ha un'efficacia persistente nel radicamento della nuova religione, ma gode di un inesauribile successo nel corso dei secoli, con veri e propri *revivals* legati a specifiche congiunture ecclesiastiche e politiche: come il rilancio dei culti martiriali a Roma dopo il Concilio di Trento; o l'"invenzione" di reliquie – usando il termine nella doppia accezione

12. *Ap* 12, 17.
13. Filoramo, *Le origini della santità cristiana.*
14. *Mt* 10, 18-20; *Mc* 13, 9; *Gv* 18, 37.
15. F. Scorza Barcellona, *Agli inizi dell'agiografia occidentale*, in *Hagiographies*, a cura di G. Philippart, 3 voll., Tournhout 1994-2001, vol. III, 2001, pp. 17-97.
16. P. Brown, *The Cult of the Saints*, Chicago 1981; trad. it. *Il culto dei santi. L'origine e la diffusione di una nuova religiosità*, Torino 1983.

di ritrovamento di corpi e della loro identificazione come reliquie di un martire sconosciuto – in funzione controrivoluzionaria, come nel caso di Filomena;[17] o la traslazione delle reliquie di martiri romani in Francia dopo la Restaurazione.[18]

Il martire non esaurisce la sua funzione nei primi secoli: tutta la storia del cristianesimo offre esempi di riattualizzazione di questa figura[19] fino ai tempi più recenti.[20] Questa lunga storia ha un doppio versante: interno ed esterno. L'espansione della nuova religione è sempre segnata dal sangue, versato per testimoniare la fede: dai contadini uccisi dai Longobardi per avere rifiutato di partecipare a pratiche pagane, ai missionari di ogni epoca e di ogni terra, ai re che, convertendosi, suscitano l'opposizione cruenta dei loro sudditi o dei loro rivali, ma che proprio con il loro sangue gettano le fondamenta delle nuove monarchie, tra i quali Oswald in Inghilterra (†641); Stefano in Ungheria (†1038;); Boris e Gleb (†1015) in Russia. Vi sono i martiri legati all'ideologia crociata e alla lotta contro i nemici della Chiesa; i bambini presunte vittime degli ebrei, strumenti per la riattualizzazione di stereotipi antigiudaici;[21] le vittime delle rivoluzioni, francese e russa, poi della guerra civile spagnola, dei totalitarismi.

Quanto al versante interno al cristianesimo, sono tante le vittime dei contrasti dottrinali, ecclesiastici, politici. Si tratta di forme di accesa "concorrenzialità", il cui primo esempio è costituito dalla Chiesa donatista nell'Africa del IV secolo, che si autoproclamò la Chiesa dei martiri, e venerò i "propri", senza rinunciare al culto per quelli antichi,

17. S. La Salvia, *L'invenzione di un culto: S. Filomena da taumaturga a guerriera della fede*, in *Culto dei santi, istituzioni e classi sociali in età preindustriale*, a cura di S. Boesch Gajano e L. Sebastiani, Roma-L'Aquila 1984, pp. 873-956 [S. La Salvia, *L'invenzione di un culto. Santa Filomena da taumaturga a guerriera della fede*, Roma 2017 (Sanctorum. Scritture, pratiche, immagini, 3)].

18. Ph. Boutry, *Les saints des catacombes. Itinéraires français d'une piété ultramontaine*, in «Mélanges de l'École française de Rome, Moyen Âge-Temps Modernes», 91 (1979), pp. 875-930.

19. *Martyrs and Martyrologies*, a cura di D. Wood, Oxford 1993 (Studies in Church History, 30).

20. A. Riccardi, *Il secolo del martirio*, Milano 2000.

21. T. Caliò, *Antisemitismo e culto dei santi in età contemporanea: il caso del beato Lorenzino da Marostica*, in *Il pubblico dei santi. Forme e livelli di ricezione dei messaggi agiografici*, a cura di P. Golinelli, Roma 2000, pp. 405-444 [T. Caliò, *La leggenda dell'ebreo assassino. Percorsi di un racconto antiebraico dal medioevo ad oggi*, Roma 2007 (Sacro/Santo n.s., 10)].

"donatizzando"[22] la produzione agiografica africana dei primi secoli. Nella Chiesa d'oriente vi furono le vittime delle lotte religiose: Massimo il Confessore (†662), imprigionato e torturato per essersi opposto al *týpos* dell'imperatore che proibiva le discussioni relative alla natura del Cristo, e le numerose vittime dell'iconoclasmo, che sconvolse dal 726 all'843 la vita dell'Impero. In Occidente la Spagna conosce nuovi martiri, celebrati alla metà del secolo IX nel *Memoriale dei santi* di Eulogio di Cordova insieme ai martiri antichi, tra i quali l'apostolo Giacomo, il cui culto diventò il simbolo della riconquista cristiana; e ancora i martiri della riforma della Chiesa del secolo XI, come i patarini milanesi Arialdo (†1066) e Erlembaldo (†1075); le vittime del potere politico come Tommaso Becket (†1170), e degli eretici, come il domenicano Pietro da Verona (†1252). La morte violenta continua a esercitare, soprattutto nell'Europa settentrionale, un fascino inestinguibile.[23]

Il martirio mantiene intatta la sua valenza di testimonianza per eccellenza della fede anche nell'ambito della Riforma,[24] che non solo riserva ai martiri antichi un posto di rilievo nella sua nuova interpretazione della storia della Chiesa, non solo recupera tra i martiri gli eretici medioevali condannati dall'Inquisizione, ma conserva memoria scritta dei nuovi testimoni della fede e soprattutto ripropone con forza la loro esemplarità: martiri della Riforma in Francia, in Inghilterra, in Scozia, dal tempo della Riforma fino all'età vittoriana, e ancora nelle terre di missione.[25]

Il martirio più di ogni altra forma di eccezionalità si carica di valenze "militanti" e diventa spesso strumento di propaganda, emblema di lotta, modello generatore di ulteriori martiri. Nello stesso tempo proprio la sua "trasversalità" in tutte le confessioni e in tutte le chiese, dà al martirio anche una valenza "ecumenica": emblema di una Chiesa capace di ritrovare l'unità proprio nel sangue dei martiri.

La rilevanza antropologica e simbolica dell'effusione del sangue fuoriesce largamente dai confini del cristianesimo. Tutte le grandi ideologie hanno

22. V. Saxer, *Afrique latine*, in *Hagiographies*, vol. I, 1994, pp. 25-95.

23. A. Vauchez, *La santità nel Medioevo*, Bologna 1989.

24. S. Cavallotto, *«Heiligentexte», "devozione" ai santi e riforma liturgica nelle chiese protestanti*, in «Agiografica», 8 (2001), pp. 233-256; Id., *I martirologi protestanti del XVI secolo*, in *Europa sacra. Raccolte di vite di santi e identità politiche fra Medioevo e età moderna*, a cura di S. Boesch Gajano, R. Michetti, Roma 2002, pp. 315-358 [S. Cavallotto, *Santi nella Riforma*, Roma 2009 (Sacro/Santo n.s., 12)].

25. *Martyrs and martyrologies*.

i loro eroi, che nella morte ricevono il sigillo della loro grandezza: la Rivoluzione francese, quella americana, il Risorgimento, il marxismo, la prima guerra mondiale, la Resistenza. Non sempre il martire nasce da un atto consapevole: Anna Frank è divenuta il simbolo di tutte le vittime inconsapevoli e dunque innocenti di un'ideologia aberrante e di una mostruosa macchina di sterminio. Molti martiri sono "polivalenti": Oscar Romero (†1980), il vescovo ucciso in quanto difensore dei poveri contro l'oppressione del potere politico ed economico, è insieme un martire religioso, politico e sociale.

L'affermazione che non il sangue, ma la fede fa il martire, è rimasta immutata nei secoli, con alcune "aperture" introdotte da Tommaso d'Aquino: la giustizia comprende la fede e tutte le virtù e di conseguenza tutte possono fare dei martiri; la verità delle scienze, pur non essendo verità religiosa, impone di non mentire, perché ogni menzogna è peccato, e dunque può fare dei martiri; il bene della patria, se rapportato a Dio, può diventare divino e può essere capace di produrre martiri. E tuttavia la perentorietà dell'affermazione è largamente smentita dalla e nella storia: è la morte violenta a trasformare la vittima in martire e a renderlo degno prima di pietà, poi di venerazione. Uno slittamento efficacemente interpretato dal grande regista Ingmar Bergman nel film *La fontana della vergine*.

La realtà storica della violenza inferta e subita per ideali religiosi e politici si salda con un modello antropologico destinato a una lunga durata. «Ogni morte che possa essere rappresentata come sacrificio per una causa sarà conseguentemente un martirio agli occhi di qualcuno [...]. La conversione della vittima in un martire è un problema dell'"agiografo" (*apologist*) e il successo dell'agiografo dipende in definitiva dal successo della causa».[26] Passiamo allora al lavoro degli "agiografi".

3. *La memoria storica fra liturgia e agiografia*

> Abbiamo voluto narrarvi per iscritto, fratelli, la vicenda di quanti hanno testimoniato per la fede e del beato Policarpo, che con la sua testimonianza, quasi ne apponesse il sigillo, pose fine alla persecuzione. In effetti, pressoché tutti i fatti precedenti ad esso ebbero luogo, perché il Signore dall'alto potesse mostrarci quale dev'essere la vera testimonianza secondo l'insegnamento del Vangelo.

26. Ivi, *Introduction*.

Così ha inizio il racconto anonimo (probabilmente la più antica "passione" cristiana) scritto subito dopo il martirio del vescovo Policarpo di Smirne (†156), per conservare memoria scritta di colui che, pur dodicesimo tra coloro che avevano reso testimonianza a Smirne,

> unico e solo viene da tutti particolarmente ricordato, tanto che se ne parla in ogni luogo anche da parte pagana. Egli fu infatti non soltanto maestro insigne, ma anche uno speciale testimone: tutti desiderano emulare il suo martirio, poiché esso avvenne secondo il Vangelo di Cristo. Con la sua resistenza egli sconfisse il Principe Iniquo e ricevette la corona dell'immortalità; ed esultando insieme con gli apostoli e con tutti i giusti egli ora glorifica Dio Padre e loda nostro Signore Gesù Cristo, il salvatore delle nostre anime e guida ai nostri corpi e pastore della Chiesa universale.

Martirio come testimonianza per la fede «secondo l'insegnamento del Vangelo», dunque secondo l'esempio di Gesù, che assicura la «corona dell'immortalità»; martirio come esempio per i cristiani; scrittura, intesa come memoria storicamente attendibile, volta a conservare e rinsaldare la fama del martire nella sua comunità. La necessità di fissare attraverso la scrittura la memoria dei martiri è ribadita dallo storico Eusebio di Cesarea, che introduce il racconto della persecuzione in Gallia, ricordando che il testo «proclamerà la memoria eterna della resistenza degli atleti della religione, della loro fortezza nel sopportare tante prove, dei trionfi sui demoni».

Un piccolo gruppo di *passioni*, scritte fra il II e il IV secolo, in tempi dunque molto vicini agli eventi narrati, permette di individuare il significato del martirio nella sua dimensione esistenziale, prima ancora che teologica ed ecclesiologica,[27] e di osservare il diverso articolarsi del rapporto fra evento, narrazione, destinatari. Se fermo rimane l'intento memoriale, dunque storico-narrativo, più evidente è il richiamo all'esemplarità nella descrizione della vicenda dei martiri di Lione (†177) contenuta in una lettera inviata alle comunità dell'Asia Minore:

> Mercé i vivi furono vivificati i morti, e i martiri fecero dono ai non martiri. E molta gioia provò la Vergine Madre a recuperare alla vita quelle anime che riteneva abortite nella fede. Grazie a quelli in effetti la più parte di quanti avevano abiurato furono nuovamente concepiti nella fede e tornarono nel suo grembo [...].

27. Scorza Barcellona, *Agli inizi dell'agiografia occidentale*; Id., *Le origini*, in *Storia della santità nel cristianesimo occidentale*, Roma 2005, pp. 19-89.

Essi, rifiutando il titolo di martiri, considerandolo l'appellativo esclusivo di Cristo, «tra le lacrime facevano assidue preghiere ai confratelli perché anch'essi fossero condotti a perfezione». Talvolta invece l'esemplarità cede il passo a una forma meno specifica che chiamerei di parenesi e di edificazione, cioè di generale ammaestramento al bene più che di modello proposto per una possibile imitazione. Esempio illuminante è da considerare la splendida *Passione di Perpetua e Felicita* (†203), in parte autobiografica. La letteratura agiografica si configura come un genere letterario capace di rispondere a esigenze molteplici: storia, liturgia, edificazione, ammonimento.

Dal V secolo si assiste allo sviluppo imponente di narrazioni, che, pur muovendo dallo stesso oggetto – il racconto della morte di un testimone della fede – e proseguendo lo stesso genere letterario delle passioni dei primi secoli, se ne allontana profondamente per qualità letteraria e soprattutto per attendibilità storica. I tanti martiri, le cui tombe erano oggetto di venerazione da parte dei fedeli – fenomeno particolarmente evidente nei cimiteri romani, precocemente meta di pellegrinaggi –, erano privi di un'identità storica, erano cioè conosciuti solo per il loro nome, iscritto sulla tomba o ricordato nella liturgia con l'aggiunta del luogo e del giorno della morte, il *dies natalis*; la curiosità dei fedeli, desiderosi di conoscerne la "storia", venne soddisfatta con la composizione di passioni, redatte probabilmente dal clero addetto al servizio delle stesse catacombe, certo un clero di modesta cultura religiosa e letteraria, che, in assenza di elementi storico-biografici, utilizzò liberamente, per dare credibilità al racconto, nomi di persone e di istituzioni, elaborò trame stereotipate, sempre più arricchite di interrogatori e torture, resi più drammatici e più eclatanti dai miracoli, al fine di ingigantire l'eroicità del personaggio, trionfante sul nemico fino alla morte. Considerate con sospetto, tale da tentare di proibirne la lettura nelle celebrazioni liturgiche, con l'accusa di alimentare la fantasia e eccitare la sensibilità religiosa più che spingere all'edificazione, come testimonia il *Decreto Pseudogelasiano* della fine del secolo VI, le passioni acquisirono rapidamente "credibilità" come testi che tramandavano la "memoria" dei primi testimoni della fede, ed ebbero una lunga e duratura fortuna:[28] non solo furono definitivamente accolte per la lettura

28. S. Boesch Gajano, *Le metamorfosi del racconto*, in *Lo spazio letterario di Roma antica*, a cura di G. Cavallo, P. Fedeli, A. Giardina, III, Roma 1990, pp.217-243: Ead., *L'agiografia*, in questo volume alle pp. 201-237.

pubblica, dall'VIII secolo, ma costituirono la lettura privilegiata nelle comunità monastiche, come testimonia la loro presenza massiccia nei tanti passionari e leggendari altomedioevali e medioevali, rimanendo la struttura portante anche delle *legendae novae*, i leggendari abbreviati, composti per le nuove esigenze della predicazione degli ordini mendicanti, di cui l'esempio più famoso è costituito dalla *Legenda Aurea* di Jacopo da Varazze (o Jacopo da Varagine) composta fra il 1261 e il 1266,[29] fino alle raccolte di età umanistica.

Proprio il successo cultuale del martire permette di cogliere il frequente divario tra venerazione e esemplarità. Possiamo ben chiederci quale finalità religiosa potessero perseguire queste narrazioni fantasiose ed eccessive, come pure le tardive raffigurazioni di martiri antichi[30] o ancora le rappresentazioni barocche del martirio di sant'Erasmo, letteralmente "sbudellato", che richiamano assai più le coeve descrizioni pittoriche di sezione dei cadaveri, che non la testimonianza di fede esemplata sulle sofferenze di Cristo.

Non meno importante per la conservazione della memoria agiografica il racconto dei miracoli, che presto acquista forma seriale in apposite raccolte: talvolta appendice alla *Vita* del santo, talvolta composizione dotata di una sua autonomia. Già Agostino si preoccupa che le esperienze di guarigione miracolosa ottenuta per merito delle reliquie di santo Stefano venissero messe per iscritto, per poi essere lette in pubblico di fronte all'assemblea dei fedeli, così che tutti potessero averne una conoscenza il più possibile diretta e venisse rafforzata la loro fede in Dio; e inserisce nel *De Civitate Dei* una vera e propria raccolta di miracoli, per provare la possibilità di resurrezione del corpo in analogia con la resurrezione di Cristo.

Se i racconti di singoli miracoli cominciano un itinerario lungo e variato, con una presenza in ogni forma di scrittura o di rappresentazione relativa ai santi, ma anche sempre più frequentemente nella scrittura storiografica, le raccolte di miracoli si costituiscono a partire dall'età tardoantica come un genere specifico di scrittura, destinato a completare la fisionomia bioagiografica del martire, esaltandone la dimensione taumaturgica, rispetto a quella spirituale e morale. Questo sviluppo della produzione agiogra-

29. A. Boureau, *La Légende dorée. Le système narratif de Jacques de Varagine (+1298)*, Paris 1984.

30. E. Alfani, *Santi, supplizi e storia nella pittura murale lombarda del XII secolo. La cappella di San Martino a Carugo. Mariano Comense*, Roma 2000.

fica permette di parlare di un deciso sbilanciamento a favore dell'eccezionalità rispetto all'esemplarità e all'imitabilità.

Variamente declinato, il binomio memoria e esemplarità rimane elemento strutturale di tutta la produzione agiografica, qualsiasi sia il supporto usato: oralità, scrittura, immagine. Una produzione che si intreccia con la storia stessa delle forme della vita religiosa, di cui seguiremo ora gli sviluppi.

4. *La vita come testimonianza*

All'originario appello alla santificazione universale fa riscontro una progressiva tecnicizzazione del termine "santo"[31] funzionale a una "selezione" dei santi, operata attraverso il riconoscimento dell'eccezionalità di alcuni loro membri dalle comunità ecclesiali di riferimento: prima i martiri, poi i "confessori". La vitalità del fenomeno è provata anche dal progressivo recupero di figure della tradizione ebraica, reinterpretate come "precursori".

Cessata l'età delle persecuzioni, nuove forme di vita religiosa portano al riconoscimento di eccezionalità da parte delle comunità di riferimento: vi sono gli asceti, che rifiutano il mondo – sentito come impedimento alla *sequela Christi* – scegliendo un martirio *sine cruore*, nella solitudine individuale o comunitaria; e vi sono i vescovi, pastori di anime e protettori della comunità di fedeli. Tutta la civiltà cristiana esprime grandi figure di eremiti, monaci, vescovi – spesso segnati da percorsi "misti" – quasi una rete santa e santificante che avvolge le terre di più antica e di più recente cristianizzazione.

La novità maggiore è costituita dalla ricerca di spazi, che possano segnare fisicamente e simbolicamente l'allontanamento dal mondo. La vita di penitenza in luoghi deserti e inospitali diviene sostitutiva del martirio. Antonio (†356) ne rappresenta una sorta di mito fondativo, Girolamo (†420) uno sviluppo culturalmente consapevole. Ma tante sono le figure che popolano i deserti dell'Egitto, della Siria, della Palestina, sottoponendosi a prove così dure e talvolta così originali, come nel caso dei santi stiliti, da suscitare la venerazione delle popolazioni circostanti, che "riconoscono" in loro una natura più divina che umana: sull'esempio del racconto evangelico, il deserto diventa il luogo per eccellenza della prova, lo strumento,

31. H. Delehaye, *Sanctus. Essai sur le culte des saints dans l'Antiquité*, Bruxelles 1927 (Subsidia Hagiographica, 17).

attraverso la macerazione del corpo, della perfezione spirituale. L'*Holy Man*[32] diviene protagonista di storie che trasmetteranno ai secoli successivi un modello insieme agiografico, letterario e antropologico.[33] L'eremitismo resta un'esperienza di lunghissima durata: momento di passaggio o scelta definitiva da vivere secondo una regola e sotto un controllo istituzionale, o in forme spontanee, autonome, irregolari.

Da queste esperienze eremitiche prende avvio in Oriente come in Occidente il monachesimo, che offre, attraverso la formazione di comunità ordinate secondo una regola, il luogo ideale per uno sviluppo della vita spirituale e una pratica di vita cristiana, sempre fuori dal mondo, ma al riparo dai pericoli della solitudine. Il monachesimo è dunque una proposta di vita perfetta, l'anticipazione del Paradiso. Nello stesso tempo si potrebbe dire che la scelta monastica si "normalizza", diviene uno degli "stati di vita", all'interno del quale si ripropone il rapporto fra normalità e eccezionalità. È in genere la comunità a sancire la santità di alcuni suoi membri e a conservarne la memoria liturgica e storica, come nel caso dell'agiografia di Giona di Bobbio, relativa a Colombano (†604) e ai suoi seguaci, protagonisti della vita religiosa nei monasteri fondati dal santo irlandese sul continente. Ma possono essere grandi scrittori a delineare i panorami della santità relativi a specifici contesti territoriali: Gregorio di Tours (†594) per la Gallia; Gregorio Magno (†604) per l'Italia con i suoi *Dialogi*, che assicurarono in particolare immenso successo alla figura di Benedetto da Norcia (480-560 ca.).

La *Regola* di Benedetto ebbe invece un successo tardivo, dovuto alla volontà di unificazione delle diversità monastiche come momento della più complessiva ideologia carolingia, di cui fu strumento Benedetto di Aniane (†821). Solo da questo momento la regola benedettina rimane protagonista nella storia del monachesimo occidentale, che vede dal secolo X una stagione di riforme: protagonista del rinnovamento è Cluny, con i suoi grandi abati, i cui profili agiografici fondono i caratteri della santità benedettina tradizionale con caratteri nuovi del riformatore e del "combattente" per il rinnovamento della Chiesa e della società cristiana riformata. Dalla metà del secolo XI e per tutto il XII hanno origine nuove congregazioni, i cui fondatori – da Romualdo (†1037) a Giovanni Gualberto (†1073), da Roberto di Molesme (†1111) e Bernardo di Chiaravalle (†1153) a Bruno (†1101), da Roberto di Arbrissel (†1116) e Gilberto di Sempringham (†1189) – uni-

32. P. Brown, *La società e il sacro nella tarda antichità*, Torino 1982.
33. E. Patlagean, *Santità e potere a Bisanzio*, Milano 1992.

scono in modo vario e originale l'esemplarità monastica tradizionale con l'esemplarità riformatrice e l'esemplarità morale testimoniata dall'attenzione alle categorie deboli o emarginate.

La tipologia del vescovo ha caratteri maggiormente istituzionali: egli è il protagonista indiscusso della vita ecclesiastica e culturale fin dai primi secoli. Sono le comunità cristiane, legate alle realtà urbane in tutto il mondo romanizzato, ad assicurare al vescovo, pastore di anime e protettore dei suoi fedeli, il diritto alla santità e alla venerazione: una tipologia di lungo periodo, destinata a perpetuarsi sia in Oriente sia in Occidente. Qui i vescovi sono i grandi protagonisti dell'organizzazione territoriale della Chiesa nelle terre di antica e nuova cristianizzazione nel corso dell'altomedioevo, organicamente inseriti nelle strutture di potere di età carolingia e ottoniana: il loro prestigio sociale e culturale favorisce il riconoscimento della loro eccezionalità. Sempre i vescovi divengono protagonisti della riforma della Chiesa del secolo XI, unendo nel proprio percorso esistenziale esperienze spirituali e impegno riformatore in campo dottrinale e pastorale.[34]

In questo contesto l'affermazione del primato del vescovo di Roma trova espressione anche nella proposizione del *Dictatus Papae* di papa Gregorio VII relativa alla santità del pontefice per i meriti stessi di san Pietro: una santità legata dunque alla funzione, spettante al pontefice in virtù della sua stessa carica, indipendentemente, per così dire, da virtù morali e da poteri soprannaturali tradizionalmente riferiti al santo. Se per papa Leone IX (†1054), artefice dell'avvio della riforma al vertice della Chiesa, si delinea un percorso di santità segnato da molti miracoli in vita e in morte, è proprio la figura di Gregorio VII (Ildebrando di Soana 1020-1085) a imporsi come anima della riforma già prima dell'elevazione al soglio pontificio e come protagonista della lotta per la *libertas ecclesiae*: figura di eccezionale rilievo, che tuttavia dovette lungamente attendere il riconoscimento ecclesiastico.

L'ideologia dell'impero cristiano, a partire dall'età degli Ottoni, porta alla promozione di culti di re e imperatori, alcuni oggetto di prestigiose agiografie contemporanee, altri di tardivi riconoscimenti ecclesiastici determinati da motivazioni politiche. Si configura così una nuova tipologia, o forse meglio uno sviluppo della tipologia già individuata nei re martiri,

34. P. Golinelli, *«Indiscreta sanctitas». Studi sui rapporti tra culti, poteri e società nel pieno Medioevo*, Roma 1988 (Studi Storici, 197-198).

esemplificata dai santi ottoniani[35] – tra i quali Matilde (†968), regina, madre, monaca, santa, moglie di Enrico I e madre di Ottone I; e Adelaide (†999), moglie di Ottone I, oggetto di una biografia scritta dal grande abate di Cluny Oddone, che fonde i caratteri della santità dinastica e della santità monastica – e dalla santa coppia di Enrico II (†1024) e Cunegonda (†1033), sintesi di virtù morali e esercizio di funzioni imperiali.

L'esemplarità della figura del sovrano ha radici nella concezione sacrale del potere di origine soprattutto germanica[36]: frequenti sono i casi di santificazione di re e regine negli stati di antica e nuova cristianizzazione, non senza diversificazioni che confermano la varietà delle esperienze, non sempre assimilabili a modelli preesistenti. Le monarchie dell'Europa centrale e settentrionale fin dal X secolo fondano sui loro re guerrieri neoconvertiti, propagatori, difensori e talvolta anche, come si è detto, martiri della fede, la propria identità dinastica e territoriale. La Chiesa favorì il culto di sovrani che non solo avevano contribuito all'ampliamento dei confini della cristianità, ma avevano posto i loro stati sotto l'autorità religiosa della Chiesa di Roma e avevano favorito l'opera dei missionari e l'istituzione di vescovati e monasteri e più in generale la formazione di chiese territoriali: una santità familiare e dinastica, sostenuta da opportune strategie agiografiche.[37]

Si tratta di una tipologia destinata a durare, ma anche a trasformarsi profondamente, soprattutto quando la santità reale assume nel corso del Duecento anche i caratteri della religiosità laica di ispirazione francescana e domenicana. Elisabetta d'Ungheria (†1231) modifica profondamente il modello della santa regina altomedievale, così come lo modifica Luigi IX (†1270), la cui regalità "santa" viene gradualmente costruita, a partire da un'esperienza religiosa indubbiamente segnata da una nuova spiritualità, con il concorso di diversi modelli agiografici.[38]

35. P. Corbet, *Les saint ottoniens. Sainteté dynastique, sainteté royale et sainteté féminine autour de l'an mil*, Sigmaringen 1986 (Beihefte de «Francia», 15).

36. M. Bloch, *Les rois thaumaturges. Étude sur le caractère surnaturel attribué à la puissance royale particulièrment en France et en Angleterre*, Paris 1923, nuove edizione con Prefazione di J. Le Goff, Paris 1983; trad. it. *I re taumaturghi: studi sul carattere soprannaturale attribuito alla potenza dei re particolarmente in Francia e in Inghilterra*, Torino 1989.

37. G. Klaniczay, *Holy Rulers and Blessed Princesses. Dynastic Cults in Medieval Central Europe*, Cambridge 2000.

38. J. Le Goff, *San Luigi*, Torino 1996.

5. *Riconoscimento, edificazione, esemplarità*

Fin dal secolo III, dunque in concomitanza con le prime «passioni», la produzione agiografica recepisce le nuove forme di vita religiosa, inaugurando un nuovo genere letterario, quello delle vite dei santi. La *Vita di Cipriano,* vescovo di Cartagine (†258), è attenta non solo al racconto della morte, ma anche all'attività pastorale, nell'intento di celebrare il vescovo, santo per la sua vita e le sue opere, e di rivendicare all'istituzione ecclesiastica le forme sue proprie di santità, dopo che tanto onore era stato reso *plebeis et catecuminis*: una grande testimonianza (*documentum*) da offrire ai posteri in immortale memoria e *ad exemplum*.

Non è certo solo un modesto diacono a sentire questa necessità: i maggiori intellettuali, vescovi e papi, di lingua greca e latina, si cimenteranno dal IV secolo con l'agiografia, segnando profondamente la storia della cultura medievale. Esempio tra i più famosi per diffusione e influsso religioso e letterario la *Vita di Antonio* (†356) scritta dal grande vescovo Anastasio, in cui la finalità storico-biografica è bilanciata da quella relativa all'esemplarità.

Le nuove esperienze religiose trovano così la loro sanzione nella conservazione e venerazione delle spoglie mortali dei protagonisti, nell'inserimento del *dies natalis* nei calendari della diocesi o del monastero, nella scrittura della *Vita* e, spesso, nella raccolta di miracoli. La liturgia sviluppa un santorale sempre più ricco di festività e con il tempo sempre più ricco di notizie storico-biografiche: dal calendario, nel quale dalla metà del secolo II le comunità cristiane registravano luogo e anniversario della morte del martire (*dies natalis*), in vista della celebrazione liturgica, si passa a uno stadio di maggiore elaborazione delle tradizioni cultuali, costituito dai martirologi, per giungere a partire dal secolo VIII ai martirologi "storici", che raccolgono brevi agiografie dei santi:[39] tra i più noti quelli di Beda (†735), Floro (scritto fra l'825 e l'840), Adone (scritto fra l'853 e l'860), e Usuardo (composto fra l'850 e l'870); fino ai "leggendari", destinati alla lettura in coro o al refettorio, con finalità di edificazione spirituale e morale.[40]

Come era avvenuto per i martiri, è dunque la comunità di riferimento, chiesa o monastero, a riconoscere già nel corso della vita e poi dopo la

39. J. Dubois, *Les martyrologes du Moyen Âge latin*, Turnhout 1979.

40. G. Philippart, *Les légendiers latins et autres manuscrits hagiographiques*, Turnhout 1977 (Typologie des sources du Moyen Âge Occidental, 24-25).

morte la santità di colui che l'aveva fondata o guidata e protetta: le reliquie del santo riassumono l'identità stessa dell'istituzione dal punto di vista del suo potere materiale e spirituale, diventando il fondamento dell'istituzione ecclesiastica o monastica, del suo prestigio religioso, del suo potere. Luogo dell'esperienza religiosa e luogo della conservazione della memoria tendono a coincidere: corpo devotamente conservato, nome inserito nel calendario liturgico, memoria delle virtù e dei miracoli in vita e in morte tramandata oralmente e poi messa per iscritto, e riproposta nel corso dei secoli in forme nuove.

Di questo processo sono esempio illuminante i *gesta episcoporum* e i *gesta abbatum* – il cui prototipo è il *Liber Pontificalis* della Chiesa di Roma, che dal secolo VIII mostra una progressiva agiografizzazione delle biografie – un genere di scrittura storiografica e agiografica avente come minimo comune denominatore la celebrazione dell'antichità e del prestigio dell'istituzione, che nel corso dei secoli ha portato a una vera e propria "capitalizzazione" della santità:[41] una 'storia sacra', che, rivendicando in genere una fondazione apostolica, procede con i caratteri di una "raccolta di vite di santi", abbreviando le agiografie esistenti, non senza usare i cattivi vescovi o abati come esempi negativi da evitare e integrando informazioni storiche, liturgiche, topografiche, giuridiche, al fine di legittimare il potere dell'istituzione.

La scrittura è strettamente correlata ad altre forme di costruzione e propaganda dell'esemplarità cristiana. In primo luogo l'oralità, individuabile a monte, con i testimoni diretti della vita e dei miracoli del santo, e a valle, con la lettura pubblica nei monasteri e nelle chiese e con quella privata, sempre più diffusa dal secolo XIII fra i laici con la moltiplicazione degli scritti religiosi in volgare, e con la predicazione sostenuta dai leggendari abbreviati.[42] All'intersezione fra espressioni diverse (oralità, scrittura, gestualità e rappresentazioni) e fra cultura di élite e cultura popolare, si colloca il teatro: dal medioevo fino all'età moderna, le sacre rappresentazioni sono potenti strumenti di acculturazione cristiana e di edificazione.

Rispetto alla scrittura, l'immagine ha una funzione correlata, ma talvolta anche autonoma, nel fissare l'identità del santo e nel trasmetterne

41. M. Sot, *Gesta episcoporum Gesta abbatum*, Turnhout 1981 (Typologie des sources du Moyen Age Occidental, 37).

42. Philippart, *Les légendiers latins*; Boureau, *La Légende dorée*.

la memoria storica, come provano esemplarmente le ricerche di Chiara Frugoni.[43] L'immagine agisce anche con grande efficacia a favore della venerazione: un'efficacia confermata dai dibattiti teologici altomedievali e di età moderna, conclusi dalle decisioni del concilio di Trento,[44] che non cessa di riproporsi e intensificarsi fino a oggi.[45] Essa può sintetizzare l'identità del santo, rispecchiando anche le sue trasformazioni nel corso dei secoli e utilizzando attributi di "categoria" – la palma per i martiri, il giglio delle vergini – o individuali – per esempio la ruota per Caterina di Alessandria, il leone per Girolamo, le stigmate per Francesco, il libro per Caterina, il cuore di Gesù per Maria Margherita Alacocque. Il termine "immagine" comprende oggetti molto diversi per materiale di supporto – miniature, dipinti (affreschi, legno, tela), bassorilievi, statue, vetrate, incisioni, stampe e così via – per dimensioni, per collocazione, e dunque per visibilità e funzione, con frequenti forme di polifunzionalità, decorativa, narrativa, spirituale, devozionale,[46] nella quale possiamo cogliere l'importanza della committenza, ecclesiastica o laica, pubblica o privata, collettiva o individuale. Da strumento di esemplarità e edificazione l'immagine può divenire oggetto di 'contatto' con il sacro e con il santo, con funzioni analoghe alla reliquia.[47] Le immaginette votive, i cosiddetti "santini", testimoniano come i fedeli le ritengano in certo modo partecipi della sacralità del personaggio e delle prerogative già attribuite alla sua immagine originaria e prototipica.[48]

Strumento per eccellenza del riconoscimento dell'eccezionalità religiosa è la canonizzazione: a partire dal XII secolo la Chiesa romana rivendica, con sempre maggiore determinazione, il diritto di giudicare la santità, sottratta così alle forme tradizionali di riconoscimento locale, con la formalizzazione giuridica dei processi e l'elaborazione di criteri atti a in-

43. C. Frugoni, *Francesco e l'invenzione delle stimmate. Una storia per parole e immagini fino a Bonaventura e Giotto*, Torino 1993.

44. *Nicée II, 787-1987. Douze siècles d'images réligieuses*, a cura di F. Boesflug, N. Lossky, Paris 1987; D. Menozzi, *La chiesa e le immagini. I testi fondamentali sulle arti figurative dalle origini ai giorni nostri*, Cinisello Balsamo 1995.

45. P. Burke, *Testimoni oculari. Il significato storico delle immagini*, Roma 2001.

46. H. Belting, *Il culto delle immagini*, Roma 2000.

47. *Heiligenverehrung in Geschichte und Gegenwart*, a cura di P. Dinzelbacher e D.R. Bauer, Ostfildern 1990.

48. J. Pirotte, *Le paradis de papier de l'imagerie dévote. Quelle société céleste pour quels chrétiens? (1840-1965)*, in *Santi, culti, simboli nell'età della secolarizzazione (1815-1915)*, a cura di E. Fattorini, Torino 1997 (Sacro/Santo, 11), pp. 67-104.

dividuare la vera santità e a proclamarne l'esemplarità.[49] Per ogni epoca si può parlare di compresenza, in forme dialettiche o contrapposte, fra santità "spontanea" e santità "ufficiale", ma dal XIII secolo si pone con sempre maggiore evidenza il problema del rapporto quantitativo e qualitativo fra santità vissuta, santità riconosciuta, santità negata.[50] Solo qualche esempio delle diverse "velocità": alla rapidissima canonizzazione di Tommaso Becket (†1170), modello del vescovo, martire per la difesa di diritti della Chiesa, e al successo di Francesco (†1226) e di altri esponenti dell'ordine dei minori, fanno riscontro altri percorsi più accidentati, da Roberto di Arbrissel, la cui eccezionalità apparve troppo "eversiva", a Gioacchino da Fiore (ca. 1130-1202), che, malgrado la fama e la celebrazione di Dante Alighieri, non ebbe riconoscimento ufficiale da parte della Chiesa romana né subito né mai. Vi sono poi le tante esperienze religiose di laici, che, vissuti su un pericoloso crinale di novità, furono spinti, da vivi o da morti, verso un confine sempre più labile fra santità ed eterodossia.[51] Il sospetto per la "finzione" di santità, secondo la felice espressione usata da Gabriella Zarri,[52] ben definisce un'intera stagione della storia della Chiesa, con una pratica costante di controllo e repressione.

I processi di canonizzazione sono fonte preziosa per capire i criteri della gerarchia in merito al riconoscimento della santità, i possibili scarti fra sensibilità dei giudici e dei testimoni, e, attraverso pause, abbandoni e riprese processuali, le pressioni sottostanti al processo stesso e la dialettica fra poteri: membri della Curia, ordini religiosi, comunità cittadine, nobiltà, sovrani. La lunga storia della canonizzazione giunge fino a noi, non senza decelerazioni e accelerazioni:[53] si può legittimamente parlare di una politica delle canonizzazioni, divenuta per merito della storiografia recente un osservatorio essenziale della più complessiva realtà sociale e istituzionale.[54]

Il concilio di Trento ha segnato, anche in questo campo, una svolta: nel 1588 papa Sisto V istituisce la sacra congregazione dei riti, insieme alla congregazione del Sant'Uffizio, che tra l'altro rivendicherà frequente-

49. Vauchez, *La santità nel Medioevo.*

50. Boesch Gajano, *La santità.*

51. G.G. Merlo, *Eretici ed eresie medievali*, Bologna 1989.

52. *Finzione e santità*, a cura di G. Zarri, Torino 1991 (Sacro/Santo, 7).

53. F. Veraja, *Le cause di canonizzazione dei santi*, Città del Vaticano 1992; K.L. Woodward, *La fabbrica dei santi*, Milano 1991.

54. M. Caffiero, *La politica della santità. Nascita di un culto nell'età dei Lumi*, Roma 1990.

mente competenze in tema di santità,[55] e nel 1622 si avranno le prime canonizzazioni in conformità con le nuove norme: tutti santi recenti – Teresa d'Avila, Filippo Neri, Ignazio di Loyola, Francesco Saverio – a eccezione di Isidoro, contadino spagnolo del XII secolo. Nel 1625 ci saranno i primi decreti di Urbano VIII in merito alle beatificazioni e canonizzazioni, seguiti nel 1634 dalla costituzione *Coelestis Hierusalem*.[56] Nasce in questa temperie il concetto di virtù eroica, a sottolineare quell'idea di eccezionalità, che, pur presente in tutta la storia della santità, non era mai stata codificata con tanta precisione e con tanta capacità di fornire lo strumento idoneo per l'identificazione della straordinarietà dei comportamenti:[57] definitiva antitesi rispetto all'originaria "santità per tutti".

Questo sviluppo giuridico e istituzionale è accompagnato dai progressi di un'erudizione dalla quale nasce una scienza specifica per lo studio della santità e del culto dei santi: l'agiografia, considerata fin dalle sue origini un "ramo" della scienza storica. I frutti maggiori di questo impegno furono il *Martirologio romano* di Cesare Baronio, pubblicato nel 1584 e di nuovo nel 1586, gli *Acta Sanctorum* pubblicati a partire dal 1643 ad opera di un gruppo di gesuiti belgi, poi riuniti nella *Société des Bollandistes*, dal nome del principale realizzatore (Jean Bolland) ancora oggi operante; le opere dei monaci dell'abbazia di Saint-Maur, il cui più illustre esponente è Jean Mabillon; infine l'opera di Prospero Lambertini, divenuto poi papa col nome di Benedetto XIV, il *De servorum Dei beatificatione et beatorum canonizatione*, pubblicato fra il 1734 e il 1738, che mise a frutto in modo sistematico e insieme storico il patrimonio metodologico accumulato dall'erudizione ecclesiastica precedente.

6. *I percorsi accidentati della santità femminile*

Tra i martiri dei primi secoli si incontrano uomini e donne, accomunati nello stesso ideale, nella stessa scelta, nella stessa gloria e oggetto

55. A. Prosperi, *Tribunali della coscienza. Inquisitori, confessori e missionari*, Torino 1996.

56. M. Gotor, *La fabbrica dei santi. La riforma urbaniana e il modello tridentino*, in *Storia d'Italia Einaudi*, *Annali*, 16, *Roma città del papa*, a cura di L. Fiorani e A. Prosperi, Torino 2000; Id., *I beati del papa: santità, inquisizione e obbedienza in età moderna*, Firenze 2002; Id., *Chiesa e santità nell'Italia moderna*, Roma-Bari 2004; S. Ditchfield, *Il mondo della Riforma e della Controriforma*, in *Storia della santità nel cristianesimo occidentale*, pp. 261-329.

57. R. De Maio, *Riforme e miti nella Chiesa del Cinquecento*, Napoli 1992.

della stessa venerazione. Ma, nella misura in cui le chiese si strutturano intorno al sacerdozio maschile,[58] anche il riconoscimento di eccezionalità tende a privilegiare il sesso che si è arrogato l'esclusività del rapporto con il sacro. La stessa vita eremitica, pur praticata da numerose e illustri matrone nei primi secoli, sarà sempre più considerata pericolosa per le donne a motivo della loro presunta, intrinseca fragilità, che fa del loro sesso un potenziale complice del demonio. Alle esperienze reali si preferiscono figure mitiche: l'agiografia rielabora, in forma di romanzo a molte puntate, figure dalla debolissima identità storica. Come Maria Maddalena, personaggio dei Vangeli, divenuta la penitente per eccellenza, provvista di un'esemplarità – prevalentemente interna al mondo monastico maschile – giocata sul fascino di personaggio prediletto da Gesù e su una scelta davvero "altra" rispetto a quelle effettivamente realizzabili.[59] O come Pelagia, attrice ad Antiochia, poi penitente, che entra in monastero in abito maschile e lì santamente vive, in una sorta di continua sfida agli uomini: un soggetto di grande successo,[60] variamente riproposto nel tempo,[61] che testimonia le difficoltà di scelte radicali per il sesso femminile.

La vita monastica, pur non sempre facile, è tuttavia la più praticabile per le donne dalla tarda antichità fino al XII secolo.[62] Il monastero protegge la debolezza femminile, ma insieme mette al riparo le donne da un mondo maschile che le vuole destinate ad altre funzioni, considerate più utili sul piano sociale e politico: matrimoni, progenie, forza-lavoro, a seconda delle classi sociali. Sono dunque monache o più spesso badesse le donne che riescono a vivere un'esperienza religiosa degna di essere ricordata: donne aristocratiche, che avevano avuto un lungo percorso di vita nel mondo ma che, o al momento della vedovanza o quando la loro utilità sociale veniva meno, potevano finalmente dedicarsi interamente a Dio; o addirittura regine, come Radegonda, celebrata dall'agiografia non in quanto regina, ma in quanto monaca.[63]

58. K.Børresen, *Le Madri della Chiesa*, Napoli 1993.

59. V. Saxer, *Le culte de Marie Madeleine en Occident des origines à la fin du Moyen-Âge*, Auxerre 1959; Id., *Le dossier Vézelien de Marie Madeleine. Invention et translation des reliques en 1265-1267. Contribution à l'histoire du culte de la sainte à Vézelay à l'apogée du Moyen-Âge*, Bruxelles 1975 (Subsidia hagiographica, 57).

60. P. Petitmengin, *Pélagie la pénitente. Métamorphose d'une légende*, Paris 1988.

61. Patlagean, *Santità e potere a Bisanzio.*

62. *Donne e fede*, a cura di L.Scaraffia e G. Zarri, Roma 1994.

63. P. Santorelli, *La "Vita Radegundis" di Baudonivia*, Napoli 1999.

Il protagonismo religioso femminile "esplode" a partire dal XII secolo in ambiente urbano. Il passaggio da un'età segnata da culture e pratiche religiose prevalentemente legate alla società rurale e all'economia agraria, che ha il suo punto di forza spirituale e culturale nel mondo monastico, a un'età in cui economia, politica, religiosità e cultura hanno il proprio epicentro nelle città, non va considerato in termini di mera successione cronologica, ma piuttosto di gradualità fatta di influssi e di intersezioni: fra monachesimo tradizionale e religiosità urbana, fra clero e laici, fra ideologie escatologiche e apocalittiche e urgenze di rinnovamento individuale e collettivo. Segno della trasformazione è proprio la presenza femminile, che esce dalla passività in cui l'avevano relegata agiografie e racconti di miracoli, che vedevano le donne solo come fruitrici o mediatrici del potere taumaturgico dei santi e delle loro reliquie.

Le donne sono seguaci di nuove proposte di riforma della Chiesa guidate da personalità che saranno poi condannate per eresia (da Pietro di Bruis al monaco Enrico e a Valdesio); o coprotagoniste, per così dire, di riforme monastiche, che prevedono istituzioni doppie, come Fontevrauld. Sono rappresentanti di una nuova spiritualità: come Elisabetta di Schönau (†1164), con la sua esperienza mistica e profetica, rimasta priva di riconoscimento fino al tardivo inserimento del suo nome nel *Martirologio romano* del 1584; e come Ildegarda di Bingen (1098-1179), scrittrice di grande cultura, impegnata nella riforma della Chiesa, celebre in vita e in morte, venerata con culto locale, ma canonizzata solo da Benedetto XVI.[64] Sono ancora coraggiose sperimentatrici di nuove forme di vita religiosa comunitaria, come i beghinaggi, o individuale, con forme di reclusione volontaria. Si potrebbe parlare in questo caso di "santità collettiva", i cui tratti essenziali sono dati proprio dal lavoro manuale «inteso nella sua accezione penitenziale, quale aggio del peccato originale e nel contempo strumento di redenzione, ma certamente vissuto pure come mimesi della vita apostolica».[65]

Un'inedita libertà spirituale e comportamentale assume, a partire dal secolo XII e fino al XV, i caratteri dell'eccezionalità, con esperienze centrate sulla povertà e sulla carità e soprattutto sul rapporto diretto con Dio. Precoce ed esemplare è il caso di Maria di Oignies (1177-1213), che

64. [Si veda ora Speculum futurorum temporum. *Ildegarda di Bingen tra agiografia e memoria*, a cura di A. Bartolomei Romagnoli e S. Boesch Gajano, Roma 2020].

65. A. Benvenuti, *"In castro penitentiae". Santità e società femminile nell'Italia medievale*, Roma 1990 (Italia Sacra, 45).

unisce all'intensa vita spirituale, segnata da visioni e profezie, l'attività nei beghinaggi. E ancor più significativo è quello di Chiara d'Assisi (1193-1253), la cui esperienza religiosa all'interno della prima comunità francescana si concluse bruscamente nella clausura monastica, dovuta a una consapevole scelta di Francesco: una scelta tradizionale e "maschile", che eliminava la presenza femminile dalla *fraternitas*, in quanto possibile ostacolo alla sua approvazione; ma che Chiara seppe gestire in modo originale, imponendo al papa la conferma del *privilegium paupertatis* per la sua comunità e sviluppando all'interno della clausura una vita di contemplazione che le conferì visibilità e prestigio spirituale, confermato da una rapida canonizzazione.

La religiosità femminile dal XII secolo viene dunque intercettata dai nuovi ordini religiosi mendicanti, che non solo prevedono tempestivamente un secondo ordine femminile, ma cercano strumenti innovativi per incanalare la religiosità laica che continua a esprimersi in forme non istituzionali: nascono così, come offerta spirituale e in funzione di controllo, i terzi ordini, all'interno dei quali emergono personalità di rilievo, dotate di una memoria oculatamente coltivata dagli storici dell'ordine con la costruzione di un variegato *pantheon*, capace di abbracciare, in una sorta di unica "famiglia" agiografica, sia pure organizzata gerarchicamente come tutte le famiglie, i due sessi e tutti gli "stati di vita".[66] Basterà qui ricordare Margherita da Cortona (1247-1297), penitente del terz'ordine francescano, dall'intensa vita spirituale guidata dal confessore e biografo Giunta Bevignate; e Caterina da Siena (1347-1380), la cui dirompente esperienza mistica fu vissuta sotto la protezione dei domenicani, che sulla sua figura fonderanno l'approvazione del terz'ordine. Anche nel suo caso l'eccezionalità spirituale e culturale, testimoniata dalle lettere e dal *Dialogo della Divina Provvidenza*, non ha favorito – o forse ha ostacolato? – una rapida canonizzazione, intervenuta solo nel 1461, per opera del senese papa Pio II Piccolomini.

La stagione avviata nel XII secolo ha il suo acme nell'*invasion mystique* degli ultimi secoli del medioevo,[67] con un fiorire di esperienze spirituali che coinvolgono la società a tutti i livelli e in tutti i gradi istituzionali. Di particolare rilevanza il fenomeno del profetismo femminile, che si incarna

66. C. Mercuri, *Santità e propaganda. Il Terz'ordine francescano nell'agiografia osservante*, Roma 1999 (Bibliotheca Serafico-Cappuccina, 59).

67. Vauchez, *La santità nel Medioevo*; Id., *Santi, profeti e visionari. Il soprannaturale nel Medioevo*, Bologna 2000.

anche in quelle figure peculiari come le "pie consigliere" dei principi italiani fra la fine del '400 e i primi decenni del '500, che i cronisti contemporanei definivano "sante vive".[68]

Esperienze religiose molteplici, canonizzazioni pochissime. L'asimmetria fra uomini e donne potrebbe avere un interessante campo di indagine in alcune "coppie" famose, come Benedetto e Scolastica, Delfina di Puymichel e Eleazar di Sabran, Giovanni della Croce e Teresa d'Avila. Ma in generale il confronto fra maschile e femminile nel campo delle canonizzazioni non lascia dubbi sul genere preferito:[69] nel percorso verso la santità il traguardo sembra più facilmente raggiungibile dall'uomo.

La rilevanza pubblica delle donne, soprattutto quando assume anche una connotazione politico-ecclesiastica, appare un ostacolo al riconoscimento della loro santità: questo significa anche la rapida attenuazione della memoria della loro eccezionalità sul piano religioso, esistenziale, culturale. Talvolta, su alcune figure femminili, cala un velo di mistero, quasi vi fosse una difficoltà culturale a riconoscerne l'eccezionalità, legata al rapporto diretto con Dio: è il caso di Angela da Foligno (†1309), la cui opera ha suscitato tanti dubbi filologici.[70] Quando l'eccezionalità spirituale si lega all'eccezionalità culturale, sembra che il riconoscimento diventi ancora più difficile su entrambi i piani: come non ricordare la *querelle* intorno all'autenticità della parte autobiografica della *Passio Perpetuae* o i dubbi sulle lettere di Eloisa ad Abelardo?

Non è solo il difficile riconoscimento di eccezionalità: vi è anche il costante sospetto che dietro l'eccezionalità si celi la finzione.[71] Le estasi di Caterina da Siena suscitavano tali dubbi di impostura da arrivare a sottoporla alla puntura di uno spillo per provare l'autenticità dell'esperienza. Il demonio sembra sempre in agguato dietro la donna che invoca il diritto a una propria autonoma vita religiosa. Sarà solo dalla fine dell'Ottocento, di fronte ai nuovi problemi posti dalle trasformazioni sociali, che le donne, anche sposate, imporranno nuove forme di rapporto con Dio e con il mondo e diverranno protagoniste di nuova esemplarità.

68. G. Zarri, *Le sante vive. Culture e religiosità femminile nella prima età moderna*, Torino 1990 (Sacro/Santo, 2).

69. J.-M. Sallmann, *Santi barocchi. Modelli di santità, pratiche devozionali e comportamenti religiosi nel Regno di Napoli dal 1540 al 1750*, Lecce 1996.

70. [Si veda ora l'edizione, Liber Lelle. *Il Libro di Angela da Foligno*, a cura di F. Frezza, Firenze 2016. Angela da Foligno è stata canonizzata nel 2016 da papa Francesco].

71. *Finzione e santità*.

7. *Le tradizioni bizantina e slava*

Il cristianesimo bizantino si diversifica precocemente e profondamente da quello occidentale: per l'ideologia "cesaropapista" del potere imperiale,[72] di cui è già espressione la "santificazione" dell'imperatore Costantino elaborata da Eusebio di Cesarea (esempio per altre santificazioni di imperatori nei secoli successivi), come pure per le forme della vita religiosa e della spiritualità,[73] e infine per i caratteri della santità[74] e per le modalità del riconoscimento ecclesiastico, affidato, secondo la prassi tradizionale, alle comunità locali senza l'evoluzione verso la centralizzazione propria della canonizzazione romana: il culto viene sancito dalla liturgia, l'esemplarità viene sostenuta dalla *Vita*, la venerazione viene promossa dalle immagini.

Oltre alla Vergine, il culto è rivolto agli apostoli, ai martiri – una tipologia che si arricchisce nel tempo, proprio come in Occidente, soprattutto con i martiri dell'intolleranza musulmana – e in misura crescente a figure legate alle istituzioni ecclesiastiche e monastiche. Il panorama agiografico comprende dunque molti vescovi, chiamati a gestire un difficile rapporto con il potere, di cui rimangono talvolta vittime, come nel caso di Germano, patriarca di Costantinopoli (†732), difensore della legittimità del culto delle immagini. Una tipologia, quella della santità patriarcale, che ha un'ininterrotta continuità, con momenti di particolare densità fra XIII e XIV secolo (Arsenio, campione della resistenza a Michele VIII, Giuseppe, Atanasio I, Isidoro I) e che non si interrompe neppure dopo la conquista turca, come prova la figura di Cirillo Loukaris (1572-1638): patriarca di Costantinopoli, colto umanista educato a Venezia e a Padova, improntò a quella cultura e alle idee della Riforma l'accademia patriarcale di Costantinopoli da lui fondata, e pubblicò a Ginevra nel 1629 la *Confessione della fede* contro i gesuiti; accusato di avere appoggiato l'invasione cosacca, fu ucciso dai giannizzeri; il suo corpo, gettato nel Bosforo, fu trovato da pescatori, reclamato dal popolo e sepolto in un piccolo monastero.

Il panorama della vita religiosa a Bisanzio, com'è ben noto, è profondamente segnato dal monachesimo, a cui si legano figure di grande prestigio spirituale.

72. G. Dagron, *Empereur et prêtre. Étude sur le «césaropapisme» byzantin*, Paris 1996.

73. M. Tenace, *Il cristianesimo bizantino*, Roma 2000.

74. Patlagean, *Santità e potere a Bisanzio*.

La santità monastica può assumere caratteristiche di estremo rigore, fino all'esicasmo, un'ascesi fatta di silenzio, obbedienza, digiuni e penitenze, ben rappresentata Giovanni Climaco (†650 ca.), igumeno dei monaci del monte Sinai, autore della *Scala della Divina Ascensione* o *Scala del Paradiso*, e chiamato anche il nuovo Mosè; un'ascesi ampiamente descritta da Giovanni Mosco (VII secolo), monaco del monastero di S. Teodosio in Palestina, nel suo *Prato Spirituale*.

Grande fu la fama del monastero di Stoudios a Costantinopoli, vera fucina di personalità di eccezione, tra cui spicca l'igumeno Teodoro detto appunto Studita;[75] mentre il monte Athos si può considerare una vera e propria montagna sacra, con una tradizione ininterrotta: la sua fama attrae personalità provenienti dai paesi vicini, in particolare la Georgia e la Serbia, come il principe Sava (1175-1235) poi fondatore dei monasteri di Chilandar e di Studenika, infine arcivescovo della Chiesa serba, divenuto col tempo "eroe nazionale", garante dell'identità serba contro i Turchi, con un culto, sostenuto da un'imponente produzione di icone a Chilandar, legato allo sviluppo del nazionalismo serbo fino alla resistenza contro i nazisti.

La spiritualità monastica bizantina ebbe anche una grande forza espansiva: fu infatti "esportata" in Italia (con Nilo di Rossano, †1004; e Bartolomeo di Simeri, †1130, chiamato a Messina da Ruggero II a fondare il monastero del Salvatore, posto a capo degli altri monasteri greci di Sicilia e Calabria) e poi in Armenia e in Russia, come vedremo tra poco.

Una peculiare espressione della religiosità bizantina, nata da un'interpretazione dell'espressione paolina sul divenire "stolti per Cristo" è costituita dalla tipologia dei santi "folli", che si distinguono per il comportamento stravagante, rispetto ai normali canoni sociali. La *Vita di Simeone Salos*, scritta da Leonzio di Neapoli, appare come una codificazione di questa tipologia di santità, destinata a grande fortuna nella tradizione slavo-ortodossa, variamente interpretata nei secoli da personaggi che sceglievano la marginalità piuttosto che l'inserimento nelle strutture della società e della Chiesa, assumendo un ruolo di contestazione dei comportamenti dominanti, sia sul piano religioso sia su quello sociale. Essi appaiono come l'incarnazione del disagio verso una religione dominata da grandi istituzioni patriarcali e monastiche, che marginalizzavano forme ed espressioni religiose più spontanee, spesso segnate da doni profetici. Grande fortuna ebbe questa tipologia in Russia.

75. *Ibidem*.

La cristianizzazione, avviata dalla missione dei santi Cirillo e Metodio fra l'863 e l'885 nella Grande Moravia e in Pannonia, sotto la protezione del Principe Boris (†889), e proseguita poi dagli altri santi missionari Clemente di Ocrida (†916) e Naum (†910) nell'impero bulgaro, dove si posero le basi di un'autonomia religiosa e culturale slava,[76] arrivò a compimento in Russia dopo la conversione della principessa Olga verso il 957, e del nipote Vladimir, principe di Kiev e di Novgorod, nel 988. La loro scelta doveva rimanere nella memoria della Chiesa russa, ed essere anche coronata nel secolo XIII dal sigillo della santità; ancora maggiore fortuna cultuale e agiografica per i figli Boris e Gleb che, uccisi nelle lotte per la successione al trono, furono esaltati subito come martiri: un'altra testimonianza del valore dello spargimento del sangue come prova di santità, al di là di ogni "riscontro" relativo alla vita e alle virtù.

Nella Russia cristiana, il cui centro di organizzazione politica ed ecclesiastica si spostò gradualmente a Mosca, che sottomise altri principati e si avviò a essere stato assolutistico, il monachesimo ebbe uno sviluppo imponente ad opera di figure che avevano spesso al loro attivo un "passaggio" attraverso i luoghi sacri del monachesimo orientale: Antonio (†1073 ca.) era un monaco slavo, che, dopo un soggiorno sul monte Athos, si stabilì nella grotta già abitata dal prete Ilarione, sovrastante il fiume Dniepr, da cui si sviluppò il famoso monastero delle Grotte. Qui Teodosio (†1074) introdusse la regola dal monastero di Stoudios a Costantinopoli: egli incarnava il modello dello *staretz*, l'uomo "abitato da Dio", praticante una forma di ascetismo moderato, cui veniva riconosciuta un'autorità spirituale e intellettuale, che si combinava spesso con un ascendente morale sui detentori del potere configurando dunque un ruolo politico: una tipologia religiosa destinata a una lunga vita, fino in età contemporanea. Più accentuata vocazione eremitica troviamo nella prima parte della vita di Sergio di Radonez (†1392), poi fondatore del monastero della Trinità a Zagorsk, importante centro teologico con un forte ruolo politico: per avere dato la benedizione a Dimitri Donskoj prima della battaglia di Kulikovo contro i tatari, Sergio verrà considerato protettore della Russia.

Un ruolo di contestazione del potere hanno invece sempre avuto le figure dei "folli". In particolare Basilio, nato nel 1464 in una famiglia povera di Mosca, ha lasciato molte tracce nei racconti russi: dotato di indiscutibile

76. K. Stanchev, *Agiografia e agiologia nella tradizione slavo-ortodossa*, in *Santità, culti, agiografia. Temi e prospettive*, a cura di S. Boesch Gajano, Roma 1997, pp. 27-50.

influsso su Ivan IV il Terribile, morì nel 1552, prima della trasformazione del re in un crudele tiranno, e fu sepolto davanti al Cremlino, dove poi venne costruita una basilica. Fu dopo il 1570, quando cominciarono le sanguinose repressioni di Novgorod e Pskov, che il regno di Ivan il Terribile diventò una "fabbrica di santi", per le molte vittime: "santi folli", ma anche personaggi illustri come Filippo, metropolita di Mosca (1507-1568), il cui corpo, deposto nel monastero di Solovetsk, fu portato nel 1652 a Mosca dallo zar Alessio e infine deposto e ancora oggi venerato nella cattedrale della Dormizione.

Alle origini la Chiesa russa mutuò sostanzialmente il calendario dalla Chiesa bizantina e per il suo arricchimento seguì la prassi antica: era la *vox populi* a chiedere la venerazione e la celebrazione liturgica di un santo a livello locale, dopodiché il clero la accettava e l'autorità ecclesiastica la legittimava. La metà del '500 segna una svolta: quando, dopo la liberazione dai Mongoli, Mosca si afferma come la terza Roma, si avvia una forma di simbiosi fra Chiesa e Stato. Quando sale al trono Ivan IV il Terribile (1533-1584), la Chiesa russa comincia a reclamare l'autocefalia, e a pretendere di succedere a Costantinopoli nel primato sulle chiese orientali, in nome della vitalità spirituale del popolo russo, testimoniata proprio dai santi. Il concilio riunito a Mosca nel 1547 pubblica un decreto che conferma il culto di 14 nuovi taumaturgi; i *cento capitoli* del 1551 promuovono una regolamentazione della vita religiosa, e nello stesso anno vengono canonizzati 14 "santi folli". Nel 1602 i santi russi entrano massicciamente nel calendario ufficiale della Chiesa. Pietro I il Grande (1672-1725) riorganizza la Chiesa, ponendole a capo il santo sinodo a cui erano riservati gli affari generali, tra cui la revisione delle *Vite dei santi*, la verifica dell'autenticità delle reliquie e il controllo del culto delle immagini – particolarmente importanti queste ultime dato che l'icona rappresenta «il santo che prende parte alla celebrazione liturgica», mentre le monumentali iconostasi visualizzano un imponente pantheon gerarchizzato: sulla porta centrale gli Evangelisti, poi Cristo e la Vergine e il santo cui la chiesa è dedicata; sotto la porta la Vergine con Giovanni Battista, poi, distribuiti in ranghi, angeli, profeti, patriarchi, apostoli, martiri, asceti, dottori.

Nel '600 si incontrano alcune figure eminenti. Tra queste il prete Avvakum (†1682), venerato come martire dai "vecchio-credenti", separatisi dalla chiesa patriarcale nel 1667, e variamente coinvolto nella repressione del movimento: prima esiliato in Siberia, poi, per l'opposizione alla latinizzazione della Chiesa, "sepolto vivo" nel gelo presso l'artico, infine condannato al rogo. L'autobiografia, scritta negli anni della prigionia a Pustozersk (1672), è opera insieme agiografica, parenetica e teologica: si potrebbe dire che l'autore si propone come esempio vivente di adesione alla verità, costruendosi dunque come «testimone della fede ortodossa», come martire e come modello.

Il Seicento rappresenta nella storia della Russia «il periodo di transizione da una cultura di stampo ancora medievale ad una improntata su modelli di pensiero e di espressione letteraria di tradizione occidentale, classico-rinascimentale».[77] Alla scrittura di *Vite* di santi nuovi e alla riscrittura di *Vite* antiche si affianca fra il 1645 e 1715, il grande fiorire di vere e proprie raccolte di vite di santi: di particolare importanza la pubblicazione del primo *Menologio* stampato (1696-1706) di Dimitrij Tuptalo, metropolita di Rostov dal 1701 al 1709, educato alle lettere latine, rappresentante della pietà illuminata dell'età di Pietro il Grande, di cui favorì le riforme, che accetta il principio della revisione dei testi e dei dati secondo i criteri dell'erudizione ecclesiastica occidentale, non senza una forte persistenza della tradizione bizantina e slava precedente.

La canonizzazione, di fatto riservata al sinodo, diviene col tempo più solenne, ma anche meno frequente e più monocorde, privilegiando la tipologia vescovile. Ma anche questa formalizzazione è ben lontana dai criteri di rigore storico e scientifico e dall'autorevolezza della proclamazione che sono propri della Chiesa romana. La santità è sancita dall'eroicità dell'amore verso Dio, dal miracolo come prova della vicinanza del santo a Dio, e dal corpo incorrotto: elemento quest'ultimo di grande efficacia, come testimonia Dostojevskj ne *I fratelli Karamazov*, quando ricorda il disappunto perché il corpo dello *staretz* si era decomposto.

8. *Testimonianza ed esemplarità nelle chiese riformate*

In occidente la Riforma segna una profonda trasformazione nell'atteggiamento verso la santità e il culto dei santi, quale si era strutturato dal punto di vista teologico, pastorale, devozionale fino dai primi secoli. Martin Lutero, nel *Commento all'Epistola ai Romani*, riafferma la concezione originaria della Chiesa come comunione dei santi, cioè di tutti gli uomini

77. G. Brogi Berkoff, *Aspetti dell'agiografia russa nell'età di transizione*, in *Scrivere di santi*, a cura di G. Luongo, Roma 1998, pp. 287-301.

che credono nel Vangelo: i cristiani vivono nel mondo e qui si santificano. Viene invece condannata la funzione mediatrice e taumaturgica del santo come pure il culto dei santi, considerato espressione e strumento di idolatria e di superstizione.

La condanna teologica non fu così totalizzante da non lasciare intravedere una qualche dialettica fra interiorità della fede e ricorso diretto a Dio da un lato, e desiderio di modelli e bisogno di una mediazione dall'altro. In primo luogo, pur senza procedure di "riconoscimento" formale, l'eccezionalità religiosa ebbe largo riconoscimento: la memoria dei santi era necessaria per fortificare la fede, per constatare l'efficacia della grazia, per prendere a esempio le loro buone opere; e perfino la devozione ai santi poteva divenire legittima "se finalizzata alla triplice dimensione dell'azione di grazia verso Dio per gli esempi di misericordia divina, della conferma della fede, e dell'invito all'imitazione".[78]

La santità antica e nuova è legittimata dalla sua esemplarità e proposta attraverso una memoria agiografica, a cui possono essere affidate anche funzioni dottrinali proprio come nell'agiografia tardoantica e altomedievale. L'esemplarità ebbe parte importante nella diffusione delle dottrine riformate: si può dire che tutti i fondatori delle chiese riformate furono ritenuti dotati di un carisma che li rese degni di una memoria dai tratti inevitabilmente agiografici. Spesso sono già le testimonianze autobiografiche a costituire, come per il passato, una sorta di prima tappa di un percorso di "santificazione". Esemplare in questo senso la prefazione di Lutero alla prima edizione latina dei suoi scritti, un'autobiografia spirituale, in cui narra il momento in cui aveva finalmente compreso il senso dell'espressione paolina *il giusto vivrà per fede*: «Subito mi sentii rinascere, e mi parve che si spalancassero per me le porte del paradiso». La personalità di Lutero si impose nella tradizione cristiana su molti piani, da quello teologico a quello culturale, a quello politico, e le profonde ostilità suscitate anche fra coloro che gli erano stati vicini (primi fra molti Tommaso Müntzer e Erasmo da Rotterdam) finirono per ingigantire la sua figura di grande riformatore e di grande teologo.

Ma per molti altri esponenti della Riforma si può parlare di un'eccezionalità costruita nel corso della loro stessa vita attraverso l'esemplarità del loro comportamento e attraverso l'efficacia religiosa e morale dei loro

78. Cavallotto, *«Heiligentexte»*; Id., *I martirologi protestanti del XVI secolo* [Id., *Santi nella Riforma*].

scritti, riconosciuta come tale dai seguaci e perpetuata nel corso dei secoli dai fedeli della loro confessione. Non fanno eccezione Ulrich Zwingli, promotore della Riforma a Zurigo; Martin Bucer (1491-1551), fondatore della Chiesa riformata a Strasburgo, morto in Inghilterra, del quale la reazione cattolica della regina Maria Tudor cercò di distruggere il ricordo, dissotterrando, bruciando e disperdendo le sue ossa nelle acque del Tamigi, ma che fu «riabilitato» da Elisabetta I nel 1560; Giovanni Calvino (1509-1564), che diviene anche oggetto di un'iconografia dedicata alla sua "santa" morte. E si potrebbe continuare con una lunga galleria di ritratti europei e d'oltreoceano, tra cui quelli di Johann Arndt (1555-1621) e William Penn (1644-1718), il fondatore della colonia quacchera poi detta Pennsylvania.

La Riforma mostrò interesse anche al recupero, pur con nuovi significati, dei santi antichi: ne è prova l'edizione rivista e "epurata" delle *Vitae patrum*, uscita con la prefazione di Lutero. Se Melantone nella *Apologia Confessionis* lamentava che non si riscrivessero le vere storie dei santi, con implicito riferimento a un'attività volta alla sostituzione delle vecchie raccolte agiografiche, che avevano veicolato il culto "papista", l'opera più rappresentativa della storiografia riformata, redatta dai Centuriatori di Magdeburgo, non solo inseriva a pieno titolo nella storia i martiri antichi, ma non esitava a utilizzare alcune compilazioni medievali. Pur non potendo dar conto delle diversità nell'atteggiamento teologico e cultuale nei confronti della santità fra le diverse confessioni, si deve almeno ricordare come la Chiesa anglicana rimase profondamente legata alle tradizioni ecclesiastiche e liturgiche precedenti: lo testimonia, fra l'altro, il *Prayer Book* del 1549 che proponeva letture su santi, per la loro celebrazione e soprattutto ai fini di edificazione personale.

Lutero fu anche l'iniziatore della nuova agiografia protestante, volta a conservare il ricordo dei nuovi martiri: fu infatti il primo curatore e diffusore di *Flugschriften* con l'inno scritto nel 1523 in onore dei primi due martiri bruciati sul rogo a Bruxelles, «pietra di fondazione dei martirologi protestanti».[79] I martirologi costituiscono un nuovo genere letterario che, dopo i primi studi pionieristici e prudenti su un tema considerato quanto meno delicato, sono diventati oggetto di crescente interesse storiografico. Essi segnano il passaggio dalle testimonianze dirette, sull'esempio già ricordato di Lutero, a opere di maggiore elaborazione storica e teologica.

79. L.E. Halkin, *Hagiographie protestante*, Bruxelles 1950, p. 462.

Queste hanno come comuni denominatori la finalità di rendere omaggio alla bontà di Dio e consolare e incoraggiare quanti si trovavano nella prova della persecuzione, e l'intento apologetico, in quanto la persecuzione delle comunità evangeliche diviene la prova della identità di ciascuna di loro come vera Chiesa di Cristo. È importante notare come questa forma di agiografia abbia come inevitabile conseguenza l'indebolimento dell'identità del "santo", a favore del potenziamento della funzione di esemplarità: questo permetteva di allargare i criteri del "riconoscimento".

Nel 1554 vengono pubblicati i tre martirologi dell'ugonotto Jean Crespin, dell'inglese John Foxe, e del luterano Ludwig Rabus, accolti con grande entusiasmo dal pubblico, come dimostrano le varie riedizioni e traduzioni. È l'inizio di un genere destinato a una lunga storia, pur con l'assunzione di caratteri diversi: si tratta di scritti edificanti, ma anche di strumenti di propaganda confessionale o, talvolta, di opere volte alla costruzione di un'identità nazionale. L'esemplarità assume allora valenze non esclusivamente religiose, come mostra la *Prosopographia heroum* di Heinrich Pantaleon, che propone una vera e propria galleria – ogni biografia è infatti corredata da una illustrazione – di uomini illustri, antichi eroi, re, principi, condottieri, martiri, vescovi, monaci, teologi, matematici, «affinché la gioventù germanica li imiti ispirandosi al loro coraggio e alla loro *pietas*».

Tutto questo prelude a nuovi orizzonti. Una nuova cultura imporrà alle istituzioni e alle società il riconoscimento dell'esemplarità di altri eroi e di altri santi.

9. *Scienza, rivoluzione, missione*

«Seguendo il percorso della religiosità vissuta e del suo innestarsi nei comportamenti sociali diffusi, si giunge a scorgere il contatto tra il sacro e il linguaggio e la sensibilità laica della società».[80] Fra Ottocento e Novecento diventa indispensabile tenere presente, accanto alle esperienze vissute in contesti religiosi tradizionali, le nuove forme di eccezionalità, esterne non solo alla Chiesa cattolica, ma all'universo religioso, riconoscendone le frequenti e profonde interferenze: «l'elaborazione di pratiche e simboli da parte della cultura laica e delle istituzioni civili» mostra «le

80. E. Fattorini, *Introduzione*, in *Santi, culti, simboli*, p. 10.

contrapposizioni e le intersezioni con le pratiche e i simboli della Chiesa e del Cattolicesimo fra Ottocento e Novecento».[81]

Come sempre le grandi ideologie e le rivoluzioni a esse connesse producono eroi e martiri contrapposti. Con la Rivoluzione la Francia diviene teatro di una lotta che, come abbiamo già ricordato, produce martiri sull'uno e sull'altro versante, così come produce eroi: eroi per la difesa della patria e per la propagazione delle idee rivoluzionarie, fino al mito di Napoleone.

Anche lo scenario americano ha i suoi eroi: prima con i protagonisti della Rivoluzione, poi con quelli della lotta allo schiavismo – tra questi spicca il presidente Abramo Lincoln, simbolo di tale lotta interpretata lungamente in chiave solo umanitaria e non piuttosto nella sua complessità, comprendente anche la lotta per la supremazia di un modello economico – e infine con la conquista del West, vera e propria epopea, celebrata dalla pittura, dalla letteratura, e soprattutto dal cinema, fino a essere negli ultimi decenni rovesciata, da una nuova e contraria interpretazione: un genocidio perpetrato contro gli indiani, di cui si è reso responsabile un intero popolo, con il suo governo e il suo esercito, ad eccezione di pochi illuminati e solitari eroi, capaci di bontà, tolleranza e di lungimiranza multietnica, come il protagonista del film *Balla coi lupi*.

In tutta l'Europa nel corso dell'Ottocento la religione della patria e della libertà produce nuove forme di eroismo e di esemplarità: le lotte per la libertà della Grecia vedono la partecipazione di poeti romantici come George Gordon Byron. In Italia esemplare la figura "ascetica" di Giuseppe Mazzini e quella "eroica" di Giuseppe Garibaldi, oggetto di rimodellamenti che nulla hanno da invidiare alle agiografie.[82] Anche la Rivoluzione russa ebbe i suoi eroi e i suoi modelli, esportati in tutte le repubbliche socialiste; anzi, non ci si contentò di eroi: essi furono pure trasformati in veri e propri miti sostenuti dal potente strumento propagandistico delle immagini. Ma vennero rielaborati anche miti antichi: Alexander Nievskj diviene, nel capolavoro di Sergei Mikhailovic Eisenstein, l'eroe nazionale che ha saputo unire le diverse classi sociali, dai contadini agli artigiani ai mercanti, costruendo un esercito popolare e che, grazie alla conoscenza della sua terra,

81. G. Verucci, *I simboli della cultura laica e delle istituzioni civili*, in *Santi, culti, simboli*, pp. 235-245.

82. S. La Salvia, *Le «Vite» di Garibaldi*, in «Rassegne degli Archivi di Stato», 2 (1982), pp. 320-359.

la terra russa, ha vinto il possente esercito dei cavalieri teutonici, incarnazione della ferocia nazista.

Ogni ideologia costruisce dunque eroi e miti nuovi e rielabora antiche figure, trasformandole in miti. La Francia alla fine dell'Ottocento plasmerà la santità di Giovanna d'Arco, al di là di ogni oggettiva valutazione della sua funzione storica, con un'operazione di "recupero" nazionalistico che porta alla sua canonizzazione.[83] Il franchismo ha i suoi martiri, regolarmente beatificati, ma insieme rimodella figure del passato adattandole alle necessità politiche del presente: così la grande mistica Teresa d'Avila può divenire la santa nazionale, incarnazione dei valori più puri della tradizione spagnola e cristiana.[84] Guerre e rivoluzioni hanno bisogno di eroi, di culti e di miti: così per la prima guerra mondiale, così per le rivoluzioni latino-americane. Sintesi di questi tre momenti è la figura di Ernesto «Che» Guevara, in cui si fondono il coraggio eccezionale e la morte "martiriale", dando luogo a un vero e proprio culto sul luogo della sepoltura: rappresentazioni fotografiche e musiche hanno propagandato il suo modello iconografico e il suo mito politico in tutto il mondo.

Anche la "religione della scienza", con la sua adesione a un metodo inteso «come strumento di elevazione morale, di crescita culturale, di progresso civile»,[85] crea propri modelli, eroi, martiri, secondo una terminologia ben presente nel linguaggio del tempo, recuperati dal passato – da Galileo Galilei a Alessandro Volta, da James Watt a George Stephenson – o creati nel presente: tra questi i coniugi Pasteur sono un caso interessante di un'esperienza esistenziale di coppia, che si presta all'elaborazione di un vero e proprio modello di dedizione alla scienza per motivi umanitari fino al sacrificio.

Ancora più interessanti dal punto di vista delle "interferenze" fra culture diverse sono i casi in cui competenze scientifiche e motivazioni umanitarie si saldano con l'ispirazione religiosa. La figura di Florence Nightingale (1820-1910) fa parte dei nostri miti risorgimentali, per l'attività svolta come infermiera durante la guerra di Crimea: *the Lady of the Lamp* è divenuta anche l'immagine della dedizione femminile verso coloro che soffrono, un'immagine dai tratti largamente 'agiografici'. Meno nota è la sua riforma dei servizi per l'infanzia e del tutto ignota la battaglia da lei so-

83. J.F. McMillan, *La riappropriazione di una martire: i cattolici francesi e il culto di Giovanna d'Arco (1890-1920)*, in *Santi, culti, simboli*, pp. 285-299.

84. G. Di Febo, *Ritos de guerra y de victoria en la España franquista*, Bilbao 2002.

85. *Il positivismo nella cultura italiana*, a cura di E.R. Papa, Milano 1985.

stenuta, dopo il ritorno dalla Crimea, presso le autorità civili e militari per migliorare le condizioni di vita dei soldati. Importante ricordare che proprio la sua vocazione umanitaria la indusse a impadronirsi degli strumenti scientifici più precisi per perseguire la sua opera, volta a porre le basi di un progresso costante dell'intera organizzazione sanitaria inglese.[86] Le sue note autobiografiche permettono di rintracciare le tappe della sua vocazione, vissuta all'interno della fede religiosa: «Il Signore mi ha parlato e mi ha chiamato al Suo servizio», scrive nel 1837; ma nel chiuso della sua stanza, tuttavia, non si dedicava alla preghiera e alla contemplazione, bensì alla matematica. Accanto a lei si potrebbe collocare il medico missionario protestante Albert Schweizer e ancora il medico cattolico Giuseppe Moscati,[87] nel cui percorso di canonizzazione si fondono fede e scienza. È il superamento almeno temporaneo di una lunga storia di contrapposizioni.

I grandi mutamenti politici e sociali hanno imposto anche nel mondo cattolico un "aggiornamento": le esperienze religiose si connotano per l'attenzione all'assistenza e all'istruzione delle classi più sfavorite.[88] La santità sociale viene a costituire una tipologia nuova ben rappresentata da Giovanni Bosco (1815-1888), Luigi Guanella (1842-1915) e Luigi Orione (1872-1940). Questa caratterizzazione influisce anche sulle tipologie tradizionali: la figura di padre Pio ha caratteri molto tradizionali legati soprattutto alle funzioni sacerdotali (confessione e messa), ma innovativo risulta l'impegno posto nella costruzione dell'ospedale di S. Giovanni Rotondo. Teresa di Calcutta unisce un impegno per la difesa di valori tradizionali della morale cattolica, con quello a favore degli emarginati, degli ammalati, dei poveri, non soltanto all'interno del mondo cattolico: un'esemplarità transculturale?

Beatificazioni e canonizzazioni recepiscono queste novità, ma sempre in misura percentualmente ridottissima rispetto alle tipologie tradizionali di ecclesiastici e di fondatori di ordini.[89] Vi sono santi laici, come Pier

86. R. Stone, *Some British Empiricists in the Social Sciences, 1650-1900*, Cambridge 1997.

87. S. Manganelli, *Un santo medico nella Napoli contemporanea. Alcune osservazioni sul caso di Giuseppe Moscati*, in *Santi della Chiesa nell'Italia contemporanea*, a cura di R. Rusconi, in «Cristianesimo nella storia», 17/3 (1997), pp. 637-657.

88. G. Rumi, *Santità sociale in Italia fra Otto e Novecento*, Torino 1995.

89. F. De Palma, *La santità postconciliare: considerazioni statistiche, tipologiche e sociologiche per una storia delle canonizzazioni*, in *Santi del Novecento. Storia, agiografia, canonizzazioni*, a cura di F. Scorza Barcellona, Torino 1998, pp. 49-82.

Giorgio Frassati, modello per la gioventù cristiana organizzata nell'associazionismo sociale; e vi sono santi giovani,[90] tra i quali Maria Goretti, la cui canonizzazione nel 1950 ad opera di Pio XII non sancisce tanto il martirio quanto l'esempio di purezza contro un modello di donna moderna e emancipata.[91]

«Parler aujourd'hui de la sainteté, c'est hériter d'une histoire et d'un discours institutionnalisés. C'est les prolonger. C'est aussi les suivre dans leurs méandres, dans leurs pertes, dans leurs résurgences, sans s'étonner de leur cheminements imprévus», osserva Émile Poulat.[92] Il concilio Vaticano II ha riproposto senza ambiguità la santità come orizzonte di ogni cristiano e per questo viene considerato uno spartiacque: non perché la tipologia della santità canonizzata ne sia stata stravolta, ma perché essa potrebbe di nuovo essere "misurata" sul metro della riaffermazione teologica di una santità per tutti. La costituzione dogmatica *Lumen gentium* del 21 novembre 1964 conferma il valore del culto dei santi non per gli atti esteriori, ma per l'intensità dell'amore fattivo, «col quale, per maggior bene nostro e della Chiesa cerchiamo dalla vita dei santi l'esempio, dalla comunione con loro la partecipazione con loro, e dalla loro intercessione l'aiuto». Ma, a dimostrazione del nesso teologico e storico fra santità e culto dei santi, la stessa costituzione contiene una riflessione in materia di santità, che pone «le premesse di un potenziale superamento dell'ideale tridentino delle virtù eroiche, che aveva contrassegnato il riconoscimento della santità nei quattro secoli precedenti»,[93] indicando la possibilità di raggiungere la perfetta unione con Cristo, cioè la santità, secondo lo stato e la condizione propria di ciascuno.

Ma nella realtà si deve constatare come la riaffermazione della "santità per tutti" ha continuato ad accompagnare una "politica" delle canonizzazioni largamente prevedibile. Le statistiche, da utilizzare certo con le dovute cautele, continuano a mostrare chiaramente una preminenza istituzionale, a partire dai pontefici, di fondatori e fondatrici di nuovi ordini religiosi – importante l'esempio di Escrivà de Balaguer – e di martiri (come Edith Stein e Massimiliano Kolbe) e, quanto alle "impennate" di

90. P. Stella, *Santi per giovani e santi giovani*, in *Santi, culti, simboli*, pp. 563-586.

91. *Santi della chiesa nell'Italia contemporanea*; *Santi del Novecento*.

92. É. Poulat, *Parler de la sainteté aujourd'hui*, in *Santi, culti, simboli*, pp. 247-256.

93. R. Rusconi, *Una chiesa a confronto con la società*, in *Storia della santità nel cristianesimo occidentale*, pp. 331-386.

santi laici, va rilevato che nel loro numero vengono computate le molte canonizzazioni collettive, particolarmente rilevanti nell'età dei totalitarismi e delle guerre civili in Europa e nelle Americhe. Ma anche per l'età contemporanea va tenuto presente il rapporto dialettico tra interiorità ed esteriorità, fra dimensione privata e pubblica dell'esperienza religiosa, e fra vita e memoria, quest'ultima costruita spesso su modelli già codificati di esemplarità. L'espressione "politica delle canonizzazioni" coglie il dato storico che ogni canonizzazione rappresenta non solo la verifica delle virtù e dei miracoli di candidati già preselezionati, ma anche la costruzione di una forma di esemplarità funzionale alla vita della Chiesa.[94]

10. *Dalla parte del "pubblico"*

L'incidenza del messaggio religioso ed etico sui comportamenti degli individui è problema centrale, ma non sempre facile da affrontare e risolvere per la natura stessa delle fonti, come ho cercato di mettere in rilievo parlando degli strumenti della comunicazione privilegiati dalla cultura cristiana. Entrati nell'epoca contemporanea è possibile riprendere il tema, per mostrarne le persistenze e insieme le trasformazioni.[95] Un approccio sociologico vede la santità come il "prodotto" di un "pubblico": in vita e in morte si è santi "per gli altri" e "attraverso gli altri", secondo Delooz.[96] Questo approccio, tuttavia, trascura l'importanza dell'esperienza esistenziale, momento fondante per il riconoscimento sociale e istituzionale e per la conseguente funzione di esemplarità in tutte le epoche, ma con ancora maggiore evidenza nell'età contemporanea, con la sua abbondanza e talvolta sovrabbondanza di testimonianze orali, scritte, visive.

Una sostanziale continuità non può tuttavia nascondere la profonda diversità della situazione attuale per quanto riguarda ricezione, fruizione e rielaborazione dei messaggi, nelle loro forme e nei loro contenuti. Anche oggi, come nel passato, il messaggio agiografico viene affidato alla scrittura, con le biografie o i racconti di miracoli, all'oralità, alle immagini, siano

94. G.M. Vian, *Papi e santi tra Rivoluzione francese e primo dopoguerra (1800-1922)*, in *Santi della Chiesa nell'Italia contemporanea*, pp. 579-606; Id., *Santi e santità negli scritti di Giovanni Battista Montini*, in *Scrivere di santi*, pp. 461-506.

95. *Il pubblico dei santi*.

96. P. Delooz, *Sociologie et canonisations*, La Haye 1969 (Collection Scientifique de la faculté de Droit de l'Université de Liège, 30).

esse quelle presenti nelle chiese o in altri luoghi religiosi (comunità o altro) o siano i santini, le piccole immagini di devozione, che utilizzate fin dal Quattrocento come veicolo di propaganda devozionale, hanno un vero e proprio *exploit* nel corso dell'Ottocento, e non perdono ancora la loro funzione di "identificazione" biografica e iconografica del personaggio – ma anche quella cultuale, individuabile nella preghiera, che segnala in genere le specifiche capacità protettive del santo o della santa.[97] Però questi strumenti tradizionali della comunicazione agiografica hanno evidentemente oggi una diversa incidenza: è minore l'efficacia della predica, dal punto di vista sia quantitativo, per la diminuita affluenza dei fedeli alla liturgia, sia qualitativo, con un uso molto più sobrio degli exempla agiografici a favore dei passi evangelici utilizzati per commentare i problemi dell'attualità, per non parlare dell'incidenza effettiva sulla vita religiosa e morale dei fedeli, che appaiono sempre meno disponibili a conformare i loro comportamenti pubblici e privati all'etica sociale o sessuale predicata nelle chiese.

Gli strumenti della comunicazione religiosa sono stati oggetto anche di aggiornamenti, frutto di una acuita sensibilità alle esigenze del pubblico. Per la scrittura si può prendere ad esempio la storia delle raccolte di vite dei santi, aggiornata nel corso dei secoli in ambiente sia cattolico che protestante, spesso superando le barriere confessionali; per l'Italia la raccolta di Domenico Mondrone vede un inedito ampliamento cronologico e tipologico, con aperture alla santità laica e femminile contemporanea.[98] Anche il romanzo fra Ottocento e Novecento contribuisce a rivisitare le tematiche religiose, prendendo a protagonisti personaggi storici: esempio ne è il famosissimo *Quo Vadis?* di H. Sienkiewicz. Ancora più interessante il caso di Antonio Fogazzaro, che in *Il santo* ha costruito un vero e proprio percorso di santità "modernista", dotato di un forte messaggio ideologico.

Per quanto attiene alle immagini sacre, a partire da quelle del sacro Cuore di Gesù e della Madonna, si nota l'utilizzazione di piccoli accorgimenti, come la rotazione degli occhi nella direzione di chi guarda, che accentua il rapporto fra fedele e oggetto di devozione: da strumento passivo di preghiere, l'immagine diviene realtà viva, presente, anzi onnipresente. Si potrebbe parlare di una minore incidenza delle immagini tradizionali, sul piano dell'esemplarità, mentre sembra accrescersi il loro valore sacrale

97. Pirotte, *Le paradis de papier de l'imagerie dévote*; *Diventare santo.*
98. De Palma, *La santità postconciliare*.

e taumaturgico: l'immagine di padre Pio, presente nei negozi e nei bar, sembra avere funzione eminentemente apotropaica.

Una novità è certamente rappresentata dalla maggiore verificabilità del gradimento di un prodotto: copie vendute di un libro o numero delle immagini di un santo diffuse ed esposte in tutto il mondo, gruppi di preghiera o vere e proprie comunità che si formano intorno a una proposta spirituale, talvolta collegate fra loro attraverso mezzi informatici. L'eremitismo, fenomeno ancora oggi diffuso in Francia in una varietà di forme, ha i suoi propagandisti via internet.[99]

Fino dagli inizi del cinema grandi santi sono diventati protagonisti di film famosi, talvolta veri capolavori: a partire da Giovanna d'Arco per proseguire in tempi più recenti con Francesco d'Assisi, Bernadette Soubirous, Teresa di Lisieux, Edith Stein. Lo sforzo in tutti questi casi mi pare sia quello di proporre un'esperienza esistenziale fortemente segnata dai caratteri dell'eccezionalità, di cui non interessano tanto gli eventi esterni quanto gli aspetti legati all'interiorità. Un'esperienza individuale con una forte vocazione contestativa della normalità religiosa rappresentata dalle istituzioni ecclesiastiche, e talvolta vittima innocente di un potere distruttore. Lo strumento nuovo dota l'esemplarità di una inedita incisività.

Il successo di pubblico dei santi si misura anche dallo spazio riservato loro nei programmi televisivi, come prova la gara fra televisioni pubbliche e private per delineare la "vera" vicenda di padre Pio. La televisione è un buon osservatorio dell'estensione dell'esemplarità: dalle figure eccezionali dei santi a quelle più modeste, ma forse più efficaci, come il prete buono, capace di coniugare l'esemplarità morale e sociale con la fede religiosa. I santi per essere efficaci devono confrontarsi con figure negative, che finiranno per cedere alla forza tenace dei loro avversari. Il messaggio unisce inscindibilmente l'esemplarità positiva e l'esemplarità negativa, in una sorta di nuova interpretazione del mondo dai caratteri "escatologici": un'escatologia "debole", ma efficace.

Ma cosa intendiamo per efficacia dei messaggi? Se fuoriusciamo dal dato quantitativo degli ascolti quali sono gli strumenti per individuare l'impatto profondo dell'esemplarità proposta? Un confronto istituito con le

99. [F. de Muizon, *Dans le secret des ermites d'aujourd'hui*, Montrouge 2001; S. Boesch Gajano, *L'eremitismo: percorsi esistenziali fra solitudine e potere*, relazione tenuta al *2nd International Seminar Architectures of the Soul* (Lisbona, 8-9 novembre 2018), di prossima pubblicazione].

forme "cultuali" di cui sono oggetto i nuovi idoli contemporanei, come le *star* della musica, ha permesso di individuare, accanto ad apparenti analogie, profonde diversità dovute alla sostituzione della funzione mediatrice a favore del rapporto di dominazione nei confronti dei fedeli, simile a quello di un Dio «insieme intimo e inaccessibile».[100] Credo che ancora oggi sia difficile misurare l'efficacia dell'esemplarità o anche il "tasso di edificazione" indotto da una lettura o da una visione. Ancora oggi una risposta a queste domande può venire non dalle statistiche, ma da metodi tradizionali di indagine: conoscere le letture proposte in diversi contesti scolastici e educativi come formative per le diverse classi di età e di stato sociale, e analizzare le forme della fruizione e della rielaborazione, così da tentare di coglierne l'influsso sulla vita spirituale dei singoli o delle collettività e dunque stabilire quali siano i modelli a cui si ispirano le persone nella loro vita quotidiana o nelle loro scelte religiose, in forma non diversa insomma da quella usata per individuare letture e immagini che possono avere favorito la vocazione dei grandi santi del passato.

In questa direzione, più ancora della confessione, la psicoanalisi, attraverso le testimonianze rese dai pazienti, registrate, analizzate e interpretate, potrebbe permettere di cogliere i modelli di comportamento e i modelli ideali che contribuiscono alla costruzione della personalità di ognuno di noi. In questo modo si darebbe un significato più concreto al termine "esemplarità": mentre la santità ha una sua oggettività, costruita dalla società o dalla Chiesa, con specifiche funzioni di mediazione e protezione, l'esemplarità risulta sempre più sfuggente quando dal versante dei proponenti si cerca di passare a quello del pubblico reale o possibile.

La comunicazione informatica ha proiettato questi problemi in una nuova dimensione, proponendo forme di fruizione del "sacro" del tutto svincolate dai parametri tradizionali, e certo largamente sottratte al controllo istituzionale.[101] Una dimensione virtuale sta acquisendo una sua corposa realtà di cui ancora non si comprendono a pieno contenuti e limiti.

100. *Les saints et les stars*.

101. P. Apolito, *Internet e la Madonna. Sul visionarismo religioso in rete*, Milano 2002.

Indice dei nomi

Abelardo, Pietro, 290
Abulafia, David, 228n
Adamo, 43n, 253n
Adelaide, imperatrice, 281
Adone di Treviri, 253n, 257n, 282
Adriaen, Marcus, 169n
Agatone, vescovo di Palermo, 168
Agerico, vescovo di Verdun, 62
Agobardo, vescovo di Lione, 111 e n, 117
Agostino, Aurelio, 33n, 40 e n, 41 e n, 54n, 59n, 69, 75-76, 127, 138 e n, 139-140, 147 e n, 149, 155, 170, 194, 197, 206, 218, 232, 254n, 259, 277
Agricola, martire, 75
Agricola, vescovo di Chalon-sur-Saône, 61n
Agrimi, Jole, 78n
Agrippino, 175
Aigle, Denise, 18n
Aigrain, René, 202n, 206n, 240 e n
Albano, 211, 213, 221
Alberto d'Asburgo, 259
Alberto di Brandeburgo, arcivescovo di Magonza, 250
Aldeberto, 234
Alessandro Magno, 188
Alessio, 179
Alessio, zar di Russia, 294
Alfani, Elena, 277n
Alfano, arcivescovo di Salerno, 253n
Alighieri, Dante, 285
Amalo, duca, 65n
Amat, Jacqueline, 231n
Ambrogio, arcivescovo di Milano, 75, 163 e n, 170, 232
Ambrogio Autperto, 108n
Ammiano, vescovo di Orléans, 47, 61
Ammiano Marcellino, 125, 223n
Ampolo, Carmine, 205n
Amri, Nelly, 18n
Anastasio, prete, 53n
Anatolio, recluso presso Bordeaux, 65
Andrea, apostolo, 35n
Angela da Foligno, 290 e n
Angenendt, Arnold, 203n, 205n
Antin, Paul, 95n
Antonelli, Roberto, 242n
Antonino, 257n
Antonio, abate, 170, 183, 230, 278
Antonio da Padova, 195, 257n
Antonio Pečerskij, 293
Apolito, Paolo, 306n
Apollonio di Tiana, 179
Aptonio, *inlustris vir*, 96n
Aravazio, vescovo di Tongeren, 46, 61
Arialdo, 237, 273
Aridio, 68
Arnaldi, Girolamo, 16, 174n, 211n
Arnaud-Gillet, Claude, 159n
Arnaud-Lindet, Marie-Pierre, 163n
Arndt, Johann, 297
Arndt, Wilhelm, 43n, 149n
Arru, Angiolina, 236n

Arsenio, patriarca di Costantinopoli, 291
Asor Rosa, Alberto, 242n
Atanasio di Alessandria, 166 e n, 170, 183, 208, 251, 253n, 282, 291
Attalo, 51
Attila, re degli Unni, 47
Audelaus, 108n
Auerbach, Erich, 37n, 57n, 62n, 70, 107n, 222n
Aulisa, Immacolata, 177n
Austadio, vescovo di Nizza, 61n
Austrapio, 53n
Avito, vescovo di Vienne, 49 e n, 51 e n, 53n
Avvakum, Petrovič, 294

Banniard, Michel, 107n, 217n
Banterle, Gabriele, 163n
Barb, Alphons A., 103n
Bardy, Gustave, 163n
Barone, Giulia, 79n, 157n, 201n
Baronio, Cesare, 256n, 257 e n. 286
Bartelink, Gerardus Johannes Marinus, 166n
Bartolomei Romagnoli, Alessandra, 22n, 120n, 159n, 180 e n, 215n, 288n
Bartolomeo, vescovo di Narbona, 111
Bartolomeo da Simeri, 292
Bartolomeo di Trento, 209n
Barzanti, Roberto, 22n
Baschet, Jérôme, 199, 231n
Basilio, "mago", 103 e n
Basilio, "santo folle" russo, 293
Basilio di Cesarea, 254n
Basina, madre di Clodoveo, 47
Bassula, 42n
Bastiaensen, Antonius Adrianus Robertus, 166n,167n, 197, 207n, 212n, 222n
Baudonivia, 207
Bauer, Dieter R., 203n, 213n, 284
Beaujard, Brigitte, 228n
Becket, Tommaso, 273, 285
Beda, il Venerabile, 108n, 119 e n, 121, 141, 148, 158, 171 e n, 193, 208, 211 e n, 212 e n, 213-214 e n, 215 e n, 221 e n, 223 e n, 231, 234, 235n, 236 e n, 254n, 257n, 282
Belting, Hans, 174n, 216n, 284n
Benedetto XIV, papa, 140 e n, 155n, 286
Benedetto XVI, papa, 288
Benedetto da Norcia, 96n, 98, 101, 103-104, 169, 184-185, 193, 220, 229-230, 232, 236, 279, 290
Benedetto di Aniane, 279
Benvenuti, Anna, 83 e n, 180n, 181 e n, 198, 203n, 227n, 228n, 288n
Berengario di Tours, 23
Berghaus, Frank-Günter, 74n
Bergman, Ingmar, 274
Bériou, Nicole, 24 e n
Berlusconi, Silvio, 18
Bernardino da Siena, 257n
Bernardo di Clairvaux, 154, 179, 254n, 279
Bernoulli, Carl Albrecht, 31 e n, 40 e n, 42 e n, 44n
Berschin, Walter, 222n
Bertini, Ferruccio, 230n
Bertolini, Lalla, 10
Bertolini, Ottorino, 99 e n, 214n, 234n
Bertolotti, Maurizio, 88n
Bidelli, Giovanni Battista, 257n
Bieler, Ludwig, 170n
Billanovich, Giuseppe, 244n
Bischoff, Bernhard, 108n
Blaauw, Sible de, 24 e n
Bloch, Marc, 18, 128, 135, 143 e n, 258n, 281n
Boccali, Giovanni M., 197
Boesch Gajano, Sofia, 9n, 13n, 18n, 20n, 21n, 22n, 69n, 74n, 76n, 79n, 93n, 94n, 95n, 97n, 99n, 100n, 103n, 105n, 110n, 111n, 115n, 116n, 118n, 120n, 126n, 127n, 131n, 136n, 138n, 141n, 145n, 148n, 159n, 161n, 164n, 165n, 166n, 167n, 168n,169n, 170n, 172n, 180n, 198-199, 201n, 202n, 205n, 206n, 209n, 211n, 212n, 213n, 215n, 216n, 217n, 219n, 220n, 221n, 224n, 225n, 229n, 230n, 232n, 233n, 235n, 236n, 247n, 269n, 270n, 272n, 273n, 276n, 285n, 288n, 293n, 305n
Boesflug, François, 284n
Boglioni, Pierre, 72n, 76n, 115n
Bognetti, Gian Piero, 164n, 228 e n

Boitani, Piero, 197
Bolgiani, Franco, 72n, 247n
Bolland, Jean, 239, 256, 286
Bologna, Corrado, 134 e n, 197, 242n
Bonaventura da Bagnoregio, 253n
Bonifacio, vescovo di Ferento, 100-101
Bonifacio/Winfrid, 171, 230-231, 233, 234n
Bonnet, Max, 32n, 38n, 43n
Boris, martire, 272, 293
Boris, principe russo, 293
Børresen, Kari Elisabeth, 203n, 207n, 287n
Borromeo, Carlo, 196
Borsari, Michelina, 18n
Bossy, John, 115n, 132 e n
Boureau, Alain, 209n, 219n, 242 e n, 244n, 245 e n, 277n, 283n
Bouthillier, Dyonisia, 25n, 123n
Boutry, Philippe, 71n, 272n
Bozóky, Edina, 19n, 174n, 229n
Bracchione, 40
Brambilla, Elena, 122n, 133n
Brandano, 231
Braudel, Ferdinand, 161, 162n
Braulio, vescovo di Saragozza, 253n
Bredero, Adriaan Hendrik, 154n
Brezzi, Paolo, 12
Brincken, Anna-Dorothee, von den, 244n
Brizio, 45n
Brogi Berkoff, Giovanna, 295n
Brown, Peter, 81 e n, 115 e n, 120, 126 e n, 127 e n, 144 e n, 194, 202n, 204n, 205n, 215 e n, 218, 227n, 228, 229n, 271n, 279n
Brufani, Stefano, 170n, 197, 228n
Brunechilde, regina dei Franchi, 61n
Bruno, arcivescovo di Colonia, 279
Bucer, Martin, 297
Büchner, Victor Fridericus, 38n
Bullough, Donald A., 79n
Burke, Peter, 72n, 284n
Buscher, Hans, 265n
Bylina, Stanislaw, 80n
Bynum, Caroline W., 131n, 198
Byron, George Gordon, 299
Cabantous, Alain, 177n
Caby, Cécile, 180n
Caffiero, Marina, 201n, 285n
Calati, Benedetto, 95n
Caliò, Tommaso, 14, 272n
Calò, Pietro, 240, 243 e n
Caluppane, recluso, 39n, 40
Calvi, Giulia, 258n
Calvino, Giovanni, 297
Camporesi, Piero, 78n
Canali, Luca, 164n
Canetti, Luigi, 228n
Cantimori, Delio, 264n
Capece, Francesca, 28
Capitani, Ovidio, 10-11, 24 e n
Capo, Lidia, 212n
Caraffa, Filippo, 11
Cardini, Franco, 78n, 91n, 188, 197, 199, 228n, 230n
Carena, Carlo, 197, 219n
Carlo Magno, imperatore, 257
Carozzi, Claude, 79n, 231n
Caseau, Béatrice, 24n
Cassiano, Giovanni, 167, 253n
Cassiodoro, 103n
Caterina da Siena, 22, 159, 188-189, 197, 284, 289-290
Caterina di Alessandria, 284
Catone, 52n
Catoni, Giuliano, 22n
Cattaneo, Enrico, 248n
Cautino, vescovo di Clermont, 52n, 53n
Cavalca, Domenico, 189, 196
Cavalcanti, Elena, 17n, 127n, 148n, 165n, 206n
Cavallo, Guglielmo, 21n, 107n, 174n, 209n, 222n, 224n, 276n
Cavallotto, Stefano, 273n, 296n
Ceccarelli Lemut, Maria Luisa, 176n
Celestino V, papa, 185
Cenred, re dei Merci, 171
Cerbonio, vescovo di Populonia, 98, 168
Certeau, Michel de, 19 e n, 161n, 198, 202n, 228 e n
Cesario di Arles, 42n, 234 e n
Cesario di Heisterbach, beato, 152

Chelidonia, 20, 117
Chiara d'Assisi, 186-187, 289
Childeberto, re dei Franchi, 51n, 60n, 67n
Childerico, padre di Clodoveo, 47n
Chilperico, re dei Franchi, 52, 54, 56-57 e n, 58n, 60-61 e n, 66
Chiovaro, Francesco, 269n
Cinelli, Luciano, 22n
Cioffari, Gerardo, 174n
Cipolla, Maria Adele, 172n, 197, 233n
Cipriano, vescovo di Cartagine, 254n
Cirillo, 293
Cirillo di Scitopoli, 79
Ciro, martire, 77
Clasen, Sophronius, 31n
Claudio, 62n
Clemente di Ocrida, 293
Clodomere, re dei Franchi, 35n, 51
Clodoveo, re dei Franchi, 45-47 e n, 48 e n, 49 e n, 50 e n, 51 e n, 63, 68n
Clotario, 51n, 53n, 55
Clotilde, regina dei Franchi, 48, 50n, 51n
Codou, Yann, 164n
Coens, Mauritius, 256n
Colette di Corbie, 157 e n
Colgrave, Bertram, 108n, 119n, 171n, 197, 211n, 212n, 215n
Collins, Roger, 211n
Colombano, 170, 187, 230-231, 235n, 236, 279
Consolino, Franca Ela, 27n, 199, 207n, 208n, 227n
Corbet, Patrick, 116n, 281n
Corrado di Wittelsbach, 154
Coscarella, Adele,164n
Cosma, 90, 139, 204
Costa, Maria, 199
Costantino I imperatore, detto il Grande, 48, 291
Costanzo, 101 e n
Courcelle, Pierre, 41n
Cox Miller, Patricia, 205n, 231n
Cracco Ruggini, Lellia, 75 e n, 114n, 143 e n, 220n
Cracco, Giorgio, 79n, 108n, 109n, 220n, 221n
Cramnesindo, 62
Cramno, 52n, 53n, 55
Craveri, Marcello, 137n
Creider, Laurence Stearns, 224n
Cremascoli, Giuseppe, 197
Crépin, André, 171n
Crespin, Jean, 261-262 e n, 263, 264n, 298
Crisciani, Chiara, 78n
Criscuolo, Ugo,162n
Cristiani, Marta, 23 e n, 207n
Cunegonda, 281
Cunningham, Maurice P., 164n
Cutberto di Lindisfarne, 171, 215 e n, 221, 230

Dagens, Claude, 100n, 108n, 221n
Dagron, Gilbert, 76, 77n, 114n, 119 e n, 164n, 170n, 197-198, 205 e n, 219, 227n, 291n
Dalarun, Jacques, 132n, 155 e n, 156 e n, 184, 199, 230n
Dalla Torre, Giuseppe, 140 e n
Dalmazio, vescovo di Rodez, 61n
Damaso, papa, 195
Damiano, 90, 139, 204
Darida, conte, 98
Davis, Natalie Zemon, 106n
De Ceglia, Paolo, 18n
De Giovanni, Lucio, 162n
De Gregorio, Mario, 22n
De Maio, Romeo, 286n
De Martino, Ernesto, 12, 78 e n, 94n, 135 e n, 144 e n
De Nie, Giselle, 224n, 231n
De Palma, Francesco, 301n, 304n
De Santis, Paola,164n
De Vooght, Paul, 41n
De Vriendt, François, 21n
Degl'Innocenti, Antonella, 10n
Delaruelle, Étienne, 88n
Delcorno, Carlo, 196
Delehaye, Hippolyte, 11, 15-16 e n, 19 e n, 40 e n, 41n, 72n, 147 e n,164n, 198, 204n, 205n, 206n, 208n, 209n, 219n, 222 e n, 228 e n, 256n, 278n
Delfina di Puymichel, 290

Della Peruta, Franco, 122n, 133n
Delooz, Pierre, 303 e n
Delumeau, Jean, 237n, 269n
Demeulenaere, Roland, 197
Derouet, Jean-Louis, 79 e n, 118n
Desiderio, 65
Desiderio da Montecassino, 151, 152n
Destro, Adriana, 219n
Devereux, Georges, 85 e n
Dhanis, Édouard, 41n
Di Branco, Marco,165n
Di Febo, Giuliana, 300n
Di Nola, Alfonso Maria, 91n, 94n
Díaz y Díaz, Manuel Cecilio, 73n
Dierkens, Alain, 205n, 224n
Dinzelbacher, Peter, 203n, 205n, 206n, 284n
Dionigi, vescovo di Parigi (identificato con Dionigi l'Aeropagita), 68, 204
Dionigi l'Aeropagita, 253n
Disciola, 61n
Ditchfield, Simon, 286n
Dobschutz, Ernst Von, 226n
Dolan, John Patrick, 250n
Dolbeau, François, 73 e n, 198, 209n, 210n, 241 e n, 247 e n
Dombart, Bernardus, 197
Domenico di Guzman, 259
Domenico di Sora, 11, 185
Dondaine, Antoine, 242n, 243 e n, 244 e n
Donskoj, Dimitri, granduca di Mosca, 293
Dostojevskj, Fëdor, 295
Douglas Gaivett, R., 135n
Dronke, Peter, 162n, 197, 207n
Dubois, Jacques, 205n, 206n, 282n
Duby, Georges, 207n
Duchesne, Louis, 120n, 214n
Dufner, Georg, 108n
Dupré Theseider, Eugenio, 22
Duval, Yvette, 165n, 232n

Eberulfo, 62n
Edith Stein, 302, 305
Egeria, 230n
Eginardo, 150 e n, 151
Eis, Gerhard, 248n
Eisenstein, Sergei Mikhailovic, 299
Elberti, Arturo, 268n
Elisabetta I, regina d'Inghilterra, 297
Elisabetta d'Ungheria, 281
Elisabetta di Schönau, 288
Elnart di Seninghem, 176
Eloisa, 290
Elzeario de Sabran, 290
Emiliano, eremita, 39n, 40
Enrico, monaco, 288
Enrico I, re di Germania (detto l'Uccellatore), 281
Enrico II, imperatore, 281
Eparchio, recluso, 61n
Equizio, 99, 101, 220
Erasmo da Rotterdam, 166 e n, 190-191, 197, 251, 264-265, 296
Erasmo, 277
Erlembaldo, 237, 273
Ermine di Reims, 159
Esbroeck, Michel van, 73n
Essen, Jean van, 262
Eterio, vescovo di Lisieux, 61n
Eugippo, 42n, 187, 197, 208, 213 e n
Eulogio di Cordova, 170, 273
Eusebio, presbitero, 42n
Eusebio di Cesarea, 46, 162-163 e n, 261, 275, 291
Eutizio, 104
Eva, 43n
Evagrio di Antiochia, 183
Ewig, Eugen, 57n
Ezio, 47

Faccioli, Gino Alberto, 177n
Falco, Giorgio, 125n
Falkenhausen, Vera von, 175n, 211n
Fanin, Luciano, 162n
Fatinelli, famiglia, 83
Fattorini, Emma, 284n, 298n
Fausto, monaco, 253n
Fedeli, Paolo, 21n, 209n, 276n
Felice, 65, 215
Ferguson, Wallace K., 264n
Ferreolo, vescovo di Uzès, 36n, 61n

Ferzoco, George P., 124n
Filippo, metropolita di Mosca, 294
Filippo IV d'Asburgo, re di Spagna, 259
Filippo Neri, 286
Filomena, 272
Filoramo, Giovanni, 22 e n, 268n, 271n
Filostrato, 179
Fina da San Gimignano, 156,157n
Fiorani, Luigi, 286n
Fiorenzo, 104
Firmino, vescovo di Uzès, 112
Firpo, Massimo, 227n
Firth, Katharine R., 263n
Fischer, Andreas, 169 e n
Fløistad, Guttorm, 203n
Floro, diacono di Lione, 111, 282
Flusin, Bernard, 78, 79n, 118n, 131 e n, 224n, 232n
Fo, Alessandro, 163n
Fogazzaro, Antonio, 304
Folz, Robert, 236n
Fonseca, Cosimo Damiano, 228n
Fontaine, Jacques, 42n, 73n, 107n, 167n, 221n, 225 e n, 227n
Fortunato, vescovo di Todi, 98, 100, 102
Fortunato, *vir nobilis*, 100
Foxe, John, 261-263, 297
Francesca Romana, 159 e n
Francesco, papa, 290n
Francesco d'Assisi, 84n, 135 e n, 152, 159,176, 186, 195, 216n, 242n, 253n, 284-285, 289, 305
Francesco di Paola, 257n
Francesco Saverio, 257n, 286
Frank, Anna, 274
Franklin, Michael, 228n
Fredegario, 169
Fredegonda, regina dei Franchi, 54, 57, 62, 64, 66
Frezza, Fortunato, 290n
Friardo, recluso presso Nantes, 53n
Fros, Henry, 258 e n
Frova, Carla, 28
Frugoni, Arsenio, 10, 197
Frugoni, Chiara, 10, 135 e n, 159n, 198-199, 216 e n, 222, 224n, 284 e n
Fuhrmann, Manfred, 222n
Fumagalli, Vito, 221n
Furseo, monaco irlandese, 213, 221

Gaiffier, Baudouin de, 11, 33n, 204n, 213n, 226n, 248 e n, 256n
Galdi, Amalia, 173 e n, 174 e n, 175n, 176n
Galgano, 154, 188
Galilei, Galileo, 300
Galla, 96n
Galletti, Anna Imelda, 84n
Gallini, Clara, 136 e n
Gallo, vescovo di Clermont, 52n
Galloway, Patricia K., 74n
Galsvintha, 54
Ganshof, François L., 48n
Garibaldi, Giuseppe, 299
Garin, Eugenio, 248n
Garzella, Gabriella, 176n
Gatto, Ludovico, 9n
Gaudenzio, vescovo di Brescia, 253n
Geary, Patrick, 80n, 174n
Geisendorf, Paul, 262n
Gélis, Jacques, 75n, 78n, 89 e n, 90 e n, 115n
Genicot, Léopold, 206n
Gennaro, vescovo di Napoli, martire, 175
Genserico, re dei Vandali e degli Alani, 175
Gentili, Domenico, 116n
Germano, vescovo di Parigi, 64
Germano I, patriarca di Costantinopoli, 291
Germano di Auxerre, 221, 213, 221, 231
Gertrude di Nivelles, 150n
Gervasio, 75
Geyer, Paul, 180n
Gherardesca da Pisa, 180
Ghirlandaio (Bigordi Domenico, detto il), 191
Giacomo, apostolo, 273
Giammarco Razzano, Maria Carla, 126n
Giannarelli, Elena, 230n, 235n
Giardina, Andrea, 21n, 117 e n, 209n, 227n, 276n
Gieysztor, Aleksander, 80 e n
Gilberto di Sempringham, 279n
Gillet, Robert, 221n

Gilmont, Jean-François, 262n
Ginzburg, Carlo, 12, 16, 72n, 93n, 102 e n, 115n, 129 e n, 135 e n, 144 e n, 224n, 232n
Gioacchino da Fiore, 285
Giona di Bobbio, 116 e n, 170 e n, 236n, 279
Giorgio, 204
Giovanna d'Arco, 300
Giovanna da Signa, 156n
Giovanni, agiografo, 153
Giovanni, evangelista, 180
Giovanni, prefetto di Roma, 96n
Giovanni, martire, 77
Giovanni, tribuno, 96n
Giovanni XV, papa, 153
Giovanni Battista, 35n, 294
Giovanni Bosco, 301
Giovanni Climaco, 292
Giovanni Crisostomo, 254n
Giovanni da San Gemignano, 157n
Giovanni Damasceno, 253n, 254n
Giovanni della Croce, 290
Giovanni Diacono, 253n
Giovanni Gualberto, 9-10, 279
Giovanni Gueruli da Verucchio, 156
Giovanni Mosco, 292
Girolamo, 46, 164n, 166 e n, 167 e n, 170, 190-191, 196, 208, 222 e n, 230 e n, 235, 253n, 264, 278n, 284
Giuliano, 36, 40n, 51, 68
Giuliano, abate di Randan, 53n
Giuliano, *defensor* della Chiesa romana, 96n
Giuliano di Toledo, 108n
Giuliano l'Apostata, imperatore, 166
Giunta di Bevignate, 289
Giuseppe, patriarca di Costantinopoli, 291
Giuseppe Moscati, 301
Gleb, 272, 293
Gobbi, Domenico, 209n
Godding, Robert, 11, 21n, 165 e n
Goetz, Hans-Werner, 167n
Golinelli, Paolo, 83 e n, 115n, 116n, 157n, 199, 228n, 272n, 280n
Gontrano, re franco, 52, 53n, 56, 61n, 62-63 e n, 64
Gontrano Bosone, 56, 60
Gordiano, monaco, 253n
Görlach, Manfred, 258n
Gotor, Miguel, 286n
Goullet, Monique, 17n
Gramsci, Antonio, 12
Graus, Frantisek, 11 e n, 31 e n, 66n, 72 e n, 94n, 202n, 207 e n, 226n, 235n, 258n
Gregorio, vescovo di Langres, 51
Gregorio I papa, detto Magno, 15-17, 33n, 42n, 66, 69, 76n, 93-95 e n, 96 e n, 97 e n, 98-99 e n, 100 e n, 101, 104, 106-107, 108n, 109 e n, 110, 115, 139, 148, 152, 155, 158, 167, 168n, 169 e n, 173, 178, 184, 190, 192-193, 197, 206, 211-212, 215, 220, 223n, 225, 229, 231-232, 235n, 236-237, 251, 279
Gregorio II, papa, 120, 214n
Gregorio VII, papa, 280
Gregorio di Nissa, 253n
Gregorio di Tours, 11, 31-32 e n, 33 e n, 34-36 e n, 37 e n, 38-40 e n, 41n, 42 e n, 43 e n, 44 e n, 45-46 e n, 47n, 48n, 49n, 50 e n, 51 e n, 52 e n, 53n, 54 e n, 55 e n, 56-57 e n, 58 e n, 59 e n, 60 e n, 61 e n, 62-65 e n, 66-68 e n, 69 e n, 70, 74, 105n, 116, 139, 141, 148-149 e n, 155, 169 e n, 206, 212n, 216n, 219, 220n, 223n, 237, 253n, 279
Gregory, Tullio, 205n
Greven, Hermann, 248
Griffith, John G., 74n
Grill, Denis, 18n
Grundmann, Herbert, 10
Gruzinski, Serge, 84n
Guanella, Luigi, 301
Guevara, Ernesto (detto el Che), 300
Guglielmetti, Rossana, 172n
Guglielmo, arcivescovo di Canterbury, 264n
Guiberto di Nogent, 119 e n, 121 e n, 142
Guidotti, Paolo, 123n
Gundobado, re dei Burgundi, 49 e n
Gundovaldo, 62n
Günter, Heinrich, 32n

Haarländer, Stephanie, 228n
Habermas, Gary, 135n
Hackel, Sergei, 81n
Halkin, Franciscus, 256n
Halkin, Léon-Ernest, 262 e n, 263 e n, 297n
Haller, William, 263 e n
Halphen, Louis, 49n, 50n
Harden, John A., 41n
Hasenohr, Geneviève, 244n
Hazebrouck-Souche, Véronique, 21n
Hébert, Marcel, 41n
Heene, Katrien, 236n
Heinzelmann, Martin, 74 e n, 148 e n, 150, 206n, 209n, 210n, 213n, 216 e n, 220n, 227n
Helvétius, Anne-Marie, 19n, 174n, 224n, 229n
Herbers, Klaus, 213n
Herrin, Judith, 227n
Herrmann-Mascard, Nicole, 80n
Hilaire, Yves-Marie, 72n
Hildesheimer, Françoise, 177n
Hillgarth, Jocelyn Nigel, 108n
Hoffmann, Hartmut, 152n
Holder-Egger, Oswald, 149n, 151n
Huot-Girard, Giselle, 244 e n
Huss, Jan, 263, 264n

I Deug-Su, 209 e n
Ignazio di Loyola, 257n, 259, 286
Ilario, arcivescovo di Arles, 164 e n, 170
Ilario, vescovo di Poitiers, 50
Ilarione, 166, 170, 222, 223n
Ildegarda di Bingen, 288
Ildigiso prete, 111
Illidio, vescovo di Clermont, 39
Imbruglia, Girolamo, 133n
Ingiurioso, vescovo di Tours, 53n
Innocenzo IV, papa, 154, 192
Iogna-Prat, Dominique, 232n
Isabella, infanta di Spagna, 259
Isidoro I, patriarca di Costantinopoli, 291
Isidoro Agricoltore, 286
Ivan IV il Terribile, granduca di Mosca e zar di Russia, 294

Jacopo da Varazze, 179 e n, 180, 239, 243, 245, 277
Jansen, Philippe, 140n
Jäschke, Kurt-Ulrich, 73n
Jaspert, Nikolas, 165n
Jean de Mailly, 179, 242 e n, 243-244
Joassart, Bernard, 21n
Joinville, Jean, sire di, 176, 177 e n
José María Escrivá de Balaguer, 302

Kalb, Alphonsus, 197
Kaschke, Sören, 171 e n
Kemp, Eric W., 32n
Kerrou, Mohamed, 132n
Kerscher, Gottfried, 216n
Klaniczay, Gábor, 281n
Klibansky, Raymond, 203n
Koch, Francesca Romana, 124n, 233n
Koch, Ludovica, 172n
Kolbe, Massimiliano, 302
Krötzl, Christian, 132n, 158n, 235n
Krusch, Bruno, 33n, 36n, 38n, 43n, 49n, 58n, 149, 150n, 169n, 170n, 212n, 220n, 236n
Kurth, Godefroid, 47n

La Salvia, Sergio, 272n, 299n
Labourt, Jerôme, 164n, 196
Lacroix, Benoît, 33n
Lambertini, Prospero, v. Benedetto XIV, papa
Lanata, Giuliana, 207n, 212n
Lanfranco di Bec, 23
Lanternari, Vittorio, 72n
Lapidge, Michael, 171n
Laporte, Jean, 103 e n, 104 e n
Latouche, Robert, 43n
Lauwers, Michel, 164n
Lazzaro, 105, 178
Le Goff, Jacques, 9, 19, 25-26 e n, 27n, 28, 50n, 78n, 93n, 105 e n, 106, 123n, 129 e n, 143n, 144 e n, 198, 206n, 217n, 231n, 258n, 281n
Le Tourneau, Dominique, 140n
Lebecq, Stéphane, 171 e n
Leclerc, Pierre, 167n

Leggio, Tersilio, 20
Lejeune, Philippe, 215n
Lemaître, Jean-Loup, 205n, 206n
Leo, Friedrich, 149n
Leobardo, 40n
Leobazio, 40n
Leonardi, Claudio, 79n, 82 e n, 108n, 157n, 207n, 211n, 213n, 224n, 225 e n, 265n, 269n
Leonardi, Lino. 180n
Leonaste, arcidiacono di Bourges, 60n
Leone, consigliere di Cramno, 53n
Leone IX, papa, 280
Leonzio di Neapoli, 292
Lequeux, Xavier, 21n
Lett, Didier, 236n
Leudaste, conte di Tours, 60n, 61n
Levi, Giovanni, 27n
Levison, Wilhelm, 108n
Libertino, abate, 98, 101
Liborio, Francesco Maria, 197
Lincoln, Abramo, 299
Lippomanno, Luigi, 239, 247, 249 e n, 250n, 251 e n, 253 e n, 254 e n, 255 e n, 257 e n
Liutolfo, vescovo di Augsburg, 153
Lizzi, Rita, 227n
Lobrichon, Guy, 224n
Longère, Jean, 244n
Longo, Umberto, 14, 20
Lorenzo Loricato, 154, 155n, 192, 253n
Lossky, Nicolas, 284n
Loukaris, Cirillo, patriarca di Costantinopoli, 291
Lovato, Maria Teresa, 109n
Lubac, Henri de, 23n
Luck, Georg, 222n
Ludovico il Pio, re dei Franchi e imperatore, 257
Luigi IX, re di Francia, 27, 90, 176-178, 281
Luigi Gonzaga, 257n
Luiselli, Bruno, 227n
Luongo, Gennaro, 14, 210n, 215 e n, 295n
Lupenzio, abate di San Privato, 61n
Lupo, abate di Ferrières, 149n
Lusignan, Serge, 244n
Lutero, Martino, 91, 250, 262, 295-297

Mabillon, Jean, 286
Maffei, Domenico, 22n
Maggioni, Giovanni Paolo, 179n
Magistretti, Marco, 248n
Magnacario, 56
Mahieu, Éric, 263n
Malaspina, Elena, 170n
Mandouze, André, 269n
Manfredini, Mario, 205n
Manganelli, Silvia, 301n
Manselli, Raoul, 84n, 242n
Mansi, Giovanni Domenico, 123n
Maraval, Pierre, 77 e n, 80, 198
Marcellino, 150
Marco, evangelista, 173, 195
Margherita da Cortona, 180, 289
Maria di Oignies, 288
Maria Goretti, 302
Maria Maddalena, 11, 178-179, 181, 204, 287
Maria Margherita Alacocque, 284
Maria Tudor, regina d'Inghilterra, 297
Marignan, Albert, 31 e n
Marinković, Ana, 173n
Markus, Robert Austin, 227n
Martimort, Aimé Georges, 206n
Martín Morales, Edgardo, 167n
Martino, vescovo di Tours, 37 e n, 40n, 42, 44 e n, 45 e n, 46, 49, 50n, 51n, 52n, 53n, 60, 61n, 62n, 64-65, 68, 120, 148, 167, 170, 195, 206, 211-212, 219, 230
Martino di Braga, 234 e n
Marzella, Francesco, 27n
Marziale, 53n, 68, 90
Massenzio di Poitiers, abate, 50n
Massimiano, vescovo di Siracusa, 168
Massimiliano di Baviera, 258
Massimo Confessore, 273
Matilde, regina di Germania, 281
Mattiotti, Giovanni,159
Maurilio, vescovo di Cahors, 61n
Mazzi, Maria Serena, 78n

Mazzini, Giuseppe, 299
McClure, Judith, 211n
McCready, William D., 116n, 152n, 221n, 224n
McMillan, James F., 300n
Medardo, vescovo di Soissons, 61n
Melantone, Filippo, 297
Menestò, Enrico, 197, 224n, 228n
Menozzi, Daniele, 284n
Mercuri, Chiara, 289n
Merlo, Grado Giovanni, 186, 285n
Meroveo, re, 56, 60
Metodio, 293
Miccoli, Giovanni, 10 e n
Michalowski, Roman, 74 e n, 80, 86
Michele VIII, imperatore d'Oriente, 291
Michelina da Pesaro, 155
Michetti, Raimondo, 14, 21n, 157, 273n
Miele, Maurizio, 225n
Miro, re di Galizia, 57n
Misch, Georg, 215n
Misciattelli, Piero, 197
Modica Vasta, Marilena, 18n, 126n, 135 e n, 145, 207n, 224n
Mohrmann, Christine, 107n, 197, 212n, 222n
Molanus, Joannes, 260 e n, 261
Mollat, Michel, 78n, 177 e n
Mombrizio, Bonino, 239-240, 248 e n, 253
Momigliano, Arnaldo, 42n, 103n, 125 e n, 143 e n, 223 e n
Mommsen, Theodor, 103n
Monachino, Vincenzo, 40n
Mondrone, Domenico, 304
Monegonda, 40n
Monneret de Villard, Ugo, 248n
Monod, Gabriel, 32n, 38n, 43n
Morello, Giovanni, 268n
Moreschini, Claudio, 167n
Moretus, Henri, 240 e n
Morghen, Raffaello, 9
Moricca, Umberto, 69n, 96n, 103n
Morin, Germain, 234n
Morisi Guerra, Anna, 166n, 197, 264n
Morlet, Sébastien,163n
Moro, Tommaso, 251
Muizon, François de, 305n
Mulders, Jacob, 197, 232n
Mummolo, 52n
Müntzer, Tommaso, 296
Musset, Lucien, 48n
Musurillo, Herbert Anthony, 212n
Mynors, R. A. B., 108n, 119n, 197, 211n

Nardi, Paolo, 22n
Natali, Pietro de', 243 e n, 263n
Naum di Ocrida, 293
Neumann, Christian,165n
Niccoli, Ottavia, 13
Nicezio, vescovo di Lione, 40n, 52n, 53n, 68 e n
Nicola di Mira, 174
Nievskj, Alexander, 299
Nightingale, Florence, 300
Nilo di Grottaferrata, detto il Giovane o di Rossano, 292
Nocentini, Silvia, 196
Noll, Rudolf, 213n
Nonnoso, 192
Norberto di Xante, 259
Norelli, Enrico, 264n

Oberman, Heiko Augustinus, 106n
Occhioni, Nicola, 116n
Oddone, abate di Cluny, 281
Odilone, abate di Cluny, 151 e n
Odorisio, Maria Linda, 117n
Offa, re dei Sassoni orientali, 171
Oldoni, Massimo, 44n, 55n, 173n
Olga, principessa russa, 293
Ollone, conte, 62n
Onorato di Fondi, 192
Orione, Luigi, 301
Orlandi, Giovanni, 172n, 231n
Orosio, Paolo, 33n, 46, 54n, 59n, 163 e n
Orselli, Alba Maria, 45n, 83, 227n, 235n
Orsola, 171, 172 e n
Ortalli, Gherardo, 127n, 161n, 212n
Ospizio, recluso presso Nizza, 61
Oswald, re di Northumbria, 119 e n, 121, 193, 214, 221, 272

Ottone, cardinale vescovo di Albano, 256n
Ottone I il Grande, imperatore e re di Germania, 281

Pace, Enzo, 22n
Palazzo, Eric, 232n
Palladio, conte, 53n
Palombelli, Cecilia, 28
Pani Ermini, Letizia, 20
Pannet, Robert, 71n, 102n
Pantaleon, Heinrich, 261, 265, 298
Paola, 166, 222, 230
Paoli, Emore, 197, 209n, 215n
Paoli, Ugo, 120n
Paolino di Bordeaux, vescovo di Nola, 37n, 97n, 148, 215, 251
Paolo, apostolo, 47, 195
Paolo di Tarso, 105
Paolo di Tebe, 170
Paolo Diacono, 141, 212 e n
Papa, Emilio R., 300n
Partenio, vescovo, 53n
Pasteur, Louis, 300
Pasteur, Marie, 300
Pasztor, Edith, 84n, 242n, 258n
Paterio, 108n
Patlagean, Evelyne, 13-14, 19 e n, 73, 80, 81 e n, 131 e n, 198, 202n, 228 e n, 279n, 287n, 291n
Patrizio, 170, 231
Patroclo, 39n
Peeters, Paul, 256n
Pelagia di Antiochia, 287
Pellegrini, Luigi 197
Pellistrandi, Stan, 221n
Penn, William, 297
Pennacchi, Francesco, 196
Perpetua, 207, 235
Perrone, Lorenzo,163n
Perrot, Michelle, 207n
Pesce, Mauro, 219n
Petersen, Joan Margaret, 116n, 221n
Petitmengin, Pierre, 73 e n, 74n, 287n
Petralia, Giuseppe, 175 e n
Petrarca, Francesco, 251
Petrarca, Valerio, 191, 198
Petrucci, Armando, 107 e n
Petrucci, Enzo, 20n
Peyer, Hans Conrad, 227n
Pezzini, Domenico, 170n
Philippart, Guy, 21 e n, 73 e n, 167n, 201n, 206n, 209n, 210 e n, 217 e n, 241 e n, 246 e n, 247n, 258n, 271n, 282n, 283n
Piatti, Pierantonio, 22n, 120n, 181n, 215n
Piazzoni, Ambrogio M., 268n
Picard, Jean-Charles, 198-199, 228n
Pickering, Walker Daniel, 264 e n
Pico, Giovanni, conte della Mirandola e Concordia, 251
Pier Damiani, 122 e n, 123, 141, 215 e n, 253n
Pier Giorgio Frassati, 302
Pietri, Charles, 226n, 227n
Pietri, Luce, 195, 198, 226n, 228n, 229n
Pietro, 150
Pietro, apostolo, 45n, 46-47, 195, 234, 280
Pietro, diacono, 105
Pietro I il Grande, imperatore di Russia, 294-295
Pietro Celestino, v. Celestino V, papa
Pietro da Verona, 273
Pietro di Bruis, 288
Pietro il Venerabile, 123 e n
Pilato, Ponzio, 147
Pio da Pietrelcina, 142, 301, 305
Pio II, papa, 289
Pio V, papa, 255n
Pio XII, papa, 302
Pirenne, Henri, 161
Pirotte, Jean, 284n, 304n
Plebani, Eleonora, 9n
Plongeron, Bernard, 71n, 72n, 102n
Plutarco, 205n
Pohl, Walter,167n
Policarpo di Smirne, 274-275
Polman, Pontien, 264n
Pomata, Gianna, 133n, 140
Pomerio, Giuliano, 253n
Poncelet, Albert, 240 e n

Pontano, Giovanni, 251
Porziano, 39n
Pouchelle, Marie-Christine, 245 e n
Poulat, Émile, 302 e n
Poulin, Joseph-Claude, 210n
Poutrin, Isabelle, 203n
Prandi, Maria, 244n
Presezzi, Cora, 12n
Pricoco, Salvatore, 19n, 164n, 168n, 169n, 198, 227n, 229n, 236n
Prinz, Friedrich, 31 e n, 227n
Prisco, vescovo di Lione, 52n
Privato, vescovo di Mende, 68
Propp, Vladimir Jakovlevič, 27 e n, 66n
Prosperi, Adriano, 71n, 87 e n, 132n, 253n, 255n, 286n
Protasio, 75
Prudenzio Clemente, Aurelio, 164 e n
Pseudo Tommaso, 146

Quinziano, 39n
Quodvultdeus, vescovo di Cartagine, 165, 175

Rabano Mauro, 178 e n
Rabus, Ludwig, 262, 298
Racheli, Antonio, 196
Radding, Charles M., 134 e n
Radegonda, regina franca, 51, 65n, 236, 287
Rader, Matteo, 258 e n
Ragnemodo, vescovo di Parigi, 66n
Raimondo da Capua, 22, 196
Rajna, Pio, 47n
Ramperto di Brescia, 253n
Ranieri di Pisa, 176
Rau, Reinhold, 234n
Reccaredo, re visigoto, 63n, 69n
Redon, Odile, 14, 20 e n, 22, 75n, 78n, 89 e n, 115n
Régerat, Philippe, 197, 213n
Reimitz, Helmut, 167n
Remigio, vescovo di Reims, 48 e n, 49 e n
Renoux, Christian, 203n
Ribadeneira, Pedro de, 257
Riccardi, Andrea, 157n, 272n
Richard, Jean, 206n
Riché, Pierre, 13, 73, 78n, 102n, 170n, 224n, 227n
Ridyard, Susan J., 119n
Rigaux, Dominique, 24n
Roberto d'Arbrissel, 184, 279, 285
Roberto di Molesme, 279
Rochais, Henri, 240 e n
Roderico di Cerrato, 242-243
Romagnoli, Daniela, 26
Romero, Oscar, 274
Romolo, 205n
Romualdo, 215, 253n, 279
Ronchey, Silvia, 212n
Rosalia, 191
Rossanda, Rossana, 28
Rossetti, Gabriella, 175n, 221n
Rossi, Annabella, 94n
Rossi, Sergio, 199
Rosweyde, Héribert, 250, 256
Rouche, Michel, 74n, 78n
Rousselle, Aline, 77 e n, 117 e n, 124n, 127, 128n, 144 e n, 216 e n, 217n
Rousset, Paul, 129 e n, 144 e n
Rubin, Miri, 24 e n, 26 e n, 228n
Ruggero II, re di Sicilia, 292
Rumi, Giorgio, 301n
Rusconi, Roberto, 14, 22, 28, 203n, 301n, 302n
Russo, Daniel, 191, 198, 232n
Rutilio Namaziano, 163 e n

Sacchi, Bartolomeo, detto il Platina, 251
Sagittario, vescovo di Gap, 61n
Saintyves, Pierre, 244n
Salin, Edouard, 50n
Sallmann, Jean-Michel, 84 e n, 85 e n, 86-87, 195, 199, 203n, 290n
Salonio, vescovo di Ginevra, 61n
Salvio, 61-62
Sanderus, Antonius, 259 e n
Sansone, figlio di Chilperico, 56
Sansterre, Jean-Marie, 224n
Santorelli, Paola, 287n
Sassone Grammatico, 172 e n, 233 e n

Saturnino, 68
Sava, principe e arcivescovo serbo, 292
Savigni, Raffaele, 228n
Savonarola, Girolamo, 265 e n
Saxer, Victor, 11, 75 e n, 165n, 178 e n, 179n, 204n, 212n, 224n, 273n, 287n
Scaraffia, Lucetta, 20n, 161n, 198, 203n, 229n, 247n, 287n
Scarpati, Claudio, 244n
Scharer, Anton, 213n
Scheibelreiter, Georg, 213n
Schenda, Rudolf, 71n
Schmitt, Jean-Claude, 87 e n, 88 e n, 89, 93n, 106n, 117n, 206n, 215n, 270n
Schneider, Fedor, 154n
Schneider, Jean, 244n
Schwartz, Gerhard, 152n
Schweizer, Albert, 301
Scolastica, 103-104, 220, 236, 290
Scorza Barcellona, Francesco, 14, 201n, 203n, 271n, 275n, 301n
Sebastiani, Lucia, 13 e n, 115n, 201n, 247n, 257n, 272n
Selmer, Carl, 197, 231n
Senoch, 40n
Sereni, Emilio, 25n
Sergio di Radonež, 293
Sergio, metropolita di Damasco, 180
Sergio, 62n
Severino del Norico, 17, 187
Sfondrati, Angelica Agata, 257n
Sicario di Manthelan, 62
Sienkiewicz, Henryk, 304
Sigal, Pierre-André, 75n, 78n, 115n, 117 e n, 132n, 235n
Sigiberto, re franco, 52n, 53n, 55, 59, 60n
Sigismondo, 51
Sigivaldo, 51n
Silvestro I, papa, 48
Simeone Metafraste, 253n, 256n
Simon Mago, 135
Simone, vescovo, 67
Simonetti, Manlio, 168n, 213n
Sinniulfo, abate di Randan, 53n
Sisto IV, papa, 157
Sisto V, papa, 285
Smalley, Beryl, 224n
Smit, Jan W., 166n, 222n
Sodi, Manlio, 21n
Sofronio, 77
Sorelli, Fernanda, 80n
Soriani Innocenti, Mariana, 196
Sorio, Bartolomeo, 196
Sot, Michel, 79n, 206n, 214n, 283n
Soubirous, Bernadette, 305
Spanò Martinelli, Serena, 84n
Spetia, Lucilla, 27n
Stancliffe, Clare, 223n
Stanislao da Campagnola, 197
Stantchev, Krassimir, 293n
Stefano, martire, 35 e n, 40 e n, 47, 76, 138, 147, 165, 194, 218, 232, 277
Stefano, re di Ungheria, 272
Stefano di Bourbon, 88
Steinen, Wolfram, von den, 215n
Stella, Pietro, 302n
Stendardi, Attilio, 95n
Stephenson, George, 300
Stone, Richard, 301n
Straeten, Joseph van der, 73n
Sulpicio Severo, 37n, 40-42 e n, 46, 107n, 148, 167n, 170, 208, 223n, 225n
Surio, Lorenzo, 239, 247, 248n, 249, 250n, 255-256 e n, 257 e n
Susi, Eugenio, 173 e n, 174 e n, 175 e n, 176n, 199

Tabacco, Giovanni, 99n, 215n, 227n
Tacchella, Lorenzo, 251n
Talalay, Michail, 174n
Tarayre, Michel, 134 e n
Tardiola, Giuseppe, 197, 231n
Tecla, 194, 205n
Tenace, Michelin, 291n
Teodeberto, 51n
Teodevaldo, 55
Teodorico I, re d'Austrasia, 51
Teodoro Studita, 292
Teodosio I, il Grande, imperatore, 147
Teodosio di Pečersk, 293

Teofane, conte di *Centumcellae*, 96n
Teofilo, monaco, 151
Teresa d'Avila, 259n, 286, 290, 300
Teresa di Calcutta, 301
Teresa di Lisieux, 305
Tertulliano, Quinto Settimio Florente, 54n
Tessier, Georges, 48n
Thompson, Edward P., 90 e n
Tinagli, Giuseppe, 196
Tizzani Gasbarri, Germana, 28
Tombeur, Paul, 73n
Tomea, Paolo, 228n
Tommaseo, Niccolò, 197
Tommaso d'Aquino, 274
Tommaso da Celano, 196
Tommaso di Cantiloupe, 157, 158n
Totila, re degli Ostrogoti, 97 e n, 98-99
Toubert, Pierre, 162n
Tranfaglia, Nicola, 227n
Triacca, Achille M., 21n
Trinkaus, Charles Edward, 106n
Trusen, Winfried, 250n
Tuptalo, Dimitrij, 295

Udalrico, vescovo di Augsburg, 153
Ullmann, Berthold L., 244n
Urbano VIII, papa, 286
Urso, 40n
Usuardo, 248, 257n, 260 e n, 261n, 282

Vaddone, 67n
Valdesio, 288
Valéry Patin, Jean-Pierre, 25, 123n
Van Acker, Lieven, 111n
Van Dam, Raymond, 227n
Van Gennep, Arnold, 105n
Van Uytfanghe, Marc, 71n, 76 e n, 114n, 204n, 212n, 224n
Vanni, Ugo, 268n
Varrone, Marco Terenzio, 59n
Vauchez, André, 14, 20 e n, 23, 26, 75n, 81 e n, 82 e n, 83-84 e n, 87, 93n, 114n, 116n, 129 e n, 131 e n, 132 e n, 144 e n, 152, 153 e n,154n, 155 e n,157n, 159n, 170n, 177 e n, 198-199, 201n, 202n, 203n, 227n, 247n, 258n, 273n, 285n, 289n
Vay, Isabella, 175n
Venanzio Fortunato, 37n, 42n, 49n, 149 e n
Venanzio, 40n
Veraja, Fabijan, 285n
Verano, vescovo di Cavaillon, 64
Verucci, Guido, 299n
Vian, Giovanni Maria, 140n, 303n
Vian, Paolo, 268n
Vinay, Gustavo, 15, 32n, 42n, 43n, 46n, 47n, 49n, 50 e n, 51n, 52n, 62n, 63, 64n, 68n, 109n
Vincenzo di Beauvais, 134, 179, 239, 244 e n, 263n
Vincenzo, 51n, 62n, 65n
Vinnoch, 61n, 65
Violante, Cinzio, 228n
Viscardi, Antonio, 248n
Vitale, 75
Vitolo, Giovanni, 175n
Vittore di Vita, 165 e n, 175
Vittricio di Rouen, 195, 197, 232 e n
Vivanti, Corrado, 71n
Vladimiro I, il principe di Kiev, 293
Voes, Henri, 262
Vogel, Cyrille, 214n
Vogler, Bernard, 262n
Vogüé, Adalbert de, 95n, 96n, 104n, 108n, 115n, 116n, 167n, 197
Volta, Alessandro, 300
Volz, Hans, 250n
Vulfilaico, monaco, 64 e n
Vuolo, Antonio, 175n

Waitz, Georg, 108n
Wakefield, Dan, 135n
Wallace-Hadrill, John Michael, 32n, 50n, 64n
Walsh, Katherine, 224n
Ward, Benedicta, 115n, 119n, 122 e n, 129, 130n
Watt, James, 300
Wattenbach, Wilhelm, 32n
Webster, Charles, 264n
Weinstein, Donald, 265n

Wenskus, Reinhard, 73n
Wilson, Stephen, 115n, 202n
Wirth, Jean, 91 e n, 216n
Witzel, Georg, 239, 249 e n, 250 e n, 251, 253, 261n
Wolpers, Theodor, 215n
Wood, Diana, 224n, 272n
Wood, Ian, 167n, 170n
Woodword, Kenneth, 203n, 285n
Wycliff, John, 264n

Zaccaria, papa, 120, 214n
Zalla, 98
Zarri, Gabriella, 87n, 132n, 133, 157n, 172n, 203n, 207n, 254 e n, 285 e n, 287n, 290n
Zita, 83
Zwingli, Ulrich, 91, 297

Finito di stampare
nel mese di settembre 2020
da The Factory s.r.l.
Roma